2009年1月9日，胡锦涛总书记为荣获“2008年度国家最高科学技术奖”的王忠诚院士、徐光宪院士颁奖

吴邦国委员长到我院视察工作

一、 党和国家领导人重视院士工作

李克强副总理到我院出席"中国环境宏观战略研究座谈会"

中央书记处书记，中央组织部部长李源潮同志到我院视察工作

院士增选会议在北京举行

主席团会议讨论候选人情况

各学部评审会议

院士们投下庄重的一票

院士增选工作会议

增选结果发布会

面向2030年中国重大工程座谈会

未来20年工程科技与经济发展系列报告会

“中国能源中长期发展战略研究”
项目组会议

“中国养殖业可持续发展战略研究”项目启动会

武汉市“十二五”经济社会发展思路专家院士咨询会

院士专家咨询服务团江苏行

动物“疫病防预与控制战略咨询研究”课题启动会

浙江省工业转型升级系列报告会

2009医学前沿论坛

《工程哲学》讲师团在中国长江三峡工程开发总公司
举行报告会

中国工程管理论坛

香山会议

第84场中国工程科技论坛

与内蒙古自治区人民政府签署科技合作协议

与国家开发银行签署合作协议

与中钢集团公司签署科技合作协议

与国家自然科学基金委签署“中国工程科技中长期发展战略研究”联合基金协议

宋健名誉主席率院士考察山东船舶制造业

旭日干副院长在包头市考察克隆牛基地

院士在神华国华北京电厂考察

院士在上海黄海大桥海上风电场施工现场考察

院士在成都陵川特种工业有限公司考察

院士考察钻井机械制造业

院士在河北国家可持续发展实验区考察

院士在秦山核电站考察

徐匡迪院长率工程院代表团访问法国，并与法国医学科学院签署科技合作谅解备忘录

在CAETS（国际工程与技术科学院理事会）会议期间，潘云鹤常务副院长与美国工程院VEST院长、英国皇家工程院SARAGE副院长举行座谈

邬贺铨副院长会见瑞典驻华使馆科技参赞，介绍我国信息通讯技术的发展现状和趋势

刘德培副院长会见我院外籍院士，法国医学科学院院士Pierre Tiollais教授

杜祥琬副院长访问瑞典皇家工程科学院，参观SYSAV公司

中瑞生物质能源研讨会

美国工程院代表团访问我院

2009中国上海国际建筑科技大会

山东省院士工作站成立

机关党委换届选举

中国工程科技60年成就座谈会

“中国工程院咨询服务中心”揭牌仪式

2009年《院士通讯》工作会议在厦门市召开

歌颂祖国——院士与书法家作品联展

中国工程院年鉴

2009

高等教育出版社·北京
HIGHER EDUCATION PRESS BEIJING

图书在版编目(CIP)数据

中国工程院年鉴.2009/中国工程院办公厅编.—北京:高等教育出版社,2010.8
ISBN 978-7-04-030066-6

Ⅰ.①中… Ⅱ.①中… Ⅲ.①中国工程院-2009-年鉴 Ⅳ.①N242-54

中国版本图书馆CIP数据核字(2010)第134465号

策划编辑 沈俐 **责任编辑** 张海雁 **封面设计** 李卫青
版式设计 马敬茹 **责任校对** 王超 **责任印制** 毛斯璐

出版发行	高等教育出版社	**购书热线**	010-58581118
社　　址	北京市西城区德外大街4号	**咨询电话**	400-810-0598
邮政编码	100120	**网　　址**	http://www.hep.edu.cn
			http://www.hep.com.cn
		网上订购	http://www.landraco.com
经　　销	蓝色畅想图书发行有限公司		http://www.landraco.com.cn
印　　刷	北京中科印刷有限公司	**畅想教育**	http://www.widedu.com
开　　本	889×1194 1/16		
印　　张	29.5	**版　　次**	2010年8月第1版
字　　数	900 000	**印　　次**	2010年8月第1次印刷
插　　页	9	**定　　价**	128.50元(含光盘)

本书如有缺页、倒页、脱页等质量问题,请到所购图书销售部门联系调换。

物料号 30066-00

编辑说明

《中国工程院年鉴》是记载中国工程院历史的文献资料。本书较为全面、系统地反映工程院当年开展的工作、取得的业绩和各方面情况进展，是一部综合性资料书。

本书为2009年卷，根据2009年的工作内容，全书分11部分，共90万字。主要内容为：1. 重要讲话；2. 重要文件；3. 院士增选；4. 会议纪要；5. 咨询研究；6. 学术活动；7. 国际交流与合作；8. 院地（院企）合作；9. 出版物介绍；10. 机关工作；11. 附录。收编的内容和统计数字以2009年1月1日始至12月31日止。

在编辑过程中承蒙院领导及机关各部门同志的大力支持，提供了珍贵的原始资料，在此一并致谢。限于水平，编改中难免存在不足之处，恳请读者不吝指正。

编　者

2010年4月

《中国工程院年鉴》编辑委员会

目 录

重要讲话

重要文件

院士增选

[院领导讲话]

会 议 纪 要

咨询研究

学术活动

国际交流与合作

【出访与来访】

【出访报告】

【国际会议】

【国际合作协议】

院地(院企)合作

出版物介绍

机关工作

附 录

重要讲话

发挥工程院之优势　推动产业结构优化升级

——吴邦国委员长在“十二五”规划纲要编制和增强自主创新能力座谈会上的讲话

中共中央政治局常委、全国人大常委会委员长吴邦国于2009年11月4日考察了中国工程院并与部分院士进行了座谈。他强调，要坚持以邓小平理论和“三个代表”重要思想为指导，深入贯彻落实科学发展观，坚持走中国特色自主创新道路，紧紧围绕现代化建设的重大课题，充分发挥中国工程院之优势，开展战略性、前瞻性、综合性工程科学技术研究与咨询，为推动产业结构优化升级，占领国际产业竞争制高点作出新的更大贡献。

他叮嘱随行的有关负责同志，700多位工程院院士在学术上都有很深的造诣，是我国工程科技界的领军人物，是国家的宝贵财富，也是工程院立院之本。我们一定要加强组织协调，搞好服务保障，为院士们开展科学研究与学术交流创造良好的环境和条件。

随后，吴邦国与部分院士就“十二五”规划纲要编制和增强自主创新能力等问题进行了座谈。中国工程院院长徐匡迪介绍了工程院的情况，吴邦国边听边记，不时插话，与大家进行热烈讨论。他在讲话中首先充分肯定了中国工程院的工作，对院士们为国家经济社会发展和国防现代化建设等作出的突出贡献表示衷心感谢。他说，我们每一项重大建设成就，都离不开科技突破和技术创新，都凝聚着院士、专家们的心血与汗水。中国工程院成立15年来，院士队伍不断发展壮大，学术交流日益活跃，科研成果层出不穷，大大提升了我国工程科技的总体水平，在我国经济社会发展中发挥了重要科技支撑与推动作用。

吴邦国指出，在全国上下共同努力下，今年以来我国经济总体发展情况好于预期，从发展趋势看，全年经济增长8%的目标完全可以实现。这充分说明，中央关于应对国际金融危机冲击、保持经济平稳较快发展的一系列决策部署和政策措施是完全正确的、是及时有效的。当前和今后一个时期，我国经济社会发展正处在关键阶段。经济回升的基础还不稳定、不巩固、不平衡，旧的矛盾尚未消除，新的矛盾又在积累，保持经济平稳较快发展、推动经济发展方式转变和经济结构调整难度都进一步增大。历史告诉我们，每一轮的国际金融危机，都会带来一次大的经济结构调整、产业升级和企业重组，只有把握国际产业发展新趋势、占领国际产业竞争制高点才能真正抓住机遇、掌握主动。这就迫切需要增强自主创新能力。中国工程院具有人才荟萃、知识密集、跨学科跨部门、与实业联系紧密等优势，在增强我国自主创新能力上大有作为。他强调，中国工程院要围绕现代化建设重大课题开展研究咨询，以提升自主创新和可持续发展能力为主线，以解决关系国家发展全局和产业结构优化的工程技术重大关键问题为着力点，确定科技创新目标，加强组织协调，坚持国家需要、专业发展与自身探索有机结合,坚持原始创新与引进消化吸收再创新有机结合,加快推进相关领域核心技术、集成技术、关键设备和成套设备的研发,为推动经济发展方式转变、促进产业结构优化升级贡献智慧与力量。为此,吴邦国提出三点希望:

一要瞄准世界科技前沿实现重点突破。要深入分析全球产业发展趋势,加强低碳技术、新能源、新材料、生物医药、信息技术、节能环保、智能电网、新能源汽车等方面的研发,努力占领国际产业竞争制高点,为推动以节能降耗为核心的新一轮企业技术改造,促进传统产业升级换代,培育经济发展新的增长点提供有力科技支撑。

二要构筑科技创新平台促进科技体制机制改革。要优化科技资源配置,组织协调科研院所和大专院校的科技力量,围绕重点课题开展专题研究。要建立以企业为主体、市场为导向、产学研相结合的技术创新体系,形成科技创新与经济发展、产业升级紧密结合的新机制,加快科技成果向现实生产力的转化,为深化科技体制改革进行积极探索和出谋划策。

三要加强科技人才培养建好学术梯队。科技创新,关键靠人才。要建立和完善培养人才、聚积人才、激励人才和人尽其才的机制和制度,鼓励创新,宽容失败,为人才施展才华开辟空间、提供舞台,为人才的成长和使用提供机制和制度保障。希望院士们在带领、指导科研工作的同时,继续全力培养创新型科技人才,为年轻科技工作者加快成长铺路搭桥,建设好各领域的学术梯队,使工程科技事业人才辈出。

摘自新华网

李克强副总理在环境宏观战略研究座谈会上的讲话

（2009 年 7 月 21 日）

今天我和国务院有关部门的负责同志一起到工程院来，主要是听取环境宏观战略研究的成果汇报。开展环境宏观战略研究，是国务院批准的一项重要任务，也是环保研究领域的一件大事。两年来，工程院和环保部做了大量组织工作，各位院士、专家围绕环保领域重大战略问题进行了深入系统研究，形成了一系列重要成果。这些成果，是跨部门、跨领域、多学科合作的结晶，是各位院士专家心血和智慧的结晶，具有很强的宏观性、战略性和政策性，提出的建议很有决策参考价值。借此机会，我向参加研究的各位院士专家、向支持战略研究的各有关部门表示衷心感谢。

刚才，匡迪同志介绍了环境宏观战略研究取得的重要成果，生贤同志汇报了战略研究和环保工作的有关问题及下一步工作打算，王淀佐、刘德培、沈国舫、丁一汇、陈吉宁、郇贺铨、丁仲礼等七位专家就加强环境保护发了言，大家言简意赅，听了很受启发。下面，我讲几点意见，与同志们一起探讨。

一、进一步提高对环境保护重要性的认识

保护环境是我们的基本国策，实施可持续发展是国家战略，建设生态文明是党的十七大确定的推动科学发展的重要任务。改革开放以来，我国经济社会发展取得了举世瞩目的成就，但现在面临着发展方式转变、经济转型的紧迫任务。我国的基本国情是人口多、资源相对不足、环境容量有限，目前又处于工业化、城镇化加速发展的进程中，这就使得资源环境的压力更加凸显。这次战略研究对当前我国的环境形势的判断是“局部有所改善，总体尚未遏制，形势依然严峻，压力继续加大”，这是比较客观的。深入贯彻落实科学发展观，促进可持续发展，必须切实加强环境保护，建设生态文明。这关系经济社会发展全局，关系全面建设小康社会，关系建设富强、民主、文明、和谐的社会主义现代化国家，必须坚持不懈地加以推进。

当前，国际金融危机尚未平息，实体经济仍在经受冲击。但西方发达国家在应对危机中，已经开始筹谋如何在世界经济复苏中占领制高点，推动实行绿色新政，发展绿色产业、绿色经济。同时，发达国家在应对气候变化问题上提出一些新的主张，要求发展中国家减少碳排放，甚至提出对进口产品征收“碳关税”。这对现行发展模式无疑是一种挑战，对我国经济较快发展也会形成制约，需要引起高度重视。促进我国经济长期平稳较快发展，必须加快转变发展方式，通过强化环境保护、建设生态文明，推动国内需求扩大，推动产业结构优化升级，推动新能源、节能环保、循环经济等战略性新兴产业发展壮大，增强发展的后劲，抢占国际产业新高地。目前我国外贸进出口相当于国内

生产总值的比重已超过60%，经济的对外依存度相当高，必须应对国际上的挑战，把环境保护放在经济社会发展的战略层面加以推进。这次环境宏观战略研究恰逢其时，研究成果对推动新时期环保事业发展，对促进经济社会又好又快发展，都将产生重要作用。

还要看到，经过多年的努力特别是改革开放30年的发展，人民群众的温饱问题已基本解决，生活水平有了大幅度提高，对改善生活质量也有了更多的期盼。而生活质量不仅包括衣食住行的满足，而且包括良好的环境和健康状况。因此，环境问题直接关系人民安居乐业，关系社会和谐稳定，关系发展的根本目的，是一个重大民生问题。近年来，一些地区污染严重，影响到老百姓身体健康与生产生活，损害了人民群众根本利益。针对这些问题，必须坚持环保为民，下大力气解决好环境问题，这不仅是人民群众的强烈愿望，也是人民政府义不容辞的职责。

二、建设生态文明，探索中国特色环境保护道路

这次环境宏观战略研究的重要成果之一，就是提出了探索中国特色环境保护道路。这既是一个环境保护问题，也是一个发展方式问题。改革开放以来，我们开辟了中国特色社会主义道路，形成了中国特色社会主义理论体系。建设中国特色社会主义，关键是发展。发展是第一要务，中国一切问题的解决，从根本上讲要靠发展。但发展有一个怎么发展的问题，需要实现可持续发展。这就要求我们树立历史眼光、战略思维和全球视野，立足基本国情，借鉴国际做法，坚持走出一条新型工业化、城镇化道路，在发展中保护环境，在保护中推动发展，努力实现清洁发展、节约发展、安全发展和可持续发展。探索中国特色环境保护道路，推进环保工作，提高可持续发展能力，需要重点关注以下几个方面的问题。

一是统筹国际国内两个大局。推动科学发展、解决资源环境问题，需要充分利用两个市场、两种资源，尤其是要坚持立足国内、以我为主，合理开发国内资源。我们走的是和平发展道路、科学发展道路，不能走一些发达国家曾经走过的“先污染，后治理”甚至掠夺别国资源的老路。在环境保护方面，要与国际社会积极开展合作，借鉴先进经验和理念，引进先进技术和装备，增强我国环境保护的能力；积极参与国际环境事务，应对全球环境挑战，维护我国和发展中国家的合理发展权益，树立我国负责任大国的形象。在气候变化问题上，中国专家应进行深入研究，拿出有说服力的数据，有理有据有节地维护国家利益。

二是处理好资源节约与环境保护的关系。环境问题和资源问题是紧密相连的，节约资源和保护环境都是我们的基本国策。正如介绍和汇报中所指出，目前我国面临的环境压力比世界上任何国家都大，面临的资源压力比任何国家都突出。环境保护离不开节约资源，必须把二者有机结合起来，共同推动可持续发展。要坚持节约优先，提高资源综合利用效率，大力降低资源消耗，打牢环境保护的基础。

三是把保护环境与调整经济结构有机结合起来。保持经济平稳较快发展，增强经济发展后劲，需要对经济结构进行战略性调整，形成消费、投资、出口协调拉动经济增长的格局，形成有利于可持续发展的消费模式、工业化模式、城镇化模式，推动产业结构优化升级。当前，要把环境保护、节能减排作为调整经济结构、淘汰落后产能的重要手段和硬抓手。防治结合是发达国家经验教训的总结，也是被我国实践证明的有效办法。要加快经济结构调整步伐，从源头减少污染，以避免不必要的事后治理，达到事半功倍的效果。

四是着力解决关系民生的突出环境问题。以人为本是科学发展观的核心，也是走中国特色环

境保护道路必须坚持的战略思想。要着力解决与人民利益息息相关、群众反映突出的环境问题，重点整治水、大气、土壤等污染，让城乡居民切身感觉到环境在逐步变好。把保障饮水安全作为首要任务，抓好重点流域水环境综合整治，让江河湖泊休养生息、恢复生机。推广奥运环境质量保障经验，不断改善重点城市和区域空气质量。统筹城乡环境保护，建设清洁家园、清洁田园、清洁水源，保障食品安全。

五是积极应对新的环境问题。在应对气候变化、适应和减缓温室气体排放问题上，要有所准备，考虑对降低碳排放强度提出要求。现在各地发展核电的积极性很高，要务必牢记安全是核电的生命线，严格核电站运营的管理和核辐射源的监管，确保万无一失。一些城市噪声污染、光污染等干扰居民正常生活，这方面的管控工作应当加强。对于沙尘暴、海洋污染、生物多样性减少等环境问题，也需要积极应对。

三、为环境保护战略措施的落实提供有力保障

这次环境宏观战略研究，提出了一系列加强环境保护的政策措施建议。在此基础上，要进一步探索新思路、新办法，把已形成共识的政策措施落到实处，促进环保事业不断发展。

（一）健全环境保护工作机制。要从国家战略层面审视环保工作，在发展规划和重大政策制定中充分考虑环境保护的要求。继续发挥规划环评在宏观调控中的重要作用，把环境标准作为结构调整、市场准入、投资信贷等的重要依据。有关部门要各司其职，协调配合，增强环境监管的协调性和整体性。

（二）完善环境政策法规。要发挥财税政策的杠杆作用，加大对节能环保产品推广应用的支持力度。更多地采用差别电价等办法，限制高污染、高能耗产业发展。完善资源税，建立生态补偿机制，调动各方面保护环境、节约资源的积极性。加强环境法规建设，把那些经过实践证明的好做法肯定下来，健全法律法规，用法制的办法推进环境保护。

（三）增强环境科技支撑。加强环境保护必须依靠科技创新。要把环保技术作为科技发展的重点领域，切实提高我国环保的科技含量。现在国际上提出了“智慧地球”、“云计算”等设想，并开始采取具体行动，以寻求新技术的突破。这些创新一旦实现，对于提高节能环保效益有着重大作用。在包括节能环保在内的一些高技术领域，我国与发达国家基本上站在同一起跑线上。要加快技术研发攻关的进程，力争在国际上占有一席之地，增强话语权，并掌握一定主动权。

这次环境宏观战略研究历时两年，工程院集中各方面力量，对发展道路、发展模式、资源环境制约因素、加强环境保护的政策、应对全球环境挑战的措施等影响全局的重大问题进行了研究，取得了重要成果。国务院有关部门要充分吸收战略研究的成果，充分发挥这些成果在研究制定国民经济和社会发展“十二五”规划工作中的基础支撑作用。还要采取多种方式，通过多种途径，积极宣传推广研究成果，指导和促进各方面更好地开展环保王作。

长期以来，各位院士和专家履行自身职责，发扬奉献精神，在重大问题研究中提出了许多具有真知灼见的意见，对党中央、国务院的有关决策起到了重要支撑作用。希望大家一如既往地关心决策、支持决策，为促进经济长期平稳较快发展、建设资源节约型环境友好型社会作出更大贡献。

附件：

关于印发李克强副总理在环境宏观战略研究座谈会上讲话的通知

中工发[2009]86号

中国环境宏观战略研究领导小组各成员单位：

2009年7月21日，环境宏观战略座谈会在中国工程院召开。中共中央政治局常委、国务院副总理李克强出席座谈会并发表了重要讲话。李克强副总理充分肯定了环境宏观战略研究成果，强调要进一步提高对环境保护重要性的认识；建设生态文明，探索中国特色环境保护道路，要统筹国际国内两个大局、处理好资源节约与环境保护的关系、把保护环境与调整结构有机结合起来、着力解决关系民生的突出环境问题、积极应对新的环境问题；要为环境保护战略措施的落实提供有力保障，健全环境保护工作机制、完善环境政策法规、增强环境科技支撑，并对战略研究成果的运用和宣传等提出了明确要求。

现将李克强副总理的讲话印发你们，请认真贯彻落实李克强副总理讲话精神，不断完善环境战略研究成果，充分发挥研究成果在研究制定国民经济和社会发展"十二五"规划工作中的基础支撑作用。

附件：李克强副总理在环境宏观战略研究座谈会上的讲话

中国工程院
中华人民共和国环境保护部
二〇〇九年九月十日

中国工程科技60年:撑起强国富民的脊梁

——在新中国成立60年中国工程科技座谈会上的讲话

徐匡迪

(2009年9月21日)

今天,我们工程科技界的同志欢聚一堂,共庆新中国60华诞。60年来,我们伟大的祖国,从饱经战乱、满目疮痍、积弱积贫中站了起来,在党的领导下,励精图治,基本实现了工业化,经济总量达到世界第三,人民生活迈向总体小康,取得了举世瞩目的跨越式发展。

60年来,我们工程科技界以祖国的发展与强盛为己任,克服重重困难,攻克无数技术难关,实现了工程科技总体水平大幅提升,支撑了国家综合实力显著增强,部分领域已跻身国际先进行列,并在国民经济建设、社会发展、国家安全等方面发挥了基础性的智力和技术支撑作用,作出了巨大贡献。

新中国60年,中国工程科技发展历程大致可分为四个阶段:

第一阶段:新中国成立初期——中国工人阶级与工程科技人员激情燃烧的岁月。新中国成立之初,百废待兴,科技基础非常薄弱,多数技术领域几近空白,工程科技远远落后于西方国家。全国科技人员还不到5万人,人才匮乏和科技基础薄弱成为制约发展的主要瓶颈。党中央采取一系列措施,促进了工程科技的发展。首先根据国家建设需要,于1952年进行大规模的院系调整,新设了几十所工业专门学院,建成了比较齐全的工科教育体系,培养了一批国家急需的工程科技人才,还选派了数千名优秀大、中学毕业生,赴前苏联和东欧社会主义国家深造。与此同时,以钱学森等为代表的3000多名优秀科技人员先后归国,投身于新中国的建设事业,为工程科技的发展增添了新鲜血液,提高了起点。三是成立了中国科学院,随后铁道、电力、钢铁、建筑、机械、纺织、水利水电、地质、医学、石化、煤炭、农业、林业等大批科研院所如雨后春笋一般相继建立,形成各行业的科研核心力量。1956年,党中央、国务院提出"向科学进军"的口号,制定了《1956—1967年科学发展远景规划纲要》,明确提出"四个现代化"的建设目标,科技人员群情激奋、奔走相告。前苏联援建的156个工程项目为中国工业奠定了结构框架,大大促进了工程科技的发展,同时也为未来的发展奠定了良好基础。

第二阶段,"文革"十年——科技事业与知识分子遭遇曲折动荡的年代。"文革"期间,科技工作大部分瘫痪,研究机构被肢解,高等教育被停止,广大科学技术工作者被迫停止科研、教学工作,下放到农村或厂矿劳动。尽管如此,在周恩来、聂荣臻等老一辈革命家的坚强领导下,依靠"文革"

前十余年工程科技发展打下的坚实基础以及广大工程科技工作者献身祖国和无私奉献的精神，在国防和尖端工程科技领域，仍取得了一些重要成就，中国工程科技史上许多“第一”和重大工程是在这段曲折动荡的年代里诞生的：第一颗氢弹空爆成功(1967)，南京长江大桥建成通车(1968)，首次地下核试验成功(1969)，“东方红一号”人造地球卫星发射成功(1970)，第一艘核潜艇安全下水并试航成功(1971)，第一条超高压输变电工程——刘家峡水电站建成输电(1972)，第一台每秒运算百万次的集成电路电子计算机试制成功(1973)，大港油田和胜利油田建成(1974)，第一颗返回式卫星发射成功和第一条电气化铁路(宝成铁路)建成并交付使用(1975)……

第三阶段，改革开放——迎来工程科技大发展的春天。“文革”结束后，各行各业开始拨乱反正，我们的国家由此走上了改革开放之路。科技发展和人才培养再次受到高度重视。邓小平同志说：我们要实现现代化，关键是科学技术要能上去。发展科学技术，不抓教育不行。1977 年国家决策恢复高考，1978 年全国科技大会和十一届三中全会胜利召开，科技界迎来了“科学的春天”。1985 年，国家出台《关于科技体制改革的决定》，之后相继制定了 863 计划、星火计划和火炬计划，大大提高了我国工程科技的综合实力和核心竞争力。1995 年，国家提出“科教兴国”战略。1994 年，根据张光斗、王大珩、师昌绪、张维、侯祥麟、罗沛霖 6 位院士的建议，成立了中国工程院。工程院的成立是中国工程科技史上的一件大事。它凝聚了一批优秀的工程科技专家，团结了广大工程科技工作者，大大鼓舞和激励了工程科技界，为推动工程科技事业的发展和科技水平的提高发挥了重要的作用。

第四阶段，21 世纪——建设创新型国家、引领发展的新时代。

2005 年以来，胡锦涛总书记提出自主创新、建设创新型国家的目标。在科学发展观的指导下，中国工程科技进入了自主创新，引领发展的新时代。《国家中长期科学和技术发展规划纲要(2006—2020)》制定了中国自主创新的蓝图；大飞机、高档数控机床、大型油气田及煤层气开发、大型先进核电站、重大新药创新、载人航天及探月工程等 16 个重大专项相继实施，中国工程科技又迎来走向创新、引领发展的新时代。

纵观人类现代化历程，每一次重大变革都与工程科技的革命性突破密切相关，科技革命深刻影响和改变着民族的兴衰、国家的命运。在新中国成立之前，中国曾经与数次科技革命和工业革命失之交臂，被世界新崛起的以工程科技为代表的先进生产力抛在了后面。现如今，我国国民生产总值、综合国力已跃居世界前列，拥有一千多万人的工程科技队伍，一些重要工程科技领域已达到或接近世界先进水平，支撑了我国经济快速发展，人民生活水平大幅提升。以袁隆平为代表的一批农业工程科技专家，率先在杂交水稻及一系列现代农业工程技术上取得重大突破，实现了用占世界 7% 的耕地养活了全球 22% 的人口、粮食自给率达到 95% 的重大成就。随着疫苗技术、医疗技术的提高和医疗保健体系、疾病防控体系的建立，中国人均寿命由 1950 年的 35 岁提高到 2009 年的 74 岁，并在 13 亿人口的大国中成功地预防了 SARS、H1N1 等大规模流行病的传播。中国工业大步前行，制造业总规模世界第二，大量工业产品的制造技术已达到世界先进水平，产量世界第一甚至占有量超过 50%；一个总产量不到 20 万吨、曾经砸锅炼铁的国家，随着冶炼、连铸连轧等一系列重大工程技术的突破，一跃成长为年产量超过 5 亿吨的现代化世界钢铁大国；随着成油理论和勘探技术的突破，特别是 1959 年大庆油田的发现，中国由“贫油国”一跃成为世界产油大国。从万吨水压机到数控机床，从小火电站、小水电到超超临界发电机组、三峡水利枢纽工程和第三代核电站建设，从算盘到曙光计算机，从普及率极低的手摇固定电话到 3G 移动通信和下一代互联网，一项项重点工程为社会发展书写了浓墨重彩的篇章。

新中国成立60年来，交通运输领域的快速发展，不仅缩短了人和人之间的距离，也铺就着经济腾飞、民族富强之路。公路实现了从3万千米到373万千米的飞越，高速公路从无到有，总里程跃居世界第二；铁路从总里程2.2万千米到8万千米，世界第二，时速从43千米每小时向350千米每小时飞跃；一座座姿态优美的大桥跨江越海；中国在航空航天和其他高科技领域成绩斐然，两弹一星研制成功、神舟系列飞船升空、嫦娥一号探月、歼十战机翱翔蓝天……，成果不胜枚举。我国专利授权量居世界第三位，科技论文量居世界第二位，尖端科技成果正不断推出，闪耀世界。

60年时间，中国上演了一场波澜壮阔的巨大变迁，走过了其他国家几百年的发展历程，造就了令世界瞩目的"东方奇迹"。

站在新的历史起点，我们更应放眼全球，展望未来，清醒地认识我国与世界工程科技先进水平的差距和所面临的严峻挑战，认真思考如何抓住机遇，迎接挑战。

我国工程科技创新能力亟待提高，创新型工程科技人才的培养亟待加强，科技体制和机制有待进一步完善。

多年来，发达国家为保持其在国际经济、科技领域的领先地位，持续加大对科技与教育的投入，目标是提高创新能力，保持国际竞争力。以美国为例，美国人口仅占全球人口总数的约5%，但其用于研发的经费占到全球研发总投资的约1/3，使其成为当今世界的科技超级大国。奥巴马总统上台后，立即提出将拿出超过3%的GDP用于科学研究和发展，以保证美国在科技创新方面继续引领世界。

未来国际竞争力的核心是科技的竞争。面对日趋激烈的国际竞争新形势，我们要充分认识到我国工程科技面临的严峻挑战，锐意进取，迎头赶上。我们要充分把握当前有利于工程科技发展的历史机遇，勇于探索，勇于创新，让工程科技在中国特色社会主义建设的伟大实践中不断发展，为国家的经济社会发展继续发挥重大支撑作用，作出新的更大贡献。

重要文件

中国工程院 2008 年工作总结及 2009 年工作要点

2008 年是极不平凡的一年。中国工程院在院党组和院主席团的领导下，根据既定的工作计划，按照党中央、国务院的部署和要求，以科学发展观为指导，以建设国家工程科技思想库为载体，紧紧围绕国家经济社会发展，特别是抗击冰雪灾害、抗震救灾和灾后恢复重建等实际工作需要，积极建言献策，以多种形式组织开展了一系列的重要活动，取得了良好效果，圆满完成了各项任务，并为今后的工作奠定了良好的基础。

2008 年工作总结

一、认真组织学习实践科学发展观活动

2008 年 9 月，根据中央的统一部署，工程院全面开展学习实践科学发展观活动。10 月 7 日召开了学习实践活动的动员大会，制定了《活动实施方案》，成立了领导机构，并要求工程院全体院士和院机关全体同志认真学习实践科学发展观，院党组主要领导主持撰写了分析检查报告，并在学习讨论、广泛征求意见的基础上，形成了《中国工程院党组贯彻落实科学发展观情况的分析检查报告》，各部门也制定相应的整改措施。通过学习，进一步提高了对科学发展观的认识，机关工作人员的政治素质和业务素质、工作的责任心有了很大的提高，并决心把科学发展观贯彻落实到实际工作中。

二、急国家之所急，紧急启动应急对策研究

2008 年，我国相继发生了极端雨雪冰冻灾害、汶川地震等自然灾害，同时受全球金融危机的影响，经济发展也面临严峻调整。为此，中国工程院在院党组、院主席团的领导下，充分发挥院士的群体优势，急国家之所急，紧急启动应急机制，先后多次组织院士、专家开展抗击冰雪灾害、抗震救灾和灾后恢复重建、应对金融危机等方面的对策研究，并以各种形式，及时向党中央、国务院及国家抗震救灾总指挥部、国家汶川地震灾害重建规划组等建言献策，呈送了 10 多份相关的建议和报告，受到中央的肯定和赞扬。中央反馈意见是，工程院的建议很有用、很实在。

此外，工程院还紧急启动了《我国抗灾救灾能力建设和灾后重建策略研究》重大咨询项目。院士们根据所在学部专业技术特点，围绕“救灾装备”、“应急通信”、“房屋建筑”、“重建规划”、“环境保护”等 13 个方面提出了相应的研究课题，140 多位院士、200 多位专家参加了项目的研究工作。该项目研究一方面立足于当前，配合国家汶川地震灾后重建规划组，于 7 月 11 日将包含 5 个方面 35 条建议的《汶川地震灾后重建对策与建议》及时报送国家汶川地震灾后重建规划组；另一方面着

眼于未来,从不同角度研究提出我国抗灾救灾能力建设的战略与对策。目前,各课题已经研究提出了课题报告,项目综合报告近期可报国务院。

三、咨询研究工作取得重要成果

咨询工作是我院重要工作之一。2008 年,我院组织开展以上应急咨询研究外,还围绕国家经济社会发展需要,组织开展了一系列宏观性、战略性、前瞻性的咨询研究,并取得许多重要成果,受到中央及有关部委的高度重视。截至 2008 年底,我院在研咨询项目共有 95 个,年内共结题项目 13 个,其中重大专项 4 个;新设立咨询研究项目 30 个,其中重大专项 5 个。2008 年我院组织开展的重要咨询研究主要有以下几个方面:

江苏沿海地区综合开发战略研究,是由中国工程院、国家开发银行和江苏省人民政府联合开展的重大咨询研究项目,由钱正英院士等牵头,20 多位院士和 200 多位专家参加。项目围绕能源、滩涂开发、港口与交通等 11 个课题,并于 2008 年 2 月形成项目综合报告上报国务院,5 月 8 日,温家宝总理、李克强副总理和马凯国务委员及有关部委的负责同志听取了汇报,给予高度评价。会议决定将江苏沿海综合开发纳入长三角综合规划,并责成国家发改委牵头编制相应的规划。这对促进江苏沿海地区综合开发、带动区域经济协调发展具有重要的战略意义。

创新型工程科技人才培养的研究,是于 2007 年启动的重大咨询专项,由徐匡迪、朱高峰任顾问,潘云鹤、周济任组长,170 余位院士和近 300 位专家参加研究工作。项目设 12 个专业领域研究课题组。经过近 2 年的研究,各课题完成了课题研究报告。在此基础上,综合组起草了项目综合报告,并经反复讨论和多次修改,已形成《走向创新——创新型工程科技人才培养研究》综合报告,提出若干重要建议,准备向国务院及有关部门汇报。

中国能源中长期(2030、2050)发展战略研究,是一个关系国民经济可持续发展的重大问题。中国工程院紧紧围绕这一命题,在充分酝酿和已有研究的基础上,于 2008 年 2 月启动了《中国能源中长期(2030、2050)发展战略研究》重大咨询专项。该项目由徐匡迪院长任顾问、杜祥琬副院长任项目组长,分设节能、电力、煤炭、石油、核电、可再生能源等 6 个课题组和项目综合组,通过近一年来的研究,已经取得一些重要的认识和初步成果,项目的研究工作进展顺利,预计 2009 年完成项目研究报告。

三峡工程论证及可行性研究结论的阶段性评估项目,是根据温家宝总理、曾培炎副总理的批示精神,国务院三峡建委于 2008 年 2 月正式委托工程院组织实施的重大项目。工程院高度重视,成立了由徐匡迪院长为组长、潘云鹤常务副院长、钱正英院士等为副组长的项目领导小组和工程院原副院长沈国舫院士为组长、潘家铮院士等为副组长的评估专家组,分设 10 个评估课题组,相关领域有造诣和较超脱的 37 位院士、近 300 位专家参加了项目的评估研究工作。该项目在有关部委、省市和相关单位的大力支持下,工作进展顺利,目前各课题评估报告已经完成,项目综合报告在进一步修改、完善之中,预计 2009 年上半年完成。

中国下一代互联网示范工程(CNGI),是由国家发展改革委、科技部等八部委联合领导组织实施的示范工程,中国工程院作为组织和协调单位、项目专家委员会挂靠单位,由邬贺铨副院长负责,积极参与项目的组织协调和专家委员会的工作,为项目一系列重要成果的取得作出了贡献。经过各承建单位的努力,建成了覆盖全国主要城市的 IPv6 网络,覆盖城市达 22 个,建成 59 个核心节点,使我国成为世界上最大规模的 IPv6 网络基础设施之一。

2008 年组织开展的重大咨询还有《中国可再生能源发展战略研究》、《三峡库区及其上游水污染防治战略研究》、《高性能纤维及其制品国家发展战略与策略研究》、《农业机械化发展战略研究》、《中国环境宏观战略研究》、《新疆可持续发展中有关水资源的战略研究》、《新时期我国生物安全战略与法规研究》、《提高我国制造业产品质量的途径研究》等重大项目，其中部分项目已经完成研究工作，一些还在进行之中，有的还出版了研究成果。此外，《中国高温超导材料及应用发展战略研究》等 15 项咨询研究项目也在有条不紊地进行之中。

四、学术交流活动进一步活跃

2008 年 6 月，中国工程院第九次院士大会在北京召开，胡锦涛总书记在两院院士大会开幕式上作重要讲话，并指出，中国科学院、中国工程院是国家在科学技术和工程方面的最高咨询机构，是国家的科学技术思想库。温家宝总理、刘延东国务委员分别在院士大会上作了报告。大会期间，我院还组织了全院学术报告会，潘云鹤、黄其励、殷瑞钰、陈君石等院士以及美国工程院院长查尔斯·威斯特博士、挪威工程院奥德马格努斯·福尔廷森教授等分别在大会上作了学术报告，工程院各学部都分别围绕抗震救灾和灾后恢复重建工作等组织了相应的研讨和交流，取得了良好的效果。

面向工程科技，组织学术交流，研讨工程科技问题，传播科技知识，是中国工程院的重要工作之一。2008 年，我院共主办或协办各类学术活动 59 场，涉及包括农业、医药卫生在内的各工程技术领域和工程管理领域，内容非常广泛。其中包括 13 场工程科技论坛、4 次工程前沿研讨会、3 场医学科学前沿论坛、19 次国内学术会议、20 次国际学术会议。如“房屋建筑物质量与安全管理制度的发展与创新”论坛、“信息技术的创新和发展”论坛等，受到工程科技界的广泛欢迎。

五、“院士行”活动取得新进展

2008 年，我院和国家发改委以“推动产业升级，促进区域创新”为主题，积极稳步推进院士行活动，先后组织了浙江省台州市、河南省偃师市、山东省药学科学院、江苏省企业信息化、河南省生物医药产业、山东省日照市和河北省以岭医药集团等 7 次“科技创新院士行”活动。院士行活动共有 43 位院士和 22 位专家参加，举行技术座谈会 24 场，作学术报告 21 个，听众合计 1 100 人，院士或院士所在单位与企业达成 11 项协议，为企业解决技术问题 15 个，提出合理化建议 31 项，为促进企业技术进步和创新能力的提高发挥了良好的作用，受到相关省市、企业和参加活动的院士、专家的欢迎和好评。

为发挥院士在学科建设、团队培养、科研开发等方面的优势，结合咨询项目研究工作，工程院还组织了相关专业技术领域的技术咨询考察活动 9 次，如狮子洋隧道重大技术专家咨询会、金沙江溪洛渡水电站高拱坝结构安全度评价调研、发展海上风电事业考察与研讨等。这些活动为促进地方特色产业的发展发挥了良好的作用。

六、院地合作进一步深入

为更好的发挥院士为地方经济建设服务，规范院地合作，工程院研究制定了《中国工程院院地合作工作管理办法(试行)》；同时，在已有的院地合作基础上，2008 年又与浙江省、河南省和湖北省签订了合作协议，并根据院地合作框架，与地方政府联合组织了一系列的重要活动。如与山东省合作召开了济南信博会、烟台果蔬会、济宁专利博览会和淄博陶瓷博览会，开展了黄河三角洲、鲁南经济带等地的技术咨询；在深圳高交会期间，我院举办了生物产业发展论坛(2008)、医疗器械2008高峰论坛；协助浙江省科技厅组织了台州、临安院士、专家产学研合作交流活动；围绕“共建广西药用植物园”项目组织了2次院士、专家咨询活动。协办了武汉·中国光谷发展院士论坛、顺德区域发展战略咨询评议会、重庆新材料与可持续发展院士论坛、海南昌江黎族自治县循环经济工业区技术咨询活动、新疆少数民族高发疾病遗传背景与遗传药理学院士论坛等咨询与学术活动。此外，还与工业和信息化部、中钢集团签署了合作协议，为下一步工作奠定了良好的基础。

七、健全规章制度加强院士队伍建设

加强院士队伍建设是工程院的重要工作之一。2008年，中国工程院狠抓制度建设，不仅在深入调研的基础上，修改完善并通过了《中国工程院章程》，同时还围绕院士增选工作的需要，修订了《中国工程院院士增选工作实施办法》(修订案)，修改完善了2009年提名和遴选院士候选人的有关通知及提名书的相关内容，进一步完善现有院士增选系统及综合信息管理系统，与中国科学院联合召开两院2009年院士增选工作会议，并听取各部门和地方对增选工作的意见和建议。

在科学道德建设方面，坚持“院士自律、完善制度、弘扬楷模、社会监督”的方针，修订了《中国工程院关于涉及院士科学道德问题投诉件的处理规定》，编印了《中国工程院科学道德建设文件资料汇编》，接受并严肃处理有关针对院士科学道德问题的投诉，相关的工作得到工程科技界和社会的认可。在抗击南方极端冰雪灾害和汶川地震的抗震救灾工作中，广大院士积极投入抗灾救灾工作，积极建言献策，以卢世璧为代表的一批相关院士不顾年老体弱，亲赴灾区救死扶伤第一线，赢得了人民的尊敬和赞扬，是工程科技界的楷模和学习的榜样。

八、积极推进国际交流与合作

2008年，工程院分别与英国皇家工程院、西班牙皇家工程院和巴基斯坦科技部的签署了合作协议，与美国国家工程院和挪威技术科学院续签了合作协议，并通过多种形式的活动，拓展了我院与爱尔兰、巴西、秘鲁、冰岛、罗马尼亚等国工程科技组织和机构的关系，与联合国亚太农业工程与机械中心续签了《行政与财务安排协定》。我院领导还代表中国工程科技界在世界工程师大会上(巴西利亚)作主旨报告。

我院与瑞典皇家工程科学院开展的“可再生能源与环境”合作项目进展顺利，2008年举办了四次双边学术研讨会，其中在有关高等院校举办的研讨会对我国可再生能源与环境方面的人才培养起到了积极的作用。我院还先后举办了中国与英国能源与气候变化研讨会、中国与澳大利亚矿物加工研讨会、中国与挪威可再生能源研讨会、中国与西班牙信息技术研讨会等双边研讨会等20余场学术会议。

2009年工作要点

根据院主席团会议审议通过的《中国工程院2006—2010年度工作纲要》，结合院党组提出的要加强开拓性的要求，2009年的工作要点如下：

一、做好院士增选工作，加强院士队伍建设

认真总结和借鉴多年来院士增选工作的经验，继续改进和完善增选过程中各个环节的工作，坚

持宁缺毋滥的原则，严格掌握院士的标准和条件，严肃增选全过程的纪律，加强社会监督，并注意选拔年轻的优秀人才，保证新当选院士的质量。

继续动态跟踪院士队伍结构和我国高层次工程科技人才结构的变化，实行总量控制、适度微调的方针，保持院士队伍的适度规模，优化结构，实现院士队伍高质量、可持续的发展。大力宣传院士典型事迹，倡导无私奉献的高尚品德和创新精神。弘扬科学精神，传播科学知识，坚决抵制一切违反科学道德的行为。

二、积极推进国家工程科技思想库的建设

学习实践科学发展观，研究落实院党组提出的各项整改措施，并遵照胡锦涛总书记关于建设国家科学技术思想库的战略构思，以科学发展观为指导，以服务于国家经济社会发展、保障国家安全为目的，以促进工程科技健康发展、提高自主创新能力、建设创新型国家为核心，积极探索建设工程科技思想库的方法、途径、体制和机制，抓紧从组织上尽快落实国家工程科技思想库建设的各项工作。

三、积极应对金融危机，开展战略咨询

国际金融危机对于我国来说，既是严峻的挑战，也是极好的发展和超越机遇。如何抓住机遇，迎接挑战，是一个需要时刻关注并深入研究的重大战略问题。2009 年，工程院将在继续推进战略咨询研究工作的基础上，积极组织院士、专家，发挥院士跨学科、跨部门的群体优势，联合科学界开展相应的对策研究，并根据项目研究工作进展，及时提出相应的对策和建议，向党中央、国务院建言献策。

四、做好“工程科技中长期发展战略研究”

组织有关院士、专家，开展我国工程科技中长期发展战略研究重大咨询项目。通过调研和多学科交叉的研讨与分析，查明我国工程科技各个专业技术领域（涉及工程院 9 个学部、几十个专业领域，包括部分基础研究，重点突出应用研究领域）的发展现状、发展趋势，研发中存在的突出问题，以及与国际领先水平的差距，同时结合国家经济、社会发展的需要，提出各专业技术领域的阶段性（近期、中期和长期）研发目标、重点、难点和相应的技术路线图，以及建议国家给予重点支持的研发项目名录和对策建议等，对全面提升我国工程科技水平和核心竞争力具有重要的战略意义。

五、加快咨询服务中心建设

组建中国工程院咨询服务中心已获国家批准。2009 年要加快推进咨询中心建设，并将咨询中心纳入国家工程科技思想库建设体系，认真做好顶层设计，并在顶层设计框架的基础上，做好咨询中心的组建工作。

六、加强院地合作、院部合作

加强院地合作、院部合作，既是地方和有关部委的需要，也是国家经济建设和工程科技发展的需要，对此应给予高度重视。院地合作要在认真总结以前经验的基础上，坚持抓重点、讲实效、量力而行的原则，逐步稳健推进。同时根据已经签署的合作协议，进一步落实与工业和信息化部等单位

的合作事宜。

七、积极推进院士行活动

技术创新院士行活动是我院与国家发改委联合组织的具有特色的咨询活动，通过多年的实践，取得良好的效果。2009 年在与国家发改委联合组织好院士行活动的基础上，进一步总结经验，探索与工业和信息化部联合组织相关的院士行活动，以帮助企业应对金融危机、提高技术创新能力，促进经济的平稳发展。

八、进一步活跃学术交流

学术活动是工程院的重要活动之一。组织好学术活动对提高科技水平、促进科技创新具有重要而深远的意义。2009 年积极开展学术交流活动，继续有针对性地结合工程科技发展的前沿问题和重点领域发展趋势，举办香山科学会议、工程科技论坛等各类学术活动，并与中国科协、中国科学院组织相关的学术活动。

九、继续加强国际合作与交流

拓展国际交流渠道，推动实质性合作。继续加强与各国工程科技组织的联系与交流；认真落实已有的与瑞典皇家工程科学院的“可再生能源与环境”合作项目，加强人员交流和扩展长期人员培训，并争取项目实现延续进行；办好“中美工程前沿研讨会”、“中澳中小企业技术创新与转化研讨会”等活动。

2009 年工程院还要认真完成党中央、国务院交办的其他各项任务。加强党的建设和机关建设，做好宣传、出版和奖励工作。进一步加强与国务院新闻办公室的联系，保持与各新闻媒体的畅通渠道。向社会广为宣传工程科技在经济社会发展中的重要作用，宣传院士为国家科技进步作出的突出贡献。提高《中国工程科学》杂志及其英文版的质量，办好《工程前沿》和《院士通讯》等出版物。

在新的一年里，工程院将在党中央、国务院的直接领导下，同全国广大科技工作者一道，积极应对金融危机，为推动我国工程科技的自主创新和发展，为祖国的繁荣昌盛，作出新的贡献！

中国工程院2009年工作总结及2010年工作要点

2009年是新世纪以来我国经济发展最为困难的一年。在金融危机、气候变化、流感肆虐的背景下,科技扮演着前所未有的重要角色,承担着我国经济持续发展的重要使命。中国工程院以邓小平理论和“三个代表”重要思想为指导,以学习实践科学发展观活动为契机,按照胡锦涛总书记提出的“建设工程科技思想库”的要求,认真学习与贯彻党的十七届四中全会精神和中央经济工作会议精神,不断巩固和扩大学习实践活动的成果。工程院一如既往地发挥着院士队伍的群体优势,为推进国家经济社会可持续发展贡献力量,各项工作都有一定成效。

2009年工作总结

一、发挥院士群体作用,咨询研究工作取得重要成果

中国工程院是我国工程科学技术领域的最高荣誉性、咨询性学术机构。作为国家的工程科技思想库,我院开展的咨询工作内容涵盖国家经济、社会、科学技术发展的计划和规划、重大工程建设项目等诸多领域,对国家相关决策起到了支撑和推动作用。

1. 2009年继续推进咨询工作

工程院2009年共完成咨询研究项目15项,正在开展的咨询研究项目127项,其中的重大专项有:“中长期工程科技发展战略研究”(与基金委联合开展)、“中国能源中长期发展战略研究”、“提高我国制造业产品质量途径的研究”、“中国制造业可持续发展战略研究”、“中国养殖业可持续发展战略研究”和“推进自主创新、建设创新型国家战略研究”等。

2009年共向国务院报送的研究成果7项,向各部门报送成果8项,其中有4项直接向党中央、国务院作了专题汇报,分别是:“三峡工程论证及可行性研究结论的阶段性评估”项目,于7月14日向国务院李克强、回良玉副总理作了汇报;与环保部联合开展“中国环境宏观战略研究”项目,于7月22日向李克强副总理作了汇报;开展“中国能源中长期发展战略研究”重大专项,于8月10日与国家发改委就应对气候变化的建议联合上报了国务院,为国家应对气候变化行动目标方案的论证提供了支撑,也为我国参加哥本哈根会议顾问团的工作作出了一份努力。开展“我国工程科技创新型人才培养研究”,上报国务院后,刘延东同志作了重要批示,并于3月25日向李源潮同志作了汇报。

围绕应对国际金融危机和保增长、保民生等国家经济建设需要迫切解决的突出问题,工程院组织院士和专家建言献策,在2009年初就向国务院紧急报送了“应对国际金融危机的对策”的报告,为应对甲型H1N1流感,也及时向国务院报送了院士建议。同时,向国务院及有关部委上报《院士

建议》15期。

作为中国工程院建设国家工程科技思想库的一项重要举措，中国工程院咨询服务中心已经成立并逐步进入了正常运作阶段。

2. 探索咨询工作合作开放的新形式

——探索改进咨询项目立项、实施和经费管理的新途径。

总结过往咨询工作管理的经验、教训，系统研究了如何进一步规范咨询工作，并据此采取了相应的改进措施。尝试通过“项目指南”的制定和发布，提高项目立项的科学性和针对性，并在2010年的项目确定中得到初步体现。进一步规范项目资金使用，严格项目资金的借出和报销手续。2010年新启动项目一律开始在咨询服务中心实报实销。保证项目资金的专款专用和合理规范使用。通过严格项目经费预算、及时安排项目启动，适时对项目经费预算进行调整等措施，提高项目预算执行率。通过对项目后期经费借出的控制，希望达到项目结题与经费决算基本同步，逐步提高项目经费预算的执行比例。

——探索与相关部门、企业等在咨询方面开展合作的新形式。

借鉴以往承担江苏沿海、新疆水资源、五矿集团、国家电网公司等咨询项目的经验，开辟咨询新的方式和途径。与基金委共同开展的“中长期”项目中，充分发挥基金委的渠道优势，动员院士、有关部委、科研院所、地方等部门的专家，共同参与研究工作。同时，通过研讨会、报告会的形式尝试新的研究方式，邀请李毅中部长、万钢部长等到工程院作报告，从不同领域、不同角度提供了需求与大量信息，对项目的研究工作起到了很大的帮助。2009年与国家开发银行的合作重新启动。在加强交流和增进了解的基础上，合作面大大拓宽。从以往被动地共享工程院已有研究成果转变到主动挖潜，合作思路转变到有效利用院士资源、扩大研究成果的影响、提升工程院咨询研究成果应用等上来。

二、以改革创新精神，加强院士队伍建设

2009年是增选年，又有48位各个领域中优秀的工程科技人才入选院士队伍，为了做好这项工作，工程院加强了以下方面的工作：

1. 改进并完善院士增选政策

2009年是院士增选年。工程院在增选工作之初，就对《中国工程院院士增选工作实施办法》进行了修订，并对院士候选人推荐遴选渠道进行了调整，对《提名书》中“基本信息”和“主要学历”的部分内容进行了细化，还对“重要科技奖项”和“重要专利”进行了界定。工程院主席团和院士增选政策委员会还专题研究了两个方面的问题：一是院士队伍的合理规模，特别是80岁以下的院士队伍的合理规模；二是在确保质量的前提下，优化每次增选院士的数量和年龄结构。在院士队伍可持续发展成为全体院士共识的前提下，科学分析和研究工程科技人才队伍的现状，适时调整增选名额。在不违反现有增选程序和办法的前提下，决定在两个学部进行了试点，探索用足用好增选名额的办法，为改进并完善院士增选工作进行了有益的尝试。

2. 以科学严谨精神，倡导院士科学道德

工程院高度重视院士科学道德建设，多次深入研究并讨论解决科学道德问题的对策建议，并在《中国工程院院士增选工作实施办法》第二条院士标准和条件中，增加了“品行端正”的内容，以突出学风道德在院士标准和条件中的重要地位。并向国务院正式报送了我院《关于呈报科学道德建

设有关情况的报告》，并附院科学道德委员会关于《科技繁荣与科学道德》的文章，报告提出加强科学道德建设是科技界的一项基本任务，要构建教育、制度、监督、法制相结合的科技诚信工作体系等建议。

3. 顺利完成院士增选工作

在院士增选工作中，我院继续向进入第二轮的院士候选人及所在单位发出一封信，强调坚决杜绝任何形式的不正之风。严格遵守院士增选的有关规定，以客观公正的态度评价每一位候选人，在去伪存真的基础上凝聚共识，把真正优秀的候选人选到院士队伍中来，高质量地完成今年的增选工作。

今年，经国务院有关部门、直属特设机构（含所属国有大型企业）、直属机构、直属办事机构、直属事业单位，解放军总政治部，各省、自治区、直辖市，中国科协等渠道遴选以及院士提名，共产生了449名有效候选人。经过第一轮评审有163位候选人进入第二轮评审，又经过第二轮评审和选举，全院9个学部共选举产生了48名新院士。新当选院士平均年龄为56.2岁，其中60岁（含）以下的32人，占新当选人数的66.7%；50岁（含）以下的14人，占新当选人数的29.2%；最大年龄75岁，最小年龄41岁。

今年的外籍院士增选，经过全体院士大会选举产生了6名新外籍院士，其中美国籍5名，英国籍1名。

三、积极推进学术交流和院地合作、院士行

面向工程科技，组织学术交流，研讨工程科技问题、传播科技知识，是中国工程院的重要工作之一。2009年，我院共主办或协办各类学术活动上百次，涉及包括农业、医药卫生在内的各工程技术领域和工程管理领域，内容非常广泛。全年参与主办或协办的各类学术活动57场。其中，工程科技论坛11场、学部学术年会3场、香山科学会议2次、国内学术会议28次、国际学术会议13次。如我国海上风电场建设重大工程问题研究、中国生物材料研究与产业发展趋势、第三届水利学术年会——2009水资源与可持续发展高层论坛、第二届建筑学术年会——2009中国上海国际建筑科技大会、中华医学会第十一届骨科学术会议暨第四届国际COA学术大会等，受到工程科技界的广泛欢迎。

工程院积极推进和加强与有关部委、地方和企业的联系与合作，组织院士专家为地方政府破解经济发展难题，为产业结构调整提出建议；为企业解决相关技术和管理等难题，提升企业自主创新能力等方面作出应有的贡献。在年内新签署了3份合作协议（中钢集团、云南省、内蒙古自治区），并组织开展各种活动近50次。

从去年开始，我院和国家发改委共同组织的院士行工作重点有所调整，逐步从为单一企业技术发展咨询服务，转向着重研究提出重大行业领域中的共性技术需求，以及对重大项目的咨询和评估；从学术报告会等具体事务转向开展较为深入的专题调研，体现产业结构调整的要求，为行业自主创新能力的提升和区域经济整体发展服务；将院士行活动融入经济发展中，把技术与经济相结合，从解决具体技术问题向服务于产业政策制订和规划编制等方面延伸。

四、国际合作与交流进一步加强

中国工程院积极开拓国际合作渠道，有效利用国外资源，重点加强了与国外主要工程院的合

作。2009 年，我院组织的因公出国（境）团组 23 个，参加外单位组团 4 个，直接组织了 6 场在华国际学术会议，以及 48 场外事接待和相关活动。

我院重点加强了与国外主要工程院的合作。与美国国家工程院举办了首届中美工程前沿研讨会，在食品安全、新节能技术、基础设施的可持续发展和防灾减灾、智能交通系统等四个工程前沿领域开展研讨，十分成功；积极组织参加了与美国国家科学院、国家工程院以及中国科学院合作的四院“大规模可再生能源发电项目”。与瑞典皇家工程科学院的“可再生能源与环境合作项目”亦继续进行，今年在中国和瑞典共举办了四次双边研讨会，派遣赴瑞典长期合作人员 6 人。同时，还与瑞典皇家工程科学院共同举办了“生命科学讨论会”，探讨了两院下一步开展生命科学领域的合作。

我院还与外国科学与工程组织签署了三个合作谅解备忘录，即：中国工程院与阿根廷工程院工程科技合作谅解备忘录；中国工程院与印度工程院的科技合作谅解备忘录；中国工程院与法国医学科学院合作谅解备忘录。

五、宣传、出版和奖励工作取得新进展

2009 年主流媒体发表的有关工程院的文章和消息比前一年有所增加，通过宣传院士们作出的贡献，树立了我院的良好形象。

完成了《中国科学技术前沿》、《工程前沿》、《中国工程院院士》画册第 8 卷、*Newsletter* 共 5 期的出版工作，编辑和发行的《中国工程科学》、*Engineering Sciences*、《院士通讯》等杂志的水平也不断提高。

2009 年是光华工程科技奖提名年，共收到提名书 89 份，其中工程奖候选人 54 位，青年奖候选人 35 位。

六、坚持理论指导实践，努力建立科学发展的长效机制

围绕工程院建设和发展面临的新形势、新任务，党组领导班子精心确定主题，围绕应对国际金融危机和保增长、保民生等国家经济建设需要迫切解决的突出问题，组织院士和专家建言献策。

机关党委全面推进各项工作。用科学理论指导实践，以学习型党支部建设，推动学习型机关建设。机关队伍建设依照内强素质、外树形象的要求，近年来得到显著加强，院机关工作逐步走向制度化、规范化，为出色地完成各项工作任务提供了可靠的保障。

2010 年工作要点

根据院主席团会议审议通过的《中国工程院 2006—2010 年度工作纲要》，结合落实党的十七大提出的各项任务和我院的工作实际，2010 年的工作要点如下：

1. 认真贯彻落实党的十七大精神

以十七大精神为指导，高举中国特色社会主义伟大旗帜，贯彻落实科学发展观，认真完成党和国家交给我们的各项任务，为我国的工业化、现代化和全面建设小康社会作出新的贡献。

2. 努力做好咨询工作

重点做好“中国工程科技中长期发展战略”等重大专项咨询的工作。进一步摸索咨询研究的前期调研和立项的准备工作，在咨询经费的执行上下功夫，完成《咨询经费管理细则》的制定与

实施。

3. 全力开好院士大会

2010年将要召开两年一度的院士大会，我院要与中科院密切合作办好大会。组织举办全体院士大会学术报告会和各学部学术报告会。同时认真做好大会的其他准备工作。做好工程院领导班子换届选举、主席团换届、学部常委会和相关专门委员会的换届工作。

4. 深入开展院士队伍建设可持续发展研究

通过"中国工程院院士队伍建设研究"咨询项目，持续保持工程院院士队伍的声誉、质量与活力，保证院士队伍健康发展，发挥院士在我国工程科技发展中的思想库作用和在经济社会中的作用。

5. 进一步推进"院士行"和院地合作

进一步总结"院士行"活动经验，探索推进"院士行"活动和院地合作，加强与有关部委、地方和企业的联系与合作。为企业技术发展咨询服务，以帮助企业应对金融危机、提高技术创新能力，促进经济又好又快的发展。

6. 积极开展学术交流活动

继续有针对性地结合工程科技发展的前沿问题和重点领域发展趋势，举办工程科技论坛、香山科学会议等多种形式的学术活动，并与中国科协和中国科学院合作开展各项学术活动。同时，拓展国际学术交流渠道，落实与国外工程院的交流与合作项目。

7. 加强中国工程院咨询服务中心建设

为保障院士咨询服务工作更好地开展，咨询服务中心要尽早承担起对受委托的咨询项目的组织实施以及参与咨询项目研究的职责，集中力量做好重大咨询项目的组织服务工作，使我院的咨询工作取得更大成绩。

此外，要进一步做好宣传、出版和奖励工作。继续加强机关建设，完善各项制度，加强财务管理。

在新的一年里，工程院将在党中央、国务院的直接领导下，同全国广大科技工作者一道，为推动我国工程科技的自主创新和发展，为祖国的繁荣昌盛，作出新的贡献！

关于周济同志任职的通知

中委[2009]159号

中共中国工程院党组:

中央决定:周济同志任中国工程院党组副书记(正部长级,列潘云鹤同志之前)。

中共中央

2009年10月22日

院 士 增 选

[院领导讲话]

在2009年院士增选第一轮评审会议上的讲话

徐匡迪

2009年6月29日

各位院士：

中国工程院2009年院士增选第一轮评审会议今天开始。大家在盛夏季节不辞辛劳聚集一堂，为中国工程科技事业发展和院士队伍建设举贤荐能，我代表工程院主席团向大家表示热烈的欢迎和衷心的感谢！刚才，旭日干副院长和杜祥琬副院长已经就这次增选和加强科学道德建设的问题作了专门的报告，借此机会，我想强调三点意见。

一、继续努力，加强国家工程科技思想库建设

胡锦涛总书记在去年两院院士大会上明确提出，要将两院建设成为国家的“科学技术思想库”。这是新形势下党和国家赋予两院的神圣使命。面对复杂多变的国际环境和艰巨繁重的中国特色社会主义建设任务，党和国家迫切需要科技界研究分析经济社会发展面临的重大问题，为国家宏观决策提供科学的咨询意见；迫切需要工程科技界切实关注国家经济建设，破解科学发展难题，为实现经济社会又好又快发展，建设创新型国家提供科技支撑。

中国工程院作为国家工程科学技术界的最高荣誉性、咨询性学术机构，有责任有义务急国家之所急，努力履行好党和国家赋予我们的神圣职能，围绕国家科技、经济和社会发展中的重大问题开展研究，提出战略性、宏观性和综合性的咨询意见和建议，为国家宏观决策提供科学依据。工程院党组经过认真研究，在去年开展的学习实践科学发展观活动中，将“建设支撑科学发展的工程科技思想库”作为工程院学习实践活动的载体，并作为当前和今后一个时期深入贯彻落实科学发展观的中心工作。为此，由党组成员带领机关同志，分别到院士相对集中的地区开展实地调研，广泛听取院士们的意见和建议。在充分调研的基础上，院主席团又进行了认真的研究和讨论，进一步统一了思想，增强了贯彻落实科学发展观的自觉性，明确了建设“国家工程科技思想库”的基本思路和具体措施，并决定在今后的工作中加以落实。

2008年是不平凡的一年。工程院围绕一系列重大突发事件，在快速应急反应和战略研究方面做了大量工作，咨询工作取得了新进展。从年初的雨雪冰冻灾害到春末的汶川特大地震，再到席卷

全球的国际金融危机和后来在各国蔓延的甲型 H1N1 流感，都对我国的经济社会发展造成巨大威胁与挑战。工程院响应中央和国务院号召，作出快速反应，紧急召开抗灾救灾、灾后重建、应对国际金融危机和流感疫情等多次专题研讨会，并向国务院和有关部门及时报送了意见和建议；快速启动了“我国抗灾救灾能力建设”等重大咨询研究项目，从工程科技方面为中央提供及时有效的应对措施，受到党和国家的高度重视，表现出工程院咨询工作较强的应急能力。

紧扣国家经济社会发展需求，瞄准重大战略性问题，始终是工程院咨询工作的出发点和着力点。近年来，工程院的咨询工作更加关注对宏观、重大、具有前瞻性的问题开展研究。例如三峡工程论证阶段性评估、中国环境宏观发展战略、创新型人才培养、能源中长期战略、养殖业可持续发展、生物安全等重大咨询研究项目相继立项或完成。最近又与国家自然科学基金委合作设立联合基金，开展“中国工程科技中长期发展战略研究”。

为适应建设“国家工程科技思想库”的需要，我们对咨询工作的体系进行了调整，对支撑咨询工作的力量也从组织上进行了加强。在咨询项目立项的指导思想上，强调更多地关注国家经济和社会发展的重大问题，更多地关注解决支撑科学发展的重大工程科技问题。在咨询队伍建设方面，将在继续充分发挥院士的主体与核心作用的同时，逐步建立中国工程院特聘咨询专家队伍，积极团结和吸引工程科技界年轻、优秀的领军人才参与咨询研究工作，扩大咨询研究队伍的规模，优化结构，拓展咨询队伍的专业领域，逐步建成一支高水平的富有活力、相对稳定，并涵盖工程、经济、社会等广泛研究领域的咨询支撑队伍。我们将继续加强与国家有关部委和产业部门的合作，坚持解放思想、实事求是、改革创新，在实践中不断提高咨询工作的质量，更好地为国家的科学决策服务。

在咨询工作的管理方面，我们将在咨询项目的前期调研、立项的论证、项目的实施、研究的过程管理和成果应用等方面逐步进行规范。为适应工程院咨询工作不断深入和拓展的需要，我们对院机关的职能和组成也进行了相应调整，加强了咨询工作的力量，申请成立了咨询服务中心，目前“中心”正在加紧组建过程中。咨询服务中心将在工程院领导下，为重大咨询项目的研究提供服务和支撑。希望各位院士关心咨询服务中心的建设，积极提出加强咨询工作的意见和建议。

各位院士，党和国家在新形势下提出建设科学技术思想库，这是贯彻落实科学发展观的具体体现，也是对两院和全体院士的充分信任和殷切期待，意义重大。希望各位院士在做好本职工作的同时，充分关注整个国家的工程科技发展战略方向，充分关注本学科领域的重大战略问题，充分关注和举荐既有较高专业水平，又有宏观战略思维的年轻人才加入我们的咨询队伍，进一步加强工程科技思想库的建设。

二、集中精力做好本次院士增选工作

两年一度的院士增选是工程院院士队伍建设的基础性工作，是国家赋予我们的神圣职责。院士队伍要实现可持续发展，保持旺盛的活力，必须补充高质量的新鲜血液。对我们这些先期当选的院士而言，增选新院士既是基本权利，更是加强国家工程科技领军队伍建设，树立工程科技人才成长方向标的重大任务。我一向赞成这样的观点：院士增选的结果如何，新当选院士能否得到工程科技界和社会的高度认可？这首先是对我们现有院士队伍水平和能力的检验。希望大家不辜负国家和人民的重托，不辜负科技界的期望，认真负责地把好院士队伍建设的第一道关口。

在 2007 年的增选中，我们首次实行了“两个 2/3”的选举投票规定，即参加选举投票的院士不少于本学部应投票院士的三分之二，选举方为有效；选举结果获得赞同票达到或超过投票院士三分之二的候选人方可当选。这一措施的实施，进一步提高了当选院士的公认度，社会和科技界的反映总体是好的。与此同时我们也注意到，当年当选的院士人数出现了较为明显的下降，60个名额只有33名候选人当选。针对这种情况，各学部和院增选政策委员会分别进行了认真的分析和研究，认为当选人数的下降不仅是因为选举办法的改变和人才“断层”的影响，还有不少其他方面的原因。为此，我提四点意见：一是在这次增选中，希望大家要在保证质量的前提下尽量把符合条件的人才选进来。二是各学部可在今年的评审和选举中，就大家共同关心的问题，先期安排和组织一些讨论，交换意见，取得共识。各学部可以采取本学部认为合适的程序和办法，帮助大家更好地了解候选人和凝聚共识，以便优秀的候选人能在最后一轮以2/3多数通过。三是要继续强调公平、公正、公开的原则，保证选举不受外界干扰。这是我们工程院对增选工作的一贯要求和必须坚持的原则。在这次增选过程中，我们要一如既往，排除各种渠道和方式的影响，寻求公开和公正的选举结果。四是要继续慎重和恰当地处理好投诉信。既要认真就投诉信提出的问题进行核实和了解，避免不符合条件的候选人当选，又不能因为不实的投诉，或投诉信处理不当而对候选人造成负面影响，使得本该当选的候选人失去当选的机会。在以往的增选中，我们已经积累了很多好的经验，希望各学部认真分析和总结，把投诉信处理工作做好。只要我们始终坚持公平、公开、公正的评审和选举原则，我们的增选结果就一定能够经得起社会和历史的考验。

三、继续加强院士队伍的科学道德建设

中国工程院的“荣誉性”是立院之本，是工程院存在、发展和发挥作用的生命之源。荣誉性靠什么来体现呢？当然靠全体院士的学术水平和高尚的学风与道德来体现。唯有保持了荣誉性，才能保证中国工程院及其院士在社会上的影响力和咨询研究的权威性。院士的学术水平和对工程科技的杰出贡献有很高的公认度，而社会上往往更加关注院士自身的道德修养和学术作风。因此加强院士队伍的科学道德建设是一项长期的任务，需要全体院士的共同努力。

对候选人科学道德状况的考察，是院士增选评审和选举中必须高度重视的重要方面。对那些在学风道德方面有问题的候选人，坚决不能入选。把好院士入选的学风道德关，是保持院士队伍整体的科学道德水平，维护院士声誉和工程院荣誉性的重要保证，希望院士们在增选过程中给予特别关注。

近年来，科技界陆续出现一些学风道德问题，院士招收数量众多的研究生和院士异地、多单位兼职等问题再次成为社会舆论关注的焦点。虽然出现问题的只是个别现象，但已影响到整个院士队伍的声誉和社会形象。全体院士应该引以为戒，主动谢绝不适当或力所不及的兼职。带研究生要真正能做到亲力亲为而不搞“批量生产”、“层层委托”，并严格要求和管理好自己的学生和身边的人。借此机会，我想再次重申我过去在很多场合都强调过“五个不希望”的原则：即不希望院士参加与自己学科专业无关的鉴定、评审和评奖活动；不希望院士为了使本单位成果的层次更高一些，为了论文能在更高一级的杂志上发表而在别人的成果上挂名；不希望院士压制不同的学术观点，轻率否定别人的科研成果；不希望院士参加一些商业炒作和商业包装活动；不希望院士参加伪科学和封建迷信活动。

在去年的院士大会讲话中，我曾引用过恩格斯的话“任何人在自己的专业之外都只能是半通”。鲁迅先生也曾著有《名人和名言》的文章，剖析了“一成名人，便有‘满天飞’之概”的现象，指出这个病根至今还没有除，“名人的话并不都是名言”。我今天再次用这两句话和大家共勉，希望我们都能够引以自律。

祝大家在评审会期间健康愉快，祝第一轮评审会议取得圆满成功！谢谢大家！

在2009年院士增选第二轮评审和选举会议上的讲话

徐匡迪

2009年10月29日

各位院士：

大家上午好！

2009年院士增选第二轮评审和选举会议今天开始。我代表院主席团向各位院士表示热烈的欢迎，向各学部和各位院士在增选工作中表现出的认真负责态度以及付出的辛勤劳动表示衷心的感谢。

关于第二轮评审和选举的具体安排，以及需要强调的有关问题，旭日干副院长已向大家作了说明。下面，我仅就院士队伍健康发展问题谈点意见。

工程院由700多位院士组成，是中国工程科学技术界的最高荣誉性、咨询性学术机构。建院15年来，在全体院士的精心维护和不懈努力下，工程院保持了这个最高荣誉性和咨询性的学术地位和社会地位，得到了党中央国务院的高度重视和全社会的公认。今后，增选院士的质量如何仍然是保证院士队伍可持续地健康发展的前提，是"荣誉性、咨询性"的前提与基础。

工程院成立以来，历届院领导和主席团都十分重视院士队伍的建设，始终把它作为我院的基本任务来抓，在各学部和全体院士的共同努力下取得了显著的成绩，院士队伍总体上保持了一个很高的水平，在推动我国工程科技发展、引领优秀人才成长和国家重大决策咨询等方面发挥了重要作用。

回顾工程院院士队伍建设的历程，大家会注意到，根据不同时期工程科技人才队伍的状况和工程院发展的需要，在历届增选时曾对院士增选办法和其他相关政策进行必要的调整，采取了各种有效措施，以保证了院士队伍的健康发展。

第一，工程院成立之初，就制定了严格的院士标准和规范的院士增选程序。在每次增选中，又根据当时面临的实际情况，制定了若干具体措施。例如，为更好地体现院士增选工作的科学、公平、公开和公正，接受社会对院士增选工作的监督，我们先后采取了候选人材料在本人所在单位公示，候选人基本信息在报纸、网上公布，征询意见等；为使院士能更直接和全面地了解候选人的情况，适时增加了进入第二轮评审的候选人到学部作自我介绍，并回答问题的评审程序；根据院士增选的新形势和保证质量的要求，又将表决规定由1/2通过改为2/3通过等等。这些政策和措施的调整，对保证我院院士队伍的水平和质量,保持院士增选的公平、公正和增加透明度,都起到了非常重要的作用。

第二,在建院最初阶段,根据当时拥有大量新中国成立以来积累的优秀工程科技人才的实际情况,为了更好地完成国家赋予工程院的各项任务,我们曾将每次增选院士的数量确定在120人左右,使得院士队伍在较短时间达到一定的规模。2001年后,又根据“文革”十年形成工程科技人才“断档”的实际情况,及时地将每次增选名额调整到80和60位,以保证新当选院士的质量。

第三,院士队伍的专业分布和地区覆盖,是院士队伍结构的两个重要方面。每次院士增选我们都特别强调,在坚持院士标准和条件的前提下,要注意院士队伍的专业和地区分布,各学部和院士们在评审和选举中也给予了充分的理解和贯彻。15年来,通过八次增选,我们逐渐完善了院士队伍的专业分布,院士的一级学科覆盖率达到100%,二级学科达到73%。同时,也扩大了院士队伍的地区覆盖面,现有院士分布在除海南(曾有1位)和澳门以外的32个省、自治区、直辖市和特别行政区。

第四,院士队伍的年龄结构,是院士队伍结构的另一个重要标志。如何保持一个合理的年龄结构,使院士队伍能健康和可持续地发展,是我们一直十分关心和致力于解决的一个重大问题。党中央、国务院领导和科技界乃至社会上对此也十分关注。因此,每次增选我们都对提名和遴选的候选人中的中青年比例作出了适当的规定,在每次评审和选举中也都反复强调并给予了充分重视。

我们的院士增选工作在几届院领导班子和全体院士的积极参与下,改进完善和调整的措施还很多,刚才讲到的只是比较大的几点。这些调整和措施都是根据当时所面临的实际情况,经过科学分析和认真研究而确定的,实践证明也是完全正确和必要的。

经过15年来的八次增选,我院共选举了院士783位,其中有74位已经故去,实有院士709位,平均年龄74岁,其中资深院士151位。总体来看,目前院士队伍的状况与国家工程科技发展的要求是基本相适应的。但是,从发展的眼光来看,从新形势和新任务来看,院士队伍建设也面临新的情况和挑战。现在我院院士队伍的主体,是20世纪50—60年代的大学毕业生,随着院士平均年龄逐年增长,资深院士比例明显增高,非资深院士人数下降,这种状况如持续下去,将难以适应国家赋予我们的任务,也难以反映改革开放以来我国工程科技发展的巨大成果和人才成长的状况。

对于解决院士队伍可持续发展问题,大家都很关心,也提出不少建设性的意见和建议。比如,如何在保证质量的同时尽可能用足增选名额;科学分析和研究工程科技人才队伍的现状,适时调整每次增选名额等等。今年8月份的主席团会议认真分析和研究了这个问题。从初步分析看,要解决这个问题比较复杂,需要专题研究下述两个方面的问题:一是院士队伍的合理规模,特别是80岁以下的院士队伍的合理规模;二是在确保质量的前提下,优化每次增选院士的数量和年龄结构,以使得合理的院士队伍规模能够得以保持。怎么解决这个问题,今天提给大家,希望各学部组织院士们共同分析和研究,为2011年和今后增选政策的改进和调整提前作好准备。

今年的第二轮评审和选举从今天就开始了。如何在保证质量的前提下提高增选名额的利用率,已成为各学部和院士们的共识。在现有增选程序和办法的前提下,主席团同意两个学部进行试点,以利于在坚持院士标准和条件的同时,探索用足用好增选名额的办法,希望能够得到广大院士的理解和支持。

在此,我还要再次强调,在坚持院士标准和条件的情况下,希望大家更多地关注优秀中青年候选人。在今年的候选人中,中青年比例已明显提高,说明“文革”后头几批毕业生中的佼佼者已经成长起来，相当一部分人已基本达到院士所需要的工程实践的积累期。近20年来，我国展开了大规模工业化和现代化建设，很多重大工程项目带动了我国工程科技水平的大幅度提升，也促进了高层次优秀科技人才的快速成长。经过第一轮评审，有的学部和院士也反映，进入第二轮的候选人水平较高，赞同票超过三分之二的占进入第二轮候选人总数的67%，某些空白二级学科也有了较出色的候选人。当然各学部的情况也不平衡，不能搞"一刀切"。希望院士们根据实际情况，不失时机地把符合条件的中青年优秀人才选进院士队伍，增添新鲜血液，保持院士队伍的朝气与活力。

另一方面，我们还必须一如既往地强调保证增选质量的问题。院士队伍的质量是我们的立院之本，是"健康发展"的核心与灵魂。最近几届选举之前，影响我们增选质量的拉票、助选、包装、造假等违规行为屡见不鲜，甚至有愈演愈烈之势。不少院士给院领导和增选政策委员会写信，反映情况并表示严重关切，担心这些现象会破坏院士称号的荣誉性和工程院的声誉，甚至使选举受到社会质疑。这些担心也不是杞人忧天，必须引起全体院士的高度重视。近年来，每次增选，工程院都给进入第二轮的候选人和所在单位发一封信，强调坚决杜绝任何形式的不正之风，就是为了大家配合起来，共同排除干扰，保证增选质量。我想选举质量的好坏，首先是对我们现有院士队伍的考验。希望大家严格遵守院士增选的有关规定，排除干扰，以客观公正的态度评价每一位候选人，在去伪存真的基础上凝聚共识，把真正优秀的候选人选到院士队伍中来，高质量地完成今年的增选工作。

当然，从根本上讲，保证院士队伍的健康和可持续发展，还要从规章制度和运作机制上解决问题。这就要进行更加系统深入的研究，在实践上不断探索，制度上不断完善，方法上不断改进。希望增选政策委员会吸收、组织各学部的院士，专题进行调查和研究，花一年左右的时间，提出意见和建议。

最后，希望各位院士在北京这秋高气爽的好时节，精神愉快，身体健康，劳逸结合。

预祝第二轮评审和选举会议圆满成功。

谢谢大家！

在2009年院士增选工作会议上的讲话

旭日干

2009年1月5日

各位代表、同志们：

大家上午好！

今天，我们两院在这里共同召开2009年院士增选工作会议。首先，请允许我代表中国工程院对各遴选部门长期以对我们工作给予的大力支持和协助表示衷心的感谢！

中国工程院2009年院士增选工作已从1月1日起正式启动了。此前，我们已经向各省、自治区、直辖市人民政府，国务院各部委、直属机构、直属事业单位，解放军总政治部，中国科协，有关企业发出了提名和遴选院士候选人的通知，想必大家已经收到了有关文件。下面我就2009年中国工程院院士增选相关情况，向与会的各位进行通报和说明：

一、关于院士增选相关规定的变化情况

总体说来，中国工程院院士增选工作的政策一直是连续的，保持了基本稳定。由于2008年我院对《中国工程院章程》进行了修订等因素，2009年院士增选相关文件据此也进行了修改与完善。主要有下面几点：

（一）关于《增选办法》的主要修改内容

《中国工程院院士增选实施办法》（以下简称《增选办法》）是增选的主要文件，对院士的标准和条件作了明确规定，是候选人的提名、遴选、评审和选举的重要依据。修改后的《增选办法》主要变化有：

第一，在《增选办法》第二条院士标准和条件中，增加了“品行端正”的内容，以突出学风道德在院士标准和条件中的重要地位。品行端正主要是指院士应具备优良的科学道德与学风，良好的行为品德和端正的生活作风。

第二，经过科学院和工程院共同协商，并经两院主席团分别讨论决定，两院共同计算被提名、推荐为院士候选人的次数。为此，《增选办法》第十三条规定：“凡已合计连续3次被提名至中国工程院和被推荐至中国科学院的有效候选人，必须中止1次有效候选人资格。”也就是说，2003年、2005年、2007年两院合计连续3次被提名、推荐的院士有效候选人，2009年必须停止1次候选人的资格。

第三，《增选办法》第三条外籍院士标准中把“具有很高的工程科学技术水平和在国际上享有良好声誉”放在重要的位置，在“对中国工程科学技术事业发展作出贡献”后增加了“或者在促进我国工程科学技术界国际交往方面有重要作用”的内容。这种改变，第一更加突出了外籍院士在国际上的水平和声誉，第二是强调为我国工程科技所作的贡献。

（二）关于遴选渠道的调整

2008年9月下旬和10月初，我院学部工作局分别与工业和信息化部、交通运输部及国有资产管理委员会的有关人事部门，分别就2009年有关企业院士候选人提名和遴选渠道等问题进行了沟通与协商。根据协商结果并结合以往院士遴选渠道的实际，工程院院士增选委员会经过研究，并经过主席团审议，决定对企业院士遴选渠道进行适当调整。主要内容是，2009年院士候选人提名和遴选渠道是，原单独进行提名的5大公司（中国石油天然气集团公司、中国石油化工集团公司、中国海洋石油总公司、中国建筑工程总公司、中国长江三峡工程开发总公司）、分行业提名的10大军工集团公司，仍然维持原提名渠道不变（办法同2007年）；其他企业一律按照归属关系由归口部门负责提名和遴选。

这里需要特别说明的国家部委所属的国家二级局，工程院不作为直接联系的部委归口遴选部门，而直接联系其归属的部委。这一点与科学院的做法不同，我们的目的是逐步理顺关系。

（三）关于《提名书》内容的部分修改

本次增选，对《提名书》中“基本信息”和“主要学历”的部分内容进行了细化，“主要成就和贡献”由2500字改为3000字，“重要科技奖项”和“重要专利”进行了界定。其中，重要科技奖项强调内容相同的奖项只填一个最高奖；重要专利限填已经授权并实施了的发明专利。

（四）关于增选名额和各遴选渠道报送名额的说明

《增选办法》规定，每次增选总名额及各学部的名额分配，由主席团决定。院主席团在对我国工程科技人才队伍状况分析的基础上，确定2009年的院士增选名额仍为60名，与2007年一致。

2009年提名和遴选院士候选人通知规定，涉及多学科候选人遴选的综合部门，如教育部、国有资产管理委员会、中国科学院、中国科协、中国人民解放军系统，向工程院报送候选人的名额为每个学部不超过6名；具有行业管理职能的部委，如工业和信息化部（对应的信息与电子工程学部）、卫生部（对应的医药卫生学部）、农业部（对应的农业学部）等在与其行业相对应的学部报送候选人名额不超过6名、报送其他学部的名额不超过3名；交通运输部、铁道部等其余部委（含单独报送的大企业）及省、自治区、直辖市报送候选人名额为每个学部不超过3名。

二、工程院在增选工作中注重把握的几个重点

1. 坚持和完善投诉信处理工作。严格按照《中国工程院院士增选投诉信处理办法》的规定和程序，认真调查、处理各种对候选人的投诉。5月份公布有效候选人名单，就开始接受投诉，到8月15日投诉信受理截止，有3个月左右的投诉期，时间比较充裕。

2. 加强对候选人学风道德的考察，坚决抵制院士增选中的不正之风。中国工程院一贯重视候选人的学风道德问题，过去历次增选中严格坚持了学风道德一票否决，体现了院士增选的严肃、公正。2009年增选工作将进一步加强对候选人学风道德状况的考察。同时规定，院士和院机关工作人员要严格遵守《中国工程院院士增选工作中院士行为规范》和《中国工程院院士增选工作机关工作人员行为规定》，如发现候选人或候选人所在单位在增选中的不当行为，有责任和义务及时向工程院报告和反映。所有不当行为，一经查实将视情节给予严肃处理。

3. 坚持和完善进入第二轮评审的候选人到会介绍情况和回答问题的做法。从2003年开始，部分学部在第二轮评审中进行了候选人到会介绍情况、回答问题的试点，2005年开始在所有学部全面实施。实践表明，这种方式对提高评审效率，保证评审质量都具有良好的效果，得到院士们和候选人的一致肯定。2009年的第二轮评审中，仍然坚持这一评审程序，并将不断总结经验，使之完善。

4. 鼓励各学部采取有效办法提高院士对候选人的共识度。《增选办法》中对评审和选举过程的每个环节都有详细规定，在操作规范的前提下，如何更有效地增进院士对候选人的深入了解、全面把握，各学部在评审工作的具体组织过程中，可以进行积极探索。

5. 强调优化院士年龄结构和专业结构。这次工程院在深入学习实践科学发展观活动中，我院徐院长等院领导分别带队在院士比较集中的武汉、上海、浙江、成都、西安、深圳等地召开征求院士意见的座谈会。院士们普遍认为：当前院士平均年龄较高，资深院士人数不断增加，大家建议在增选过程中，在符合院士标准和条件的基础上，要特别注意长期工作在第一线并作出重大成就和贡献的工程科技专家；要特别注意优秀中青年工程科技专家；要特别注意交叉、边缘学科以及尚无院士的学科、地区、部门的工程科技专家；逐步使院士的整体结构更趋合理，更具有广泛性。

三、对各遴选部门的几点要求

做好院士增选工作，是院士队伍建设的基础性工作。这项工作离不开各部门、各地方和在座各位的大力支持。为此，借此机会我代表工程院提几点要求：

1. 各提名单位和遴选部门要严格按照《增选办法》的规定，根据院士的标准和条件严格把关，完成2009年院士候选人遴选的各项工作，从程序上保证院士增选的严谨性、客观性和公正性。为此，候选人的推荐材料要做到尊重科学、尊重历史、尊重事实、尊重合作者，不得故意拔高、更不得为提高候选人的竞争力把别人的成果记在候选人的身上。对于推荐材料的真实性，提名单位首先要客观和实事求是，然后要经本人确认、遴选委员会把关、组织审核等一系列必要的程序，这些材料要经得起同行的挑剔，经得起群众的监督，经得起历史的检验。

2.《增选办法》第十七条对各遴选委员会的组成提出了明确要求。遴选委员会的组成不少于9人，其中现从事专业技术工作的正高级专家不少于80%。遴选委员会以无记名投票方式，产生遴选结果。遴选委员会成员名单、投票全部结果应如实填入候选人《提名书》内，并须有遴选委员会负责人的签字或盖章。

3. 注重候选人材料的保密问题。我们要求候选人《提名书》原则上不得涉及国家秘密，报送单位或遴选部门报送时要出具证明。附件材料涉密或确有其他保密材料需要报送，须请候选人所在单位对相应材料注明保密等级，并出具公函对涉密人员的条件及审阅材料范围予以说明。请各遴选单位遵守国家和本部门的保密规定，严格按照《中国工程院院士增选中的保密规定》要求，切实重视候选人材料的保密工作，尽可能做到既不影响候选人的评审，又不泄露国家秘密。

4. 坚持和完善候选人材料的公示制度。作好公示是加强社会监督的关键环节，工程院反复强调做好候选人公示工作的意义。2009年公示期仍为1个月。希望各提名单位按照《中国工程院院士增选候选人材料公示办法》的要求，认真负责地做好材料公示工作，各遴选部门要作好材料公示的监督检查工作，避免出现因材料公示不到位，而受到投诉或影响候选人评审的情况。2009年院士候选人材料公示期间，我院将组织人员到某些单位或部门进行抽查与调研。

5. 注意控制几个时间节点。2009年院士增选工作的几个主要时间节点是：4月30日院士候选人推荐材料报送截止；5月公布有效候选人名单；6月最后一周召开院士增选第一轮评审会议，7月公布评审结果，即进入第二轮的候选人名单；8月15日候选人投诉信受理截止，10月最后一周召开院士增选第二轮评审选举会议，12月初召开主席团会议审议选举结果，12月底以前正式向社会公布新当选院士名单。最后，欢迎大家在会议讨论中对遴选工作的相关规定提出意见和建议，帮助我们不断完善。同时我们也欢迎各提名单位、遴选部门及时反映院士遴选工作中遇到新情况、新问题，以便我们今后不断改进和提高。让我们一起努力，共同做好2009年的院士增选工作。

谢谢各位并祝大家新春愉快、安康、幸福！

在 2009 年院士增选第一轮评审会议上的讲话

旭日干

2009 年 6 月 29 日

各位院士:

上午好!

今天,我们在这里召开两年一度的院士增选第一轮评审会议。根据主席团会议要求,由我在这里向各位院士通报如下情况:

一、关于 2009 年院士增选候选人的情况

本次增选,通过院士提名,国务院部委、直属机构和省、自治区、直辖市遴选以及中国科协遴选的候选人共 578 人次(其中 128 人次为多渠道提名),实际候选人共 450 人,经形式审查有 1 人不合格,因此通过 5 月 18 日主席团会议审定的本次增选实际有效候选人为 449 人(其中 113 人为多渠道提名)。比起 2007 年的有效候选人 484 人减少了 35 人。

在 449 位有效候选人中,院士提名的有 176 人,其中 86 人为多渠道提名;国务院部委、直属机构遴选的有 243 人;各省、自治区、直辖市遴选的有 106 人;中国科协遴选的有 52 人,其中有 47 人为多渠道提名。从候选人所属系统分布来看,国务院各部委、直属机构 289 位,占 64.37%;各省、自治区、直辖市和香港特别行政区 123 位,占 27.39%;军队系统 37 位,占 8.24%。其中,香港特别行政区有 4 位候选人;台湾省有 4 位候选人。从候选人工作单位性质分布来看,来自科研院所的 154 位,占 34.30%;来自高等院校的 183 位,占 40.76%;来自企业(含改制后科研院所)的 85 位,占 18.93%;来自管理机关的 27 位,占 6.01%。

449 位有效候选人中,曾经被提名为有效候选人的 256 人,占 57.02%。60 岁以下(含 60 岁)有效候选人占总数的 61.92%,比 2007 年提高了 14.61 个百分点。平均年龄 56.60 岁,比 2007 年下降了 1.85 岁;最小年龄 40 岁,最大年龄 77 岁。女性候选人 17 名,占 3.79%,男性 432 名,占 96.21%。候选人的学部分布和年龄情况见下表。

学部	总人数	平均年龄	≤60 岁		70 岁
			人数	百分比/%	
机械	49	55.61	30	61.22	4
信息	44	56.43	27	61.36	3
化工	68	54.81	47	69.12	2
能源	51	56.25	34	66.67	0
土木	54	55.78	37	68.52	4
环境	32	57.84	16	50.00	1
农业	57	56.65	36	63.16	1
医药	61	57.70	38	62.30	1
工管	33	60.52	13	39.39	1
合计	449	56.60	278	61.92	17

另外,今年院士共推荐了10位外籍院士有效候选人。这10位有效候选人学部分布情况为:机械学部1人、信息学部2人、化工学部1人、能源学部1人、土木学部2人、医药学部3人;国籍分布情况为:美国7人、英国1人、加拿大1人、瑞典1人;为本国院士的有8位。在本次会议期间,将征求全体院士对外籍院士有效候选人的意见。

二、关于2009年院士增选办法、遴选渠道、提名书内容调整等情况

根据2008年通过的《中国工程院章程》修订案,对2009年部分增选文件进行了修订,主要有以下几方面:

1. 关于《中国工程院院士增选工作实施办法》(以下简称《增选办法》)的主要修改内容

第一,在《增选办法》第二条院士标准和条件中,增加了"品行端正"的内容,以突出学风道德在院士标准和条件中的重要地位。品行端正主要是指院士应具备优良的科学道德与学风,良好的行为品德和端正的生活作风。

第二,经与中国科学院协商,并经主席团会议审议同意,决定两院共同计算被提名、推荐为有效院士候选人的次数。为此,《增选办法》第十三条规定:"凡已合计连续3次被提名至中国工程院和被推荐至中国科学院的有效候选人,必须中止1次有效候选人资格。"也就是说,2003年、2005年、2007年两院合计连续3次被提名、推荐的院士有效候选人,2009年必须停止1次候选人的资格。

第三,《增选办法》第三条外籍院士标准中把"具有很高的工程科学技术水平和在国际上享有良好声誉"放在了更重要的位置,并在"对中国工程科学技术事业发展作出贡献"后增加了"或者在促进我国工程科学技术界国际交往方面有重要作用"的内容。这种修改,第一突出了外籍院士在国际上的水平和声誉,第二是强调为我国工程科技所作的贡献。

2. 关于遴选渠道的调整

2008 年 9 月和 10 月，我院分别与工业和信息化部、交通运输部及国有资产管理委员会，分别就 2009 年有关企业和国家部委所属的国家局院士候选人提名和遴选渠道等问题进行了协商。根据协商结果并结合以往院士遴选渠道的实际，院士增选政策委员会经过研究，并报主席团会议审议同意，决定对 2009 年企业院士遴选渠道进行适当调整，即：原单独进行提名的 5 大公司（中国石油天然气集团公司、中国石油化工集团公司、中国海洋石油总公司、中国建筑工程总公司、中国长江三峡工程开发总公司）和分行业提名的 10 大军工集团公司，仍然维持原提名渠道不变（办法同 2007 年），其他企业一律按照归属关系由归口部门负责提名和遴选；国家部委所属的国家局，工程院不再将其作为直接联系的归口遴选部门，而由其所归属的部委负责相应的归口遴选工作。这一点与科学院的做法不同，我们的目的是逐步理顺关系。

3. 关于《中国工程院院士候选人提名书》（以下简称《提名书》）内容的部分修改

本次增选，对《提名书》中"基本信息"和"主要学历"的部分内容进行了细化，"主要成就和贡献"由 2500 字改为 3000 字，并对"重要科技奖项"和"重要专利"进行了界定。其中，重要科技奖项强调内容相同的奖项只填一个最高奖；重要专利限填已经授权并实施了的发明专利。另外，还将有效候选人的基本信息与 3000 字的主要成就和贡献提前寄送各位院士审阅。

4. 关于各遴选渠道报送名额的说明

2009 年，涉及多学科候选人遴选的综合部门，如教育部、国有资产管理委员会、中国科学院、中国科协、中国人民解放军系统，向工程院报送候选人的名额为每个学部不超过 6 名；具有行业管理职能的部委，如工业和信息化部（对应的信息与电子工程学部）、卫生部（对应的医药卫生学部）、农业部（对应的农业学部）等，可向与其行业相对应的学部报送候选人名额为不超过 6 名、报送其他学部的名额为不超过 3 名；交通运输部、铁道部等其余部委（含单独报送的大企业）及省、自治区、直辖市报送候选人名额均为每个学部不超过 3 名。

5. 关于各学部增选名额的分配

今年院士增选各学部名额分配仍执行上次增选的分配方案，即分两步确定：第一轮评审只明确各学部的参考名额，以便确定进入第二轮的候选人数量；最终增选名额的分配待第一轮评审结束后，在综合分析各学部情况的基础上由主席团研究确定。

2009 年第一轮评审各学部参考名额分配方案如下：

机械与运载工程学部	7 名
信息与电子工程学部	7 名
化工、冶金与材料工程学部	7 名
能源与矿业工程学部	7 名
土木、水利与建筑工程学部	7 名
环境与轻纺工程学部	5 名
农业学部	7 名
医药学部	7 名
工程管理学部	5 名

三、关于医药卫生学部书面摸底投票情况的通报

在2009年的院士增选工作中,医药卫生学部第一轮评审采取书面摸底和会议评审相结合的方式进行。5月20日—6月10日,医药卫生学部完成了书面摸底投票工作,发出摸底选票76张,收回76张,全部有效。根据统计结果,列出了全学部候选人总的得分排序情况和各专业组候选人得分排序情况,并将该结果发给医药卫生学部与会院士,仅供第一轮会议评审时参考。

四、几点希望

1. 要严格按照中国工程院《院士增选工作实施办法》、《外籍院士增选工作实施办法》、《院士增选工作中院士行为规范》、《院士增选中的保密规定》、《院士增选投诉信处理办法》、《院士增选候选人材料公示办法》、《院士增选机关工作人员行为规定》等有关规定要求做好本次增选工作,以保证增选工作的科学、公平、公开和公正。

2. 要认真学习贯彻徐匡迪院长刚才的重要讲话精神,通过大家努力创造一个科学、严谨、民主、和谐,能够畅所欲言的评审环境,坚持原则,坚持标准,实事求是,排除干扰,保证我们今年的评审和选举工作取得圆满成功。

各位院士,时近酷暑,希望大家在会议期间保重身体。

谢谢大家!

在2009年院士增选第二轮评审和选举会议上的讲话

旭日干

2009年10月29日

各位院士:

上午好!

中国工程院2009年院士增选第二轮评审和选举会议已经开始,此次会议的主要任务是选举产生新院士(包括外籍院士)。一会儿,徐匡迪院长将从战略高度和发展角度对本轮院士增选工作作重要讲话,希望各学部认真学习落实。受主席团会议的委托,我先向大会报告第二轮评审和选举工作的有关情况,并就如何搞好本次选举工作讲几点具体意见。

一、进入第二轮候选人的基本情况

1. 总体情况

经过第一轮会议评审，并经主席团会议审定，从449位有效候选人中投票产生了163名进入第二轮评审和选举。进入第二轮的候选人平均年龄56.4岁，60岁（含）以下占65.0%，最大年龄75岁，最小年龄40岁，女性5名（占3.1%）。进入第二轮的候选人中，来自高等院校的有73人，占44.8%；来自研究院所的有64人，占39.3%；来自企业（包括改制后科研院所）的有14人，占8.6%；来自管理部门的有12人，占7.4%。

2. 2009年、2007年进入二轮的候选人对比

年龄对比：2009年进入二轮的候选人中，年龄在60岁（含）以下的有106人，占进入二轮候选人总数的65.0%，比2007年的75人（45.7%）多31人；年龄在60岁—70岁（含）的有49人，占进入二轮候选人总数的30.1%，比2007年的78人（47.6%）少29人；年龄在70岁（含）以上的有8人，占进入二轮候选人总数的4.9%，比2007年的11人（6.7%）少3人。通过数据对比可以看出，本次院士增选进入二轮的候选人中60岁（含）以下候选人所占比例明显增加，从2007年的45.7%上升为今年的65%。

性别对比：2009年，有158位男性候选人和5位女性候选人进入二轮。相比2007年，男性增加1人，女性减少2人。

港澳台对比：2009年，有2位香港地区候选人和1位台湾地区候选人进入二轮。相比2007年，香港地区候选人多1位，台湾地区候选人少1位。

行业分布对比：2009年进入二轮的候选人中，来自高等院校的有73人，占进入二轮候选人总数的44.8%，比2007年的74人（45.1%）少1人；来自研究院所的有64人，占进入二轮候选人总数的39.3%，比2007年的46人（28.0%）多18人；来自企业的有14人，占进入二轮候选人总数的8.5%，比2007年的33人（20.1%）少19人；来自管理部门的有12人，占进入二轮候选人总数的7.4%，比2007年的11人（6.7%）多1人。

3. 各学部候选人的具体情况

机械与运载工程学部有19人进入第二轮，平均年龄58.7岁，进入二轮的候选人占本学部全部有效候选人的38.8%；信息与电子工程学部有19人进入第二轮，平均年龄55.3岁，进入二轮的候选人占本学部全部有效候选人的43.2%；化工、冶金与材料工程学部有18人进入第二轮，平均年龄55.4岁，进入二轮的候选人占本学部全部有效候选人的26.5%；能源与矿业工程学部有20人进入第二轮，平均年龄57.3岁，进入二轮的候选人占本学部全部有效候选人的39.2%；土木、水利与建筑工程学部有19人进入第二轮，平均年龄54.6岁，进入二轮的候选人占本学部全部有效候选人的35.2%；环境与轻纺工程学部有12人进入第二轮，平均年龄55.6岁，进入二轮的候选人占本学部全部有效候选人的37.5%；农业学部有21人进入第二轮，平均年龄55.1岁，进入二轮的候选人占本学部全部有效候选人的36.8%；医药卫生学部有21人进入第二轮，平均年龄56.3岁，进入二轮的候选人占本学部全部有效候选人的34.4%；工程管理学部有14人进入第二轮，平均年龄59.6岁，进入二轮的候选人占本学部全部有效候选人的42.4%。具体情况见表1。

表1

学部名称	有效候选人数	进入第二轮候选人人数	进入第二轮候选人的平均年龄	进入第二轮占有效候选人的比例/%
机械与运载工程学部	49	19	58.7	38.8
信息与电子工程学部	44	19	55.3	43.2
化工、冶金与材料工程学部	68	18	55.4	26.5
能源与矿业工程学部	51	20	57.3	39.2
土木、水利与建筑工程学部	54	19	54.6	35.2
环境与轻纺工程学部	32	12	55.6	37.5
农业学部	57	21	55.1	36.8
医药卫生学部	61	21	56.3	34.4
工程管理学部	33	14	59.6	42.4
合计	**449**	**163**	**56.4**	**36.3**

4. 外籍院士评审情况

在第一轮评审会议期间，各学部对相关背景的10名外籍院士候选人征求了院士的意见，并在学部内进行了排序。在昨天召开的主席团会议上，对外籍院士候选人进行了讨论和投票，产生了6名正式候选人。

其中，背景学部为机械与运载工程学部的1人，背景学部为信息与电子工程学部的2人，背景学部为化工、冶金与材料工程学部的1人，背景学部为土木、水利与建筑工程学部的1人，背景学部为医药卫生学部的1人；这6位候选人中，有5位为美国籍，1位为英国籍。

二、关于选举票中取消“弃权”栏及在农业、医药卫生两个学部进行选举试点的决定

本届主席团于2006年6月在鞍钢会上作出两项重要决定：一是“获2/3赞同票”的人当选为院士；二是2007年和2009年每次增选名额为60名。这两项决定为进一步保证院士增选工作的科学、公正、公平和院士队伍的质量，起到了积极的作用。

但是目前我院院士队伍建设与持续发展仍有一些突出的问题有待进一步研究解决。如院士队伍整体的平均年龄偏高（到本月底74.2岁）；又如2007年的增选指标利用率偏低（55%）。

为了用好增选指标，并确保增选工作质量，增选政策委员会反复认真讨论研究，并听取各学部常委会意见，经主席团会议审议，对增选工作提出了如下改进意见：

1. 鉴于现行院士增选采用的选举票把“弃权”当作“不同意”票进行统计，造成统计结果不够合理，决定今年第二轮评审与选举票只设“同意”和“不同意”两栏（取消“弃权”栏）。

2. 在控制2009年当选院士人数不超过60名、坚持“2/3赞同票”标准、120%差额选举原则以及既定《增选办法》的前提下，在第二轮增选中选择农业学部和医药卫生学部作为进行评审和选举的试点学部，这两个学部按9名增选名额进行投票排序。

选择试点学部的主要依据是：在第一轮的评审和选举中，进入第二轮的候选人获得“A票”数

达到或超过 2/3 的人数超过主席团规定的增选参考名额，且学部常委会提出试点申请。

各学部进入第二轮评审候选人中获得 A 票数达 2/3 以上（含 2/3）的人数如表 2 所示。

表 2

部名称	进入第二轮候选人数	进入第二轮候选人中达到或超过 2/3 的人数	达到或超过 2/3 占进入第二轮候选人比例/%
机械与运载工程学部	19	4	21.05
信息与电子工程学部	19	5	26.32
化工、冶金与材料工程学部	18	10	55.56
能源与矿业工程学部	20	5	25.00
土木、水利与建筑工程学部	19	7	36.84
环境与轻纺工程学部	12	8	66.67
农业学部	21	9	42.86
医药卫生学部	21	13	61.91
工程管理学部	14	4（在背景学部评选结果）	28.57
合计	**163**	**65**	**39.88**

注：主席团会议分配给各学部的增选参考名额是：环境轻纺和工程管理两个学部为 5 名，其他学部均为 7 名。

从以上表中看出，进入第二轮候选人获得 A 票达到或超过 2/3 人数超过主席团规定的增选参考名额的学部有化工冶金与材料、环境与轻纺、农业、医药卫生 4 个学部。其中化工冶金与材料学部未提出搞试点的要求，环境与轻纺学部在分配增选名额过程中已经增加了一个名额。因此只有农业学部和医药卫生学部符合进行试点的基本条件。

试点的定位是以《中国工程院章程》（以下简称《章程》）和《增选办法》规定为前提，进行探索性试验（类似 2003 年候选人介绍情况的试点）。

试点具体方案是：试点学部分别从进入第二轮的候选人中，按照投票的得分排序，产生 11 名正式候选人；正式选举时，试点学部在 11 名正式候选人中，按照当选名额 9 名掌握，即投票时圈选“同意”最多不超过 9 名；获得达到或超过 2/3“同意”的候选人达到 9 名（或 8 名）时，若第 7、8、9（或 7、8）名出现并列的情况，试点学部须对并列者进行重复投票确定排序，依据获得“同意”票数多少，依次排出顺序，提交主席团会议审定。

主席团将依据各学部实际选举结果进行审定：如第二轮正式选举结果全院 9 个学部当选数量合计在 60 名以内，试点学部控制名额达到或超过 2/3 标准的均可当选；如全院当选数量超过 60 名，试点学部只能前 7 名当选；如遇到特殊情况，由主席团会议研究决定。

该方案于 9 月 21 日第 15 次院常务会议审议同意，并经昨天的主席团会议审定通过。

三、各学部的增选名额

根据院增选政策委员会提出的各学部增选名额和试点学部的要求，并经主席团会议审定，具体分配方案(含试点)是:机械与运载工程学部7名,信息与电子工程学部7名,化工、冶金与材料工程学部7名,能源与矿业工程学部7名,土木、水利与建筑工程学部7名,环境与轻纺工程学部6名,工程管理学部5名。而第二轮进行试点的农业和医药卫生两个学部,选举投票按照9个名额掌握。

四、投诉信调查处理的情况

投诉信的调查核实是一项难度较大、政策性很强的工作。增选政策委员会扩大会议对投诉信的处理工作进行了认真分析和深入研究,并提出了处理意见。基本要求是:严格保守秘密,坚持回避制度,突出调查实质内容,明确调查结论。

根据上述要求,各学部都召开了常委会制定了第二轮评审操作办法和日程安排,研究投诉信调查核实的要求和计划,并于10月15日前按计划完成了投诉调查核实工作。据统计,9个学部共组成**70个调查组**,共有**200位院士**合计**216人次**参与了该项工作,为第二轮评审和选举工作的顺利开展,作了较好的准备。

另外,能源与矿业工程学部还成立了10个考察组,20名院士对没有被投诉的候选人进行了考察。

在此,我代表院领导向参加调查和考察工作的院士和工作人员表示衷心的感谢。

本次增选工作**投诉信情况**为:截至2009年8月15日止(以邮戳为准),收到对进入二轮候选人的投诉信224封,共涉及9个学部的96位候选人,占全部进入二轮163位候选人的58.9%。

按投诉信类别分:署名投诉95封(涉及66位候选人),占投诉信总数的42.4%;匿名投诉126封,占投诉信总数的56.3%;单位投诉3封,占投诉信总数的1.3%。

按涉及的内容分:反映推荐材料不实26封;反映学术水平66封;反映学风道德问题129封;反映工作作风30封;反映生活作风10封;反映经济问题27封。

投诉信的调查结果:被投诉候选人总数为96位,其中确定调查的有77人,经调查,投诉内容属实的有3人,部分属实的有15人,不属实的有58人,另有1人无法下结论。

五、对做好第二轮增选工作的几点要求

1. 高度重视院士队伍的健康可持续发展。徐匡迪院长曾在院士增选政策委员会会议上强调指出,院士队伍的健康可持续发展,院士专业结构能够覆盖工程科技的各个领域,是我院发挥工程科技思想库作用的重要保证。其中,院士数量是基础、质量是关键。把工程科技领域的最优秀人才吸收到院士队伍中来,推动我国工程科技事业的发展,是我院增选工作的根本目的。

在评审和选举过程中,希望各个学部,包括各位院士都要从加强院士队伍建设的角度出发,在坚持院士标准和条件的前提下,继续做到三个关注,即:继续关注那些取得重大成就、作出重大贡献、学风道德良好、品行端正的最优秀中青年候选人;继续关注我国工程科技领域中空白、交叉、边缘和新兴学科的候选人;继续关注长期工作在工程科技第一线的候选人。

2. 充分认识进行选举试点工作的必要性和重要性。主席团会议同意在今年的第二轮院士增选评审和选举中,选择两个学部进行增选工作试点。这是根据当今工程科技发展和人才成长的新特点、新规律,结合院士队伍发展趋势和今年增选的实际情况,探索如何提高选举质量、用好增选名额的一项重要决策。希望试点学部能够从我院发展的全局出发,充分认识试点的重要性和必要性,

在选举过程中做到认真研究，积累经验，为今后进一步完善院士增选工作提供有价值的经验。

3. 正确看待和理性分析投诉问题。院士增选一直受到社会各界的关注，受理投诉是院士增选工作发挥民主监督作用的体现。要认识到，院士选举受到社会的监督，必将有利于院士队伍的建设。我院一贯强调和重视对候选人科技水平、学风道德的评价和考察，并把候选人的学风道德作为院士标准的必要条件。我院去年修订《章程》时，在“院士的标准和条件”中增加了“品行端正”的要求。总的来看，今年的投诉量大面广、渠道多样、内容复杂，希望各学部切实做到认真细致、客观公正、恰当处理，为提高选举质量提供保证。

4. 完善评审程序和方法，提高共识度。各学部根据《章程》和《增选办法》，结合自身的实际和特点，都制定了具体的评审和选举程序和方法，有很强的针对性和可操作性，有利于提高选举效率、水平和质量。希望各学部在增进院士对候选人全面深入了解的基础上，重点把握两个方面：一是专业组内的院士对其本专业候选人要有基本的共识，客观公正地引导其他专业组的院士进行投票选举；二是在认真审阅材料和充分讨论的基础上，加深对候选人的了解程度，提高共识度。

5. 排除干扰，把好院士增选标准。院士增选既是院士对候选人的一次评审，也是全社会对院士本人公正性的一次检查，是对院士学风道德、社会责任感和使命感的一次考验。有些院士来信说，有两个问题特别值得关注：一是对院士候选人的“包装”问题，二是本人或单位出面进行的“助选”问题。这些问题虽然发生在少数候选人身上，但是影响很坏，群众议论纷纷，直接影响院士增选工作的公平性和质量。

希望全体院士一定要本着对国家、对工程科技界、对工程院负责的态度，认真了解每一位候选人，排除各种干扰，严格自律，客观公正，以《章程》和《增选办法》为准则，以道德和责任为底线，正确行使选举权利和履行选举义务，慎重投出自己的一票，决不能把有“包装”、“拉票”、“助选”或其他不端行为的候选人选进院士队伍中来。

6. 自觉遵守选举规定，营造良好的选举环境。严格遵守各项选举规定，营造良好的选举环境，是保证增选工作顺利进行和圆满成功的关键。在第一轮评审中，有的候选人很快得知了评议意见甚至很多讨论细节情况，这不但破坏了院士民主评议的环境，而且侵犯了院士们正当的权益，损害了工程院的形象和声誉，这种现象一定要引起高度重视并予以坚决制止。希望全体院士和参与这次增选工作的机关工作人员都要严格遵守中国工程院《院士增选工作中院士行为规范》、《院士增选工作中的保密规定》和《院士增选机关工作人员行为规范》，为今年的院士评审和选举创造良好的环境。

最后，希望我们共同努力，保证本次增选圆满成功。衷心祝愿各位院士和机关工作人员在会议期间，心情愉快、身体健康。

谢谢大家！

关于进一步加强中国工程院和工程科技界的科学道德建设的讲话

杜祥琬

2009 年 6 月 29 日

一、科学道德建设工作的简要回顾

中国工程院成立以来，坚持把院士队伍建设作为工程院做好各项工作的基础和前提。为此，在院主席团的领导下，依靠各学部常委会和院士们的努力，工程院做了大量工作。目前，从整体上看，我院院士队伍不仅在工程科学技术方面有很高的造诣，而且具有良好的学风道德，堪称维护科学道德和弘扬优良学风的典范，在社会各界享有良好的声誉。正如胡锦涛总书记所指出的："长期以来，两院院士作为全国科技大军的领军人物，崇尚科学，敬业奉献，为我国科学技术事业发展、经济社会发展作出了重大贡献。两院院士真正是祖国和人民的骄傲！"近年来社会公众对院士的关注度越来越高，我院在征求全体院士意见的基础上，对《中国工程院章程》作了修改，其中对院士的标准和条件专门增加了"品行端正"的表述，以示我院维护科学道德的信心和决心。

同时，我院也积极推动我国科技界的科学道德建设，以高度的社会责任感进行了一系列工作，为促进创新型国家的建设努力作出贡献。

在科学道德建设方面，我院主要做了以下工作：

（一）大力弘扬科学精神

建院以来，院士们不仅在各自的岗位为国家的科技发展继续作出贡献，而且院士群体在我国经济建设中发挥了重要的作用，为国家、部门、地方及企业提供了大量决策咨询建议和意见。在非典、冰冻灾害、汶川地震、甲型 H1N1 流感等突发事件应急和在应对国际金融危机时，院士群体都在第一时间做了大量有成效的工作，以自己的实际行动发挥了重要的作用，赢得了党中央、国务院和全国人民的信赖与肯定。对此各媒体给予了高度评价，我院也向中央报送了有关院士的感人事迹。

院士们的科学精神和先进事迹是我国社会主义现代化建设的宝贵精神财富。院科学道德建设委员会会同有关单位，采取多种方式大力弘扬院士们的科学精神和道德风尚，以促进科学道德和学风建设，在社会上收到了比较好的反响。例如：在《院士通讯》上开辟专栏，及时通报院的科学道德建设情况，宣传院士风采。编辑出版《院士自述》。已出版两册，收录了由 513 位院士本人讲述他们为我国工程科技事业的发展而孜孜以求，不懈努力的奋斗经历。编辑出版《工程科技的实践者》。已出版第一集,含82位院士的感人事迹。第二集的征稿工作正在进行中。组织翻译了"关于伦理学教学的报告"。

开展向侯祥麟院士学习的活动。与中宣部等五部委和相关企业,发起向侯祥麟院士学习的号召,系统宣传了侯祥麟院士的先进事迹。

在院网站设立"科学道德建设"专栏。反映我院在科学道德及学风建设中所做的工作以及制定的有关规定。

(二)坚持进行制度建设

1997年中国工程院成立了科学道德建设委员会,负责指导并推动中国工程院院士自身及学部的精神文明建设,指导各学部常委会处理有关的科学道德和学风问题等。2002年进一步明确提出,本着"院士自律、完善制度、弘扬楷模、社会监督"的精神开展工作。每半年召开一次全体委员会议,研究院士科学道德建设及学风方面的有关问题。

委员会先后制定了《中国工程院院士科学道德行为准则》、《中国工程院院士科学道德行为准则若干自律规定》、《中国工程院关于对涉及院士科学道德问题投诉件的处理规定》等文件,并在实践中作了必要的修改补充,于2002年和2008年两次将有关文件汇编成册,印发全体院士。根据规定,院士如有违反科学道德行为准则的情况发生,委员会将组织调查处理。对情节严重者,委员会提出处理意见,报主席团批准后,在全院范围内通报批评或向社会公布,直至按《中国工程院章程》的规定,撤销其院士称号。

(三)认真把好院士入选关

2000年成立了中国工程院院士增选政策委员会,负责院士增选政策和具体办法的制定,主要目的就是要把好院士入选关。

委员会在每次增选工作结束之后,都要进行认真分析与总结,并在广泛听取院士建议的基础上,对下一次增选工作提出改进意见。同时还要对《中国工程院院士增选工作实施办法》、《中国工程院院士增选工作中院士行为规范》、《中国工程院院士增选机关工作人员行为规定》、《中国工程院院士增选投诉信处理办法》等进行修改与完善。这些文件对院士、候选人、提名单位、工作人员等在增选工作中的要求以及对候选人的投诉处理办法都作出明确规定,防止以各种形式干扰院士增选工作。

(四)不断强调院士自律

2002年底,徐匡迪院长在谈到院士应该有什么样的科学道德水准时,提出了五个不希望:一是不希望院士参加与自己学科专业无关的鉴定、评审和评奖活动,出现什么都参加的社会活动院士;二是不希望院士为了使成果的层次更高一些,为了论文能在更高一级的杂志上发表而在别人的成果上挂名,院士应该有更高的行为规范,更应尊重别人的科研成果;三是不希望院士以祖师爷自居,压制不同的学术观点,轻率否定别人的科研成果,应该提倡学术自由民主;四是不希望院士参加商业炒作、商业包装和商业广告活动;五是反对院士参加伪科学和封建迷信活动。

从2003年开始,工程院都要向新当选院士发出公开信,指出每位当选院士,都是中国人民的普通一员,没有任何特殊的权利,只有肩负中华民族振兴与发展的特殊责任。希望他们不辜负国家和人民的期望,并提出了8条共勉。工程院同时向新当选院士所在单位提出建议,希望各部门继续在政治上、思想上更加严格要求他们,及时提醒他们的不足;不要安排他们参加本学科领域以外的活动,避免过多分散精力;对院士的宣传要恰当,避免炒作,也不宜把过高和不适当的物质待遇加到院士身上等。

目前700多位院士在各自的工作岗位上,绝大多数都能够按照院的要求和院士的标准严格要求自己,兢兢业业地工作。

(五)重视社会监督

中国工程院始终高度重视公众以各种方式对院士进行监督。除院士增选期间,对院士候选人的投诉进行认真调查与核实外,我院每年都收到一些对院士的投诉。对于任何形式的投诉,只要有实质内容,院科学道德建设委员会,都按照规定进行认真调查与核实,对署名投诉都逐一认真回复。同时,应该看到,处理投诉是一个复杂的、政策性很强的工作,必须十分慎重,实事求是。

投诉的内容,主要涉及学术不端行为如学术作风等,从已调查核实的情况看,多数投诉与事实有出入或不属实。但个别院士确实存在不同程度的问题,主要是在对待有造假或抄袭的有关论文和著作的问题上,个别院士或疏于自律,学风不严谨,或对自己的科研团队疏于管理、教育不力以及兼职过多造成不能尽责等。对这些问题,我院在会同有关方面调查研究的基础上,经主席团决定,分别进行了通报批评或通过媒体的公开批评。院领导同有关院士进行了告诫谈话。

另一方面,对有关不实报道或投诉损害了院士声誉的,也通过必要的形式予以澄清,以正视听,维护院士的声誉和权益。

(六)积极参与和促进我国科技界的科学道德建设

科技部联合教育部、中国科学院、中国工程院、国家自然科学基金委员会、中国科学技术协会等部门,建立了科研诚信建设联席会议制度。我院对此活动给予了积极支持,并指派一名副院长作为联席会议成员。在2007年3月召开的首次联席会议上,交流了各部门开展科研诚信建设的情况,讨论确定了联席会议的议事规则,并部署了近期工作。在2008年11月召开的第二次联席会议上,审议了《关于加强我国科研诚信建设的意见》、《科研活动诚信指南(暂定名)》、《科研诚信知识读本》等文件,并就各部门科学道德建设情况进行了交流。联席会议的建立,为加强科技界在建设科研诚信方面的合作建立了一个平台。

宣讲科学道德。我院与中国科协合作,组织了科学道德报告团,分别赴上海、杭州、兰州、郑州、深圳等地高校进行了宣讲科普活动。

各位院士:上述工作中还有很多不足之处,请大家多提意见和建议。以上工作受到各学部和院士们的有力支持,在此表示衷心感谢。

二、进一步加强科学道德建设的几点思考和建议

(一)关于加强科学道德建设的重要性

不断加强科学道德建设,是建设创新型国家的需要,是国家和人民的希望,也是院士们的共同心声。“科学技术是第一生产力,是推动人类文明进步的革命性力量”。科学技术事业是崇高的事业,科学道德是人们从事科学技术活动时必须遵循的道德规范和行为准则。许多院士和专家在不同场合异口同声地强调科学道德建设的重要性。在不久前召开的两院资深院士座谈会上,老院士们语重心长地指出,当选为院士,一定要更加谦虚谨慎,兢兢业业,严格要求自己,同时要带好自己的团队,倡导扎实治学,诚信第一,远离浮躁和急功近利,坚决抵制各种形式的学术不端行为。我们还应关注中国科技界的科学道德建设,使科技群体共同反对各种不正之风。目前在科技界除论文造假外,在评审和报奖等涉及利益的环节都存在学术不端行为,如果这类行为传染开来,必将严重

威胁创新型国家的建设。加强科学道德建设，是我们践行科学发展观的重要责任，需坚持不懈地付出巨大的努力。

（二）继续把好院士入选关

工程院的科学道德建设要坚持从源头抓起，切实把好院士增选的入选关。增选中对院士候选人在科学道德方面的情况要具体了解；对院士候选人、相关单位、有关人员在院士增选中的违规行为，要严肃处理；对遴选和增选过程中违反院士行为规范的，也要严肃处理。

有的个人和单位为了使候选人能够当选，进行有意识的包装、造假，甚至采用各种方式企图拉拢有关院士，给评审工作带来严重的干扰。一旦把一个有问题、不合格的候选人选进院士队伍，将会造成很坏的社会影响和后果。为此，我院已多次研究和完善院士增选办法，使其更科学、更规范。一旦发现候选人有不端行为即取消其候选人资格。在评审中，还要特别注意考察候选人对成果和获奖项目的实际贡献，否则不仅会使选举出现偏差，还会影响学术界的风气。

在以往的院士增选中，工程院都曾处理大量涉及候选人科学道德方面的投诉信函，说明社会非常关注院士队伍建设。为认真调查这些投诉，不少院士付出了很大的努力，为工程院的建设作出了贡献。另一方面，我们也希望院士以客观、公正的态度评价每一位候选人，在去伪存真的基础上，尽可能凝聚共识，把真正优秀的工程技术专家选到院士队伍中来，使我院不断补充新鲜血液，保持朝气与活力。希望院士们努力使自己成为科学道德和做人的表率，希望院士群体影响和带动我国工程科技界，成为弘扬科学精神的实践者。

（三）进一步加强院士自律

中国工程院能够发挥作用、享有崇高声誉的基础和关键是要建设一支素质高、学风正、品德优的院士队伍。面对中央的高度评价和人民的殷切希望，我们只有更高地要求自己，加强自律，自觉接受社会监督，不仅在科技工作中作出应有的贡献，当好学术带头人，而且在科学道德方面以身作则，率先垂范；不仅要成为先进生产力的创造者，也要成为先进文化的传播者。

许多院士表示希望进一步加强院士自律。“近年来科技界受到社会上浮躁心理和急功近利思想的不良影响，出现了一些不容忽视的现象，科学道德建设面临新的挑战，院士群体的科学道德也面临更高的社会期望”。“国内外已经发生的学术腐败现象令人震惊：一些学术不端行为引起社会的广泛关注；个别院士疏于对学生和助手的管理而产生不良影响；个别候选人的申报材料因成绩不实而受到置疑，这些都应引以为戒”。

有院士给院来信说，“现在社会对院士的关注度很高，这固然是尊重知识、尊重人才的体现，但也确有过热的情况。有的单位和地方把过高的物质利益与院士挂钩，不仅有损院士的声誉，也造成了有的院士过多兼职的情况，招致社会的非议”。希望院士慎重处理这类问题，谢绝自己力所不及、不能尽责的兼职，特别是具有行政责任的实职。尽量减少非学术性、非本专业的社会活动。每位院士都要对院士群体的声誉负责，将个人的行为置于院士集体声誉和规范的要求之下，对享有的荣誉保持清醒的头脑，更要对肩负的责任有深刻的认识。

由于院士是科技界最高的荣誉称号，院士在对有关问题公开作出评价时需谨慎和客观。在企业担任技术顾问，要坚持科学态度和诚信品格，超脱商业利益。对自己团队科研成果中的错误，应及时以适当的方式予以公开和承认。同时，每位院士都是科技界和社会的普通一员，社会也要用平和的心态对待院士，不宜炒作，也不应将其特殊化。

(四)完善相关制度,促进我国工程科技界的科学道德建设

科学道德制度建设是我国科技界的一项基本建设和长期任务,是我国科学技术乃至全社会健康发展的重要基础之一,也是中国工程院可持续发展的重要保证。工程科技是硬碰硬的事,来不得半点虚假和浮夸,加强科学道德建设尤为重要。科技界各种学术不端行为的发生,除当事人的主观原因外,也有科技管理体制机制上的根源。一些不符合科学精神的学术评估、评价、评审制度和科技管理体制,催生了浮躁和急功近利,刺激了一些人在利益的诱惑下搞"包装"、"运作"、造假、拉关系、"跑部钱进"、"以钻营代替钻研"、"以权术代替学术",甚至为了小集体和单位的利益,出现集体造假等严重的不端行为。因此,在强调自律和加强教育的同时,需要进一步完善有关的制度建设,构建教育、制度、监督相结合的工作体系,以营造我国科技界更好的学术氛围,如建立科技工作者诚信档案;改进科技评估、评价和管理办法;建立科研团队的学术诚信教育制度;规范兼职;完善发表论文的有关制度;使有关的监督机制法制化;建立更加客观和健全的对学术不端行为的调查机构和处理办法等。其中,有的是各位院士可以操作的,有的则是要促进我国科技界共同努力去建立的。同时,也要与时俱进地完善我院科学道德建设的各项制度,对此也请各位院士提出宝贵建议。

各位院士:一个国家要自强于世界民族之林,需要有一代又一代的新人传承崇高的价值观、人生观和世界观;一个充满希望的国家,必然是江山代有才人出。我们在严于律己的同时,要努力向新一代的科技工作者和学生宣传科学精神,以做人做事的严谨科学态度和奉献精神感召和激励他们奋发向上,创造有利于自主创新的环境和氛围,为国家造就和凝聚一大批德才兼备的优秀科技人才。我们要牢记党中央、国务院和全国人民对工程院和全体院士的殷切希望,为建设创新型国家作出应有的贡献。

关于2009年外籍院士正式候选人选举的情况说明

杜祥琬

2009年10月29日

各位院士:

受主席团委托,由我向大家简要介绍今年外籍院士候选人提名、征求全体院士意见和昨天下午主席团会议进行外籍院士正式候选人选举的基本情况。

截止到2009年5月30日,我院外籍院士增选共收到10位有效候选人的提名材料。

在今年院士增选第一轮会议期间,我们将10位外籍院士有效候选人提名书和征求意见表一并印发给全体院士,征求了全体院士对 10 位外籍院士有效候选人的意见。共发出征求意见表 541 份,收回院士反馈意见 495 份,反馈率达到 91.5%。学部工作局将各学部院士反馈的意见进行了汇总,汇总意见显示符合和基本符合的比例超过 50% 的有 8 位候选人;符合和基本符合的比例不足 50% 有 2 位候选人。

这个汇总材料学部工作局曾分别提交给了各学部常委会、增选政策委员会和主席团会议。各学部常委会参考全体院士反馈意见汇总情况,对本学部领域的外籍院士有效候选人进行了排序。

根据《外籍院士增选工作实施办法》,昨天下午,主席团会议在听取外籍院士候选人提名和征求意见的情况汇报、各学部常委会对外籍院士候选人的排序意见,以及提名人代表对 10 位候选人情况简要介绍的基础上,经过民主讨论,并以无记名投票方式。

按照出席会议的主席团成员达到三分之二投票有效、获得赞同票不少于投票人数三分之二票数的候选人列入正式候选人名单的标准,从 10 位外籍院士候选人中确定了 6 位正式候选人。

今天上午提交全体院士会议进行选举的 6 位外籍院士正式候选人,选票的顺序是按照我院 9 个学部的习惯排序进行排列的。外籍院士候选人提名书则仍然是 10 位有效候选人的提名书汇总,各位院士翻看时有的要对比一下名字。

以上说明供全体院士参考。

机械	Henry T. Yang 杨祖佑	男	68	美国	美国加州大学圣塔巴巴拉分校(UCSB)	航天航空
信息	Charles M. Vest 查理斯·维斯特	男	67	美国	美国工程院	机械、光学
信息	Raj Reddy 罗杰·瑞迪	男	72	美国	美国卡内基梅隆大学 Carnegie Mellon University	计算机科学
化工	Liang-Shih Fan 范良士	男	61	美国	Department of Chemical Engineering, The Ohio State University	化学工程
土木	Surendra P. Shah 夏苏鲁	男	72	美国	美国西北大学	土木工程、材料科学、结构工程
医药	Colin Blakemore 科林·布莱克默	男	65	英国	英国牛津大学	神经科学

[评审办法和规定]

中国工程院院士增选工作实施办法

（2008年10月24日主席团会议审议通过）

第一条 总则

中国工程院院士（以下简称院士）是国家设立的工程科学技术方面的最高学术称号，为终身荣誉。为了规范中国工程院院士增选工作的组织实施，根据《中国工程院章程》，制定本办法。

第一章 院士的标准和条件

第二条 在工程科学技术方面作出重大的、创造性的成就和贡献，热爱祖国，学风正派，品行端正，具有中国国籍的高级工程师、研究员、教授或具有同等职称的专家，可被提名并当选为院士。

“在工程科学技术方面作出重大的、创造性的成就和贡献”主要是指：在某工程科技领域有重大发明创造和取得重要研究成果，并有显著应用成效；或在重大工程设计、研制、建造、运行、管理及工程技术应用中，创造性地解决关键科学技术问题，作出重大贡献；或为重要工程科技领域的奠基者和开拓者。以上各项中包括其在培养工程科技人才方面作出的成就和贡献。

“重大工程管理”的内容主要是指：重大工程建设（包括规划、论证、勘设、施工、运行等）中的管理；或重要、复杂的新型产品、设备、装备在开发、制造、生产过程中的管理；或重大技术革新、改造、转型、转轨、与国际接轨方面的管理；或产业、工程、重大科技布局和战略发展研究、管理。

在工程管理领域作出“重大贡献”主要是指：被提名人在上述领域具体组织、参加工程项目的实践，并在实践中以先进的管理理论为指导，创造性地发挥管理科学的作用，促使工程项目优质、高效实施，取得众所公认的成就；或在工程管理理论上有重大建树，并通过实践取得具体业绩。

“学风正派”主要是指院士应具备的职业道德、科学态度和献身精神等。

“品行端正”主要是指院士应具备优良的科学道德与学风，良好的行为品德和端正的生活作风。

第三条 具有很高的工程科学技术水平和在国际上享有良好声誉，对中国工程科学技术事业发展作出贡献或者在促进我国工程科学技术界国际交往方面有重要作用的外国籍专家、学者，可被提名并当选为中国工程院外籍院士。

第二章　增选名额、增选程序及对候选人的有关要求

第四条　院士增选每两年(奇数年)进行一次，每次增选总名额及各学部的名额分配，由主席团决定。

第五条　增选程序：提名候选人、归口部门遴选、院士评审和选举。

第六条　院士候选人(以下简称候选人)的年龄原则上不超过70周岁(以增选当年6月30日为计算的截止日期)。

第七条　候选人专业范围包括工程科学技术(含农、医)的各专业学科。各学部所涵盖的专业领域，按照《中国工程院院士增选学部专业划分标准(试行)》确定。

第八条　根据中国科学院院士和中国工程院院士可依据各自的标准和程序交叉当选的原则，符合中国工程院院士标准的中国科学院院士，可被提名为候选人。

第三章　提名候选人

第九条　院士候选人只能通过院士、单位和中国科协三种渠道进行提名，不受理个人申请。

第十条　院士提名

每次增选每位院士至多可提名2位候选人，院士可单独或联名提名。候选人获得不少于本学部3位院士的提名方为有效。提名工程管理学部候选人，至少要有2位是工程管理学部的院士，另有1位所在学部与候选人工程科技背景所属学部相同。院士要对提名行为负责。

居住在香港、澳门特别行政区和台湾省以及侨居他国的中国籍专家，只能由院士提名。

年龄超过70周岁的被提名人，须经其专业所属学部至少6位院士提名，方为有效，成为正式候选人。工程管理学部候选人，至少要有4位工程管理学部院士提名，另有2位提名院士所在学部与候选人工程科技背景所属学部相同。这样的提名对候选人仅限1次。

第十一条　单位提名

中央、国务院各有关部委、直属机构、直属事业单位、中国人民解放军系统和各省、自治区、直辖市，所属范围和地区内的设计、研究、建造、运行单位、高等院校、企业等可按组织系统提名候选人。

第十二条　中国科协提名

中国科协所属的有关全国性学会可按学术团体组织系统提名候选人。

第十三条　有关要求

(一)各单位提名候选人要做到公开透明。对拟提名的候选人，应在本单位范围内征求意见，特别是同行专家的意见。为保证被提名人材料的真实客观，各提名单位要成立由同行专家组成的材料审查委员会，负责对被提名人材料的真实性进行审查。凡已合计连续3次被提名至中国工程院和被推荐至中国科学院的有效候选人，停止1次候选人资格。除了提名候选人外，各遴选部门还需提供其他所有参加遴选的候选人名单。

(二)各渠道提名候选人，应特别注意对长期工作在工程技术第一线并作出重大成就和贡献的工程科技专家，尤其是优秀中青年工程科技专家的提名。

(三)提名候选人时，必须按规定填写《中国工程院院士候选人提名书》(以下简称《提名书》)，并附有被提名者有代表性的成果、著作、论文(重大工程勘探、规划、设计、施工、运行方面的重要报告和总结)等，以及重要奖项获奖证书，实施的发明专利证书及其实施情况的复印件等证明

材料。对于台湾地区的院士候选人，必须提供支持“一个中国”原则的申明。

（四）院士提名的候选人《提名书》及有关材料，按当年增选通知规定，直接寄送中国工程院。若被提名人为居住在香港、澳门特别行政区、台湾省以及侨居他国的中国籍专家，须提交其中国籍身份证明。香港、澳门特别行政区的候选人，还须提供香港特别行政区入境事务处或澳门特别行政区身份证明局的国籍证明。

（五）各单位提名的候选人《提名书》及有关材料，必须报送归口部门进行遴选。

第四章　归口部门遴选

第十四条　中央、国务院各有关部委、直属机构、直属事业单位分别对其所属范围的单位提名的候选人，负责组织遴选。

各省、自治区、直辖市人民政府对其所属范围和地区内的单位（不含中央、国家有关部委、直属机构在地方的单位）提名的候选人，负责组织遴选。

中国人民解放军系统各单位提名的候选人，由总政治部负责组织遴选。

中国科协所属的有关全国性学会提名的候选人，由中国科协负责组织遴选。

上述负责组织遴选的部门为候选人归口遴选部门。

第十五条　中国工程院委托有关归口遴选部门负责对中央管理企业提名的候选人组织遴选。具体归口方案以当年增选通知为准。

第十六条　为了保证遴选工作的质量，控制候选人的数量，中国工程院可根据每次院士增选的名额，对归口遴选部门报送候选人的名额作出规定。

第十七条　有双重领导的单位提名的候选人，由其主管的一方负责组织遴选，非主管部门报送的候选人无效。

第十八条　各归口遴选部门应组成遴选委员会，对所属范围和地区内单位提名的候选人进行遴选。遴选委员会的组成不少于9人，其中现从事专业技术工作的正高级专家不少于80%。委员会以无记名投票方式，产生遴选结果。委员会成员名单、投票结果应如实填入候选人《提名书》，并须有遴选委员会负责人的签名或盖章。

第十九条　在规定的报送名额之内，获得赞成票超过投票人数二分之一的候选人方可报送中国工程院。各归口遴选部门报送的候选人年龄不得超过70岁，60岁以下（含60岁）的应不少于三分之一。归口遴选部门应在《提名书》中填写“推荐意见”，按当年增选通知要求，将《提名书》及有关材料报送中国工程院。

第二十条　中国工程院学部工作局对候选人的材料进行形式审查，合格者报主席团审议通过后为有效候选人。

第二十一条　在中国工程院网站和有关报刊上公布全部有效候选人名单（姓名、工作单位、专业专长、遴选部门、提名人），同时由归口遴选部门负责组织本系统有效候选人（包括院士和中国科协提名的有效候选人）材料的公示。公示办法按《中国工程院院士候选人材料公示办法》执行。公示情况和反映意见在规定时间内反馈给中国工程院。

第五章 院士评审与选举

第二十二条 评审原则

（一）参加评审的院士必须准确把握院士的标准和条件，从国家科技事业的全局出发，超脱本部门、本地区、本专业的局限；遵循实事求是的原则，全面客观分析候选人的工作及获奖等情况；发扬民主，充分讨论，科学评价候选人的工程科技成就和贡献。

（二）在坚持院士标准条件的前提下，要始终注意候选人的年龄结构，在各个阶段的候选人名单中，60岁以下（含60岁）的应不少于三分之一；应特别注意长期工作在第一线的工程技术专家；加强对交叉、边缘学科以及尚无院士的学科、地区、部门的候选人的了解和重视。

（三）评审中实行回避制度。凡与候选人有直系亲属或主要旁系亲属关系的院士（如：父母、夫妻、子女、岳父母、婿媳、兄弟、姊妹、叔侄、甥舅等），评审时应回避。回避的办法是：当小组和大会介绍、讨论某候选人情况时，凡属与该候选人有以上关系的院士，应暂时离席，待对该候选人介绍、讨论完毕，再进入会场参加对其他候选人的评审，投票时不回避。

（四）评审过程中发表的意见及讨论情况，对外必须严格保密。与会人员必须严格遵守《中国工程院院士增选评审和选举保密规定》。

（五）对候选人的投诉按《中国工程院院士增选投诉信处理办法》处理。受理投诉信的截止日期为增选年的8月15日。

第二十三条 评审程序

各学部常委会负责组织本学部院士对属于本学部专业学科范围内的全部有效候选人进行评审。

学部常委会组织各专业组和学部全体会议，采取审阅材料、介绍情况、酝酿讨论和无记名投票表决等方式，对候选人进行两轮评审，分别产生本学部进入第二轮评审和正式候选人的名单。

对工程管理学部候选人的第一轮评审，按其专业背景在相关学部进行。

第一、第二轮评审会议一般分别安排在增选年6月份和10月份的最后一周进行。

第二十四条 第一轮评审

本轮评审的任务是从全部有效候选人中，产生进入第二轮评审的候选人名单。

（一）审阅材料：候选人的材料是评审的基本依据，与会院士除重点审阅本专业组候选人材料外，还应认真审阅本学部其他候选人的材料。

（二）专业组评审：专业组对本组候选人充分讨论评议，投票产生进入学部评审会介绍的候选人名单，各组进入学部评审的名额由学部常委会决定。

（三）学部评审：学部召开全体会议，介绍各专业组进入学部评审的候选人情况，充分讨论评议。

（四）产生第二轮候选人：学部投票，产生进入第二轮评审的候选人名单。进入第二轮评审的限额为学部增选名额的2～3倍，具体人数由学部常委会研究决定。

（五）第一轮评审是否采用通信评审方式，由学部常委会研究确定，报主席团备案。

（六）第一轮评审会后，在中国工程院网站和有关报刊上公布进入第二轮评审的候选人名单，并通知本人。学部常委会对第二轮候选人中受到投诉以及有疑点的问题，组织调查核实。

第二十五条 第二轮评审

通过本轮评审，从进入第二轮评审的候选人中，产生正式候选人名单。为了对候选人更直接地考察了解，进入第二轮评审的候选人，须到会自我介绍、回答问题，其中各学部统一提问的时间和自由提问的时间应各占一半。除此之外，评审程序和办法与第一轮评审基本相同，但须注意以下几点：

（一）为便于评审时学部之间的交流，第二轮评审会由全院组织，集中统一进行。

（二）进入第二轮评审的候选人在评审会上进行自我介绍，围绕提名书主要成就贡献的范围，实事求是地介绍本人在完成重要工程项目中所发挥的作用、解决的工程技术难点、创新之处等。候选人应严格按通知时间准时到会，及时离会。

（三）对被投诉候选人的有关调查核实材料连同其投诉信，一并提交评审会参考。在对被投诉人评审时，有关院士应根据常委会研究意见，将有关调查核实结果向会议进行说明。

（四）学部评审会要对进入第二轮评审的全部候选人逐一评议。经学部评审会认真、全面评议后，进行无记名投票，按增选名额120%的比例，依得分顺序，产生正式候选人名单。

（五）工程管理学部多为跨学部院士，由学部常委会统筹安排适当时间，组织本学部院士集中评审。

第二十六条　院士选举

（一）各学部对正式候选人实行差额无记名投票，差额比例为20%。

（二）参加选举的院士必须不少于本学部应投票院士人数的三分之二，选举方为有效。

（三）获得赞同票达到《章程》规定票数的候选人，按学部增选名额，根据获得票数依次当选，满额为止，不足额时空缺。

（四）选举结果经主席团会议审定报国务院备案。中国工程院向新当选院士和归口遴选部门发出通知，并以书面形式向全体院士通报。

第六章　增选工作行为规范

第二十七条　在增选的全过程中，院士、被提名人、提名单位和归口遴选部门都必须坚持实事求是的科学态度，高度重视道德和学风问题。

第二十八条　院士要严格遵守《中国工程院院士增选工作中院士行为规范》。院士提名候选人时，必须对所提名的候选人的工程科学技术成就和科学道德等方面情况有确切的了解，要对所提供的候选人材料负责，并有责任在评审会中答复提问和对有关投诉信件作出回答与澄清。

第二十九条　被提名人必须向提名人或提名单位实事求是地提供本人的有关情况，并对《提名书》中签名确认的内容负责。如发生材料不实，视为学风问题对待。

第三十条　提名单位报送的候选人材料，特别是对候选人成就、贡献的介绍和评价，必须依据充分，如实说明该候选人所起的实际作用。如有材料不实、评价过头，甚至有虚假等情况发生，由提名单位负责。

第三十一条　各归口遴选部门在组织对候选人遴选时，应保证遴选的公正性、客观性，切实根据工程院院士的标准和条件严格把关。

第三十二条　任何单位和个人不得通过不正当方式为被提名人当选院士进行活动，若有发生，有关学部常委会将视其情节作出严肃处理，直至报院主席团或院常务会议批准，终止对该候选人的评审。

第三十三条 对于港澳台候选人，提名院士要做到切实了解候选人，并对其学风、学术道德等方面负责。

第七章 附则

第三十四条 根据《中国工程院章程》第三十五条规定，本办法由中国工程院主席团批准实施，解释权在工程院主席团。

中国工程院外籍院士增选工作实施办法

（2008 年 10 月 24 日主席团会议审议通过）

为了便于中国工程院外籍院士（以下简称外籍院士）增选工作的组织实施，根据《中国工程院章程》制定本办法。

一、外籍院士的标准条件

具有很高的工程科学技术水平和在国际上享有良好声誉，对中国工程科学技术事业发展作出贡献或在促进我国工程科学技术界国际交往方面有重要作用的外国籍专家、学者，可被提名并当选为中国工程院外籍院士。

二、提名外籍院士候选人

1. 提名人应本着公正、客观和实事求是的原则，认真填写外籍院士候选人的《提名书》、《简表》等有关表格。

2. 由工程院院士提名外籍院士候选人，每位院士最多提名 2 位候选人，获得不少于 5 位院士提名的候选人，为有效候选人。

3. 提名外籍院士，不按学部定名额，主要依据候选人所具备的条件。在符合规定条件下，适当注意学科、专业、国别等分布情况。

三、评审

1. 评审材料（包括全部有效候选人的《提名书》、《简表》等）要印发本院全体院士审阅、征求意见。院士除对本学部的候选人提出意见外，还应根据自己了解和审阅材料的情况，对其他学部的候选人发表意见。

2. 各学部常委会在汇总院士反馈意见的基础上，讨论和确定本学部学科专业范围内候选人的排序；对不属于本学部学科专业范围的候选人，也应尽可能提出意见和建议，一并提供主席团会议参考。

3. 主席团会议在听取外籍院士候选人提名和征求意见的情况汇报、各学部常委会对外籍院士候选人的排序意见以及提名人代表对候选人情况简要介绍的基础上，经过民主讨论，并以无记名投票方式，确定提交全体院士会议选举的正式候选人名单。

出席会议的主席团成员达到三分之二，投票有效。获得赞同票不少于投票人数三分之二票数的候选人列入正式候选人名单。投票前，推选2位主席团成员为监票人。通过计票工作人员3~4人，协助监票人工作。

四、选举

1. 正式候选人的有关材料在投票选举前提交出席会议的全体院士审议，并由提名人代表在全体院士会议上逐一进行情况介绍。对候选人的情况介绍，应本着公正、客观和实事求是的原则。每位候选人的介绍时间为10~15分钟。

2.《中国工程院章程》规定，选举外籍院士由全体院士会议实行等额、无记名投票。参加投票的院士人数不少于应投票院士人数的三分之二，选举有效；获得赞同票超过或达到投票院士人数三分之二者当选。

全体院士会议投票选举前，通过总监票人、监票人名单，以及协助发票、计票的工作人员名单。总监票人、监票人由与会院士担任；协助发票、计票工作人员由大会秘书处推荐。

3. 外籍院士的选举结果，在全体院士会议上公布，并以中国工程院院长名义寄发当选通知书（中英文）及中国工程院章程等有关材料。

五、时间安排

每个增选年度，中国工程院增选外籍院士的提名、评审、选举工作与增选中国籍院士的工作同期进行。各学部常委会在9月30日前完成对本学部外籍院士候选人的排序。在第二轮评审会时，召开全院大会，进行全体院士投票选举。

中国工程院院士增选工作中院士行为规范

（2006年12月8日院常务会议审议通过）

中国工程院院士，是国家设立的工程科学技术方面的最高学术称号。为了在院士增选工作中保证提名、评审和选举的质量，维护院士声誉，中国工程院科学道德建设委员会特制定如下行为规范，并经主席团批准，请全体院士遵守。

一、增选新院士是每位院士的权利和义务，是院士们以实际行动维护工程院声誉的体现。每位院士务必站在国家的高度，从全局出发，坚持标准，不徇私情，宁缺毋滥，公正、客观地做好增选工作。

二、院士要遵照《中国工程院章程》的规定，积极、慎重地提名候选人。院士对所提名的候选人的工程科学技术成就和科学道德等方面情况，必须有确切的了解，不应草率签署提名意见，更不应徇情、受托为人提名。在提名跨学部或与自己专业领域不同的候选人时更应慎重。院士要对所提供的候选人材料负责，并有责任在评审会中答复提问和对有关投诉信件作出回答与澄清。

三、在介绍候选人情况和进行评审时，要做到客观、全面、公正，不带任何个人、部门、行业的偏见，并根据规定实行回避制度。

四、院士要尽可能出席评审会议，认真审阅材料，通过各种方式对候选人进行了解，郑重、负责地履行选举权利。同一单位、部门的院士不应有组织的内部协调投什么人或不投什么人的票。

五、院士要自觉抵制增选工作中的不正之风，包括行政上的干预，不对个人或单位作任何承诺，不接受为增选所作的说情、托情和赠送的礼品、礼金。院士在收到以各种方式送来的自荐信、材料、举报信等后，应转送学部工作局统一备存处理。院士如发现候选人所在单位或候选人本人在增选中的不当行为，有义务和责任及时向工程院报告和反映。

六、院士必须严守有关的保密规定，严禁向候选人及其他无关人员谈论、泄露评审选举过程中的情况，特别是讨论、评价、表决中的个人发言。

院士如有违反上述守则情况，经查实后，中国工程院酌情处理，情节严重的将在全院范围内通报批评。

中国工程院院士增选中的保密规定

（2006 年 12 月 8 日院常务会议审议通过）

为维护国家秘密的安全，保证院士增选工作顺利完成，根据《中国工程院保密规定》，结合院士增选工作的实际情况，特制定本规定。

一、评审材料的保密范畴

第一条 评审材料的保密范畴分涉密材料和内部材料。涉密材料根据候选人材料报送单位出具的公函界定，并需在相应材料的封面上按密级加盖秘密、机密或绝密字样的密级印章。内部材料包括各学部印制的供院士评审使用的《提名书》和候选人论著、附件等。

二、涉密材料的保管和使用

第二条 非评审会期间,绝密材料由原报送单位负责保管,机密和秘密材料由院保密办公室指定专人负责保管。涉密材料在报送、查阅、退还的交接过程中,有关人员应逐件清点与核对,并履行登记、签收手续。

第三条 评审会期间设保密室,由院保密办公室专人负责统一保管涉密材料。绝密材料由报送单位派专人专车送交保密室。涉密材料仅限于学部指定的院士借阅,并严格履行借阅手续,及时借阅和返还,借阅的材料严禁转借他人或带出会场。院士在介绍涉密材料时,应尽可能以不涉密的语言方式表达。

第四条 内部材料由学部工作一、二处负责保管,未经许可不准复制、翻印,不得遗失、私留或外传。

第五条 评审会期间供院士使用的涉密材料和内部材料,会后需按清单收回,包括全部的候选人《提名书》,院士评审记录本,各轮次投票结果和介绍候选人的书面材料等。收回的材料需逐一清点,安全运送,并按有关规定统一归档、退还或销毁。

三、材料涉密候选人的评审

第六条 有保密要求的候选人所在学部,应成立保密材料研究评审小组,经院保密委员会和增选政策委员会审查批准,负责对候选人涉密成就贡献部分的认定,并负责向院士进行说明和介绍。

第七条 进入第二轮评审的候选人到会介绍情况的材料必须经其所在单位保密部门审查批准,并提供书面证明。在回答问题中出现泄密由候选人本人负责,与会院士和工作人员也应增强保密意识。

四、评审和选举中的保密纪律

第八条 为保护国家秘密,促进工程科技界的团结,为院士营造畅所欲言的交流氛围,全体院士和机关工作人员应自觉遵守《中国工程院院士增选工作中院士行为规范》和《院士增选中机关有关工作的规定》,不得以任何方式向任何单位或个人泄露评审和选举过程中对候选人讨论、评价、表决等方面的情况。

第九条 在评审和选举过程中临时遇到涉密问题时,应及时通

报院保密委员会,并按相应规定处理。发生泄密或丢失密件事件时,当事人应及时主动地向院保密委员会如实报告,并有责任配合有关部门进行调查处理。

第十条 对违反本规定者,将追究本人和其主管领导的责任,并视情节按《中华人民共和国保守国家秘密法》的有关规定作出相应的处理。

本规定自发布之日起施行,由中国工程院保密委员会负责解释。

中国工程院院士增选投诉信处理办法

（2006 年 12 月 8 日院常务会议审议通过）

一、为保证中国工程院院士增选工作的顺利进行，根据《中国工程院院士增选工作实施办法》，制定本办法。

二、本办法中的投诉信指：院士增选中对候选人的投诉；归口遴选部门和基层单位在公布有效候选人材料后，反馈意见中对候选人成就、贡献与学风道德等方面有异议的意见。

三、投诉信受理的范围：对候选人提名书及附件内容的异议及其他违反院士增选有关规定行为的书面投诉和意见。不受理电话、口头、网络方式以及超过投诉规定截止日期的投诉。投诉信截止时间，以寄出地邮戳为准。匿名投诉信原则上不予受理，信中确有实质性内容的，由学部常委会研究处理。

四、投诉信统一由学部工作局综合处设专人逐一登记保管。院领导、院士、院机关各部门和其他渠道收到的投诉信均直接送交学部工作局综合处。

五、学部常委会负责处理对本学部候选人的投诉，学部工作一、二处协助办理日常工作。第一轮评审中一般不处理、不讨论对候选人的投诉。对进入第二轮评审候选人的投诉信，由学部工作局综合处分别送交有关学部工作一、二处，进行分类整理后，提交学部常委会。

六、学部常委会研究确定需处理的投诉信和调查核实的内容。学部工作一、二处将投诉内容摘要整理成“打印件”，打印时一律隐去投诉者姓名。“打印件”由学部主任审定后备用。

七、经上述程序处理过的投诉信，分以下 3 种方式调查核实：

（一）通过组织系统遴选的候选人，由学部工作局具函并附“打印件”，请该候选人归口的遴选部门进行调查核实，并提供书面调查材料和结论性意见，加盖部门公章，按要求时间寄送学部工作局。

（二）由院士提名的候选人，由学部工作局具函并附“打印件”，请提名院士提供书面说明材料，按要求时间寄送学部工作局。如被投诉的候选人只有院士提名而无组织系统遴选，除寄送提名院士外，同时请候选人的归口管理部门帮助进行调查核实。具体办法同（一）。

（三）经研究认为有必要组织院士直接调查的，由学部常委会确定有关院士组成调查组进行调查，按要求时间提供书面调查材料。

调查组成员实行回避制度，回避范围是指同一基层单位或有亲属关系者。

八、学部常委会对调查结果进行分析研究，确定向第二轮评审会的介绍内容和方式。并将“打印件”、遴选部门的调查材料、院士调查结果文字材料以及学部常委会对有关问题的研究意见，一式三套提交第二轮评审会议参考。第二轮评审会议期间，三套材料分别送交学部主任和候选人所在的评审专业组各一份，另一份存放会议材料阅查室，供院士参阅。未经规定程序处理的投诉信，任何人不得在评审会议内外扩散。

九、院士反映候选人有关情况的信件，可参照上述办法进行处理。如有关院士不愿公布姓名，学部工作一、二处专报学部主任阅知后，隐去姓名再行处理。

十、各学部常委会可根据增选工作中遇到的问题，研究决定组织院士对个别未被投诉的候选人的有关问题进行调查核实，并按第九条办法进行处理。

十一、为保护投诉者的权益和被投诉者的名誉，投诉信原件原则上仅提供给常委会委员和调查组的有关院士查阅。投诉信及调查结果不向投诉人和有关单位反馈。凡接触投诉信的院士和工作人员应对投诉人姓名、单位、投诉内容、调查结果等保守秘密。

十二、本年度评审会议结束后，办结的投诉材料按院档案管理的有关规定存档。对未进入第二轮候选人的投诉信，其中确有重要实质性内容的由学部工作一、二处选出存档、备案，其余销毁。

本办法由中国工程院增选政策委员会负责解释。

中国工程院院士增选候选人材料公示办法

（2006 年 12 月 8 日院常务会议审议通过）

为使院士增选工作广泛接受社会监督，保证候选人材料的真实客观，根据《中国工程院院士增选工作实施办法》的规定，制订本办法。

一、中国工程院委托国务院各有关部委、直属机构、直属事业单位，中国人民解放军总政治部，各省、自治区、直辖市人民政府及规定的企业，负责组织落实本系统有效候选人材料的公示。经中国科协遴选和院士提名的有效候选人，根据隶属关系，委托相关归口遴选部门一并负责安排。

二、公示的内容和方式。公示内容为候选人“提名书”中经候选人确认的全部内容（一至九项）。公示方式是在候选人所在单位的公开场所张贴。

三、公示的范围和时间。高等院校在候选人所在的“院”或“系”，科研机构在候选人所在的“研究院”或“研究所”公示，大型企业在候选人所在的分厂、分公司公示，中小企业在本企业公示。其他单位可参照此原则确定公示范围。自公布有效候选人名单之日起，开始公示候选人材料，公示期为 30 天。

四、各归口遴选部门要对候选人材料的公示工作作出安排，向候选人所在单位提出具体要求，并负责检查公示落实情况，中国工程院将进行抽查。材料公示结束后，各遴选归口部门需将候选人材料公示情况和有关意见报送中国工程院（一式两份）。未按要求进行材料公示和未及时反馈公示情况的单位和部门，相关候选人将不再进入后续评审和选举程序。

本办法由中国工程院院士增选政策委员会负责解释。

中国工程院院士增选机关工作人员行为规定

（2006 年 12 月 8 日院常务会议审议通过）

院士增选是中国工程院院士队伍建设的基础性工作。院机关是院士增选工作的直接组织实施和服务管理部门。为规范院机关工作人员在院士增选工作中的行为，保证院士增选工作的公平、客观、公正和顺利进行，特制订本规定。

一、充分认识院士增选工作的重要性，严格按照中国工程院院士增选的有关规定，认真做好院士增选的相关服务工作，确保增选工作的顺利进行。

二、不得以任何方式影响院士评审和选举工作。参加评审会议的工作人员不得对评审讨论内容进行记录，不得以任何方式向任何单位和个人泄露评审和选举过程中对候选人的讨论、评价、表决等方面的情况。评审会议期间，工作人员必须坚守岗位，未经批准不得允许其他无关人员进入评审会场。

三、不得利用院士提名、遴选、评审和选举之机，收受院士候选人或其所在单位以各种名义和形式赠送的礼金、礼品等。评审期间和评审、选举结束后，不得私自向候选人及其所在部门透露评审选举情况、对有关候选人的投诉及其调查核实情况和处理结果。所有工作人员有义务和责任及时向院机关报告和反映候选人单位或候选人本人在增选中的不当行为。

四、如遇与自己有亲属关系的候选人，应如实向候选人所在学部说明情况，并在评审会议中进行必要的回避，回避的范围和办法参照院士在评审中的规定。

五、违反以上规定，要进行批评教育，影响严重的，追究相关人员的责任，并视情节给予纪律处分。

中国工程院院士增选候选人材料验收及汇总的有关规定

（2009 年 3 月 2 日院常务会会议审议通过）

各遴选部门（含省、区、市）和院士报送的候选人材料，必须按照《中国工程院院士增选工作实施办法》和《关于提名和遴选中国工程院院士候选人的通知》的规定，经审查验收合格后，方能成为有效候选人。候选人材料的验收与汇总由学部工作局具体负责。

一、材料的审查验收程序和主要内容

（一）登记

各遴选部门报送的候选人材料由学部工作局综合处负责登记。院士提名的候选人材料由学部工作局一、二处负责登记。一处登记机械与运载工程学部，信息与电子工程学部，化工、冶金与材料工程学部，能源与矿业工程学部的候选人材料；二处登记土木、水利与建筑工程学部，环境与轻纺工程学部，农业学部，医药卫生学部，工程管理学部的候选人材料。工作人员对报送的候选人材料要按规定履行有关登记手续，登记内容和格式由学部工作局综合处统一提供。

（二）报送手续的审查验收（学部工作局综合处负责）

1. 各遴选部门必须提供报送候选人名单及其材料的公函，一式 2 份，随函应附：遴选委员会委员名单和有遴选委员会负责人签名及盖章的遴选投票结果（总票数）以及通过和未通过遴选的全部候选人的得票数及排序。

2. 各遴选部门报送的各学部候选人人数，应符合《关于提名和遴选中国工程院院士候选人的通知》中规定的数额。

3. 各遴选部门报送的候选人，应符合遴选归口规定。

4. 对于遴选部门报送的候选人中年龄在 60 岁以下的人数比例，工作人员需在审查验收登记中予以注明。

（三）《提名书》内容及附件材料的审查验收（学部工作局一、二处负责）

1. 候选人《提名书》原件一式 4 份，同时附与原件内容完全一致并使用专用软件形成的光盘 1 张，以及候选人所在单位关于《提名书》非涉密的证明 1 份。

2. 候选人应是具有中国国籍的高级工程师、研究员、教授或具有同等职称的专家。

3. 院士提名的超过 70 岁的候选人材料按照提名通知规定审查验收。

4. 候选人“专业或专长”栏的表述，应按照《中国工程院院士增选学部专业划分标准（试行）》

填写。

5. 候选人按《提名书》规定要求提供附件材料：重要科技奖项获奖证书材料复印件一式 1 套（不超过 6 项）；实施的发明专利证书及其实施情况的复印件等证明材料一式 1 套（不超过 6 项）；有代表性的论文和著作及评述原件或复印件等材料一式 1 套（不超过 10 篇、册）；工程设计、建设、运行、管理方面的重要成果原件或复印件（不超过 5 篇、册）；超过《提名书》中规定数量的附件材料，可提供目录清单。如院士提名与部门重复，只需提供一套附件材料。

6. 提名单位推荐意见、遴选部门意见和提名人推荐意见以及各项签名或盖章等手续必须完备。

7. 遴选部门报送的候选人《提名书》中，遴选结果栏内应列出总票数、同一学部通过和未通过遴选的全部候选人得票数及排序、遴选委员会成员名单及负责人的签字或盖章。遴选委员会组成不符合要求的，需在审查验收登记中注明。

8. 审查验收合格的《提名书》，其中 3 份及光盘交学部工作局综合处存档，其余材料交学部工作局一、二处。

（四）开具回执

审查验收合格后，审查人员应向院士和遴选部门开具回执。报送材料如不符合要求，审查人员应说明情况，并在回执中注明需补充与完善的内容与时间，同时在登记中注明，并跟踪。遇有特殊情况，应及时向有关领导汇报。

以上材料如不符合相关规定，工作人员将不予接收。

二、材料的汇总及有关问题的处理

接收材料截止后，由学部工作局一、二处对相关材料进行汇总、统一安排印制，提供院士评审之用。

（一）汇总材料的种类

1.《提名书》汇总

分学部汇编《候选人提名书汇总》。《候选人提名书汇总》按候选人的学科专业分组，按统一格式设目录页，目录栏目包括：序号、姓名、年龄、学科专业、工作单位、提名遴选情况。编排顺序一律按学科、专业排列，其中同一专业的候选人则按姓氏笔画排列。按学部大流水号排序。候选人专业分组、排列顺序需经学部主任或常委会审查确认。《候选人提名书汇总》印发本学部全体院士（不含资深院士），供评审会议期间使用。

2. 附件材料整理

有效候选人重要奖项、论文和专著等附件材料一套，按学部统一编号存放，供院士评审时查阅。

3. 工程管理学部候选人材料汇总

工程管理学部候选人的《提名书》及附件材料按上述要求，根据候选人的工程技术背景汇编成册，分送委托第一轮评审的相关学部使用。第一轮评审会后，收回以上所有材料，将进入第二轮的候选人《提名书》汇编成一册，供工程管理学部第二轮评审会使用。

4. 基本信息和 3000 字材料汇总

各学部将候选人《提名书》中的基本信息和 3000 字介绍材料汇编成册，于评审会议前 15 天寄送本学部院士。

（二）多位院士分别提名及多渠道提名的候选人《提名书》排序及其内容的选定

1.《提名书》封面汇总：多渠道提名的候选人的《提名书》封面可汇总为一个封面，提名栏目按：提名院士、提名单位（工作单位、一级学会）的顺序排列。遴选部门按：部门、中国科协的顺序排列。

2.《提名书》选用顺序按院士、部门、中国科协依次放置。

（1）由院士分别报送的同一候选人的多份《提名书》，其放置顺序按收到材料的时间先后排列。如《提名书》1—11 页内容完全相同，则选定最先收到的《提名书》全文，其后收到的《提名书》只取院士签名或盖章的“提名人推荐意见”页；如内容不完全相同，还需对照最先收到的《提名书》内容取其不相同部分的内容，放在“提名人推荐意见”页前。

（2）如有院士提名，且又有其他遴选渠道报送的同一候选人的《提名书》1—11 页内容完全相同时，只取遴选部门、中国科协报送的《提名书》“提名单位推荐意见”页、“遴选投票结果和遴选委员会成员名单”页和“遴选部门推荐意见”页；如内容不完全相同，还需对照所选全文内容取其不相同部分，放在“提名单位推荐意见”页前。

（3）若无院士提名，部门与中国科协报送的同一候选人的《提名书》1—11 页内容完全相同时，则选定部门报送的《提名书》全文，只取中国科协报送的“提名单位推荐意见”页、“遴选投票结果和遴选委员会成员名单”页和“遴选部门推荐意见”页，放置在部门报送的《提名书》的后面；如内容不完全相同，还需取其不相同部分，放置在中国科协报送的《提名书》中“提名单位推荐意见”页前。

（三）工程管理学部候选人第一轮评审委托学部的确定

1. 候选人拟提名到何学部评审，原则上应尊重提名人或提名单位的意见，按《提名书》上所填写的候选学部确定。

2. 不同渠道提名的同一位候选人在出现拟提名候选学部不一致的情况时，如有院士提名，则以院士填写的候选学部为准。学科专业划归不明确或有异议的，可征求有关院士及提名人的意见后确定候选学部。如部门与中国科协不一致时，可提请相关学部的学部主任和院士共同商议确定候选学部。

3. 如存在候选人的学科专业与候选学部学科专业内涵明显不符或学部间学科专业交叉等特殊情况，则由学部工作局一、二处对其学科专业进行核对，根据学科专业划归的原则和实际情况，协商提出调整建议，填写《候选人转学部手续表》，并经转出和转入学部的学部主任签字同意，方可作出相应调整。

4. 对候选人拟提名候选学部作出调整后，以学部工作局名义具函，分别通知提名人或遴选部门，并说明调整的原因。

三、候选人的涉密材料的保管交接手续

（一）对于候选人的涉密材料，应尽快完成所属学部登记手续和综合处信息入库手续，将材料送院保密办公室保管，并填写《保密材料保管手续登记表》。

（二）保密材料原则上不在学部工作局一、二处过夜。候选人信息库不得与互联网连接。

（三）工作人员在遇到难以处理的涉密问题时，应以书面形式及时逐级报告。

四、附则

（一）本规定由学部工作局负责解释。
（二）本规定自发布之日起施行。

中国工程院院士增选学部专业划分标准（试　行）

机械与运载工程学部

代　码	专业学科名称	说　明
01－01	**机械工程**	
01－01－010	机械制造与自动化	
01－01－020	机械电子工程（或工程装备与控制工程）	
01－01－030	机械设计及理论	
01－01－040	机械成形加工工程及自动化	
01－01－050	专用机械设计与制造	
01－01－060	特种设备设计与制造	
01－01－070	工程力学	侧重机械设备领域
01－02	**船舶与海洋工程**	
01－02－010	船舶（与海洋机构物）设计制造	
01－02－020	船舶海洋工程力学	

代　码	专业学科名称	说　明
01－02－030	水声工程	与信息学部(02－04－040)交叉,侧重水下隐身技术及海洋环境效应
01－03	**航空宇航科学技术**	
01－03－010	飞行器设计(包括总体、结构等)	
01－03－020	航空宇航推进理论及工程	
01－03－030	航空宇航制造工程	
01－03－040	人机与环境工程	
01－03－050	航空宇航系统工程与理论	
01－03－060	控制理论与工程	
01－03－070	精密仪器仪表技术	
01－04	**兵器科学与技术**	
01－04－010	武器系统与应用工程	
01－04－020	兵器发射理论与技术	
01－04－030	火炮自动武器及弹药(战斗部)工程	
01－04－040	军用车辆工程	
01－04－050	水下兵器	
01－05	**动力及电气设备工程与技术**	
01－05－010	动力机械设计制造	
01－05－020	热能工程	与能源学部(04－01－010)交叉,侧重热能设备的设计与制造
01－05－030	电机设计制造	
01－05－040	电器设计制造	
01－05－050	电力电子及控制设备	
01－05－060	电工新技术(含电工材料)及设备	

代　码	专业学科名称	说　　明
01－06	**交通(地面)运输工程**	
01－06－010	交通信息工程及控制	
01－06－020	运载工具运用工程	
01－06－030	车辆设计与制造	

信息与电子工程学部

代　码	专业学科名称	说　　明
02－01	**电子科学与技术**	
02－01－010	电子技术	
02－01－020	微电子技术	
02－01－030	电磁场与微波技术	
02－01－040	生物电子与生物信息学	侧重电子信息技术
02－02	**光学工程与技术**	
02－02－010	应用光学	
02－02－020	红外技术	
02－02－030	激光技术	
02－02－040	光电子技术	
02－03	**仪器科学与技术**	
02－03－010	传感器技术	
02－03－020	测试计量技术及仪器	
02－03－030	遥感技术	

代　码	专业学科名称	说　明
02－04	**信息与通信工程**	
02－04－010	通信与信息网络技术	
02－04－020	雷达技术	
02－04－030	信号处理技术	
02－04－040	水声工程	与机械学部(01－02－030)交叉,侧重信息处理部分
02－04－050	广播与电视技术	
02－04－060	信息安全技术	
02－05	**计算机科学与技术**	
02－05－010	计算机系统结构	
02－05－020	计算机软件与理论	
02－05－030	人工智能	
02－05－040	计算机应用技术	
02－06	**控制科学与技术**	
02－06－010	控制理论与技术	
02－06－020	机器人技术	
02－06－030	控制系统工程	
02－06－040	导航制导与控制	

化工、冶金与材料工程学部

代　码	专业学科名称	说　明
03－01	**化学工程与技术**	
03－01－010	化学工程	

代　码	专业学科名称	说　　明
03－01－020	化工系统工程	
03－01－030	无机化工	
03－01－040	有机化工	
03－01－050	高分子化工	
03－01－060	煤化工	
03－01－070	石油与天然气化工	
03－01－080	精细化工	
03－01－090	生物化学工程	
03－01－100	核化工	
03－02	**材料科学与工程**	
03－02－010	材料合成与加工	与机械学部(01－01－040)部分交叉,侧重材料的成分、组成、性能
03－02－020	金属材料	
03－02－030	无机非金属材料	
03－02－040	有机高分子材料	
03－02－050	复合材料	
03－02－060	功能材料	
03－02－070	生物材料	
03－02－080	含能材料	
03－02－090	纳米材料	
03－03	**冶金工程**	
03－03－010	矿物加工	
03－03－020	冶金热能工程	
03－03－030	冶金环境工程	

代　码	专业学科名称	说　明
03-03-040	钢铁冶金	
03-03-050	有色金属冶金	
03-03-060	压力加工	
03-03-070	粉末冶金	
03-03-080	过程工程	

能源与矿业工程学部

代　码	专业学科名称	说　明
04-01	**能源和电气科学技术与工程**	
04-01-010	热能动力工程	与机械学部(01-05-020)交叉,侧重于系统的工程实施与运行
04-01-020	电气工程	
04-01-030	水电工程	与土木学部(05-05-040)交叉,侧重于发电系统及工程运行
04-01-040	新能源和可再生能源	
04-02	**核科学技术与工程**	
04-02-010	核能工程	
04-02-020	核材料与核燃料	
04-02-030	核安全、防护和环境	
04-02-040	核科学技术应用	
04-03	**地质资源科学技术与工程**	
04-03-010	地质与矿产探测	
04-03-020	矿产资源与地质勘查	

代　码	专业学科名称	说　明
04-03-030	油气资源和勘探	
04-03-040	矿山水文地质和工程地质	
04-04	**矿业科学技术与工程**	
04-04-010	非能源矿产开发	
04-04-020	煤炭开发	
04-04-030	石油和天然气工程	
04-04-040	矿业的安全和环境工程	

土木、水利与建筑工程学部

代　码	专业学科名称	说　明
05-01	**建筑学**	
05-01-010	建筑历史与理论	
05-01-020	建筑设计及其理论	
05-01-030	建筑环境工程与建筑技术	
05-02	**城乡规划与风景园林**	
05-02-010	区域规划	
05-02-020	城市规划(含城市交通规划)	
05-02-030	市政工程	
05-02-040	风景园林规划与设计	
05-03	**土木工程**	施工技术、爆破工程列入土木工程对应的二级专业内
05-03-010	工程力学	
05-03-020	土木工程材料	

代　码	专业学科名称	说　明
05 - 03 - 030	结构工程	
05 - 03 - 040	桥梁工程	
05 - 03 - 050	道路与铁路工程	
05 - 03 - 060	岩土工程	
05 - 03 - 070	地下工程与隧道工程	
05 - 03 - 080	土木工程抗灾与防护工程	
05 - 03 - 090	工程地质与水文地质	含地质灾害防治
05 - 04	**测绘工程**	不含遥感、传感器、仪器
05 - 04 - 010	大地测量与测量工程	
05 - 04 - 020	摄影测量与航天测绘	
05 - 04 - 030	地图制图与地理信息工程	
05 - 05	**水利工程**	
05 - 05 - 010	水文学与水资源	
05 - 05 - 020	水力学与河流动力学	
05 - 05 - 030	水工结构工程	
05 - 05 - 040	水利水电工程	不含水电设备与运营
05 - 05 - 050	港口、水道、海岸及近海工程	
05 - 05 - 060	农田水利工程	重点为灌溉与排水工程

环境与轻纺工程学部

代　码	专业学科名称	说　明
06 - 01	**环境科学技术**	
06 - 01 - 010	环境区域污染控制原理与技术	

代　码	专业学科名称	说　　明
06－01－020	环境监测与标准	包括环境监测技术、监测方法、监测布点、采样与方法标准化等
06－01－030	环境毒理与风险评价技术	包括化学品与污染物对动植物的毒性、毒理实验技术，根据理化特征、毒性评估其对环境及人体健康风险性的方法和技术
06－01－040	环境规划与环境影响预测技术	包括环境区域规划、建设设计及对未来的影响预测技术
06－01－050	环境信息技术	包括环境信息采集（如遥感遥测）与收集、信息处理（如卫星图片解析）加工等
06－02	**环境工程**	
06－02－010	水污染防治	
06－02－020	大气污染防治	
06－02－030	固体废物污染防治与资源化	
06－02－040	土地污染防治	
06－02－050	物理性污染防治（声、光、热、电磁、放射性、震动等）	
06－02－060	环境生态保护与修复	
06－03	**气象科学**	
06－03－010	天气预报和动力气象	
06－03－020	气候预测与气候变化	
06－03－030	大气探测	
06－03－040	应用气象	
06－03－050	大气科学工程与技术	

代　码	专业学科名称	说　明
06－04	**海洋科学工程**	
06－04－010	海洋化学工程	
06－04－020	海洋生物工程	
06－04－030	海底探测与开发工程	
06－04－040	海洋环境工程	
06－04－050	海洋技术工程	
06－05	**食品科学与工程**	
06－05－010	食品科学	
06－05－020	食品工程	
06－06	**纺织科学与工程**	
06－06－010	纺织工程(含纺织装备与控制)	
06－06－020	纺织材料与纺织品设计	
06－06－030	纺织化学与染整工程	
06－06－040	产业用纺织材料与非织造技术	
06－06－050	纤维材料科学与工程	
06－06－060	服装科学与工程	
06－07	**轻工技术与工程**	
06－07－010	轻工化学工程	
06－07－020	制浆造纸工程	
06－07－030	皮革化学与皮革工程	
06－07－040	发酵与轻工生物技术	
06－07－050	烟草科学与工程	
06－07－060	轻工装备与控制	

农业学部

代码	专业学科名称	说明
07－01	**作物学**	
07－01－010	作物栽培学与耕作学	
07－01－020	作物遗传育种	
07－01－030	植物营养学	
07－02	**农业生物工程**	
07－02－010	植物生物工程	
07－02－020	动物(水产)生物工程	
07－02－030	微生物工程	
07－03	**园艺学**	
07－03－010	果树学	
07－03－020	蔬菜学	
07－03－030	茶学	
07－04	**农业资源学**	
07－04－010	土壤学	
07－04－020	种质资源学	
07－04－030	土地资源	
07－04－040	农业气象	
07－05	**植物保护**	
07－05－010	植物病理学	
07－05－020	农业昆虫与有害生物防治	

代　码	专业学科名称	说　明
07－05－030	农药学	
07－06	**应用生态学**	
07－06－010	农业生态学	
07－06－020	森林生态学	
07－06－030	草地生态学	
07－06－040	湿地生态学	
07－06－050	环境生态学	含自然生态、产业生态与区域生态
07－07	**林学**	
07－07－010	林木遗传育种	
07－07－020	森林培育	
07－07－030	森林保护学	
07－07－040	森林经理学	
07－07－050	野生动植物保护与利用	
07－07－060	园林植物与观赏园艺	
07－07－070	水土保持与荒漠化防治	
07－08	**农业工程**	
07－08－010	农业机械化工程	
07－08－020	农业水土工程	
07－08－030	农业生物环境与能源工程	
07－08－040	农业信息化工程	
07－08－050	农产业加工与贮藏工程	

代　码	专业学科名称	说　明
07－09	**林业工程**	
07－09－010	森林工程	
07－09－020	木材科学与技术	
07－09－030	林产化学加工工程	
07－10	**畜牧学**	
07－10－010	动物遗传育种与繁殖	
07－10－020	动物饲养与饲料学	
07－10－030	草业科学	
07－10－040	特种经济动物饲养	
07－11	**兽医学**	
07－11－010	基础兽医学	
07－11－020	预防兽医学	
07－11－030	临床兽医学	
07－11－040	兽药学	
07－12	**水产学**	
07－12－010	水产养殖	
07－12－020	捕捞与工程	
07－12－030	渔业资源	
07－12－040	水产品加工与贮藏工程	

医药卫生学部

代　码	专业学科名称	说　明
08－01	**基础医学**	
08－01－010	人体解剖与组织胚胎学	
08－01－020	免疫学	
08－01－030	医学微生物学	
08－01－030－010	毒学	
08－01－040	医学寄生虫学	
08－01－050	病理学与病理生理学	
08－01－060	医学生物化学与分子生物学	
08－01－070	医学生物物理学	
08－01－080	医学细胞生物学	
08－01－090	医学遗传学	
08－01－100	生理学	
08－01－110	生物技术	
08－02	**临床医学**	
08－02－010	内科学	
08－02－010－010	心血管病	
08－02－010－020	血液病	
08－02－010－030	呼吸系统病	
08－02－010－040	消化系统病	
08－02－010－050	内分泌与代谢病	
08－02－010－060	肾脏病	
08－02－010－070	风湿病	
08－02－020	感染性疾病与传染病学	

代　码	专业学科名称	说　明
08－02－030	儿科学	
08－02－040	老年病学	
08－02－050	神经病学	
08－02－060	精神病学与精神卫生学	
08－02－070	皮肤病与性病学	
08－02－080	影像医学与核医学	
08－02－090	临床检验诊断学	
08－02－100	护理学	
08－02－110	外科学	
08－02－110－010	普通外科	
08－02－110－020	骨外科	
08－02－110－030	泌尿外科	
08－02－110－040	胸心外科	
08－02－110－050	神经外科	
08－02－110－060	整复外科	
08－02－110－070	烧伤外科	
08－02－110－080	野战外科	
08－02－110－090	小儿外科	
08－02－110－100	手外科	
08－02－120	妇产科学	
08－02－130	眼科学	
08－02－140	耳鼻咽喉科学	
08－02－150	肿瘤学	
08－02－160	康复医学与理疗学	
08－02－170	麻醉学	
08－02－180	急诊医学	
08－02－190	职业病学	

代　码	专业学科名称	说　明
08－03	**口腔医学**	
08－03－010	口腔基础医学	
08－03－020	口腔内科学	
08－03－030	口腔颌面外科学	
08－03－040	口腔修复与正畸学	
08－04	**公共卫生与预防医学**	
08－04－010	流行病与卫生统计学	
08－04－020	职业卫生与环境卫生学	
08－04－030	营养与食品卫生学	
08－04－040	少儿卫生与妇幼保健学	
08－04－050	卫生毒理学	
08－04－060	军事预防医学	
08－05	**药学**	
08－05－010	药物化学	
08－05－020	药剂学	
08－05－030	生物药学	
08－05－040	药物分析学	
08－05－050	微生物与生物技术药学	
08－05－060	药理学	
08－05－060－010	药代动力学	
08－05－070	临床药学	
08－05－080	制药工程学	

代　码	专业学科名称	说　明
08－06	**生物医药工程与医学信息学**	
08－06－010	医学电子学	
08－06－020	生物力学	
08－06－030	医用材料学	
08－06－040	医学工程学	
08－06－050	医学信息学	
08－06－060	医学组织工程学	
08－07	**特种医学**	
08－07－010	军事医学	
08－07－020	法医学	
08－07－030	放射生物学及放射医学	
08－07－040	航空、航天、潜海与潜水医学	
08－07－050	运动医学	
08－07－060	高原医学	
08－08	**中医学**	
08－08－010	中医基础学	
08－08－020	方剂学	
08－08－030	中医内科学	
08－08－040	针灸学	
08－08－050	中医外科学	
08－08－060	中医妇科学	
08－08－070	中医儿科学	
08－08－080	中医骨伤科学	
08－08－090	中医五官科学	
08－08－100	中西医结合	

代　码	专业学科名称	说　明
08－09	**中药学**	
08－09－010	中药资源与鉴定学	
08－09－020	中药化学	
08－09－030	中药药理学	
08－09－040	中药制药学	

工程管理学部

代　码	专业学科名称	说　明
09－01	**工程管理**	
09－01－010	机械与运载工程管理	
09－01－020	信息与电子工程管理	
09－01－030	化工、冶金与材料工程管理	
09－01－040	能源与矿业工程管理	
09－01－050	土木、水利与建筑工程管理	
09－01－060	环境与轻纺工程管理	
09－01－070	农业工程管理	
09－01－080	医药卫生工程管理	

关于公示中国工程院2009年院士增选有效候选人材料的通知

中工发[2009]45号

各省、自治区、直辖市人民政府,国务院各有关部委、直属机构、直属事业单位,中国人民解放军总政治部,中国科协:

中国工程院2009年院士增选有效候选人已经中国工程院主席团审定。根据《中国工程院院士增选工作实施办法》的规定,有效候选人的材料须在其所在单位公示,以便接受社会监督。现将公示有效候选人材料的有关事项通知如下:

一、公示内容和方式:公示内容为候选人"提名书"中经候选人确认的全部内容(一至九项)。公示方式为公开场所张贴。

二、公示范围和时间:高等院校在候选人所在的"院"或"系";科研机构在候选人所在的"研究院"或"研究所";大型企业在候选人所在的分厂、分公司;中小企业在本企业。其他单位可参照此原则确定公示范围。有效候选人名单公布后,开始公示候选人材料,公示期为30天。

三、各归口遴选部门(省、自治区、直辖市)要对候选人材料的公示工作作出安排,向候选人所在单位提出具体要求,并负责检查公示落实情况。除负责公示经本系统遴选的有效候选人材料(由本系统提供)外,还需负责公示由院士提名和中国科协遴选的属于本系统的有效候选人材料(由中国工程院学部工作局提供,见附件2)。中国工程院将进行抽查。

四、请于6月25日前完成公示,并将公示情况和有关意见报送中国工程院(一式两份)。

联系人:阮宝君、潘 刚

电 话:(010) 59300327、59300325

附件:1. 本系统有效候选人名单(略)

2. 经院士提名或中国科协遴选的有效候选人提名材料(略)

中国工程院

二〇〇九年五月十四日

关于审阅中国工程院外籍院士候选人材料和征求意见的通知

中工发[2009]61号

各位院士：

在今年的第二轮评审会上，将由全体院士大会选举产生第八批外籍院士。外籍院士候选人提名工作于2009年5月30日结束，共有10位获得5位或5位以上院士提名的有效候选人。

10位候选人学科领域分布是：机械与运载领域1人，信息与电子领域2人，化工、冶金与材料领域1人，能源与矿业领域1人，土木、水利与建筑领域2人，医药卫生领域3人。其中美国籍7人，英国籍1人，加拿大籍1人，瑞典籍1人，有8位是本国工程院/科学院院士。

根据《中国工程院外籍院士增选工作实施办法》的规定，现将10份《外籍院士候选人简表和提名书汇总》（附件2）送上，请审阅并发表意见。

请各位院士除对本学科专业领域的候选人提出意见外，还请对其他学科专业领域的候选人提出自己审阅材料后的意见，供有关学部常委会和主席团会议酝酿讨论时参考。

请在征求意见表（附件1）有关栏目内填写您的意见，如有需要，可另附纸写明您的具体意见。填写后的征求意见表在第一轮评审会结束前交给本学部联络员汇总。

联络员：

机械与运载工程学部：	王晓俊
信息与电子工程学部：	范桂梅
化工、冶金与材料工程学部：	左家和
能源与矿业工程学部：	王爱红
土木、水利与建筑工程学部：	张　健
环境与轻纺工程学部：	张　健
农业学部：	罗莎莎
医药卫生学部：	李冬梅
工程管理学部：	于泽华

附件：1. 外籍院士候选人征求意见表

2.《中国工程院外籍院士候选人简表和提名书汇总》（略）

中国工程院

二〇〇九年六月十六日

附件 1：

外籍院士候选人征求意见表

（名单按照学部排序，同一学部按照姓名字母排序）

学部领域	初步意见 / 候选人姓名	按外籍院士的标准条件您认为			其　他
		符合	基本符合	不大符合	意　见
机械	Henry T. Yang 杨祖佑				
信息	Charles M. Vest				
信息	Raj Reddy 罗杰·瑞迪				
化工	Liang-Shih Fan 范良士				
能源	Zhongxue Gan 甘中学				
土木	Surendra P. Shah 夏苏鲁				
土木	张慕圣				
医药	Colin Blakemore 科林·布莱克默				
医药	Harvey Vernon Fineberg 霍宁博				
医药	Yihai Cao 曹义海				

请在相应栏内画“√”

您所在学部：________________________

中国工程院院士增选归口遴选单位名单

一、遴选部门、企业名单

单位名称	单位名称
国务院办公厅	铁道部
外交部	水利部
国防部	农业部
国家发展和改革委员会	商务部
教育部	文化部
科学技术部	卫生部
工业和信息化部	国家人口和计划生育委员会
国家民族事务委员会	中国人民银行
公安部	审计署
国家安全部	国有资产监督管理委员会
监察部	海关总署
民政部	国家税务总局
司法部	国家工商行政管理总局
财政部	国家质量监督检验检疫总局
人力资源和社会保障部	国家广播电影电视总局
国土资源部	国家新闻出版总署
环境保护部	国家体育总局
住房和城乡建设部	国家安全生产监督管理局
交通运输部	国家统计局

单位名称	单位名称
国家林业局	国家自然科学基金委员会
国家知识产权局	国务院台湾事务办公室
国家旅游局	国务院新闻办公室
国家宗教事务局	国家档案局
国务院参事室	中央组织部
国务院机关事务管理局	中国科协
国家预防腐败局	中国工程物理研究院
国务院侨务办公室	新疆生产建设兵团
国务院港澳事务办公室	中国石油天然气集团公司
国务院法制办公室	中国石油化工集团公司
国务院研究室	中国海洋石油总公司
新华通讯社	中国建筑工程总公司
中国科学院	中国长江三峡工程开发总公司
中国社会科学院	中国航天科工集团公司
国务院发展研究中心	中国航天科技集团公司
国家行政学院	中国航空工业集团公司
中国地震局	中国船舶工业集团公司
中国气象局	中国船舶重工集团公司
中国银行业监督管理委员会	中国核工业集团公司
中国证券监督管理委员会	中国核工业建设集团公司
中国保险监督管理委员会	中国兵器工业集团公司
国家电力监管委员会	中国兵器装备集团公司
全国社会保障基金理事会	中国中信集团公司
国务院南水北调办公室	

二、遴选省、自治区、直辖市名单

地方名称	地方名称
北京市	湖南省
天津市	广东省
上海市	海南省
重庆市	四川省
河北省	贵州省
山西省	云南省
辽宁省	陕西省
吉林省	河南省
黑龙江省	甘肃省
江苏省	青海省
浙江省	广西壮族自治区
安徽省	内蒙古自治区
福建省	新疆维吾尔自治区
江西省	宁夏回族自治区
山东省	西藏自治区
湖北省	

[提名和遴选]

关于提名和遴选中国工程院院士候选人的通知

中工发[2008]86号

国务院各有关部委、直属机构、直属事业单位、中国人民解放军总政治部，各省、自治区、直辖市人民政府，中国科协、有关企业：

中国工程院2009年院士增选工作从2009年1月1日启动。现将有关事项通知如下：

一、《中国工程院院士增选工作实施办法》和相关附件是中国工程院院士增选的基本文件，请各遴选部门按照文件规定，认真组织本系统或本地区的院士候选人提名和遴选工作。

二、中国工程院现设9个学部，分别为：机械与运载工程学部，信息与电子工程学部，化工、冶金与材料工程学部，能源与矿业工程学部，土木、水利与建筑工程学部，环境与轻纺工程学部，农业学部，医药卫生学部，工程管理学部。上述9个学部所涵盖的工程科学技术各学科专业的专家均可被提名为院士候选人。2009年院士增选总名额不超过60名。

三、负责多学科候选人遴选的综合部门（教育部、国有资产监督管理委员会、中国科学院、中国科协、中国人民解放军总政治部）向工程院报送候选人的名额为每个学部不超过6名；卫生部、农业部报送与其行业相对应的学部候选人名额不超过6名，其他学部不超过3名；工业和信息化部报送信息与电子工程学部候选人名额不超过6名，其他学部不超过3名；其余部门、省、自治区、直辖市及规定的企业报送候选人名额为各学部不超过3名。

四、被提名候选人的年龄不得超过70周岁，即为1939年7月1日（含）以后出生。凡2003年、2005年、2007年已被提名至中国工程院和被推荐至中国科学院的有效候选人，合计连续3次的，2009年必须停止1次被提名为中国工程院院士候选人的资格。

五、通过无隶属、管辖关系的非主管部门报送的候选人材料无效。

六、各归口遴选部门必须在2009年4月30日前（以当地邮戳为准），将通过遴选的候选人材料报送中国工程院学部工作局。报送候选人材料，应注意如下事项：

1.《中国工程院院士候选人提名书》（以下简称《提名书》）的全部内容必须使用中国工程院院士候选人提名系统形成候选人提名材料，该系统及使用说明书可登录中国工程院网站（www.cae.cn）下载。

2. 需提交《关于报送候选人名单及其材料的函》一式2份。函中应按学部顺序列出通过遴选的候选人名单,并加盖遴选部门公章。随函应附:遴选委员会委员名单和有遴选委员会负责人签名的遴选投票结果(总票数)以及通过和未通过遴选的全部候选人的得票数及排序。

3. 需提供每位候选人《提名书》原件一式4份,并附光盘(不接收U盘和移动硬盘提供的电子文本资料)。《提名书》按附件的样式印制(A4纸),字迹清晰。

4. 提供每位候选人重要奖项获奖证书材料复印件一式1套(不超过6项);实施的发明专利证书及其实施情况的复印件等证明材料一式1套(不超过6项);有代表性的著作和论文(不超过10篇、册);工程设计、建设、运行、管理方面的重要成果(不超过5篇、册)。以上材料如超过规定数量,工作人员将不予接收。不同渠道报送的同一候选人的论著、证明材料等只需报送1套。所报材料如需退还,请注明。

5.《提名书》不得涉及国家秘密,并出具候选人所在单位关于非涉密的证明。

七、中国工程院对归口遴选部门报送的候选人材料进行形式审查。经材料审查合格的有效候选人,中国工程院通知归口遴选部门,按照要求对候选人有关材料进行公示。公示情况及反馈意见,在规定时间内,由归口遴选部门汇总报中国工程院。

联系人:阮宝君、潘刚,学部工作局综合处
地址:北京市西城区冰窖口胡同2号
邮政编码:100088
传真:010-59300241,010-59300328
电话:010-59300327,010-59300325

附件:1.《中国工程院院士增选工作实施办法》(略)
2.《中国工程院院士候选人提名书》(样本)(略)
3.《中国工程院院士增选学部专业划分标准》(试行)(略)
4.《中国工程院院士增选工作中院士行为规范》(略)
5.《中国工程院院士增选机关工作人员行为规定》(略)
6.《中国工程院院士增选候选人材料公示办法》(略)
7. 归口遴选单位名单(略)
8. 中国工程院2009年增选工作日程安排(流程图)(略)

中国工程院
二〇〇八年十二月十七日

关于提名中国工程院院士候选人的通知

中工发[2008]84号

各位院士：

2009年院士增选工作从2009年1月1日启动。现将有关事项通知如下：

一、《中国工程院院士增选工作实施办法》和相关附件是中国工程院院士增选的基本文件，所有院士应严格按照文件有关规定认真做好院士候选人提名工作。

二、2009年院士增选总名额不超过60名。各学部的增选名额，将在2009年第一轮评审后，由院士增选政策委员会提出方案，报主席团会议确定。

三、每位院士至多可提名2位候选人，院士可单独或联名提名。候选人获得不少于3位院士提名，且其中有3位院士所在学部与候选人专业所属学部相同，提名方为有效。提名工程管理学部候选人，至少要有2位是工程管理学部的院士，另有1位所在学部与候选人工程科技背景所属学部相同。

四、候选人的年龄原则上不超过70周岁，即为1939年7月1日（含）以后出生。年龄超过70周岁的候选人，须经其专业所属学部至少6位院士提名方为有效。工程管理学部候选人，至少要有4位工程管理学部院士提名，另有2位提名院士所在学部应与候选人工程科技背景所属学部相同。这样的提名对候选人仅限1次。

五、凡2003年、2005年、2007年已被提名至中国工程院和被推荐至中国科学院的有效候选人，合计连续3次的，2009年必须停止1次被提名为院士候选人的资格。

六、截止到2008年12月31日（含）未满80周岁的院士，享有本增选年度的提名权与选举权。

院士提名候选人时，在坚持标准条件的前提下，要特别注意对长期工作在第一线并作出重大成就和贡献的工程科技专家的提名；注意对优秀中青年工程科技专家的提名；注意对交叉、边缘学科以及尚无院士的学科、地区、部门的工程科技专家的提名，逐步使院士的整体结构更趋合理，更具有广泛性。

七、对报送候选人材料的要求

1.《中国工程院院士候选人提名书》（以下简称《提名书》）的全部内容必须使用中国工程院院士候选人提名系统形成候选人提名材料，该系统及使用说明书可登录中国工程院网站（www.cae.cn）下载。

2. 报送的候选人《提名书》需一式4份，且均须是有院士、被提名人签名的原件，并附光盘（不接收U盘和移动硬盘提供的电子文本资料）。《提名书》务必按本通知附件4的样式印制（A4纸），字迹清晰。

3. 提供每位候选人重要奖项获奖证书材料复印件一式1套（不超过6项）；实施的发明专利证

书及其实施情况的复印件等证明材料一式1套(不超过6项);有代表性的著作和论文(不超过10篇、册);工程设计、建设、运行、管理方面的重要成果(不超过5篇、册)。以上材料如超过规定数量,工作人员将不予接收。如院士提名的候选人与其他渠道(须注明)重复,可不附送此类材料。所报材料一般不予退还,如需退还,请注明。

如果被提名人是居住在香港特别行政区、澳门特别行政区的中国籍专家,还须提供香港特别行政区政府入境事务处或澳门特别行政区身份证明局的国籍证明。如果被提名人是台湾省专家,须在《提名书》的"在工程科技方面的主要成就和贡献"栏中表述支持"一个中国"的申明。

4.《提名书》不得涉及国家秘密,并出具候选人所在单位关于非涉密的证明。

5. 提名候选人的截止时间为2009年4月30日。若邮寄材料,以当地邮戳为准。材料寄出后,请及时通知候选人所属学部办公室查收。

院士在提名过程中有何问题,请及时联系。

通信地址:北京市西城区冰窖口胡同2号

邮政编码:100088

学部工作局联系电话:

学部一处负责机械与运载工程学部;信息与电子工程学部;

化工、冶金与材料工程学部和能源与矿业工程学部的联络工作。

联系人:梁晓捷、左家和

电　话:010-59300335,010-59300337

学部二处负责土木、水利与建筑工程学部;环境与轻纺工程学部;农业学部;医药卫生学部和工程管理学部的联络工作。

联系人:高战军、李冬梅

电　话:010-59300341,010-59300342

学部工作局综合处:

联系人:阮宝君、潘刚

电　话:010-59300327,010-59300325

附件:1.《中国工程院院士增选工作实施办法》(略)

2.《中国工程院院士候选人提名书》(样本)(略)

3.《中国工程院院士增选学部专业划分标准(试行)》(略)

4.《中国工程院院士增选工作中院士行为规范》(略)

5.《中国工程院院士增选机关工作人员行为规定》(略)

6. 中国工程院2009年增选工作日程安排(流程图)(略)

中国工程院

二〇〇八年十二月十七日

关于提名中国工程院外籍院士候选人的通知

中工发[2008]85号

各位院士：

2009年中国工程院外籍院士增选工作从2009年1月1日启动，现将《中国工程院外籍院士增选工作实施办法》（附件1）印发给你们，请按照有关规定做好中国工程院外籍院士（以下简称外籍院士）候选人的提名工作。

提名外籍院士候选人请注意如下事项：

一、提名候选人时，要特别注意从我国科技、经济、社会发展的实际和全局出发，在严格坚持标准的前提下，注意候选人的广泛性、代表性（如不同国别、民族、专业等）。

二、提名人应本着客观、实事求是的原则，逐项填写《中国工程院外籍院士候选人提名书》（以下简称《提名书》，见附件2）和《中国工程院外籍院士候选人简表》（以下简称《简表》，见附件3）的各项内容。如情况掌握不详、不全时，可通过有关途径（包括向被提名人本人）了解和索要资料，但注意不要多头对外。在联系时，要注意方式，以免候选人不能当选时，形成被动。

三、报送材料要求：《提名书》和《简表》各一式4份，均须是院士签名的原件；与院士签名原件内容一致的《提名书》和《简表》的电子版光盘（不接收U盘和移动硬盘提供的电子文本资料）一张（《提名书》和《简表》可登录我院网站 www.cae.cn 下载）；于2009年5月30日（以当地邮戳为准）前寄中国工程院学部工作局综合处。

通讯地址：北京市西城区冰窖口胡同2号院

邮政编码：100088

联 系 人：阮宝君、潘刚

电　　话：（010）59300327，（010）59300325

传　　真：（010）59300241，（010）59300328

附件：1.《中国工程院外籍院士增选工作实施办法》（略）

2.《中国工程院外籍院士候选人提名书》（样本）（略）

3.《中国工程院外籍院士候选人简表》（略）

中国工程院

二〇〇八年十二月十七日

[增选结果]

关于中国工程院 2009年院士增选情况的报告

中工发[2009]96号

国务院：

根据《中国工程院章程》的规定，我院院士增选每两年进行一次。2009年增选工作已于11月1日结束，9个学部共选举出48名新院士，中国工程院主席团会议已经审议通过。现将有关情况报告如下：

一、基本情况

经中国工程院主席团确定，今年增选名额不超过60名。经国务院有关部门、直属特设机构（含所属国有大企业）、直属机构、办事机构、直属事业单位，解放军总政治部，各省、自治区、直辖市，中国科协等渠道遴选以及院士推荐，共计449名有效候选人，经两轮评审和最终选举产生了48名新院士。本次增选后，院士总数达到756人，学科覆盖更趋全面，地区分布更加广泛，这将更有利于发挥院士的群体作用，推动我国工程技术发展和激励优秀人才的成长。

二、选举结果分析

新当选院士分布在17个国务院有关部门、直属特设机构、直属事业单位，解放军总政治部，11个省、自治区、直辖市以及台湾省的46个工程技术研究、教学、设计、建造、运行、生产、管理单位。

新当选院士平均年龄为56.2岁，其中60岁（含）以下的32人，占新当选人数的66.7%；50岁以下的14人，占新当选人数的29.2%；年龄最小的41岁。

院士增选工作受到了党中央、国务院的关心，得到了国务院各部门、各省（自治区、直辖市）、解放军总政治部和中国科协的大力支持。提名、遴选工作在以往的基础上进一步增加了透明度，评审方式也有所改进。评审和选举始终坚持公平、公正的原则，坚持院士的标准和条件，注重候选人的学风道德。

外籍院士增选，经过全体院士大会选举产生了6名新外籍院士，其中美国籍5名，英国籍1名。本次增选后，外籍院士总数达到36人，这将更有利于促进国际交流与合作，扩大我国工程科技界的影响。

现将今年当选院士及外籍院士名单报上，请审阅备案。

附件：1. 中国工程院 2009 年当选院士名单
2. 中国工程院 2009 年当选外籍院士名单

中国工程院
二〇〇九年十一月十六日

附件 1：

中国工程院 2009 年当选院士名单

（按姓氏拼音排序，共 48 人）

机械与运载工程学部（4 人）

姓　名	年　龄	工　作　单　位
董春鹏	67	中国船舶重工集团公司第七〇五研究所
段正澄	75	华中科技大学
金东寒	48	中国船舶重工集团公司第七一一研究所
刘永才	66	中国航天科工集团第三研究院

信息与电子工程学部（3 人）

姓　名	年　龄	工　作　单　位
邓中翰	41	北京中星微电子有限公司
吴曼青	44	中国电子科技集团公司第三十八研究所
于　全	44	总参谋部第六十一研究所

化工、冶金与材料工程学部(6人)

姓 名	年 龄	工 作 单 位
付贤智	52	福州大学
刘炯天	46	中国矿业大学
翁宇庆	69	中国金属学会
张生勇	69	第四军医大学手性技术研究中心
周 玉	54	哈尔滨工业大学
周克崧	68	广州有色金属研究院

能源与矿业工程学部(6人)

姓 名	年 龄	工 作 单 位
马永生	48	中国石油化工股份有限公司油田勘探开发事业部
万元熙	69	中国科学院等离子体物理研究所
于俊崇	68	中国核动力研究设计院
袁 亮	49	淮南矿业(集团)有限责任公司
岳光溪	64	清华大学热能工程系
周守为	58	中国海洋石油总公司

土木、水利与建筑工程学部(6人)

姓 名	年 龄	工 作 单 位
何华武	54	中华人民共和国铁道部
秦顺全	46	中铁大桥局集团有限公司
任南琪	50	哈尔滨工业大学
杨永斌	55	云林科技大学(台湾)
张建云	52	南京水利科学研究院
钟登华	45	天津大学

环境与轻纺工程学部(6 人)

姓　名	年　龄	工　作　单　位
侯立安	52	第二炮兵工程设计研究所
孟　伟	53	中国环境科学研究院
曲久辉	52	中国科学院生态环境研究中心
石　碧	51	四川大学
孙宝国	48	北京工商大学
徐祥德	67	中国气象科学研究院

农业学部(7 人)

姓　名	年　龄	工　作　单　位
陈温福	53	沈阳农业大学
李　玉	65	吉林农业大学
刘　旭	55	中国农业科学院
罗锡文	63	华南农业大学
麦康森	51	中国海洋大学
南志标	58	甘肃省草原生态研究所/兰州大学草地农业科技学院
张改平	48	河南省农业科学院

医药卫生学部(7 人)

姓　名	年　龄	工　作　单　位
程　京	46	清华大学医学院
丁　健	56	中国科学院上海药物研究所
付小兵	49	解放军总医院第一附属医院
廖万清	70	第二军医大学长征医院
吴以岭	60	河北省中西医结合医药研究院
杨宝峰	51	哈尔滨医科大学
周良辅	68	复旦大学附属华山医院

工程管理学部(3 人)

姓　名	年　龄	工　作　单　位
栾恩杰	69	国家国防科技工业局
王　安	51	中国中煤能源集团公司
王陇德	62	中华预防医学会

附件 2:

中国工程院 2009 年当选外籍院士名单

姓　名	年　龄	国　籍	工　作　单　位
杨祖佑 Henry T. Yang	68	美国	美国加州大学圣塔巴巴拉分校(UCSB) University of California, Santa Barbara
查理斯・维斯特 Charles M. Vest	67	美国	美国工程院 National Academy of Engineering, USA
罗杰・瑞迪 Raj Reddy	72	美国	美国卡内基梅隆大学 Carnegie Mellon University
范良士 Liang-Shih Fan	61	美国	俄亥俄州立大学 The Ohio State University
夏苏鲁 Surendra P. Shah	72	美国	美国西北大学 Northwestern University, USA
科林・布莱克默 Colin Blakemore	65	英国	英国牛津大学 University of Oxford, UK

(以上均由潘刚、王立群提供)

会　议　纪　要

【主席团会议纪要】

主席团会议纪要(十五)

2009年3月2日,徐匡迪执行主席主持召开了第四届主席团第15次会议。会议主要内容有:听取工程院学习实践科学发展观活动情况汇报;审议我院与国家自然科学基金委员会合作开展“中国工程科技中长期发展研究”的方案;审议“关于科学道德与学风建设的有关事项通报”;通报2009年院士增选工作情况;审议“中国中钢集团公司”与“研祥智能科技股份有限公司”申请加入院产业工程科技委员会的报告;通报院咨询工作情况。

白玉良副秘书长报告了出席会议的人员情况。本次会议应到35人,实到30人,超过应到人数的2/3,符合对重大事项作出表决的法定人数。朱光亚、宋健、朱建士、李大东、顾健人院士因病因事请假。

一、听取工程院学习实践科学发展观活动情况汇报

邬贺铨副院长汇报了工程院学习实践科学发展观活动的情况,包括开展学习实践活动的主要做法、主要特点、取得的主要成效、体会与存在的不足,以及进一步巩固和扩大学习实践活动成果的几点意见。

主席团会议认为,此次工程院的学习实践科学发展观活动开展得很好,全体院士和院机关干部都受到了教育与启发,达到了中央的基本要求。深入开展学习实践科学发展观活动虽然告一段落,但工程院科学发展的工作还要继续进行,使之长效化和经常化。结合本次学习实践活动,要坚持发扬党的优良传统与作风,始终牢记“两个务必”。主席团会议提出,围绕我院大力推进国家工程科技思想库的建设工作,抓好院士队伍建设,加快组建咨询服务中心,建设好专家库和数据库,为开展咨询工作提供支撑。争取建成1000人左右的院士和优秀专家组成的咨询队伍,注意吸纳工程科技领域的各学科带头人,尤其是优秀中青年专家,通过他们参与我院咨询工作,发现那些基础扎实、学术造诣深厚的专家,为院士增选积累后备人才。

二、审议我院与国家自然科学基金委员会合作开展“中国工程科技中长期发展研究”的方案

潘云鹤常务副院长汇报了我院与国家自然科学基金委员会合作开展“中国工程科技中长期发展研究”的方案,包括研究内容、经费来源及资助方式、组织形式与研究队伍、工作计划、希望实现的目标、面临的主要问题、目前的工作进展等。

主席团会议认为,此次与国家自然科学基金委员会的合作开创了工程院咨询研究的新形式,是

个新的举措。它不仅开辟了咨询研究的新途径，还为今后更广泛地开放合作探索经验。会议原则同意启动该研究，一致通过了项目方案，并就其中的主要问题展开讨论，主要建议如下：

1. 要从国家层面出发，聚焦关系国民经济社会发展的重大战略问题，进行顶层设计与谋划。确定各专题研究时要突破学部的界限，作好前沿和交叉研究。

2. 研究方向的粒度不宜过小，数量不宜过多，各学部就粒度问题可先做些准备工作，主席团将专门召开一次会议进行研讨。

3. 研究面向的时间长度以 2030 年为限。研究目标要按不同阶段区别处理，中期战略（面向 2015 年）需要更务实，提出具体目标、实现路线和具体项目；长期战略（面向 2030 年）需要更宏观，提出长远目标和路线图，适当提出方向性的项目。

4. 在摸清各个学科全国各地专家情况的基础上，把该项目咨询队伍拓展到非院士的高层次专家，如进入第二轮的院士候选人、“杰出青年基金”获得者、长江学者、“百人计划”入选者、各省区市评选的优秀专家等。建立对非院士专家参与咨询研究的有效机制，制定规范的程序或办法，调动非院士专家的积极性，使其承担工程院咨询工作能得到本单位的认可，例如聘请他们为工程院咨询专家并颁发聘书。

主席团会议要求：(1) 由院咨询工作委员会就该项目研究方案书面征求各位委员的意见；(2) 各专题组按标准统一、格式规范的要求，编制出研究大纲和指南；(3) 该项目界定为民用或军民结合领域，不包括军用领域；(4) 各学部在 3 月 20 日之前召开会议，对研究方案进行专题研究。“两会”后，院里召开一次方案研讨会议，各学部常委会提出具体意见，并对如何开展该项研究、研究定位、课题数量、人员组织等进行深入讨论。

三、审议“关于科学道德与学风建设的有关事项通报”

杜祥琬副院长汇报了“关于加强科学道德与学风建设的有关事项”。汇报包括：浙江大学药学院贺海波等人论文剽窃一事、论文署名中李连达院士的责任问题以及有关的思考等内容。由于此事尚处在过程之中，院常务会议认为应继续密切关注与跟踪，为此，特提请主席团会议审议。

主席团会议对此议题展开了认真细致的分析，原则同意汇报内容，并提出如下修改意见：

1. 与会多数院士认为，应将论文事件和加强院士科学道德建设两个方面分开，一段只阐述论文事件，而加强院士科学道德建设在另一段中阐述。

2. 与会绝大多数院士认为，因药品评价可能涉及法律法规问题，应删除有关药品评价的内容，只保留院士兼任技术顾问方面须注意的事项。

3. 对通报中的语句表达和措辞进行认真修改与反复斟酌。

与会 30 位院士中 27 位院士认为，当前对外不宜作结论性表态，但可采取适当方式在适当时候对主流媒体进行阶段性沟通，对已经明了的情况予以说明，对尚未明了或尚有争议的情况表示继续关注与跟踪。

四、通报 2009 年院士增选工作情况

旭日干副院长通报了 2009 年院士增选工作情况，介绍了今年院士增选工作中出现的一些问题，说明了工程院对这些问题的处理情况，其中有院士建议在选举投票阶段采取“两次投票”的方式，为此提请主席团会议审议是否由各学部在制订评审选举操作办法时加以明确。

主席团会议原则同意,选举投票阶段是否采取"两次投票"方式,由各学部常委会确定。

五、审议"中国中钢集团公司"与"研祥智能科技股份有限公司"申请加入院产业工程科技委员会的报告

邬贺铨副院长汇报了"中国中钢集团公司"与"研祥智能科技股份有限公司"申请加入院产业工程科技委员会的报告,并介绍了两个公司的概况。

主席团会议原则同意两个企业加入院产业委员会,并建议修改《院产业工程科技委员会章程》,明确加入企业的资格条件及审批权限,经主席团会议审议通过后,企业申请加入由产业委员会审批,不必经主席团会议审议。

六、通报院咨询工作情况

邬贺铨副院长以书面形式通报了我院咨询工作2008年总结和2009年主要工作计划。2008年总结的主要内容有立项情况、咨询工作开展情况、项目结题情况和咨询工作委员会的工作;2009年工作计划主要有咨询研究项目立项、修订《中国工程院咨询研究项目管理办法》、制订《咨询研究项目指南》和指导咨询服务中心开展工作。

主　持:徐匡迪院长

出　席:干　勇　毛二可　王永志　王礼恒　王思敬　王淀佐　石玉林　关　桥　刘鸿亮　刘德培　旭日干　朱高峰　邬贺铨　何继善　张彦仲　李国杰　杜祥琬　杨秀敏　杨胜利　沈国舫　陈厚群　徐匡迪　殷瑞钰　秦伯益　龚惠兴　谢礼立　管华诗　潘云鹤　薛群基　魏复盛

请　假:朱光亚　朱建士　宋　健　李大东　顾健人

列　席:白玉良　石立英

记　录:易　建

主席团会议纪要(十六)

2009年5月18日,徐匡迪院长主持召开了第四届主席团第16次会议。会议主要内容有:听取中国商用飞机研制情况的介绍;听取2009年院士增选有效候选人情况的汇报;审议《中国工程院关于科学道德与学风建设的回顾和思考》提纲的说明;审议邬贺铨副院长担任中国工程院秘书长提名的议案。

白玉良副秘书长报告了出席会议的人员情况。本次会议应到35人,实到27人,超过应到人数的2/3,符合对重大事项作出表决的法定人数。朱光亚、宋健、王永志、王思敬、石玉林、陈厚群、殷瑞钰、薛群基院士因病因事请假。

一、听取中国商用飞机研制情况的介绍

中国商用飞机有限公司董事长张庆伟介绍了该公司概况和商用飞机的研制情况，包括研制中的大型客机与支线飞机的设计、关键器件、新型材料等情况以及研制工作的体会。张庆伟董事长还向我院赠送了支线飞机模型，徐匡迪院长代表主席团成员表示感谢。

主席团会议高度评价了中国商用飞机有限公司为发展我国自主研发商用飞机所做工作，主席团成员就商用飞机的安全监测、发动机研制、民军结合等提出了建议。

二、听取2009年院士增选有效候选人情况的汇报

旭日干副院长汇报了2009年院士增选有效候选人情况。据汇报，今年共收到院士、部门、省区市及中国科协提名和遴选的候选人450位，其中有效候选人共449人，并对有效候选人的年龄、性别、提名和遴选渠道、工作单位性质分布进行了统计分析，计划5月20日向社会公布。各学部分别汇报了各自有效候选人的基本情况。提交主席团审议2009年院士增选有效候选人名单。

主席团会议审议通过有效候选人名单，同意公布的时间，提出公布有效候选人名单时，要注意候选人工作单位和专业的涉密问题。

主席团会议提出，要多方了解港澳台候选人的实际贡献和水平情况，并与大陆和内地候选人进行综合对比、平衡考虑，进一步完善港澳台候选人提名和评估机制。

三、审议《中国工程院关于科学道德与学风建设的回顾和思考》提纲的说明

杜祥琬副院长汇报了《中国工程院关于科学道德与学风建设的回顾和思考》的提纲及文稿起草情况，请主席团成员就文稿的题目、提纲、内容表述等提出具体修改意见。此报告拟在今年院士增选大会期间向全体院士汇报，也请主席团成员就具体汇报时间（第一次增选会议或第二次增选会议）提出建议。

主席团会议经讨论后提出以下意见：

1. 社会和媒体对院士学风和道德建设很关注，我院有必要在增选会议上阐明我院高度重视科学道德与学风建设的态度，本着严肃、谨慎、实事求是的原则，公正客观处理相关问题。

2. 院士学风和道德建设凡涉及体制、机制方面的问题，在有关内容表述上要把握好尺度。

3. 对文稿涉及的内容要反复字斟句酌，建议可以科学道德建设委员会的名义向全体院士汇报较好。

会议要求，请主席团成员6月5日前，将对汇报稿的修改意见、建议汇报的时间（第一次增选会议或第二次增选会议）以及是否进行汇报书面反馈给工程院院长办公室。

四、审议邬贺铨副院长担任中国工程院秘书长提名的议案

根据我院深入学习实践科学发展观活动的有关意见，潘云鹤常务副院长代表院党组提名邬贺铨副院长兼任工程院秘书长，提请主席团会议审议。

主席团会议一致通过邬贺铨副院长兼任工程院秘书长。

主　持:徐匡迪院长

出　席:干　勇　毛二可　王礼恒　王淀佐　关　桥　刘鸿亮　刘德培　旭日干　朱建士　朱高峰　邬贺铨　何继善　高金吉　李大东　李国杰　杜祥琬　杨秀敏　杨胜利　沈国舫　徐匡迪　秦伯益　顾健人　龚惠兴　谢礼立　方智远　潘云鹤　魏复盛

请　假:朱光亚　宋　健　王永志　王思敬　石玉林　陈厚群　殷瑞钰　薛群基

列　席:白玉良　石立英

记　录:易　建

主席团会议纪要(十七)

2009 年 6 月 28 日,徐匡迪院长主持召开中国工程院第四届主席团第 17 次会议。会议主要内容为:审议《进一步加强我国工程科技界的科学道德建设》的报告;审议今年第一轮院士增选各学部参考名额分配的建议方案;审议本次院士增选会议日程及全体院士大会议程;审议徐匡迪院长在今年院士增选第一轮评审会大会上的报告。

白玉良副秘书长通报了出席会议的人员情况。本次会议应到 35 人,实到 31 人,超过应到人数的 2/3,符合对重大事项作出表决的法定人数。王永志、朱光亚、朱高峰、殷瑞钰院士因事请假,刘人怀代替王礼恒院士参加会议。

一、审议《进一步加强我国工程科技界的科学道德建设》的报告

杜祥琬副院长汇报了代表院科学道德委员会在今年院士增选第一轮评审会上所作的《进一步加强我国工程科技界的科学道德建设》报告的主要内容和有关情况。据汇报,该报告经过上一次主席团会议、院党组会议、院常务会议讨论与修改,主要包括两方面的内容:科学道德建设工作的简要回顾、进一步加强科学道德建设的几点思考和建议。

会议认为,该报告经过几次修改后,基本框架和内容比原稿有了很大改进,全面阐述了我院成立十五年来,一贯高度重视科学道德建设,在院士科学道德建设方面所做的大量工作和取得的显著成效,表明了我院对科技界学风道德问题的立场和态度。

会议经过讨论,对进一步完善该报告提出以下修改意见:

1. 我国工程科技界的科学道德建设是我院科学道德建设的基础,我院在加强自身科学道德建设的同时有责任和义务在我国工程科技界的科学道德建设方面发挥作用,因此报告的题目修改为《进一步加强中国工程院和工程科技界的科学道德建设》更为合适。

2. 报告第 2 页和第 6 页中“把好院士入口关”的表述改为“把好院士入选关” 更为确切;第 6 页“(二)”的第 2 段第 1—2 行中“对候选人进行有意识的包装、造假”的一句内应删除“对候选人”

四个字；第6页“(二)”的第3段第6—8行中“希望院士不仅在工程技术上是过硬的，同时也成为科学道德和做人楷模，希望院士群体成为一面旗帜，影响和带动我国工程科技界，成为捍卫科学精神和真理的中流砥柱”修改为“希望院士们努力使自己成为科学道德和做人的表率，希望院士群体影响和带动我国工程科技界，成为弘扬科学精神的实践者”；第7页“(四)”的第1段第1行中“科学道德制度建设是我国科技界的一项基本建设”修改为“科学道德制度建设是我国科技界的一项基本建设和长期任务”。

3. 报告中的个别措辞和标点要再进一步斟酌和修改，应统一“中国工程院、工程院、我院，科技界、工程科技界”等的提法。

会议同意，根据以上意见对报告文稿修改后在第一轮院士增选大会上进行报告，大会后请各学部在学部全体院士会议上进行讨论、提出意见，于7月1日前将修改意见交给学部工作局，经7月3日召开的第18次主席团会议审定后，以适当形式公开发布，起到宣传与引导作用。

二、审议今年第一轮院士增选各学部参考名额分配的建议方案

旭日干副院长汇报了今年第一轮院士增选各学部参考名额分配情况。据汇报，今年院士增选各学部名额分配建议仍执行上次增选的分配方案，即：第一轮评审只明确各学部的参考名额，以便确定进入第二轮的候选人数量；最终增选名额的分配待第一轮评审结束后，在综合分析各学部情况的基础上由主席团研究确定。2009年第一轮评审各学部参考名额分配方案如下：

机械与运载工程学部	7名
信息与电子工程学部	7名
化工、冶金与材料工程学部	7名
能源与矿业工程学部	7名
土木、水利与建筑工程学部	7名
环境与轻纺工程学部	5名
农业学部	7名
医药学部	7名
工程管理学部	5名

主席团会议同意2009年第一轮院士增选各学部参考名额分配方案，根据今年第一轮评审的实际情况，为使符合院士标准的候选人当选，本次增选在60个名额的基础上，可适当增加名额。

三、审议本次院士增选会议日程及全体院士大会议程

白玉良同志汇报了本次院士增选会议日程及全体院士大会议程。据汇报，本次增选会议日程安排如下：

日期＼时间	上　午 (8:30—12:00)	下　午 (2:30—6:00)	晚　上 (7:40—9:30)
6月28日 星期日	全天报到	全天报到 15:00 主席团会议	各学部常委会会议
6月29日 星期一	全体院士会议(9:00) 学部院士会议	院士审阅材料	院士审阅材料
6月30日 星期二	专业组评审	专业组评审	电影放映
7月1日 星期三	专业组评审	专业组评审专业组投票(确定学部评审大会介绍候选人名单)学部评审	返回对外籍院士候选人征求意见表
7月2日 星期四	学部评审	学部评审	
7月3日 星期五	学部评审及正式投票(产生进入第二轮评审候选人名单) 各学部常委会议	15:00 主席团会议	
7月4日 星期六	院士离会	院士离会	

全体院士大会议程安排如下:会议由潘云鹤常务副院长主持,会议议题为:(1) 徐匡迪院长报告;(2) 旭日干副院长作关于第一轮评审会有关情况的报告;(3) 杜祥琬副院长作关于院士科学道德建设有关情况的报告。

会议同意本次院士增选会议日程安排;根据徐匡迪院长提议,会议同意将徐匡迪院长的报告列为最后一个议题。

会议提出,在此次院士增选工作中,医药卫生学部第一轮评审采取了书面摸底和会议评审相结合的方式进行,书面摸底投票结果仅供第一轮会议评审时参考,如果此做法效果较好,其他学部在今后评审时也可参考。会议指出,目前仍然存在部分院士对自己专业领域外的候选人缺乏充分了解、难以判断的问题,为在保证质量的前提下用足增选名额和充分选拔优秀人才,各学部可在遵守原则的前提下,采取有效的做法,促进院士对候选人更全面地了解和凝聚共识。

四、审议徐匡迪院长在今年院士增选第一轮评审会议上的报告

石立英同志汇报了徐匡迪院长在本次院士增选第一轮评审会大会上的报告内容。徐匡迪院长进行了补充说明，他指出，该报告不是中国工程院的工作报告，力求简短，主要突出了我院工作重点，而非面面俱到。此外，徐院长希望将此报告稿作为书面材料发给与会院士，自己以报告稿的精神为基础，在院士大会上向与会院士谈谈心里话。

会议同意徐院长的提议，十分赞同徐院长在全体院士大会上脱稿讲话，就有关情况进行更翔实的阐述，使院士们能更详细领会我院未来发展的战略思路。

会议还就主席团成员提议，历次增选第一轮评审会议都在6月底至7月初在北京召开，此时间天气炎热，多数院士年事已高，今后可考虑将第一轮评审会议的时间提前至天气更为适宜的时间。会议认为，今后院士增选第一轮评审会议的时间，待与中科院学部主席团协商后进行研究。

主　持：徐匡迪院长
出　席：于　勇　毛二可　刘人怀（代替王礼恒）　王思敬　王淀佐　石玉林　关　桥　刘鸿亮　刘德培　旭日干　朱建士　邬贺铨　何继善　宋　健　张彦仲　李大东　李国杰　杜祥琬　杨秀敏　杨胜利　沈国舫　陈厚群　徐匡迪　秦伯益　顾健人　龚惠兴　谢礼立　管华诗　潘云鹤　薛群基　魏复盛
请　假：王永志　朱光亚　朱高峰　殷瑞钰
列　席：白玉良　石立英
记　录：易　建

主席团会议纪要（十八）

2009年7月3日，徐匡迪院长和潘云鹤常务副院长分别主持召开了第四届主席团第18次会议。会议主要内容有：听取2009年第一轮院士增选总体情况汇报及审议各学部进入第二轮评审的候选人名单；审议《进一步加强中国工程院和工程科技界的科学道德建设》反馈意见。

白玉良副秘书长报告了出席会议的人员情况。本次会议应到35人，实到32人，超过应到人数的2/3，符合对重大事项作出表决的法定人数。朱光亚、王永志、顾健人院士因病因事请假，戴景瑞院士代替管华诗院士参加会议。

一、听取2009年第一轮院士增选总体情况汇报及审议各学部进入第二轮评审的候选人名单

旭日干副院长汇报了2009年第一轮院士增选总体情况，各学部主任分别汇报了第一轮评审情

况，提交主席团会议审议进入第二轮评审的候选人名单。

据汇报，今年第一轮评审的有效候选人共449人，经过此次评审，产生进入第二轮的候选人共163位，占总有效候选人的36.3%。其中，男性158人，占96.93%；女性5人，占3.07%；平均年龄56.37岁，最大年龄75岁，最小年龄40岁；60岁（含）以下106人，占65.03%，61—70岁49人，占30.06%，71岁（含）以上8人，占4.91%。各学部出席评审会议参加投票的院士人数都超过本学部应投票院士人数的2/3，评审结果全部有效。各学部进入第二轮比例均在预分配参考名额的2～3倍之内，符合《中国工程院院士增选实施办法》的规定。各学部第二轮候选人的具体数量如下：

机械与运载工程学部	19人
信息与电子工程学部	19人
化工、冶金与材料工程学部	18人
能源与矿业工程学部	20人
土木、水利与建筑工程学部	19人
环境与轻纺工程学部	12人
农业学部	21人
医药卫生学部	21人
工程管理学部	14人

主席团会议审议通过了进入第二轮评审的院士候选人名单，并于7月15日前在我院网站和有关报刊上公布。

主席团会议重点讨论了增选中存在的两个突出问题。一是少数候选人及其所在单位，采取不恰当的方式进行“跑票”或“拉票”；二是个别候选人的评审材料存在不实之处。这两个问题在社会上造成了不良影响，值得我院高度注意。

主席团会议决定，必须采取有效措施：一是给所有进入第二轮的候选人、候选人所在部门或单位发信函，重申我院高度重视科学道德及学风建设的原则立场，强调增选期间候选人及其单位不得以任何方式进行“跑票”或“拉票”等活动；二是给院士发信函，请院士对个别候选人的评审材料可能存在夸大或不实之处提出意见。由各学部进行调查、处理，调查结果供第二轮评审时参考。主席团会议授权院士增选政策委员会于7月15日前召开会议，研究给进入第二轮候选人、给候选人所在部门或单位、给全体院士的信函。信函可在我院网站和有关媒体上公布。

主席团会议重申，院士要婉辞谢绝候选人及其所在单位涉及增选的拜访、汇报等，拒绝接受礼物、礼金等。

主席团会议提出，请各学部需要关注的问题有：(1) 有的学部院士平均年龄偏高，需要补充年青的后备力量；(2) 本次外籍院士候选人有的提供的材料不够详尽，需要补充材料，以便于院士全面了解；(3) 有的候选人曾被提名为专业学部，而今年又改报工程管理学部，在第一轮委托专业学部评审时标准如何掌握；(4) 涉密的候选人评审是否可考虑单独分组；(5) 个别候选人材料中有关奖励完成人排序的核实问题。

二、审议《进一步加强中国工程院和工程科技界的科学道德建设》反馈意见

杜祥琬副院长汇报了《进一步加强中国工程院和工程科技界的科学道德建设》反馈意见的情况。据汇报，在第一轮评审会期间，共收到3位院士的反馈意见，对报告的结构与内容无原则性修改意见，

主要是涉及具体文字表述方面的意见,科学道德建设委员会已根据这些意见对报告进行了完善。

主席团会议认为,报告充分体现了我院加强科学道德建设的思想,但还要通过具体制度来落实。会议同意,该报告经审定后可以适当方式在媒体上发表。

根据徐匡迪院长的提议,主席团会议还讨论了《工程前沿论坛》系列丛书的组稿问题。目前收到的该丛书稿件,还不能充分地反映工程科技的前沿进展。会议认为,在不涉密的前提下,可结合国家科技十六个重大专项等重大科技项目,组织一批优质、反映科技前沿性的稿件,出版专辑,保证丛书的质量。

主　持:徐匡迪院长

出　席:于　勇　毛二可　王礼恒　王思敬　王淀佐　石玉林　关　桥　刘鸿亮　刘德培　旭日干　朱建士　朱高峰　邬贺铨　何继善　宋　健　张彦仲　李大东　李国杰　杜祥琬　杨秀敏　杨胜利　沈国舫　陈厚群　徐匡迪　殷瑞钰　秦伯益　龚惠兴　谢礼立　戴景瑞(代管华诗)　潘云鹤　薛群基　魏复盛

请　假:朱光亚　王永志　顾健人

列　席:白玉良　石立英

记　录:易　建

主席团会议纪要(十九)

2009年8月13日,徐匡迪院长在内蒙古自治区呼和浩特市主持召开第四届主席团第19次会议。会议主要内容有:研究院士队伍建设与可持续发展问题;审议各学部院士增选名额分配方案;通报进入第二轮候选人被投诉情况及外籍院士候选人有关情况;审定第二轮院士增选会议召开的时间。

白玉良副秘书长报告了出席会议的人员情况。本次会议应到35人,实到28人,超过应到人数的2/3,符合对重大事项作出表决的法定人数。根据工程院章程第34条规定,主席团会议参加人数超过应投票人数的1/2,可作出决议,本次会议的表决有效。朱光亚、宋健、王永志、王思敬、石玉林、杨秀敏、于勇院士因病因事请假。

一、研究院士队伍建设与可持续发展问题

白玉良同志汇报了院士队伍建设与可持续发展的背景资料。汇报的主要内容有:

(一)我院院士队伍的发展状况

1. 我院现有711名院士平均年龄74.18岁,到2015年底院士(不含期间新当选院士)平均年龄达到80岁。到2009年底,资深院士占院士总数21.94%,未来六年(2010—2015年)平均每年增加资深院士40名,累计新增240名,届时总数达到396名(不考虑去世),占院士总数55.70%。

以2007年当选院士33名计算，到2015年可增加132名，新增院士数量远不能弥补资深院士的增加量，只有每次新当选60名，才能基本弥补资深院士的增加量。据统计，随着院士队伍整体年龄的上升，去世院士呈逐年增加趋势，到2015年底院士总数基本保持现有规模或略有增长。

2. 按三分之二同意当选，2003—2007年3次增选平均当选率66.57%、增选名额平均利用率57.06%；从1999年到2007年，无论每次增选名额多少，其结果每次都有20名以上增选名额不能利用（存在一个不可利用的波动区间），即不可能把增选名额用满，具体到每个学部总有2～3名增选名额不能利用；增选名额减少，不能利用的名额增多。预测本次增选当选率和增选名额利用率可能会有所上升，但超过70%的可能性不大，如果在选举程序上不作改进的话，估计60名增选名额最多当选数量40名。

3. 院士队伍的发展状况与建设工程科技思想库不相适应，制约了咨询研究职能的发挥。

（二）院士队伍持续发展的建议

1. 根据我院工程科技人才成长规律课题研究的结论：从本科毕业，到作出重大贡献、取得科技界和社会认可、成为工程院院士，按一般成长规律计算，需要25～35年。“文革”后，1977年大学恢复招生，头几批毕业至今已超过或达到25年，其中成就突出者，基本达到院士的标准和条件。

1994年以来，国家自然科学基金委杰出青年基金、教育部长江学者特聘教授，累计资助3070名。据统计，近年来有19位受资助者当选为工程院院士。预测随着年轻人才中成就突出者的数量增加，特别是杰出青年和长江学者等的不断成长，使院士后备人才具备了较雄厚的根基。

我院今年经过第一轮评审，有的学部和院士反映进入第二轮的候选人获奖等级高（特等奖），同意票超过三分之二的比例较高，有的学科或某些空白学科有了很出色的候选人。一些院士认为，本次进入第二轮候选人总体水平比上两次增选明显提高、成就和贡献突出，预测达到院士标准和条件的候选人增多。

2. 我院几次增选，都把弃权票等于不同意（反对）票计算。有些院士认为，弃权等于不同意的统计方法不尽合理，建议进一步完善投票计算方法，选举票中不设置“弃权”栏，只设置“同意”和“不同意”两栏。

3. 第一轮增选全体院士大会上，院长语重心长地阐述了我院院士队伍建设和发展所面临的突出问题，以及加强院士队伍建设的重要性和必要性，提出今年增选尽量使优秀候选人当选的四点意见。院士们听了报告后很受启发，建议从本次增选应采取适当措施保持院士队伍的稳定持续发展。为此，党组召开务虚会进行深入分析和充分讨论，为做好本次第二轮增选工作，提交主席团会议讨论的参考内容如下：

一是采纳一些院士的建议，完善投票的分类和计算方法，今年选举可否考虑取消选举票中的“弃权”栏，只设置“同意”和“不同意”两栏。

二是各学部常委会结合本学部实际，对进入二轮候选人的整体水平进行分析，探索提高当选数量的有效做法，鼓励进行有效的尝试（可选择少数学部，进行试点）；允许有的学部本次当选院士数量超过分配的名额，最终由主席团会议综合平衡、决定。

主席团会议对院士队伍建设与持续发展问题进行了热烈、充分、深入的讨论，对选举票的完善进行了表决。

（一）与会院士主要意见和建议归纳如下

1. 与会绝大多数院士认为，鉴于现行院士增选的选举票是把“弃权”票等于“不同意”票进行统计，为更科学合理地进行计算，建议取消“弃权”票。

2. 与会多数院士对院士队伍的发展面临的严峻形势表示担忧，认为工程院与科学院不同，工程院没有庞大的研究实体，其主体是院士。如按目前增选数量，院士队伍有萎缩趋向，影响国家工程科技思想库的建设，不利发挥工程院的作用，甚至还有可能逐步被边缘化。与会较多院士认为，保持院士队伍持续发展的根本做法是适当增加增选名额，这样可有效保证当选数量；从本次增选应采取增加增选名额（有 11 位院士发言，明确提出增加名额）的措施，只要实际当选数量不超过确定的 60 名就可以。

3. 不少院士认为，院士数量是院士队伍的基础，院士质量是工程院发挥作用的关键。在坚持院士标准和条件的前提下，应把在工程科技某学科领域影响大和作用突出的领军人物选进院士队伍，不断提升工程院在国内外的影响力；我们老一代由于“文革”等影响，不是在最能发挥作用的时候当选院士的，不要让符合当选条件的年轻人错失或延误机会，随着优秀年轻工程科技人才的逐步成长，要把杰出的优秀年轻人才选进院士队伍，不断增强院士队伍的新鲜力量。

（二）主席团会议经过表决的事项和主要意见如下

1. 与会院士对第二轮评审与选举票取消“弃权”栏进行了表决，出席 28 人，同意取消 28 人，全票通过。今年第二轮评审与选举票只设“同意”和“不同意”两栏。

2. 在今年第二轮评审与选举前，各学部常委会召开会议深入分析我院院士队伍建设与持续发展面临的严峻形势，特别是院士增选工作中出现的新情况和新特点，结合本学部的实际，组织院士进行充分讨论，进一步增强院士们的紧迫感，统一认识、研究对策、采取措施，为做好本次增选工作奠定较好基础和创造宽松的环境。各学部可通过加强审阅材料、专业组讨论、介绍与回答问题、增加预投票等做法，力争本次增选取得较好的结果。

3. 今年增选，除轻纺环境和工程管理学部外，其余学部增选名额都是平均分配的（即 7 名），而实际每个学部候选人数量、整体水平存在一定差异。在坚持三分之二标准和已定增选办法的前提下，在第二轮增选评审和选举时，部分学部因候选人质量较高可适当超过分配的增选名额进行选举的试点，为今后完善增选办法积累有益经验和探索有效做法。是否试点由各学部常委会研究提出。

各学部根据主席团审定的投票名额进行差额或等额选举，如遇最后有 2 名（含 2 名）以上得同意票数相同，可对票数相同者再进行投票选举。按三分之二标准，如果有的学部当选数量超过分配名额，由主席团会议进行学部间调整、综合平衡后确定，依据得票多少依次当选，以不超过 60 名增选名额为限。超过分配名额选举试点的学部，具体超过数量可按 20% ~30% 的幅度掌握，由学部常委会研究确定，经增选政策委员会统一研究和讨论后，提出可操作方案，提交第二轮增选会议前的主席团会议审议。

二、审议第二轮院士增选各学部增选名额分配方案；通报进入第二轮候选人被投诉的情况及外籍院士候选人有关情况

1. 旭日干副院长汇报了第二轮院士增选各学部增选名额分配方案。据汇报，2009 年 7 月 10 日院院士增选政策委员会召开了 2009 年第 1 次会议。会议结合今年各学部的实际情况，讨论决定将剩下的 1 个机动名额分配给环境与轻纺工程学部，最终形成提交主席团会议审议的增选名额分配建议方案，具体如下：

机械与运载工程学部 7 名

信息与电子工程学部	7名
化工、冶金与材料工程学部	7名
能源与矿业工程学部	7名
土木、水利与建筑工程学部	7名
环境与轻纺工程学部	6名
农业学部	7名
医药学部	7名
工程管理学部	5名
合计	60名

主席团会议同意增选名额分配方案。会议要求各学部在保证当选院士质量的前提下,尽量把分配的增选名额用足。既不漏选符合条件的候选人,也不错选科学道德确有问题的候选人。环境与轻纺工程学部要利用好分配的机动名额,注意兼顾学科间当选数量的平衡。

2. 旭日干副院长通报了进入第二轮候选人被投诉的情况。据通报,截止到2009年8月7日,有57名被投诉,占进入第二轮候选人总数的34.97%。

主席团会议强调,各学部要认真调查和妥善处理投诉,努力做到客观、公正,把好科学道德关,不断提高工程院的社会公信度。

3. 旭日干副院长通报了外籍院士候选人有关情况。据通报,本次外籍院士候选人共10名,在第一轮增选会议上征求全体院士意见,发出意见表541张,收回495张,收回占发出的91.5%。收回意见表的统计结果显示,有8名外籍院士候选人符合条件,有2名基本不符合条件。

主席团会议同意将符合条件的外籍院士候选人,提交下次主席团会议选举产生正式候选人。

三、审定第二轮院士增选会议召开的时间

旭日干副院长汇报了第二轮院士增选会议召开的时间。据汇报,按照惯例,建议第二轮院士增选会议时间为:工程管理学部10月25日报到,26日—28日评审。其余8个学部10月28日报到,下午3点召开主席团会议。10月29日—11月1日评审。11月2日离会。提请主席团审议。

主席团会议审议同意第二轮院士增选会议的时间安排。

主　持:徐匡迪院长

出　席:毛二可　王礼恒　王淀佐　关　桥　刘鸿亮　刘德培　旭日干　朱建士　朱高峰　邬贺铨　何继善　张彦仲　李大东　李国杰　杜祥琬　杨胜利　沈国舫　陈厚群　徐匡迪　殷瑞钰　秦伯益　顾健人　龚惠兴　谢礼立　管华诗　潘云鹤　薛群基　魏复盛

请　假:朱光亚　宋　健　王永志　王思敬　石玉林　杨秀敏　干　勇

列　席:白玉良　石立英

记　录:易　建

主席团会议纪要(二十)

2009年10月28日,徐匡迪院长主持召开了第四届主席团第20次会议。会议议题有:评审和投票产生外籍院士正式候选人;审议旭日干副院长在第二轮院士增选全体会上的讲话稿;审议徐匡迪院长在第二轮院士增选全体会上的讲话稿;审议院士选举试点方案;审议第二轮院士增选会议日程安排;审议院士增选第二轮全体大会议程。

白玉良副秘书长报告了出席会议的人员情况。根据《章程》第34条规定,除特别规定外,主席团参加会议人数超过应投票院士人数的1/2为法定人数,可作出决议;决议在付诸表决时,以超过参加表决院士人数1/2的多数通过。今天第四届主席团第20次会议应到成员35人,实到34人,符合对表决事项的法定人数,今天会议的各项表决有效。朱光亚院士请假。

一、评审和投票产生外籍院士正式候选人

杜祥琬副院长汇报了关于外籍院士候选人提名和征求意见的情况,提请主席团会议投票和评审产生外籍院士正式候选人。据汇报,截止到2009年5月30日,共收到10位外籍院士有效候选人的提名材料。在今年院士增选第一轮会议期间,将10位外籍院士有效候选人提名书和征求意见表印发给全体院士。各学部常委会参考全体院士反馈意见汇总情况,对本学部领域的外籍院士有效候选人进行了排序。

主席团会议确定干勇院士和魏复盛院士担任投票产生外籍院士正式候选人的监票人,10位外籍院士有效候选人的提名人代表分别介绍候选人情况,主席团会议进行了讨论。根据《外籍院士增选工作实施办法》中"获得赞同票不少于投票人数三分之二票数的候选人列入正式候选人名单"的规定,在监票人主持下,对10位有效候选人进行了无记名投票,投票结果如下:

序号	候选人	介绍人	同意票数	不同意票数	弃权票数
1	Henry T. Yang 杨祖佑	徐扬生	31	2	1
2	Charles M. Vest 查理斯·维斯特	金国藩	34	0	0

续表

序号	候选人	介绍人	同意票数	不同意票数	弃权票数
3	Raj Reddy 罗杰・瑞迪	李国杰	27	3	4
4	Liang-Shih Fan 范良士	曹湘洪	28	5	1
5	甘中学	蒋洪德	5	22	7
6	Surendra P. Shah 夏苏鲁	孙　伟	23	8	3
7	Moe M. S. Cheung 张慕圣	范立础	16	10	8
8	Colin Blakemore 科林・布莱克默	刘德培	27	5	2
9	Harvey Vernon Fineberg 霍宁博	刘德培	20	9	5
10	曹义海	张　运	5	24	5

根据投票结果，主席团会议同意以下6人为外籍院士正式候选人：Henry T. Yang（杨祖佑）；Charles M. Vest（查理斯・维斯特）；Raj Reddy（罗杰・瑞迪）；Liang-Shih Fan（范良士）；Surendra P. Shah（夏苏鲁）；Colin Blakemore（科林・布莱克默）。正式候选人将提交全体院士大会进行选举。

二、审议旭日干副院长在第二轮院士增选全体会上的讲话稿

旭日干副院长汇报了在第二轮院士增选全体会上的讲话稿。据汇报，讲话共五部分：一是进入第二轮候选人的基本情况；二是关于选举票中取消“弃权”栏及在农业、医药卫生两个学部进行选举试点的决定；三是各学部增选名额；四是投诉信调查处理的情况；五是对做好第二轮增选工作的几点要求。

主席团会议原则同意旭副院长的讲话稿内容，并提出具体修改意见如下：建议删除第5页倒数第2段关于“试点的目的”、第7页第4段第3行中“其中有两封投诉信共涉及了20名候选人，按每个候选人一封进行统计”、第7页第6段第3行中“其中有6位院士来信反映有关情况”的表述内容；第9页第2段第8行“避免‘临门一脚’的现象发生”和第3段第5—6行“‘包装’主要是指…”的措辞应进一步推敲。主席团会议提出，各学部还可对该报告进行讨论和提修改意见。

主席团会议就受理投诉信问题着重指出，一方面要坦诚接受社会各方面的监督，另一方面也要

特别注意受理投诉信的时限和方式问题。就目前增选中存在的有关问题，主席团会议强调，既要防止把不合格的人选进院士队伍，也要注意选拔优秀的人才。本次增选后，增选政策委员会要组织咨询课题对院士队伍的可持续发展进行专门研究。

三、审议徐匡迪院长在第二轮院士增选全体会上的讲话稿

徐匡迪院长汇报了在第二轮院士增选全体会上的讲话稿。据汇报，讲话稿的主题是院士队伍的健康发展问题，对我院自成立以来的院士队伍建设历程进行了回顾，对解决院士队伍可持续发展问题进行了分析，并提出工作要求。讲话稿中再次强调，要在坚持院士标准和条件的情况下，更多地关注优秀中青年候选人，还必须一如既往地强调保证增选质量的问题。

主席团会议原则同意徐院长的讲话稿内容，并提出以下修改意见：建议删除第 2 页第 1 段第 4 行中“也是工程院最基本最重要的任务”和第 4 页第 3 段“第五……积极性和主动性”一段的表述；第 2 页第 1 段和第 2 段中关于我院得到党中央和国务院肯定与认可的内容，宜再凝练；第 5 页第 1 段第 6 行“据测算……也难以适应国家赋予我们的任务”一段，宜再斟酌；第 6 页第 2 段第 9 行“进行第二轮的候选人获奖等级高”建议修改为“进行第二轮的候选人获奖水平高”。

四、主席团会议审议通过了第二轮院士增选中农业和医药卫生学部进行选举试点的方案、增选会议日程安排和全体大会议程

1. 农业和医药卫生学部进行选举试点的方案。在控制 2009 年当选院士人数不超过 60 名、坚持“2/3 赞同票”标准、120% 差额选举原则以及既定《增选办法》的前提下，在第二轮增选中选择农业和医药卫生学部作为进行评审和选举的试点学部，这两个学部按 9 名增选名额进行投票排序。未进行试点的其他学部仍按今年的规定和增选办法进行评审和选举。选择试点学部的主要依据是：在第一轮的评审和选举中，进入第二轮的候选人获得“A 票”数达到或超过三分之二的人数超过主席团规定的增选参考名额，且学部常委会提出试点申请。

试点的具体方案是：试点学部分别从进入第二轮的候选人中，按照投票的得分排序，产生 11 名正式候选人；正式选举时，试点学部在 11 名正式候选人中，按照当选名额 9 名掌握，即投票时圈选“同意”最多不超过 9 名；获得达到或超过三分之二“同意”的候选人达到 9 名（或 8 名）时，若第 7、8、9（或 7、8）名出现并列的情况，试点学部须对并列者进行重复投票确定排序，依据获得“同意”票数多少，依次排出顺序，提交主席团会议审定。

主席团将依据各学部实际选举结果进行审定：如第二轮正式选举结果全院 9 个学部当选数量合计在 60 名以内，试点学部控制名额达到或超过三分之二标准的均可当选；如全院当选数量超过 60 名，试点学部只能前 7 名当选；如遇到特殊情况，由主席团会议研究决定。

2. 院士增选第二轮评审会议日程。具体安排如下：

日期 \ 时间	上　午 (8:30—12:00)	下　午 (14:30—18:00)	晚　上 (19:40—21:30)
10月25日 (星期日)	工管学部全天报到		工管学部常委会
10月26日 (星期一)	工管学部全体会议	工管学部审阅材料 工管学部专业组会议	工管学部常委会
10月27日 (星期二)	工管学部会议(候选人自我介绍与答疑)	工管学部会议(候选人自我介绍与答疑)	工管学部专业组评审、投票
10月28日 (星期三)	工管学部评审、预投票	工管学部讨论、投票产生正式候选人	工管学部正式投票、学部常委会
	“歌颂祖国”院士书画家笔会(9:00—12:00 九号楼3层)	15:00 主席团会议 (会议楼第十九会议室)	其他学部常委会; “歌颂祖国”院士书画展开幕式(晚8:00 九号楼一层大厅)
	其他学部全天报到		
10月29日 (星期四)	全体院士会议(院领导讲话、选举外籍院士)	学部全体会议(主任讲话、关于二轮评审办法及投诉调查情况报告);专业组会议等	有关学部常委会
10月30日 (星期五)	专业组会议;各学部候选人自我介绍、答疑		电影 《建国大业》
10月31日 (星期六)	各学部候选人自我介绍、答疑	各学部候选人自我介绍、答疑;专业组评审、投票	
11月1日 (星期日)	学部大会评审 (学部预投票与正式投票)	各学部常委会 主席团会议 (会议楼第十九会议室)	
11月2日 (星期一)	离会		

3. 院士增选第二轮全体院士大会议程。会议时间为2009年10月29日上午9:00,地点为北

京会议中心大礼堂，由潘云鹤常务副院长主持。议题有7项：杜祥琬副院长介绍外籍院士候选人提名、征求意见的情况，及主席团会议产生的外籍院士正式候选人情况；提名院士介绍外籍院士正式候选人情况；通过选举外籍院士总监票人、监票人人选；由总监票人主持选举；旭日干副院长作关于第二轮评审工作的报告；徐匡迪院长作报告；宣布当选外籍院士结果（由总监票人宣布）。

主　持：徐匡迪院长

出　席：干　勇　毛二可　王永志　王礼恒　王思敬　王淀佐　石玉林　关　桥　刘鸿亮　刘德培　旭日干　朱建士　朱高峰　邬贺铨　何继善　宋　健　张彦仲　李大东　李国杰　杜祥琬　杨秀敏　杨胜利　沈国舫　陈厚群　徐匡迪　殷瑞钰　秦伯益　顾健人　龚惠兴　谢礼立　管华诗　潘云鹤　薛群基　魏复盛

请　假：朱光亚

列　席：白玉良　石立英

记　录：易　建

主席团会议纪要（二十一）

2009年11月1日，徐匡迪院长主持召开了第四届主席团第21次会议。会议议题有：听取各学部第二轮增选情况汇报；审议化工、冶金与材料工程学部谢克昌院士转学部事宜；中组部来院宣布重要人事事宜。

白玉良副秘书长报告了出席会议的人员情况。根据《章程》第34条规定，除特别规定外，主席团参加会议人数超过应投票院士人数的1/2为法定人数，可作出决议；决议在付诸表决时，以超过参加表决院士人数1/2的多数通过。今天第四届主席团第21次会议应到成员35人，实到32人，符合对表决事项的法定人数，今天会议的各项表决有效。朱光亚、殷瑞钰、龚惠兴院士因病因事请假，高金吉院士代替张彦仲院士参加会议。

一、听取各学部第二轮增选情况汇报

机械与运载工程学部副主任高金吉院士，信息与电子工程学部主任李国杰院士，化工、冶金与材料工程学部主任干勇院士，能源与矿业工程学部主任何继善院士，土木、水利与建筑工程学部主任杨秀敏院士，环境与轻纺工程学部主任魏复盛院士，农业学部主任管华诗院士，医药卫生学部主任杨胜利院士，工程管理学部主任王礼恒院士分别汇报了本学部评审工作情况和选举结果。据各学部主任汇报，各学部常委会严格按照《章程》的规定和《增选办法》的要求，组织评审和选举工作，出席会议的院士都超过了应到会议人数的2/3，符合法定人数，严格按照“获得赞同票等于、超过投票院士人数2/3”的标准，选举产生了本学部的新院士，并经学部常委会研究确认，选举结果有效，提请今天主席团会议审议。今年,9 个学部合计选举出 48 名新院士,全部为男性;最大年龄 75 岁,最小年龄 41 岁,平均年龄 55.7 岁,60 岁(含)以下的 32 位,占 66.7%。各学部汇报的基本情况统计结果见下表:

学部名称	应到会人数	实到会人数	实到会占应到会/%	当选数量	当选院士平均年龄	
					岁	≤60 岁/%
机械	90	84	93.30	4	63.8	25.0
信息	92	89	96.70	3	42.0	100.0
化工	78	73	93.59	6	59.3	50.0
能源	83	78	94.00	6	59.0	50.0
土木	70	68	97.10	6	49.7	100.0
环境	31	29	93.50	6	53.2	83.3
农业	51	48	94.10	7	55.8	71.3
医药	76	72	94.70	7	56.5	71.4
工管	33	31	93.94	3	60.0	33.3
总计	604	572	—	48	—	—
平均	—	—	94.70	—	55.7	66.7

农业学部和医药卫生学部还汇报了选举试点情况。据汇报,两个学部认真落实第 19 次主席团会议的精神和 20 次主席团会议的决定,试点进行得比较成功,积累了一些经验,增强了院士对用好增选名额的认识,投票结果较满意,当选者都是一轮达到或超过 2/3 的候选人。此外,医药卫生学部汇报了外学部某位院士对医药卫生学部某位候选人口头反映的情况,并在专业组会议和学部全体会议上进行了如实通报。信息电子学部汇报了有的院士反映本学部当选者中,有上级领导打招呼的情况。

主席团会议审议认为,各学部院士增选第二轮评审和选举符合中国工程院《章程》、《增选办法》和试点方案的规定和程序,同意各学部的选举结果,选举有效。会议提出,新当选院士名单暂不对外公布,用一个月左右的时间听听反映,视实际情况,再确定是否召开主席团会议进行研究。

主席团会议强调,通过两轮的公示,接受了社会和同行的广泛监督,特别是经过投诉调查处理,做到了院士们对候选人的准确把握。但新当选院士中某些当选者还有可能会引起社会的评论,我们要尊重所在学部院士选举的权利和投票选举的结果,一切以事实为依据,相信经得起社会的公议。我院领导严格遵守增选的各项规定,不存在为候选人当选打招呼的问题,也未听到有领导打招呼的情况。

信息电子工程学部提出,选举时有位候选人仅差 0.33 票(不到 1 票)而落选,非常可惜。主席团会议认为，以前曾发生过类似问题，我院要严格执行《章程》第九条"获得赞同票等于、超过投票院士人数三分之二的候选人，按本学部应选名额依次当选"的规定，丝毫不能放宽当选票数的要求，不采取四舍五入的做法，必须按得票整数计算，因此该候选人不能当选。但在今后修改《增选办法》时，对以1票为整数计算的要求作补充说明。

主席团会议认为，本次评审和选举的当选者都在本领域取得重大创新性成果或作出了杰出贡献，反映出近年来我国的工程科技水平和重大工程项目质量呈上升时期的现实，展现了人才辈出的兆头。此次当选的6名外籍院士代表本学科领域世界前沿水平，这将有利于加强国际交流与合作，推动我国工程技术的发展，扩大我国工程科技界的影响。

主席团会议指出，各学部常委会认真履行了职责，各学部院士出席率都超过93%，体现出院士们对本次增选的高度重视，对队伍建设高度负责的态度。各学部都采取了积极措施，加强对候选人的了解和把握，提高了共识度，使当选率达到80%，比2007年当选率55%有较大提高。

主席团会议提出，本次增选结束后，院增选政策委员会要搜集、梳理涉及增选的有关情况，主要包括：院士书面对增选工作提出的建议和反映候选人的有关意见，要认真对待和研究；有的学部覆盖专业面广，院士人数较多，学部内不同专业组间如何提高共识度问题；是否参照农业和环境学部调整的模式，进行学部的划分或调整，在学部划分时考虑有利于涉及国防的候选人材料介绍的保密问题；认真分析投诉的实际情况，如何规范投诉和如何规范投诉调查和处理问题；如何加强增选的保密工作，排除各种干扰，改善评审和选举环境的问题；院士如何开阔视野，克服专业间的信息不对称，做到公正、客观，一视同仁的问题，等等。以上问题可作为明年开展的"院士队伍可持续发展"专题研究项目的参考内容。

二、审议化工、冶金与材料工程学部谢克昌院士转学部事宜

化工、冶金与材料工程学部主任干勇院士汇报了本学部谢克昌院士申请转到能源与矿业工程学部事宜。据汇报，谢克昌院士近年来从事的煤化工领域的工作与能源的开发利用密切相关，为此提出转学部申请，化工、冶金与材料工程学部参加院士增选第二轮评审会议的73位院士经全体表决，一致同意谢克昌院士由该学部转出。

能源与矿业工程学部主任何继善院士汇报了本学部对谢克昌院士转入该学部申请的情况。据汇报，能源与矿业工程学部全体院士表决通过了该申请，同意接受谢克昌院士到该学部。

主席团会议同意谢克昌院士转到能源与矿业工程学部。

三、中组部来院宣布重要人事事宜

中共中央组织部副部长李建华同志受中央委托，在主席团会议（院机关全体工作人员列席参加）上宣布了周济同志任中国工程院党组副书记的决定。教育部部长袁贵仁同志，中组部干部四局局长夏崇源等有关同志列席了会议。

李建华同志发表了讲话，充分肯定了周济同志任教育部部长期间做出的卓有成效的工作，特别是，近年来我国教育各方面取得了新的成绩，都凝聚着周济同志的大量心血、智慧和汗水。

工程院党组副书记、常务副院长潘云鹤同志代表院党组对周济同志的到任致欢迎辞。潘云鹤同志说，院党组坚决拥护中央的决定，热烈欢迎周济同志的到任。周济同志在教育部和地方等多个领导岗位工作过，有着丰富的管理工作经验，他的到来将进一步加强工程院领导班子的建设，有利

于领导班子的平稳过渡，我们将在徐匡迪院长的领导下，全力配合周济同志的工作。

周济同志表示，坚决服从中央的决定，感谢中央的信任，深感责任重大，使命光荣，一定尽心尽力，尽职尽责，努力做好工作，一是认真加强学习，二是深入调查研究，三是勤奋做好工作。

邬贺铨副院长代表院机关党委和机关全体同志对周济同志的到来表示热烈欢迎。

主　持:徐匡迪院长

出　席:干　勇　毛二可　王永志　王礼恒　王思敬　王淀佐　石玉林　关　桥　刘鸿亮　刘德培　旭日干　朱建士　朱高峰　邬贺铨　何继善　宋　健　高金吉(代张彦仲)　李大东　李国杰　杜祥琬　杨秀敏　杨胜利　沈国舫　陈厚群　徐匡迪　秦伯益　顾健人　谢礼立　管华诗　潘云鹤　薛群基　魏复盛

请　假:朱光亚　殷瑞钰　龚惠兴

列　席:白玉良　石立英

记　录:易　建

【院常务会议纪要】

院常务会议纪要(三十五)

2009年1月12日,潘云鹤常务副院长主持召开2009年第1次院常务会议。会议主要内容有:听取"我国抗灾救灾能力建设及灾后重建策略研究"咨询项目的汇报;听取我院2009年物业招标采购工作的汇报;研究2008年度院机关考核评优人员名单及年终总结会安排;研究起草工程院2008年总结及2009年工作要点的安排;研究我院拟组团赴美国参加"利用可再生能源发电"交流项目;通报有关情况。

一、听取"我国抗灾救灾能力建设及灾后重建策略研究"咨询项目的汇报

邬贺铨副院长汇报了"我国抗灾救灾能力建设及灾后重建策略研究"咨询项目的进展情况,重点汇报了对我国抗灾救灾能力建设存在问题的分析,以及对我国应对重大自然灾害的对策和建议。据汇报,2008年汶川地震后工程院紧急启动了该咨询项目,下设13个专题组,9个学部、140余位院士和200多位专家参加了该项目。2008年底,已完成13个专题研究报告,综合组也已起草出综合报告,拟根据本次院常务会议意见修改后,争取向国务院及有关部门汇报。综合报告根据我国抗灾救灾能力建设存在的问题,从组织管理、科学技术、基础能力和灾后重建四个方面提出了应对重大自然灾害的对策和建议。

会议充分肯定了项目组所作的深入细致研究,建议对国务院的汇报稿应进一步精炼,并在汇报前先同国务院有关部门进行沟通,根据情况修改后再作汇报。会议讨论认为,研究报告宜从工程院的特点出发,重点突出科学技术和基础能力方面的对策和建议,对组织管理方面的建议宜做适当简化,点到即可。

二、听取我院2009年物业招标采购工作的汇报

谢冰玉同志汇报了我院2009年物业招标采购工作。据汇报,我院2009年物业招标采购工作已委托国管局政府采购中心代理。根据采购中心建议,办公厅经过认真研究后认为,在符合物业采购程序的基础上,通过合同续约方式,选择大唐物业公司继续承担我院水电气暖等工程设备类物业项目;通过单一来源采购程序,选择国宏物业公司承担餐饮、安保等服务类物业项目。这种优化组合可充分发挥两家物业公司各自所长,有利于完成2009年各项重大活动的接待任务和日常工作的运行,但会增加办公厅的协调工作量。

会议原则同意办公厅的建议。

三、研究2008年度院机关考核评优人员名单及年终总结会安排

白玉良同志汇报了2008年度院机关考核评优人员名单及年终总结会安排。据汇报，2009年1月7日，2009年第一次机关办公会议参照《公务员法》的规定，按照公务员在编人员15%～20%的比例，根据机关各部门年终考核结果和推荐出2008年度机关人员考核评优的人员名单。机关办公会议议定，将按照《公务员法》的规定，对被评为"优秀"的同志给予嘉奖，奖励一定金额的奖金。机关局级干部只参加本部门考核，不参加评优工作。会议还拟定，结合学习实践科学发展观最后阶段的活动，在春节后进行各部门工作总结交流。

会议原则通过评优人员名单，大家要向评为"优秀"的同志学习。会议强调，要注重考核工作的公正性和严肃性，真正发挥考核和表彰的作用，要坚决杜绝考核中可能的歪风邪气，充分弘扬正气。会议同意，在春节后进行各部门工作总结的交流。

四、研究起草工程院2008年总结及2009年工作要点的安排

白玉良同志汇报了起草工程院2008年总结及2009年工作要点的安排。据汇报，2009年1月15日以前，机关各部门要完成总结的文字稿，总结2008年完成的主要任务，提出2009年主要工作打算，并提交政策研究室进行汇总，形成工程院2008年总结及2009年工作要点，报经院领导修改和审定后，于2009年1月22日前报国务院。

会议原则通过上述安排。会议强调，工程院的全年工作总结和下一年工作要点不能是各部门总结材料的简单拼凑，总结的重点不是机关工作本身，而是工程院的2008年全面和重点工作。

五、研究拟组团赴美国参加"利用可再生能源发电"交流项目

康金城同志汇报了拟组团赴美国夏威夷参加中美两国四院"利用可再生能源发电"交流项目的情况。2009年1月9日，中国科学院赵忠贤院士到我院，向杜祥琬副院长通报了近期中美两国四院合作开展"利用可再生能源发电"的进展情况，美方已于2008年底组团赴广东和河北等地考察，还在北京召开了学术研讨会，请中方于2009年3月组团赴美国下一阶段的考察和学术交流。国际合作局建议，我院组织有关院领导、院士、专家组团参会。

会议原则通过关于我院组团赴美参会。会议认为，考虑到国际合作的复杂性，四院领导间应加强合作活动的事先沟通和商议，抓好合作的顶层设计，形成更好的合作机制。

六、情况通报

1. 中澳矿物加工会议及有关后续合作事宜

康金城同志通报了中澳矿物加工会议及有关后续合作事宜。据通报，2008年9月22日—23日，中国工程院和澳大利亚工程院联合在北京举办了中澳矿物加工研讨会。最近，澳方建议于2010年在澳大利亚举办国际矿物加工大会之前召开中澳矿物加工第二次研讨会。王淀佐院士建议将中澳两院交流系列化，每年召开一次双边研讨会，可根据两国经济、科技发展需要和各自优势拓宽交流领域。为此，国际合作局建议，中澳两院可建立"战略合作交流机制"，每年举办一次专题研讨会，主题由双方商议而定。

会议原则同意上述建议。

2．中澳中小企业创新及技术转让研讨会筹备情况

康金城同志通报了中澳中小企业创新及技术转让研讨会筹备情况。据通报,2008 年中国工程院与澳大利亚工程院曾就共同举办“中澳中小企业创新及技术转让研讨会”进行沟通。近日,澳大利亚工程院正式确认于 2009 年 9 月与中国工程院在浙江杭州共同主办上述研讨会,澳工程院将组织约 10 人专家代表团来华参会。澳方确定以生物技术、节能及环保技术为主要议题。

会议原则同意研讨会的有关安排。会议建议,会议议题之一“生物技术”可再进一步明确更具体的主题。

3．两院院士增选工作会议情况

白玉良同志通报了 2009 年两院院士增选工作会议情况。据通报,2009 年 1 月 5 日,中国工程院和中国科学院在北京召开了 2009 年两院院士增选工作会议。在会议讨论中,各遴选部委提出涉及工程院院士增选工作的主要问题有:遴选渠道问题、报送候选人名额问题和“增选办法”中对遴选部门报送候选人年龄的规定。工程院在会议上就上述问题已作出了解释与说明。第三个问题中涉及的相关规定

会议议定,遴选渠道问题和报送候选人名额按增选规定办,对各遴选部门报送候选人中 60 岁以下的比例问题不作硬性要求。

4．我院 2009 年国际会议情况

程家怡同志通报了 2009 年我院举办国际会议的情况。据通报,2009 年计划在国内主办国际会议 9 个,都是以工程院名义和国外合作机构主办,不包括以工程院名义参加和以学部名义举办的国际会议。

会议原则同意上述计划。

主　持:潘云鹤
出　席:邬贺铨　刘德培　杜祥琬　旭日干　白玉良　石立英
特　邀:王淀佐　屠海令
请　假:徐匡迪
列　席:宋学敏　董庆九　谢冰玉　谷　珏　程家怡　康金城　高中琪　郗小林　王振海
记　录:易　建

院常务会议纪要(三十六)

2009 年 2 月 2 日,徐匡迪院长主持召开 2009 年第 2 次院常务会议。会议主要内容有:听取“第一届中美工程前沿研讨会”筹备情况的汇报;通报有关情况;听取我院综合楼建设收尾工作情况的汇报;研究我院第四届主席团第 15 次会议议题;听取北京三家医院为院士看病情况的汇报。

一、听取"第一届中美工程前沿研讨会"筹备情况汇报

钟志华院士汇报了第一届中美工程前沿研讨会筹备情况以及关于在中美工程前沿研讨会召开之前，在国内举办"工程科技前沿论坛2009"的建议。据报告，在去年12月19日中美双方代表就研讨会筹备工作进行沟通的基础上，今年1月16日，中美两国工程院又召开了双方组委会电话会议，就"前沿研讨会"的背景、目的、议题、后勤及筹备计划、工作进度等进行了讨论，双方对总体筹备工作感到满意。为保证将本次研讨会办出水平，中方组委会建议提前举办一次国内的"工程科技前沿论坛"，以选拔优秀的年轻报告人。

院常务会议建议中方组委会同美方协商，将"中美工程前沿研讨会"改为"中美青年科学家工程前沿研讨会"；考虑到研讨会议题之一"公共卫生和食品安全"较为敏感，建议改为"生物医学工程"或"生物技术"。院常务会议同意在举办中美工程前沿研讨会之前，先在国内召开一次工程科技前沿论坛，会议经费可由我院支付，会议出版经费可列入我院与自然科学基金委合办的工程科技前沿论坛中。院常务会议建议可以通过中国工程院网站向全社会征集论坛报告人，以更大范围筛选优秀的报告人。院常务会议同意长江学者特聘教授吴建平同志加入中方组委会，同时建议联系徐扬生院士是否可加入中方组委会。

二、情况通报

1. 国务院第46次常务会议情况

干勇院士通报了国务院第46次常务会议关于审议钢铁产业调整和振兴规划的情况。据报告，会议审议通过了我国钢铁产业调整和振兴规划，并明确了此项工作的重要意义和主要内容，提出了六项量化目标。会上，干勇院士以我院徐匡迪院长为首，殷瑞钰、张寿荣等院士参与的"钢铁产业应对危机的政策和措施建议"为依据，代表工程院进行了发言，得到会议肯定。

2. 徐匡迪院长出访阿根廷、智利和美国情况

康金城同志通报了徐院长率团出访阿根廷、智利和美国的情况。据报告，在阿根廷，与阿根廷工程院进行了会谈，并续签了两院合作备忘录，并就今后双方开展交流进行了深入探讨。徐院长还为我驻阿根廷使馆全体馆员作了关于科学发展观的报告。在智利，徐院长出席了国际冶金熔盐炉渣大会，并作了主旨报告。在美国，徐院长出席了太平洋理事会，并作了"经济全球化与中国改革开放"的报告。徐院长在美国尼克松图书馆出席了"纪念中美建交30周年纪念活动，并以中美友协会长的名义在开幕式上发表了讲话。

3. 潘云鹤常务副院长出席中纪委第17届3次会议情况

潘云鹤常务副院长通报了中纪委第17届第3次会议情况。据通报，2009年1月13日，中共第17届中央纪委第3次会议在北京召开，胡锦涛总书记出席并发表重要讲话。胡总书记在讲话中强调，必须坚持不懈地加强干部党性修养，树立和坚持正确世界观、工作观、政绩观，锐意改革、共克时艰；同时深入推进惩治和预防腐败体系建设，保持惩腐强劲势头，以党风廉政建设和反腐斗争新成效取信于民，为改革发展稳定提供保证。

4. 杜祥琬副院长出席国家特高压试验示范工程座谈会情况

杜副院长通报了国家特高压试验示范工程座谈会情况。据报告，我国1000 kV高压交流试验示范工程第一阶段启动调试工作已经圆满完成，国务院有关领导高度重视特高压试验示范工程并

作了重要批示。我院曾组织院士对该项目进行过咨询论证,建议可以先行进行示范工程建设,但是对于在全国范围内建设特高压工程网,尚需慎重论证。

5. 旭日干副院长出席中央人才工作协调小组第二十次会议情况

旭副院长通报了1月21日李源潮同志主持召开的中央人才工作协调小组第二十次会议情况。据报告,本次会议主要审议了《2009年人才工作要点》,通报了我国引进海外高层次人才“千人计划”工作进展情况。旭副院长代表我院对《2009年人才工作要点》的制定和执行提出了有益意见,得到会议肯定。

院常务会议建议,我院应积极联系向李源潮同志汇报“创新型工程科技人才培养”咨询项目成果,争取使项目研究成果纳入《2009年人才工作要点》。

6. 国务院研究应对金融危机的科技支撑措施会议情况

石立英同志通报了1月21日国务院召开的研究应对金融危机科技支撑会议情况。据报告,会议共审议了六项科技支撑措施,这些措施可简要概括为“加强重大、支撑振兴、扶持中小、发展高新、深入基层、促进创业”;为保障各项措施的顺利实施,提出了三方面政策保障条件建设:创新科技经费管理、增加财政科技投入、加大对中小企业的金融支持。

7. 通报我院与自然科学基金委开展“中国工程科技中长期发展战略研究”咨询工作进展情况

石立英同志通报了我院与自然科学基金委开展的“中国工程科技中长期发展战略研究”咨询项目工作进展情况。据报告,我院与自然科学基金委商讨制定了合作研究协议书,规定了合作研究的原则、运作方式和经费额度。

院常务会议肯定了合作研究协议书,该项目补请院咨询工作委员会审议通过。

8. 通报国务院应急办关于规范各部门主要负责人外出情况报告的情况

谢冰玉同志通报了有关情况。据报告,根据国务院应急办要求,自2009年2月1日起,国务院所属各部门、各单位主要负责人出差(出访)、休养、参加党校学习等外出情况,需要按规定上报国务院总值班室。国务院总值班室每月还将对各部门、各单位主要负责人外出情况进行通报。

院常务会议要求,由办公厅院办负责向国务院上报院领导外出情况;另外,在我院机关建立局级干部外出报告制度,由办公厅汇总后每月通报一次。

9. 通报发改委征求对国庆60周年成就展展览布局方案意见及有关情况

董庆九同志进行了通报。据报告,发改委组织的国庆60周年成就展览的布局方案共分四个部分,分别是:序展、综合展、专题展和展望。我院参加的展览为专题展中的“科学技术日新月异,教育事业迅速发展”专题。

院常务会议决定,由邬贺铨副院长作为成就展筹备委员会成员,董庆九同志作为联络员,由联络员确定一位处级同志作为具体联络人。

三、听取综合楼建设收尾工作情况的汇报

邬贺铨副院长汇报了我院综合楼建设收尾工作情况。

四、研究我院第四届主席团第15次会议议题

白玉良同志报告了拟于今年三月初召开的第四届主席团第15次会议议题。

院常务会议决定,主席团会议定在3月2日上午召开,议题有三项:(1) 听取我院学习实践科

学发展观活动情况汇报;(2) 听取院咨询工作情况汇报和讨论中国工程科技中长期发展研究的项目方案;(3) 听取2009年院士增选工作情况汇报。

五、听取北京三家医院为我院院士看病情况的汇报

白玉良同志汇报了2008年301医院、阜外医院、肿瘤医院三家医院为院士诊疗治病情况。据报告,去年三家医院尽最大努力,克服困难,为23人次院士提供了就诊服务。在为院士联系就医过程中,301医院需要我院开具院士享受副部级医疗待遇的介绍信才能安排住院,参照中组部每年为院士按照副部级安排体检的标准,我院就开具了介绍信。

院常务会议对三家医院为院士就医所做的大量工作表示感谢。院常务会议同意我院继续开具院士享受副部级医疗待遇的介绍信。

主　持:徐匡迪
出　席:潘云鹤　邬贺铨　刘德培　杜祥琬　旭日干　白玉良　石立英
特　邀:钟志华　干　勇
列　席:宋学敏　董庆九　谢冰玉　谷珏　李仁涵　程家怡　康金城　高中琪　郗小林
　　　　徐　进　王振海
记　录:易　建

院常务会议纪要(三十七)

2009年2月16日,徐匡迪院长主持召开2009年第3次院常务会议。会议主要内容有:讨论论文事件有关问题;听取我院与国家自然科学基金委合作开展《中国工程科技中长期发展战略研究》的工作方案汇报;传达财政部2009年中央教科文部门预算执行工作布置会有关精神;听取拟启动我院院徽设计工作的情况汇报;听取中瑞生物技术研讨会有关情况的汇报;听取中美工程前沿研讨会筹备进展情况的汇报;通报有关情况。

一、讨论论文事件有关问题

杜祥琬副院长汇报了最近浙江大学药学院论文剽窃事件牵涉到李连达院士的有关情况。据汇报,我院于2008年12月初收到有关此事的投诉,院领导高度重视,向有关各方面(浙大、被投诉人、投诉人等)了解有关情况。今年1月初,院科学道德建设委员会开会进行了研究,到目前为止掌握的情况,对此事的基本认识如下:

1. 原浙大药学院副教授贺海波等人论文剽窃一事,经有关方面调查,情况属实、证据确凿,各方认识一致,剽窃者供认不讳。论文剽窃情节严重,属多重学术不端行为并发。这种恶劣行为,应严厉谴责并严肃处理。涉及违法层面的问题，则应依法惩处。

2. 关于论文署名中该学院院长李连达院士的责任问题，一般地说，论文每位署名作者都应对论文负有一定责任，具体负什么责任，只有根据实事求是这个基本原则具体分析。从目前浙大及有关方调查的结果来看，贺海波论文上李院士的署名是在李院士不知情的情况下贺海波擅自放上去的。但，李院士曾是贺海波博士后期间的合作导师，又是学院的院长，对这一论文剽窃事件负有在科学道德建设方面疏于管理、教育不力、监管督察制度不严的责任。同时，发表论文署名缺乏严格的手续和制度。这一事件的另一个经验教训是，院士对兼职应谨慎。力所不及、不能认真尽责的职务不要兼任，特别是负有行政责任的实职更应谨慎。

3. 我院高度重视科学道德建设，在强调院士自律的同时，重视制度建设和社会监督。对院士的学术不端行为，一经发现，决不姑息。广大院士旗帜鲜明地反对不正之风。近年来一些科技工作的造假、剽窃、包装等行为的发生是科技界的耻辱，但这些事件被揭露并受到应有惩处也是好事：(1) 可作为反面教材，使每个学校、每个研究所和研究人员受到应有的教育，提高自律的自觉性，这样的教育在我国应该更加常态化、系统化、制度化；(2) 可供总结经验教训，促使教育界、科技界有关部门和单位，建立更为完善的学术工作规范、诚信档案、管理制度、督察制度。

4. 至于对有关药品的评价和有关的争议，应由有关部门在科学和法治的基础上通过正常途径妥善解决。院士受聘在本专业领域的企业担任技术顾问，在促进学、研、产结合的同时，也要把科学精神、诚信品格带到企业，公正、客观、科学地对待产品的评价。

院领导就上述问题与李院士谈了话，指出他应负的责任和应接受的经验教训，李院士表示接受。我院还准备就此事再次提醒院士严格自律，并推动科技界完善有关的制度建设。杜副院长建议，由于目前事态尚在变化中，还要继续密切关注和跟踪，进一步深入了解有关具体情况，暂不宜匆忙对媒体表态，以免出现被动，但可将相关情况上报国务院有关领导。

院常务会议原则同意对此事的基本认识和杜副院长的建议，提出三点意见：(1) 进一步了解情况，与浙大和李院士所在单位进行沟通；(2) 请医药卫生学部对此事进行跟踪和调查，提出报告；(3) 就此事，起草一个《关于加强科学道德与学风建设的内部通报》，经 3 月 2 日主席团会议审议通过后，寄发全体院士。

院常务会议认为，目前面对媒体要把握两点：(1) 对媒体的关心表示感谢；(2) 工程院一贯高度重视科学道德建设，坚决抵制学术不端行为，但也要尊重和保护院士，在有关问题尚不明了的情况下不宜妄下结论，我院会继续密切关注与跟踪此事，最终会有所交代。

二、听取我院与国家自然科学基金委合作开展《中国工程科技中长期发展战略研究》的工作方案汇报

石立英同志汇报了我院与国家自然科学基金委合作开展《中国工程科技中长期发展战略研究》的工作方案。据汇报，工作方案有五方面内容，拟向 3 月 2 日主席团会议汇报通过后，就立即启动研究工作。

1. **研究内容**：全面系统地对我国工程科技各专业领域发展现状、发展趋势、发展潜力、与国际领先水平的差距，以及研发中存在的突出问题等进行研究，提出各专业技术领域阶段性研发目标、重点、难点和技术路线图等，为我国工程科技事业的发展提供科学决策的依据。项目研究按目前学部划分下设八个技术领域专题，同时设一个战略研究综合项目，每个专题可再下设 3 ~ 5 个子课题。

2. 研究队伍：项目组组长由徐匡迪院长担任，副组长由潘云鹤常务副院长、自然科学基金委陈宜瑜主任和孙家广副主任担任；分别成立各技术领域研究和综合研究的学部专家组，各专家组可根据工作需要聘请有关部委或相关司局领导参加工作；由基金委组织面向全国发布项目指南，自由申请、公平竞争，并经各领域专家指导组（学部专家组）审定，在各专业技术领域成立面向战略的竞争研究课题组；同时双方合作成立项目办公室。

3. 经费来源及资助方式：我院和自然科学基金委共同设立该研究的联合基金，2009 年度一次性投入 2200 万元，其中工程院 1200 万元，基金委 1000 万元，分别放置在各自账户，按各自管理制度与管理办法管理。我院的经费用于学部专家组的直接咨询，基金委的经费用于竞争申请项目的研究，同时设立联合基金项目管委会，负责联合基金项目指南、资助计划预算及项目审批等重大事项决策。

4. 组织实施：八个技术领域专题由相应的学部组织学部专家组，同时担任基金委课题的各领域专家指导组，负责研究提出本领域专题研究的顶层设计和框架、编写本领域竞争研究项目指南、组织本学部院士开展咨询研究、组织研究课题的评审和验收等；战略研究综合项目由工程管理学部组织，负责项目总体研究框架的设计和课题指南汇总、组织综合性调研、撰写综合报告等。

5. 工作计划：项目研究时间为两年，2009 年商定项目研究内容和组织框架，通过两部门的立项审批程序，成立项目组，组建研究队伍，完成研究大纲和项目指南的编制与发布，组织开展各专业领域的研究，召开两次课题成果研讨与交流会，形成各课题报告；2010 年修改完善各专业课题报告，各专题组起草专题研究报告，召开两次专题研究报告讨论会，综合组牵头起草综合报告，征求相关部门意见，修改完善，形成定稿，上报国务院及有关部委，并出版研究成果。

院常务会议同意项目的工作方案，增加邬贺铨副院长为项目组副组长。

院常务会议强调，该项目是具有全局性、前瞻性和综合性的重大咨询研究，应作为一件大事来抓，要广泛动员院士参加，在今年院士增选会议之前就进行动员工作。这次咨询研究的组织形式与以往不同，需要特别注意几点：(1) 一题两制，将传统研究方式与开放研究方式相结合，一方面可通过此次研究发现青年人才、充实专家库，另一方面要做好组织工作，保证内外研究的有效结合；(2) 要考虑好如何开展交叉研究，既有科学与工程的交叉问题，又有学科之间交叉的问题；(3) 时间很紧，为了保证年底各课题提出报告，需要把院士集中起来一段时间，专心研究，此事要提请主席团会议审议；(4) 工程科技在不断发展，对于前沿性竞争性研究，既要避免个别老院士可能看不懂青年人提的东西，还要防止被某些别有用心的人蒙蔽而影响工程院的声誉。

三、传达财政部 2009 年中央教科文部门预算执行工作布置会有关精神

谢冰玉同志传达了财政部 2009 年中央教科文部门预算执行工作布置会的有关精神。据传达，财政部党组把加强预算执行管理列入其 2009 年重要工作日程，近期将下发《关于切实加强中央教科文部门预算执行管理工作若干意见》，其要点有进一步提高对加强预算执行管理重要性的认识，进一步强化预算执行主体责任，建立中央教科文部门预算执行计划制度、预算执行进度通报与约谈制度等十条。其中提出，自 2009 年起，财政部教科文司将建立预算执行与下年预算安排相挂钩的制度。对预算执行不好的中央教科文部门，教科文司在安排下年部门预算时将实行经费“零增长”，并视情况扣减其部门预算财政拨款项目预算额度。2008 年教科文口预算执行工作较落后，而在教科文口 33 个部门预算执行的排名中，我院排第 32 名。谢冰玉同志还汇报了我院 2008 年预算

执行情况和2009年预算情况,我院累计结余数仍然偏大,建议加大今年预算执行工作的力度,重点是消化以前累积的咨询项目结余经费和开办费等行政费用结余经费。

院常务会议提出,由于历史原因,往年结余的经费需要一定时间逐步消化,今年力争在财政部教科文司预算执行排名中排到中间位次。院常务会议建议,可在以下几个方面加强结余经费的管理与消化:(1)充分开展院士活动,以进一步增强凝聚力,可结合今年工程科技中长期战略研究来组织;(2)加强对咨询项目结题的管理,学部工作局配合办公厅,加快咨询项目的结算工作;(3)办公厅要研究在软件、网络、绿化、环境改善等方面有效使用经费,加快会议室和办公室的改造。

四、听取拟启动我院院徽设计工作的情况汇报

易建同志汇报了拟启动我院院徽设计工作的有关情况。据汇报,我院于2003年曾组织过院徽设计工作,但未得到理想方案,没有正式的院徽给我院开展工作带来一定不便。为此,办公厅拟启动院徽设计工作,并对设计图案和设计的组织工作提出建议,拟委托同济大学完成设计初稿。

院常务会议原则同意办公厅的建议,除同济大学外,再联系3~4个单位分别设计,提出3~4种方案。所联系的设计单位不宜是纯美术方面的,可考虑涉及工程、建筑等方面的设计单位。院徽方案届时提请主席团会议审议。

五、听取中瑞生物技术研讨会有关情况的汇报

康金城同志汇报了举办"中瑞生物技术研讨会"的有关情况。据汇报,瑞典皇家工程科学院近日表示今年可正式派团来中国,与我院共同举办一次生物技术研讨会,瑞方建议时间是2009年上半年,主题主要围绕生物医药。根据今年外事活动安排,为充分准备好此次活动,经请示刘德培副院长,建议举办时间在今年12月第一周。此次研讨会费用及接待瑞典代表团的费用拟由我院外事经费支出。

院常务会议建议,因北京12月较冷,同时考虑到瑞方在10月要召开其建院90周年大会,研讨会时间改为9月。

六、听取中美工程前沿研讨会筹备进展情况的汇报

康金城同志汇报了"中美工程前沿研讨会"筹备进展情况。据汇报,2月15日晚,中美工程前沿研讨会中方组委会召开会议,研究落实院领导关于四个专题题目的指示,决定请各专题召集人尽快与美方商定;还讨论了下一步工作计划,将立即启动研讨会的筹备工作。此外,根据院领导指示,会议名称改为"中美青年工程前沿研讨会"事宜征求了美方意见,美方回复其既定名称已使用10余年,他们将继续使用,以保持其一致性和连贯性,但不反对中方内部使用"中美青年工程前沿研讨会"这一名称。

常务会议决定,研讨会的名称可以尊重美方意见,保持原定名称不变。今年该研讨会的筹备就按既定计划进行。

七、情况通报

1. 潘云鹤常务副院长通报了出席国务院第48次和第49次常务会议的情况。据通报,第48次常务会议审议了纺织工业和装备制造业调整和振兴规划,第49次常务会议审议了船舶工业调整

和振兴规划，这两次会议分别分析了当前纺织业、装备制造业、船舶工业的经济形势，并提出相应措施。

2. 潘云鹤常务副院长、杜祥琬副院长通报了出席科技部全国科技工作会议的情况。据通报，在此次会议开幕式上，国务委员刘延东同志作了重要讲话。刘延东充分肯定了科技战线在过去一年取得的显著成就，强调要坚持科技与经济社会发展相结合，坚持把自主创新作为科技发展的战略基点，科技要在应对国际金融危机中发挥重要作用，作出更大贡献。会议部署了今年科技工作内容。

3. 康金城同志通报了杜祥琬副院长出席中央对台工作座谈会议的情况。

4. 高中琪同志通报了杜祥琬副院长出席全国科技名词审定委员会年度会议的情况。据通报，此次会议听取了全国科技名词审定委员会2008年工作总结和2009年工作计划。各位常委就加强名词审定工作的中长期规划、加强名词审定委员会工作与国际的协调、促进已审定科技名词应用的立法、加强宣传和推广应用等提出意见与建议。杜副院长在会上建议，进一步加强通用性词语和交叉学科词语等的审定工作，以及海峡两岸在科技名词翻译和审定方面的相互学习和借鉴。

院常务会议认为，目前中国内地、中国香港和中国台湾的科技名词翻译不一致，给相互交流带来困难，因此中国内地、中国香港和中国台湾的可开展科技名词翻译方面的交流。院常务会议建议，科技名词的翻译和审定宜吸收国学方面的专家参与，提升翻译的文学水平。

5. 宋学敏同志通报了旭日干副院长出席国务院各部门负责人及办公厅（室）主任会议的情况。据通报，在此次会议上，国务委员兼国务院秘书长马凯同志对“两会”涉及国务院的工作进行了动员部署，提出四点意见，一是充分认识做好“两会”有关工作的重要性；二是采取切实有效措施，确保“两会”期间社会稳定；三是精心准备，扎实做好“两会”有关具体工作；四是加强领导，落实责任，确保“两会”顺利召开。国务院副秘书长项兆伦同志就最近国办印发的《国务院办公厅关于进一步规范公文报送工作有关事项的通知》作了说明，项兆伦指出当前公文运转中还存在的几方面主要问题，并就“通知”的执行提出要求。

6. 白玉良同志通报了国家电网公司将向我院致谢的情况。据通报，最近国家电网公司将来我院就特高压工程致谢，并希望我院继续对国家电网的工作予以指导和支持。

主　持：徐匡迪
出　席：潘云鹤　刘德培　杜祥琬　旭日干　白玉良　石立英
请　假：邬贺铨
列　席：宋学敏　董庆九　谢冰玉　谷珏　康金城　李仁涵　高中琪　郗小林
记　录：易　建

院常务会议纪要(三十八)

2009年3月2日,徐匡迪院长主持召开2009年第4次院常务会议。会议主要内容有:听取我院综合楼基建财务决算情况的汇报;听取《院士候选人材料验收及汇总有关规定》修改情况的汇报;听取修编我院规章制度汇编工作方案的汇报;听取院士增选会议选址情况的汇报;通报有关情况。

一、听取我院综合楼基建财务决算情况的汇报

邬贺铨副院长汇报了我院综合楼基建财务决算情况,办公厅财务处张如义同志作了补充说明。

二、听取《院士候选人材料验收及汇总有关规定》修改情况的汇报

李仁涵同志汇报了《院士候选人材料验收及汇总有关规定》修改情况。据汇报,此次修改的范围包括:审查验收的程序和主要内容、候选人材料的汇总及有关问题的处理、候选人的涉密材料的保管及交接手续等内容。

常务会议原则同意《院士候选人材料验收及汇总有关规定》的修改内容。会议要求,修改后的内容一定要避免语句表述的自相矛盾,对于上网公布的部分一定要字斟句酌。由学部工作局负责完成修改稿,报白玉良副秘书长和旭日干副院长等院领导审定后,按有关程序报批。

三、听取修编我院规章制度汇编工作方案的汇报

谢冰玉同志汇报了修编我院规章制度工作的有关情况。据汇报,为落实我院深入学习科学发展观整改方案,进一步加强我院工作的科学化和规范化,办公厅对我院现有规章制度进行了认真清理,并在此基础上初定了本次修编我院规章制度工作方案,方案包括工作原则、组织机构、修编《中国工程院规章制度汇编》大纲建议以及工作安排等内容。

常务会议认为,我院已经建立起了较健全的规章制度,但在实际工作中仍然存在部分规章制度执行力度不够,时有脱节现象。本次修编工作对健全我院规章制度具有重要作用,立足规范、可操作、便于执行。

常务会议要求,本次修编工作可以将规章制度分为三类,每类一册:一类为面向院士工作的,一类为面向机关工作的,一类为面向党务工作的。院机关各部门要召开联席会议,共同商讨规章制度修编工作。

四、听取院士增选会议选址情况的汇报

谢冰玉同志汇报了今年我院院士增选会议选址情况。据汇报,经过办公厅调研和机关办公会

讨论，建议会议地点选择北京会议中心，该中心能够满足增选会议的需要。

常务会议同意选择北京会议中心作为第一轮院士增选的会议地点，并要求办公厅联系有关医院，做好增选会议期间的医疗保障工作。

五、书面情况通报

1. 通报潘云鹤常务副院长出席国务院第50次和第51次常务会议情况。据通报，2009年2月18日，温总理主持召开国务院第50次常务会议，审议并原则通过电子信息产业调整振兴规划；2009年2月19日，温总理主持召开国务院第51次常务会议，审议并原则通过了轻工业和石化产业调整振兴规划。

2. 通报王淀佐原副院长出席国务院第52次常务会议情况。据通报，2009年2月25日，温总理主持召开国务院第52次常务会议，审议并原则通过发挥科技支撑作用促进经济平稳较快发展和有色金属产业调整振兴规划。

主　持：徐匡迪
出　席：邬贺铨　刘德培　杜祥琬　旭日干　白玉良　石立英
请　假：潘云鹤
列　席：董庆九　谢冰玉　谷　珏　李仁涵　康金城　高中琪　郗小林　徐　进
记　录：易　建

院常务会议纪要（三十九）

2009年3月16日，徐匡迪院长主持召开2009年第5次院常务会议。会议主要内容有：听取《我国大城市连绵区的规划与建设问题研究》的汇报；听取参加UNAPCAEM理事会议有关情况的汇报；听取工程院综合办公楼室内外完善功能方案的汇报；听取关于食品安全咨询研究项目立项的汇报；听取关于开展循环经济院士行活动的汇报；听取关于国务院南水北调建委办公室建议作为我院院士候选人遴选部门的汇报；听取第13届东亚工程院圆桌会议筹备情况的汇报；听取国土资源部向我院赠送泰山石的情况汇报。

一、听取《我国大城市连绵区的规划与建设问题研究》的汇报

邹德慈院士汇报了《我国大城市连绵区的规划与建设问题研究》综合报告，介绍了项目背景、国际大城市连绵区发展概况、大城市连绵区发展的6个基本特点、我国大城市连绵区发展概况及趋势、当前我国大城市连绵区发展中的问题和推动我国大城市连绵区健康发展的对策建议等内容。

常务会议充分肯定了项目组所做工作，并对项目研究提出以下建议：

1. 目前我国大城市连绵区的发展规划、交通规划及重点工业的发展与节能、环保工作之间不协调的问题较为突出。因此,应对大城市整体协调发展进行重点研究,注重产业升级和发展方式的转变。

2. 西方发达国家城乡差距不大,而我国城乡差距较大,且还有进一步拉大的趋势。因此,对这一特点要深入研究分析,统筹城乡协调发展,使大城市有效反哺农村及带动周边地区的发展。

3. 国外大城市连绵区的发展经历了较长时间。因此,要对其发展历程进行研究,归纳和总结出经验与教训,为我国大城市连绵区的发展提供参考和借鉴。

4. 大城市集群的形成是经济与社会客观发展的必然结果。因此,针对我国实际,避免人为或主观地聚合,提出合理的建议,为国家宏观决策提供参考。

5. 目前跨行政区的大城市连绵区发展存在协调难的问题。因此,加强跨行政区协调和资源统筹配置的研究,力求产生互补合力,为国家提出指导性建议。

6. 我国大城市连绵区的珠三角应包括港、澳地区,"海峡西岸经济带"可扩展为"海峡两岸经济带",对中西部地区大城市连绵区的发展要有前瞻性研究。

请项目组根据以上建议,对研究报告进行修改、补充,择机向有关领导汇报。

二、听取参加 UNAPCAEM 理事会议有关情况的汇报

沈国舫院士汇报了参加 UNAPCAEM 理事会议的有关情况,并对其下一步工作提出相关建议。

三、听取工程院综合办公楼室内外完善功能方案的汇报

马国馨院士等汇报了我院综合楼室内外功能完善方案,室内主要涉及二楼会议室、三楼报告厅、一楼接待餐厅和四楼院长办公室、地下车库、空调系统节能改造等内容;室外主要涉及改善土壤、调整苗木等内容。

常务会议原则同意改造完善方案,并提出以下建议:

1. 室内外功能完善方案要充分贯彻节约、俭朴的理念,室内完善不要奢华和铺张,不要使用石材。室外完善要注重整体、季节的协调性,同时要注意节水,选用适合北方生长环境的竹子品种。

2. 室内外完善方案确定后,要按国家有关规定进行招投标,并抓好施工进度,年底前完成。

常务会议提出,室外完善方案确定后,由办公厅向孟兆祯院士汇报,尽量尊重孟院士的意见。

四、听取关于食品安全咨询研究项目立项的汇报

石立英同志汇报了"中国食品安全的现状、问题和对策"咨询研究项目的立项情况,并建议在正式立项前先开展预研究。

常务会议原则同意先开展预研究,根据预研究的情况确定是否正式立项研究。常务会议建议,食品安全的问题比较复杂,涉及部委较多,还涉及法律法规。因此,预研究要邀请有关部委参与,吸纳各有关方面的专家组织综合的研究队伍。

五、听取关于开展循环经济院士行活动的汇报

李仁涵同志汇报了国家发展改革委员会商请我院联合开展循环经济院士行活动的情况，主要包括：(1) 请工程院作为活动联合主办单位与国家发改委联合发文进行安排部署；(2) 请工程院领导出席活动启动仪式；(3) 请工程院推荐参加活动的院士。

常务会议原则同意国家发改委来函商请的3项事宜，由杜祥琬副院长代表我院出席相关活动，学部工作局承办此项工作，并提出参加活动的院士、专家建议名单。

常务会议建议，国家发改委希望在此次活动中走访的循环经济试点单位很多，如全部走访难度很大，根据我院工作实际情况，商请国家发改委重点选择6~8家具有典型性和代表性的企业，作为开展活动拟走访的单位。此次活动的范围超出了常规的"院士行"，建议活动名称改为"循环经济院士专家行"，在商请国家发改委后确定活动的确切名称。

六、听取关于国务院南水北调建委办公室建议作为我院院士候选人遴选部门的汇报

李仁涵同志汇报了国务院南水北调建委办公室商请作为我院院士候选人遴选部门的情况。

常务会议同意将国务院南水北调建委办公室作为院士候选人遴选部门。

七、听取第13届东亚工程院圆桌会议筹备情况的汇报

康金城同志汇报了第13届东亚工程院圆桌会议的有关情况，会议主办方日本工程院建议圆桌会议前召开的学术研讨会主题为"低碳社会交通"。

常务会议议定，由杜祥琬副院长率工程院代表团参会，学部工作局推荐几名新能源、新能源汽车及智能交通方面的院士或专家一起参会。

八、听取国土资源部向我院赠送泰山石的情况汇报

易建同志汇报了国土资源部向我院赠送泰山石的情况，国土资源部指定中国地质博物馆负责落实此事。

常务会议同意接受国土资源部向我院赠送泰山石，并表示感谢。泰山石放置在院内"中流砥柱"之处或更合适的地方，并向孟兆祯院士说明。在方便时组织院党组及机关厅局级干部走访中国地质博物馆。

主　持：徐匡迪

出　席：潘云鹤　邬贺铨　刘德培　杜祥琬　旭日干　白玉良　石立英

特　邀：沈国舫　马国馨　周干峙　邹德慈

列　席：宋学敏　董庆九　谢冰玉　谷　珏　康金城　李仁涵　高中琪　郗小林　徐　进

记　录：易　建

院常务会议纪要(四十)

2009年3月30日,徐匡迪院长主持召开2009年第6次院常务会议。会议主要内容有:听取赴广东省开展工业节能减排院士专家咨询调研活动情况汇报;听取咨询服务中心筹备情况汇报;通报有关情况。

一、听取赴广东省开展工业节能减排院士专家咨询调研活动情况汇报

李仁涵同志汇报了2009年3月我院与工业和信息化部联合组织院士专家赴广东省开展工业节能减排院士专家咨询调研活动的情况。此次活动是根据我院与工信部在2008年11月签署的合作协议而组织,工信部希望于今年内或明年对其他省市组织类似调研活动。

院常务会议对此次调研活动成效予以充分肯定,建议活动总结由工信部牵头撰写,要遵循实事求是的原则。会议对下一步继续与工信部联合组织类似调研活动提出如下意见:

1. 根据我院工作实际情况,安排调研活动不宜过于频繁,平均1年走访4个省较为适宜(每季度走访1省),学部工作局要安排好活动的整体节奏与走访顺序;调研活动要注意突出重点。

2. 此次活动对广东省较多产业领域进行了调研,今后开展类似活动时宜针对其他省市的重点行业或领域,除邀请相关专业领域的院士和专家外,还要邀请宏观经济研究方面的院士专家参加调研,以便较好把握调研方向,提高调研质量。

二、听取咨询服务中心筹备情况汇报

高中琪同志汇报了咨询服务中心(以下简称“中心”)的筹备工作情况。筹建工作组提请常务会议审议如下事项:(1)“中心”章程草案;(2)“中心”挂牌样式和挂牌时间;(3)“中心”聘请专家与招聘工作人员的原则;(4)“中心”机构设置。

经讨论,院常务会议对提请审议的事项形成如下意见:

1. 原则通过“中心”章程草案,再逐步修改和完善。本次常务会议对“中心”章程提出的具体修改意见如下:

(1) 在第一章第六条关于“中心”宗旨的内容中,将“促进咨询研究的规范和研究水平的提高”的表述修改为“加强咨询研究项目管理,为保证高水平咨询研究提供必要条件”。

(2) 在第一章第七条关于“中心”业务范围的内容中,删除“独立或联合承担工程科技和工程项目的评估”的表述,修改为“中心”今后可争取申请相关资质,在条件成熟时独立或联合承担工程科技和工程项目的评估。

(3) 在第二章第十条关于“中心”决策机构的内容中,删除“中心的重大事项决策机构是院常务会议”的表述,修改为“中心接受院常务会议的领导”;增加院党组“任免中心法人代表”的条款。

2. 关于“中心”挂牌时间，建议筹建工作组在4月底之前完成事业法人登记手续之后行挂牌。挂牌样式选择筹建工作组提供的“中国工程院”为直线型排列的样式。“中心”事业法人登记等手续要抓紧办理，赶快落实开办资金。一方面积极向财政部申请开办资金，同时可考虑工程院出具开办资金证明或承诺书，先借支200万元到验资账户以完成中心登记注册。

3. “中心”聘请专家和招聘工作人员宜分开提出方案，专家的聘请以工程院名义，工作人员的招聘以“中心”名义。

（1）拟聘请的咨询顾问名称建议为高级咨询顾问，包括朱光亚等历任院领导可作为候选人，并征求本人的意见。学部或领域的首席咨询专家由各学部推荐，每个学部推荐1~2名。特聘咨询专家应是具有一定成就和水平的专家，例如长江学者、杰出青年专家、参加过国家咨询研究的优秀专家、海归中有造诣的高层次学者等。要控制好特聘咨询专家的人数，规模不宜过大。还有咨询专家，优先考虑曾经进入第二轮的院士候选人、参加过我院咨询项目的核心专家和执笔人等。以上几类首批咨询专家的聘书发放工作，建议在今年召开院士增选大会期间进行。

（2）招聘中心工作人员的定位应是“咨询研究助手”，首先要有较强的服务意识与能力，为“中心”各类咨询专家开展咨询研究提供好服务，同时兼具一定的研究与较高的写作能力。“中心”还需要招聘1名出纳。根据目前的有关政策，自愿申请去“中心”工作的院机关处级及以下工作人员到“中心”工作较难保留参照公务员的身份，请机关人事部门研究是否可采取他们在“中心”工作期间按照事业单位待遇，退休后按照参照公务员待遇的方式处理。

“中心”筹建和起步阶段宜依托现有项目和资金开展工作和招聘人员，根据项目和资金的逐步增加再增加人员，实现人员安排和咨询项目研究的平滑过渡。

4. 院常务会议还对“中心”的发展、部门设置等工作提出如下意见：

（1）“中心”要有发展规划，每年还要有财务预算，要量入为出。

（2）“中心”起步阶段部门设置宜精干，在发展过程中再逐步扩大。可先设项目部、信息部和办公室。其中，项目部的主要职能是直接为咨询项目提供服务；信息部的主要职能是建立咨询专家库、咨询项目数据库、各种基础资料库等，并承担项目前期的预研工作；办公室的职能是做好行政、财务、后勤工作，要充分利用院机关的后勤资源。筹建和运行初期的人员招聘等人事工作，依托院机关人事部门进行。“中心”还要处理好所设部门与院机关有关部门之间的关系。“中心”信息部的设立同政研室信息中心一并考虑，在中心信息部人员未到位之前，政研室信息中心应先开展相关工作。建立咨询专家库和咨询项目数据库很有必要，其中咨询项目数据库建设的内容应包括我院成立至今的所有咨询项目及未来的咨询项目。在中心项目部人员未到位之前，政研室咨询处先承担相关工作。

三、情况通报

1. 邬贺铨副院长通报了2009年3月随同全国政协贾庆林主席考察广西的情况；通报了近期七部门根据国务院要求动员广大科技人员深入基层服务企业电视电话会议的情况；通报了福建省邀请我院参加第七届中国·海峡项目成果交易会的情况。

院常务会议提出，我院也需要对以往组织开展深入基层服务企业的“院士行”等活动情况进行总结，拟请学部工作局负责起草，完稿后经院领导审批，上报国务院。

院常务会议决定，请潘云鹤常务副院长代表我院参加第七届中国·海峡项目成果交易会。

2. 旭日干副院长通报了国务院第二次廉政工作会议情况。

为贯彻好廉政工作会议精神，院常务会议对近期我院几项工作提出以下意见：

(1) 今年院士增选更要重视公开、公正、公平、透明。

(2) 今年我院行政经费开支一定要根据国家有关要求予以压缩(购车、用车、出国经费等)，要精打细算，厉行节约。对于必须要安排的组团出国活动，要压缩人数和行程时间。

(3) 最近工程院室内外的完善工作要抓紧进行。室外绿化工作应在5月份之前完成；会议室修整的时间建议安排在第一轮院士增选会议期间进行；对于国土资源部所赠泰山石的安放，在方便时请关肇业院士、孟兆贞院士来查看，以进一步确定具体安放位置。

主　持：徐匡迪
出　席：潘云鹤　邬贺铨　杜祥琬　旭日干　石立英
请　假：刘德培　白玉良
特　邀：王淀佐
列　席：宋学敏　董庆九　谢冰玉　程家怡　康金城　李仁涵　高中琪　郗小林　徐进　王振海
记　录：易　建

院常务会议纪要(四十一)

2009年4月20日，徐匡迪院长主持召开2009年第7次院常务会议。会议主要议题有：听取我院与广西壮族自治区共建广西药用植物园有关情况的汇报；听取我院与湖北省合作开展活动情况的汇报；听取关于中美两国四院能源合作项目有关问题的汇报；听取关于承办人大、政协提案工作情况的汇报；研究确定第四届主席团第16次会议议题及时间。

一、听取我院与广西壮族自治区共建广西药用植物园有关情况的汇报

肖培根院士汇报了我院与广西壮族自治区共建广西药用植物园的有关情况，介绍了共建的基本情况、主要活动进展、取得的成果及拟向国务院报送《我国中药资源的保护和可持续利用问题的建议》报告。

院常务会议高度评价了与广西共建药用植物园的工作成效，认为这是一项利国利民的好事、意义重大，是落实可持续发展战略和践行科学发展观的重要举措。并对《我国中药资源的保护和可持续利用问题的建议》提出以下意见：

1. 药用植物具有较强的区域性。广西是以热带植物为主体，要从国家全局的高度按北部、南部、东部、中部、西部等不同地域分别建设药用植物基地，形成覆盖全国的药用植物保护网络。这

样，既可保护各区域药用植物种质资源、有利于生态保护，还可繁荣民族地区经济、促进民族团结。以此对建议报告进行修改、补充后，报党中央和国务院。

2. 我院与广西壮族自治区曾签订发展生物质产业合作协议，并开展了相应的活动，建议将相关内容纳入到共建药用植物园的合作之中。

3. 广西少数民族较多，属欠发达地区。我院和广西的合作主要是发挥院士的作用，为药用植物园建设提供智力支持、加强研发力量，力争建成院士开展研究的基地，不参与投资和管理问题，对此在相关文件中予以说明。

二、听取我院与湖北省合作开展活动情况的汇报

白玉良同志汇报了我院与湖北开展合作活动的内容。据汇报，4 月 9 日—10 日徐匡迪院长、邬贺铨副院长等 21 位院士和专家考察了武汉光电国家实验室、中冶南方公司等企业；参加了湖北(武汉)院士咨询服务中心揭牌仪式；出席院省合作委员会和武汉城市圈“两型社会”建设专家指导委员会成立大会；出席专家指导委员会第一次议，院士专家从宏观角度、多个领域对武汉城市圈“两型社会”建设规划方案提出了很多建设性的意见和建议，得到湖北、武汉领导的高度评价与认同。

院常务会议认为本次活动开展得很成功、取得了显著实效，并对“两型社会”建设提出以下建议：

1. 总书记高度重视武汉城市圈“两型社会”建设，国务院批准列为国家试验区之一，我院要集中主要力量，努力做好此项工作。

2. 本次与会院士专家主要是围绕“两型社会”建设方案中综合性问题发表了意见或建议，下一步应召开专题研讨会，对“两型社会”建设方案中不同领域或不同行业的问题进行详细和深入的讨论，对“长江黄金水道开发与建设”等重大问题提出建议。

3. “两型社会”建设是一个长期的过程，要坚持做下去，不能急于求成，可提出阶段性目标，分步实施。

三、听取关于中美两国四院能源合作项目有关问题的汇报

康金城同志汇报了中美两国四院“利用可再生能源大规模发电”合作项目的有关问题，介绍了今年的合作安排，针对存在的问题，提出了建议。

院常务会议原则同意今年的合作安排，重点讨论了合作机制，并提出以下意见：

1. 为开展好该合作项目，应要建立起两国四院间平行沟通与合作机制。由国际合作局与中科院对口部门联系和接洽，择机两院领导间进行协商后，两院共同与美国国家研究理事会(NRC)沟通。

2. 目前该合作项目尚未在财政部立项，由国际合作局与中科院联系，两院联合向财政部申请专项，落实合作经费。

四、听取关于承办人大、政协提案工作情况的汇报

谢冰玉同志汇报了承办全国人大、全国政协提案的工作情况，介绍了我院需办理的人大建议 2 件和政协提案 4 件及相关办理要求，提出院机关承办建议和提案的分工安排。

院常务会议原则同意，并提出以下意见：

1. 我院要认真对待建议和提案的回复工作，尤其是“关于建立院士退出机制的建议”的回复，要把握几点要求：《中国工程院章程》中并未规定院士不退休，按国家人事部门的有关规定很多院士相继办理了退休手续；“院士”是荣誉性称号，与劳动模范、先进个人等荣誉称号一样一般不涉及退出的问题，也与是否办理退休问题无关，但《中国工程院章程》中规定“当院士的个人行为涉及触犯国家法律，危害国家利益或涉及丧失科学道德，背离了院士标准时，……撤销其院士称号…”；我院不赞成各地出台给予院士较高物质待遇的政策，更不赞成将院士作为单位申请科技项目的硬性指标的做法。

2. 承办回复工作的分工：学部工作局承办 1026 号建议，增选政策委员会承办 8336 号建议，科学道德建设委员会承办 0370 号提案，教育委员会和人事处承办 2325 号提案，政策研究室承办 1044 号提案，国际合作局承办 2859 号提案。各相关部门要认真负责，回复稿文字宜精炼、表述要严谨，经部门领导审核后，再报主管院领导审定、报出。办公厅对相关回复进行汇总。

五、研究确定第四届主席团第 16 次会议议题及时间

易建同志汇报了第四届主席团第 16 次会议的拟定议题及时间，提请院常务会议审议。

院常务会议原则通过了第四届主席团第 16 次会议的议题，决定会议将在 5 月 18 日下午召开。

主　持：徐匡迪
出　席：潘云鹤　邬贺铨　杜祥琬　旭日干　白玉良　石立英
请　假：刘德培
特　邀：肖培根
列　席：宋学敏　董庆九　谢冰玉　谷珏　程家怡　康金城　李仁涵　高中琪　郗小林
徐　进
记　录：易　建

院常务会议纪要（四十二）

2009 年 5 月 4 日，徐匡迪院长主持召开 2009 年第 8 次院常务会议。会议主要内容有：审议 2009 年与地方合作计划内容；听取关于签署《技术创新院士行项目合同》的汇报；听取关于开展“小金库”治理工作的情况汇报；通报有关情况。

一、审议 2009 年与地方合作计划内容

白玉良同志汇报了 2009 年院地（含部门等）合作工作计划与建议。据汇报，2009 年将加强与

中央有关部委、省市、军队、企业等的合作，计划开展的合作内容涉及3个部(委)和16个省区市等。通过8年来与地方合作的实践，已探索出比较有效的做法，取得了一定的经验，但还存在一些问题，主要有：院士资源有限，不能满足地方需求；各地开展院地合作活动的差别较大；机关组织管理力量有待加强。为此，提出如下建议：院士增选应考虑院地合作和咨询活动的需要，今后应适当增加增选名额；合理安排与地方签署合作协议的布局；增加院地合作管理的人员编制等。

院常务会议原则通过了2009年与地方合作的工作计划，充分肯定了多年来院地合作取得的成效，并提出以下意见：

1. 围绕院士队伍的可持续发展，适应院地合作和咨询工作的实际需要，应专题研究院士增选的相关问题。

2. 综合平衡考虑与各地的合作内容，突出和聚焦重点，集中精力开展能凸显我院优势的合作。

3. 近年来院地合作工作发展较快、任务较重，限于我院的组织管理力量有限，有些工作可委托相关省区市的“院士中心”承担。将增加院地合作管理的编制纳入机关计划、统筹考虑。

4. 为加强与各地的联系，每年应召开一次院地合作工作会议，沟通情况、总结和交流经验。

二、听取关于签署《技术创新院士行项目合同》的汇报

李仁涵同志汇报了即将与发改委签署《技术创新院士行项目合同》的情况。据汇报，发改委决定调整院士行工作的重点和活动形式。确定2009年院士行工作开展三方面咨询研究：新能源产业创新能力建设研究，建议请杜祥琬副院长牵头；持续发挥国家工程实验室行业性辐射和公益性作用的政策研究，建议请邬贺铨副院长牵头；石油石化等行业创新能力平台研究，建议请袁晴棠院士牵头。请院常务会议确定上述3个项目的牵头人，并明确合同签字单位。

院常务会议同意3个项目的牵头人，确定合同签字单位为学部工作局。

三、听取关于开展“小金库”治理工作的情况汇报

谢冰玉同志汇报了全国开展“小金库”专项治理工作的情况。据汇报，2009年4月24日，召开了全国“小金库”治理工作电视电话会议，会议传达了《中央办公厅、国务院办公厅印发〈关于深入开展“小金库”治理工作的意见〉的通知》。会议要求各地区、各部门要成立由分管领导牵头、相关部门负责人参加的专项治理领导机构，并设立日常工作机构。中央和国家机关各部门“小金库”治理领导机构及日常工作机构的设立情况要在5月10日前报中央治理“小金库”工作领导小组办公室。根据会议要求，提出如下工作建议：成立我院专项治理领导小组并设立日常工作机构，领导小组由分管院领导牵头，副秘书长及相关部门负责人组成，日常工作机构挂靠办公厅；及时将中央治理“小金库”的精神传达到各厅局，要求以厅局为单位，严格按中央文件的要求认真进行自查自纠，并提交自查报告。

院常务会议认为，按照党中央及国务院有关要求开展此项工作，原则同意上述工作建议，由邬贺铨副院长牵头。

四、情况通报

1. 邬贺铨副院长通报了4月15日参加“新时期科学思想库建设”高层研讨会和4月24日参加京沪高速铁路建设领导小组第2次会议的情况。

2. 易建同志通报了4月23日发改委与我院共同组织“循环经济专家行”启动仪式的情况。李克强副总理出席并作了重要指示，徐院长、杜副院长等院士参加，徐院长发表了讲话。5月—8月上旬组织相关院士，对国家循环经济试点示范的代表企业进行“循环经济专家行”活动。

3. 徐匡迪院长提议，中国商用飞机有限公司希望近期向我院汇报商用飞机的研制情况。院常务会议同意徐院长的建议，将此项内容列入5月18日召开的主席团会议议题。

主　持：徐匡迪
出　席：潘云鹤　邬贺铨　刘德培　杜祥琬　旭日干　白玉良　石立英
列　席：宋学敏　董庆九　谢冰玉　谷珏　程家怡　康金城　李仁涵　高中琪　郗小林　徐　进
记　录：易　建

院常务会议纪要(四十三)

2009年5月18日，徐匡迪院长主持召开2009年第9次院常务会议。会议主要内容有：听取2009年院士增选有效候选人情况汇报；听取对《中国工程院关于科学道德与学风建设的回顾和思考》提纲的说明；听取关于主办2012年国际病毒性肝炎和肝病大会及我院同印度工程院签署合作协议的有关情况汇报；听取征集院徽设计方案的汇报；通报有关情况。

一、听取2009年院士增选有效候选人情况汇报

旭日干副院长汇报了2009年院士增选有效候选人情况，介绍了今年院士增选候选人总体分布、提名和遴选基本情况以及2009年与2007年有效候选人对比情况。

常务会议同意对2009年院士增选有效候选人汇报材料进行修改后，向主席团进行汇报。

二、听取对《中国工程院关于科学道德与学风建设的回顾和思考》提纲的说明

杜祥琬副院长汇报了《关于我院科学道德建设的回顾与思考》有关情况，该报告回顾了院士队伍科学道德建设的情况，提出了加强科学道德与学风建设的几点思考。此报告拟在今年院士增选大会期间向全体院士汇报，提请常务会议审议。

常务会议认为，该报告较系统地总结了我院院士队伍科学道德建设工作，提出了加强科学道德建设的建议，进一步表明我院加强院士科学道德建设的决心，总体是好的。会议建议该报告宜简不宜繁，部分内容要进一步凝练，个别地方点到为止。会议建议将报告提交主席团会议征求意见，选择第一次还是第二次增选会议上向全体院士汇报，提请主席团会议决定。

三、听取关于主办2012年国际病毒性肝炎和肝病大会及我院同印度工程院签署合作协议的有关情况汇报

程家怡同志汇报了关于主办2012年国际病毒性肝炎和肝病大会(简称ISVHLD)及我院同印度工程院签署合作协议的有关情况。据汇报,在我院闻玉梅院士的努力下,我国成功取得了2012年第14届国际病毒性肝炎和肝病大会的主办权,这是该会历史上首次决定在发展中国家举办,医药卫生学部常委会建议我院同上海市政府联合主办此次大会。

另据汇报,印度工程院Baldev Raj副院长4月27日致函我院徐院长,提出希望两院今年7月在加拿大出席CAETS会议之际,双方签署两院合作备忘录。

常务会议对此分别进行了审议。会议认为,在我国举办ISVHLD大会是一个非常重要的机会,可以借此进一步推动我国对危害人民身体健康的病毒性肝炎和肝病的研究,我们理应办好此次会议;会议同意我院会商上海市政府共同作为此次会议的主办单位,同时邀请卫生部、科技部、教育部、基金委为支持单位,由国际合作局起草向国务院的报告,并准备向财政部申请专项经费。我院与印度工程院签署备忘录事,会议要求国际合作局与印方进一步沟通,仔细研读备忘录文稿,双方都同意文稿内容后再行签署;会议授权潘云鹤常务副院长出席CAETS会议时代表我院签署此备忘录。

四、听取征集院徽设计方案的汇报

易建同志汇报了我院征集院徽设计方案进展情况。据汇报,截至4月30日,确定参与评选的院徽设计方案共17件。为选出优秀院徽方案,拟组织有关院士进行两轮评审:第一轮为通讯评审,选定5件作品进入第二轮;第二轮为评审委员会会议评审,选出的方案提交院常务会议审议。此外,院徽图案确定后,由办公厅申请知识产权保护。

常务会议原则同意院徽设计的有关安排,并指出院徽设计要遵循简洁、新颖、达意、内涵丰富的原则。会议建议经过两轮评审后,选出3~4个方案提交主席团会议审议。

五、情况通报

1. 潘云鹤常务副院长通报了准备召开“面向2030年中国重大工程及其科技问题座谈会”有关情况。据介绍,此次会议拟邀请有关部委、省区市等有关单位负责同志参加,主要围绕未来国家重大工程项目建设和重大工程科技项目展开讨论,以此提出我国未来工程科技发展的需求。

2. 潘云鹤常务副院长通报了参加国务院第64次常务会议有关情况。据介绍,本次会议主要讨论了国家引进人才有关事宜。

主　持:徐匡迪

出　席:潘云鹤　邬贺铨　刘德培　杜祥琬　旭日干　白玉良　石立英

列　席:董庆九　谢冰玉　谷　珏　程家怡　李仁涵　高中琪　王振海　郗小林　徐　进

记　录:易　建

院常务会议纪要(四十四)

2009年5月31日,徐匡迪院长主持召开2009年第10次院常务会议。会议主要内容有:听取2009年外籍院士候选人推荐情况的汇报;听取三峡建委拟与我院开展合作有关情况汇报;听取我院财务工作有关情况汇报;听取财政部和人力资源部关于规范津补贴复函情况的汇报;研究徐匡迪院长在院士增选大会上的讲话。

一、听取2009年外籍院士候选人推荐情况的汇报

李仁涵同志汇报了2009年外籍院士候选人推荐的情况,提请常务会议审议。据汇报,截止到6月30日共收到推荐的外籍院士候选人共11位,其中有9位是本国工程院院士。

院常务会议原则通过了10位为外籍院士候选人,1位候选人只有3位院士推荐,不符合外籍院士增选工作实施办法应不少于5位院士推荐的规定,为无效候选人。会议提出,请旭日干副院长在院士增选大会讲话中强调推荐和评选外籍院士的原则,重点考虑外籍院士候选人学术水平及在本国的声誉,即在设有院士制度的国家,候选人原则上应为本国工程院或科学院院士。

二、听取三峡建委拟与我院开展合作有关情况汇报

王振海同志汇报了三峡建委拟与我院开展合作有关情况。

三、听取我院财务工作有关情况汇报

谢冰玉同志汇报了我院财务工作的有关情况,传达了财政部预算执行工作会议有关精神、财政部批复我院2009年预算及结余资金情况,通报了向财政部申请咨询中心开办资金的情况及我院"小金库"清理工作情况,提出加强我院经费预算执行工作的措施建议,提请研究三个问题:(1)关于院士咨询经费的安排问题;(2)关于向财政部申请启用部分项目净结余资金的问题;(3)关于追加中美四院能源咨询合作项目的经费问题。

院常务会议认为,我院在财务方面已经做了较好的工作。今年,要高度重视预算安排与执行工作,按照有关规定:安排好预算,采取多种合理恰当措施执行好预算,提高资金使用的规范性和有效性;加大工作力度,做到预算和实际支出持平,力争圆满完成今年各项预算安排。会议经讨论后提出以下意见:

1. 近期尽快以咨询课题方式对尚未安排的院士咨询经费预算予以合理安排,由学部工作局负责发文,请各学部根据当前热点、难点问题,安排一批学部级咨询项目。学部有关专题学术会议如能纳入咨询研究内容的,可在相关咨询项目中安排。

2. "中瑞可再生能源与环境合作"、"矿产资源"、"城市化"、"农业机械化"等已完成咨询研究

工作和尚未结题的咨询项目，近期争取完成结题任务，使已发生经费开支但未报账的项目经费在财务账目上得到如实反映。对尚未完成但被财政部列为净结余的项目则向财政部申请启用结余资金，并妥善安排好仍在进行的工作，保证项目的顺利实施。

3. 中美四院能源合作项目的经费问题，由国际合作局与中科院协商，中科院承担出国费用，我院承担国内费用，参加项目的非院机关领导或院士的出国经费由其单位自行安排。另外，今年我院外事经费预算压缩较多，为了保证国际合作工作的正常开展和进一步拓展，今后要努力争取增加外事经费预算。

四、听取财政部和人力资源部关于规范津补贴复函情况的汇报

谷珏同志汇报了财政部及人力资源和社会保障部《关于规范中国工程院津贴补贴有关问题的复函》情况，按照两部委的要求，我院需对津贴、补贴进行规范管理。

院常务会议提出，最近对院机关职工津补贴的数额再进行核算后上报两部委，要按照国家有关规定妥善解决津补贴的发放问题，争取机关工作人员待遇不下降。

院常务会议要求，院机关要结合我院是最高荣誉性和学术性机构，机关工作人员是直接为院士和工程科技界的专家服务，不同于政府机关的特点，对稳定机关干部队伍和提高职工收入问题开展专题研究。会议认为，机关工作人员要积极参加咨询项目和学术活动等工作，一方面可以提高大家的综合素质，在工作中得到培养和锻炼，为适应今后干部轮岗打下基础；一方面通过参加相关的业务工作，获取相应的咨询费，提高职工的收入。

五、关于徐匡迪院长在院士增选大会上的讲话

院常务会议对院士增选大会上徐匡迪院长讲话的起草工作进行了讨论。会议认为，此次徐院长讲话中重点阐明选举院士是一项神圣职责，坚决贯彻公正、公平和公开的原则，强调对候选人学风道德的要求和在工程科技领域的突出贡献，把好院士入口关；要从院士队伍可持续发展的角度，关注候选人的年龄问题，在符合院士标准和条件下应重点考虑更多地提携年轻的工程科技人才；还要对工程科技思想库建设和人才队伍建设进行重点阐述。

主　持：徐匡迪
出　席：潘云鹤　邬贺铨　刘德培　旭日干　白玉良　石立英
请　假：杜祥琬
列　席：董庆九　谢冰玉　谷　珏　李仁涵　高中琪　郗小林　徐　进
记　录：易　建

院常务会议纪要(四十五)

2009年6月15日,徐匡迪院长主持召开2009年第11次院常务会议。会议主要内容有:听取院科学道德建设委员会讨论《中国工程院关于科学道德与学风建设的回顾和思考》及主席团成员反馈意见情况的汇报;听取第一轮院士增选会议日程和有关准备情况的汇报;听取我院与中钢集团合作有关情况的汇报;传达《财政部关于编制2010年中央部门预算的通知》文件精神;审议我院保密自查工作方案;通报有关情况。

一、听取院科学道德建设委员会讨论《中国工程院关于科学道德与学风建设的回顾和思考》及主席团成员反馈意见情况的汇报

杜祥琬副院长汇报了院科学道德建设委员会讨论《中国工程院关于科学道德与学风建设的回顾和思考》报告及主席团成员反馈意见的情况。据汇报,根据第4届主席团第16次会议和2009年第9次院常务会议的精神,对报告的结构进行了调整,内容进行了精炼。院科学道德建设委员会讨论认为,我院不仅要重视工程院院士的科学道德建设,更有责任进一步推进我国科技界的科学道德建设,因此建议报告标题改为《进一步加强中国工程院和中国科技界的科学道德建设》。根据主席团成员的反馈意见,报告应在肯定我院科学道德建设的基础上从正面引导,同时对社会的相关舆论要有应对的准备,可以适当形式在媒体上发布。

院常务会议讨论后提出以下意见:

1. 报告题目修改为《进一步加强我国工程科技界的科学道德建设》更为合适,请杜祥琬副院长在第一轮院士增选会议上向全体院士作专题报告;在徐匡迪院长的讲话中,则着重阐述把好院士入口关,在注重成就贡献的基础上特别强调院士候选人的科学道德问题。
2. 报告两大部分的具体内容要前后呼应、各有侧重,请石立英副秘书长对报告进一步精练。
3. 该报告可在新华社发通稿,表明我院重视科学道德建设的态度。

二、听取第一轮院士增选会议议题和有关准备情况的汇报

白玉良同志汇报了第一轮院士增选会议议题和有关准备的情况。据汇报,此次会议的各项准备进展顺利,根据《章程》规定,确定增选会议的日程和大会议题,提交常务会议研究。

院常务会议同意增选会议的日程和大会议题提交主席团会议审定。会议提出,有的学部对评审方法进行了探索,采取了会前增加函评的做法,函评结果可作为会议评审的参考,并一定要保密。请旭日干副院长在院士增选会议讲话中对此做法予以说明,评选结果仍以院士增选会议上的投票为准。

三、听取我院与中钢集团合作有关情况的汇报

白玉良同志汇报了我院与中钢集团合作的有关情况。据汇报，中钢集团提出2009—2012年科技合作计划、成立科技合作委员会、聘请院士专家为中钢科技顾问，建议6月下旬或7月举行高层论坛暨“院士中钢行”启动仪式。

院常务会议原则同意2009—2012年科技合作计划、成立合作委员会、聘请科技顾问，举办高层论坛暨“院士中钢行”启动仪式。会议认为合作计划安排较为合适，合作委员会名单可根据合作内容进行适当调整或补充，建议在第一轮院士增选会议之后举行启动仪式。

四、传达《财政部关于编制2010年中央部门预算的通知》文件精神

谢冰玉同志传达了《财政部关于编制2010年中央部门预算的通知》及财政部预算编制工作会议有关精神，包括2010年中央部门预算编制工作的指导思想、工作重点、编报要求及时间安排，并提出我院2010年预算编制工作时间安排建议。

院常务会议提出，一要按照财政部文件精神做好2010年预算编制工作；二要针对我院历年经费结余较多的实际，加强预算执行力度。机关办公会要跟踪落实今年预算执行情况，要进一步改善院机关办公条件和环境，为将我院建设成“院士之家”和增强职工的凝聚力创造条件。

会议原则同意办公厅提出的我院2010年预算编制工作建议，为保证按时向财政部报送“一上”方案，要求在7月15日前，机关各局及人事负责的参后定员定额及津补贴预算方案交办公厅汇总、审定后上报。

五、审议我院保密自查工作方案

易建同志汇报了我院保密自查工作方案，建议根据最近中共中央办公厅督促检查室的通知精神，成立我院保密工作自查小组、提交保密工作总结及计划，并做好重要自查项目的部署工作。

院常务会议决定邬贺铨副院长担任院保密委员会副主任，并对此项工作提出以下要求：

1. 保密工作是我院的重要工作之一，院保密委员会和保密办公室要高度重视保密工作，认真部署好保密自查工作，使该工作落到实处。

2. 此次自查工作，不仅是纸质信息的保密自查，而且更要关注计算机、移动存储介质等电子设备的保密问题。

3. 重点进行咨询和增选保密的自查，同时加强国际合作交流中的保密工作，把好保密关、防止泄密。

4. 院保密办公室及相关部门就涉密信息的密级确定、变更、解密和销毁等制订具体实施办法。

六、情况通报

1. 旭日干副院长通报了6月10日参加国务院第68次常务会议的情况。据通报，会议讨论并原则通过《江苏沿海地区发展规划》。

2. 程家怡同志通报了5月31日—6月5日杜祥琬副院长率团访问瑞典、挪威的情况。据汇报，在此次访问期间，挪威技术科学院建议明年6月中旬在挪威首都奥斯陆与我院共同举办题为“全球制造的战略与研发”研讨会。

院常务会议原则同意明年6月与挪威技术科学院在挪威举办上述研讨会，请潘云鹤副院长率工

程院代表团参会，由国际合作局和学部工作局根据研讨会主题，提出参会的中方专家和报告题目，并制定相应方案。由于与挪威合作没有设立专项，届时参会的院士或专家的费用由其所在单位承担。

主　持：徐匡迪
出　席：潘云鹤　邬贺铨　杜祥琬　旭日干　白玉良　石立英
请　假：刘德培
列　席：董庆九　谢冰玉　谷　珏　程家怡　高中琪　郗小林　徐　进　王振海
记　录：易　建

院常务会议纪要（四十六）

2009 年 7 月 13 日，徐匡迪院长主持召开 2009 年第 12 次院常务会议。会议主要内容有：听取院增选政策委员会有关情况的汇报；听取关于开展“小金库”治理工作的情况汇报；研究确定 2009 年院士增选第二轮评审会会期、会址事宜；听取咨询服务中心筹建及我院与国家开发银行合作有关事宜的汇报；听取与内蒙古合作事项的汇报；通报有关情况。

一、听取院增选政策委员会有关情况的汇报

旭日干副院长汇报了院士增选政策委员会的有关情况。据汇报，7 月 10 日，院士增选政策委员会召开会议，提出了各学部 2009 年增选名额分配的建议方案；对《致全体院士的一封信》、《致遴选部门的一封信》和《致进入第二轮院士候选人的一封信》的 3 封信进行了修改；通报了进入第二轮候选人投诉的有关情况；确定了第二轮评审和选举会议前的工作安排。各学部增选名额分配的建议方案如下：

机械与运载工程学部	7 名
信息与电子工程学部	7 名
化工、冶金与材料工程学部	7 名
能源与矿业工程学部	7 名
土木、水利与建筑工程学部	7 名
环境与轻纺工程学部	6 名
农业学部	7 名
医药学部	7 名
工程管理学部	5 名

院常务会议决定将 2009 年院士增选各学部增选名额分配的建议方案提交主席团会议审议。会议对《致全体院士的一封信》等 3 封信提出以下修改意见：（1）删除 3 封信标题中的“一封”两个

字；(2) 第一封信中"或对进入第二轮的候选人有何意见和建议"改为"或对进入第二轮的候选人有何意见"；(3) 第二封信的标题改为"致遴选部门和候选人所在单位的信"，"要求候选人和所属部门或所在单位不以任何形式进行助选和拉票活动"改为"中国工程院重申候选人和所属部门或所在单位不得以任何形式进行助选和拉票活动"，"感谢你部门对我院增选工作的大力支持"改为"感谢你部门和你单位对我院增选工作的大力支持"。会议同意，3 封信经修改后印发，但不对社会公布。

二、听取关于开展"小金库"治理工作的情况汇报

谢冰玉同志汇报了 7 月 2 日中央治理"小金库"领导小组召开"小金库"治理工作重点检查布置会议的情况。据汇报，会议强调对"小金库"治理工作的重要性和紧迫性，要进一步提高思想认识，并对重点检查阶段的工作进行了安排。

院常务会议提出，请办公厅、学部工作局和政策研究室共同研究，对咨询研究课题尚未结账的单位及课题组印发关于治理"小金库"工作的通知，使有关单位和课题组提高认识，抓紧时间完成结账工作；国际合作局要认真清查我院组织的各种国际会议费用以及出访国际机票款是否存在结余的问题。

三、研究确定 2009 年院士增选第二轮评审会会期、会址事宜

李仁涵同志汇报了 2009 年院士增选第二轮评审会会期与会址情况，建议第二轮评审会议地点仍选择北京会议中心，会期为 10 月 24 日—30 日，24 日—26 日召开工程管理学部第二轮会议，26 日—30 日召开其余学部第二轮会议。

院常务会议同意会期与会址的建议。会议提出，在印发会议通知时要明确各学部的报到日期和会议时间，同时注意控制会议费用的支出。

四、听取咨询服务中心筹建及我院与国家开发银行合作有关事宜的汇报

高中琪同志汇报了咨询服务中心筹建及我院与国家开发银行合作的有关情况。据汇报，目前咨询服务中心在事业法人登记中遇到两个问题，一是业务范围的界定问题，经与登记管理局多次协商，现已解决；二是开办资金问题，开办资金很难获得财政部的支持，只有落实了开办资金，方可予以登记。为加快完成登记，开展业务工作，建议从院咨询节余经费或事业发展经费中，明确 200 万元用于登记，请院常务会议审议。关于与国家开发银行的合作，经双方协商，拟不再执行 2005 年 3 月双方签署的合作协议，另行签署新的合作协议，合作内容主要包括委托项目的研究、专家队伍的共享、有关咨询研究成果的参考等，合作协议仍由我院与国家开发银行签署，具体工作分别由咨询服务中心和开发银行规划局承办。

院常务会议决定，从院事业发展经费中暂借 200 万元用作咨询服务中心开办资金，尽快完成"中心"的登记，可在"中心"完成登记并正常开展业务后再返还。会议通过了与国家开发银行的有关合作事宜。

五、听取与内蒙古合作事项的汇报

易建同志汇报了我院与内蒙古自治区合作的有关情况。据汇报，我院拟于 8 月 12 日—17 日在内蒙古自治区召开主席团会议和进行合作活动，主要有：请徐匡迪院长及有关院士分别为内蒙古自治区党政机关及大型企业领导等作报告；召开第四届主席团第 19 次会议；签署我院与内蒙古自

治区合作协议;参观蒙牛集团、内蒙古博物馆等。14 日—17 日分赴其他盟市考察新型工业城市和生态环境建设等。相关费用原则上拟由我院按国家有关规定标准支付,不足部分请内蒙古自治区承担。以上活动安排,我院已与内蒙古自治区党委和政府接待部门进行了初步协商。

院常务会议提出,结合内蒙古自治区的经济发展特点,13 日上午安排两个报告,一是徐匡迪院长作学习科学发展观的报告,二是杜祥琬副院长作新能源方面的报告。考察内蒙古新型工业城市和生态环境的活动可分为两条线路:一路赴包头、鄂尔多斯;二路赴海拉尔、满洲里。

六、情况通报

1. 旭日干副院长通报了 6 月 22 日—23 日参加中央林业工作会议情况,传达了会议精神。

2. 旭日干副院长通报了 7 月 8 日出席 2009 海洋科技与经济发展国际论坛的有关情况。

3. 官键同志通报了 7 月 5 日—10 日徐匡迪院长率团访问德国与法国的有关情况。据汇报,在访问法国期间,我院与法国医科院签署了两院合作谅解备忘录,该备忘录确定了两院合作的主要形式和重点领域。

院常务会议建议,将我院与法国医科院合作备忘录印发给医药卫生学部常委会成员,为今后开展具体合作作好准备。

此外,根据徐匡迪院长提议,院常务会议还提出,请各局抓紧编制 2010 年预算,下次常务会议讨论。

主　持:徐匡迪
出　席:邬贺铨　杜祥琬　旭日干　白玉良　石立英
请　假:潘云鹤　刘德培
列　席:董庆九　谢冰玉　谷　珏　李仁涵　高中琪　郗小林　徐　进
记　录:易　建

院常务会议纪要(四十七)

2009 年 7 月 20 日,徐匡迪院长主持召开 2009 年第 13 次院常务会议。会议主要内容有:通报有关事项;听取我院 2009 年预算执行情况的汇报;听取我院与中钢集团共同举办“2009 中钢科技发展高层论坛暨‘院士中钢行’启动仪式”筹备情况的汇报;听取我院 2010 年预算编制情况的汇报。

一、通报有关事项

1. 杜祥院副院长汇报了 7 月 15 日参加中国低碳能源战略研讨会有关情况。据汇报,研讨会讨论提出,温室气体排放根源主要在于能源消耗的总量增加,改变能源结构可降低温室气体排放。目前,我国的碳排放总量已居世界第一,引起国际社会的高度关注。国家正在采取政策和技术措施，把节能减排工作提升到经济发展战略的高度予以重视，特别关心化石能源减少的拐点出现时间及我国承诺温室气体排放的指标。常务会议指出，减少碳排放不仅是改善环境问题，而且是经济问题和政治问题，对我国承诺温室气体排放的指标研究与我院正在进行的“中国能源中长期发展战略研究”和“中国工程科技中长期发展战略研究”结合紧密，要把这项工作纳入到这两项咨询研究中去。

2. 王振海同志汇报了咨询工作委员会对2009年咨询项目的审查情况。据汇报，咨询工作委员会于7月9日召开会议，原则同意2009年新立项和追加经费的咨询项目，其中新立项7个项目，追加经费10个项目，共安排经费651万元。

二、听取我院2009年预算执行情况的汇报

谢冰玉同志汇报了我院2009年预算的执行情况，传达了最近财政部下发《关于做好2009年下半年中央教科文部门预算执行工作的紧急通知》的精神，通报了财政部教科文司科学处来我院调研座谈的情况，提出有关改进措施建议。据汇报，2009年1月—6月我院的预算执行率为较低，被财政部教科文司给予红色警报。财政部要求各部门领导务必高度重视、紧急动员、结合实际，研究制订切实可行的措施，抓好下半年(特别是第三季度)预算的执行工作。

院常务会议讨论后，对我院下半年预算执行工作提出以下意见：(1) 进一步加强有关制度建设，结合我院咨询服务中心的成立，由政策研究室根据我院工作特点，对咨询项目经费管理办法进行修订，使之有利于我院对咨询经费进行科学化、规范化管理及按照财政部有关要求执行好预算；(2) 今后，咨询工作委员会可按上年经费情况，根据“一下”控制数，提前进行咨询项目的组织工作，于上年底召开会议安排下年度咨询项目和经费；(3) 由国际合作局负责，抓紧时间支付国际组织的相关费用；(4) 对于多年累计结余的咨询经费，逐步安排在下年预算内；(5) 根据我院工作特点，向财政部建议在预算科目名称中增加“工程科技咨询研究”项；(6) 进一步加强对内、对外的多方沟通，机关各部门要提高对预算执行重要性的认识，加强相互协调和合作，对外要加强与财政部及有关部委的联系，建立定期沟通机制；(7) 进一步强化我院对预算的执行力，加快有关经费安排和结算工作的步伐，项目结题或出国团组要及时结账或报销。

三、听取我院与中钢集团共同举办“2009中钢科技发展高层论坛暨‘院士中钢行’启动仪式”筹备情况的汇报

易建同志汇报了我院与中钢集团共同举办“2009中钢科技发展高层论坛暨‘院士中钢行’启动仪式”的筹备情况。据汇报，根据今年第11次院常务会议的精神，我院同中钢集团进行了协商，拟于8月7日共同举办2009中钢科技发展高层论坛暨“院士中钢行”启动仪式，会期一天，会议地点上午在中钢集团总部，下午在友谊宾馆，建议院机关全体同志出席上午活动，院领导和少数工作人员参加下午会议。

院常务会议原则同意启动仪式的时间与议程，由院办和学部工作局与中钢商议，给合作委员会的院士专家印发会议通知。

四、听取我院2010年预算编制情况的汇报

张如义同志汇报了我院2010年预算编制的情况。据汇报，按财政部项目支出预算原则上按零增长控制等要求，我院2010年项目支出预算总额与2009年基本持平。与去年相比，今年预算中增

加的预算项有:生物安全国际会议;中瑞可再生能源与环境合作项目;"院士活动经费"中增加学术活动经费;基本支出将按参公标准定额安排,还需与财政部沟通;车辆购置等。

院常务会议讨论后提出以下意见:(1) 加强与财政部的沟通,近期向财政部专题汇报我院2010年预算编制情况,并争取得到支持;(2) 对"院士活动经费"及"资料印刷与其他业务经费"等跨部门使用的经费,在财政部"一下"控制数下达后再进行切块和细化,并明确管理责任;(3) 对于中美四院合作,建议向国务院专报,争取专项经费支持;(4) 进一步改进报院常务会审议的预算表格中的预算科目分类和明细的表述,使之简明易懂、便于理解。

主　持:徐匡迪
出　席:邬贺铨　杜祥琬　刘德培　白玉良　石立英
请　假:潘云鹤　旭日干
列　席:董庆九　谢冰玉　谷　珏　李仁涵　高中琪　郗小林　徐　进　王振海
记　录:易　建

院常务会议纪要(四十八)

2009年8月26日,潘云鹤常务副院长受徐匡迪院长委托,主持召开2009年第14次院常务会议。会议主要内容有:听取我院与重庆市共同举办"中国重庆高新技术交易会暨中国国际军民两用技术博览会"情况的汇报;听取筹办"中国工程科技60年成就座谈会"情况的汇报;听取我院2009年1月—7月份预算执行情况的汇报;听取我院参加CAETS会议情况的汇报;听取我院承办东亚工程院圆桌会议及设立"中美两国工程院重大战略咨询项目"情况的汇报;听取咨询服务中心筹备情况的汇报;通报有关事项。

一、听取我院与重庆市共同举办"中国重庆高新技术交易会暨中国国际军民两用技术博览会"情况的汇报

白玉良同志汇报了我院与重庆市共同举办"中国重庆高新技术交易会暨中国国际军民两用技术博览会"的情况。据汇报,此次会议将于2010年4月举办,重庆市人民政府来函商请我院作为共同主办单位,一位副院长作为组委会主任、一名局长作为组委会成员。

院常务会议同意我院作为共同主办单位,请邬贺铨副院长作为组委会主任,由学部工作局领导作为组委会成员。

二、听取筹办"中国工程科技60年成就座谈会"情况的汇报

白玉良同志汇报了筹办"中国工程科技60年成就座谈会"的情况。据汇报,为了展示新中国

成立以来取得的伟大工程科技成就，进一步促进科技进步、弘扬科学精神、传播科学思想，决定于今年9月中旬召开"中国工程科技60年成就座谈会"，邀请部分院士畅谈我国在青藏铁路、三峡工程、航天科技、杂交水稻、流行病防治等领域取得的重大成就，并进行报道。

院常务会议认为，该座谈会对于宣传和展示我国重大工程科技成就很有意义，并提出如下意见：(1) 请徐匡迪院长讲话，全面回顾和总结新中国成立以来的重大工程科技成就，由政策研究室起草讲话稿；(2) 为全面反映我国的工程科技成就，应参考我院2001年组织院士评选出的25项"二十世纪我国重大工程技术成就"，邀请能源(大庆油田的开发)、桥梁建筑等方面的院士参加，此外，要将成立中国工程院作为我国工程科技发展的一项大事；(3) 除邀请媒体外，还要邀请科技部、卫生部、国家发改委等有关部委领导出席；(4) 提前准备好书面新闻宣传材料，与有关媒体衔接好，选择有利报道时机召开座谈会。

三、听取我院2009年1月－7月份预算执行情况的汇报

谢冰玉同志汇报了我院2009年1月—7月份预算执行的情况。据汇报，我院1月—7月预算执行率为20.71%，继续被财政部列入红色警报范围。财政部最近下发《财政部关于进一步加强中央教科文部门财政拨款专项结转和净结余资金管理的通知》，明确提出：(1) 实行2010年预算编制与财政拨款结余资金挂钩制度；(2) 实行2010年预算编制与2009年预算执行挂钩；目前我院预算执行率低的主要问题是咨询项目经费，各部门正抓紧落实相关改进措施。

院常务会议要求：办公厅要进一步加大预算执行力度，加强协调和督办，有关部门要主动配合；我院咨询项目结余经费结算仍是重点和难点，由办公厅牵头，组织学部工作局、政策研究室召开专题会议，就历年咨询项目结余经费结账和新增咨询项目经费支出等主要问题进行认真研究，提出操作性强的办法。咨询服务中心要建立完善的财务制度，并严格执行。

四、听取我院参加CAETS会议有关情况的汇报

程家怡同志汇报了我院参加CAETS会议的情况。据汇报，7月13日—17日，第十八届国际工程与技术科学院理事会(CAETS)大会及CAETS理事会会议在加拿大卡尔加里市举行，潘云鹤常务副院长率团与会，之后赴爱尔兰访问。在加拿大参会期间，潘副院长代表我院与印度工程院签署了两院合作谅解备忘录，并就中印两国在工程教育、计算机技术等领域加强交流与合作交换了看法；潘副院长还与英国皇家工程院和美国国家工程院领导共同探讨了未来三方合作的可能性，英、美两国工程院领导特别谈到三方在"合成生物学"领域开展交流与合作的设想。在访问爱尔兰期间，爱尔兰工程师协会(爱尔兰工程院为该协会单位)和都柏林理工大学都表达了与中国扩大和加强合作的强烈愿望。

院常务会议赞同我院与印度、英国、美国和爱尔兰四国工程院加强合作，我院与英、美两国工程院关于"合成生物学"的合作应限于民用，重点以医学领域为主。

五、听取我院承办东亚工程院圆桌会议及关于设立"中美两国工程院重大战略咨询项目合作"专项有关情况的汇报

康金城同志汇报了我院承办东亚工程院圆桌会议及关于设立"中美两国工程院重大战略咨询项目"专项的有关情况。据汇报，第13届东亚工程院圆桌会议将于9月23日—24日在日本召开，

杜祥琬副院长将率团出席，会上将通报明年由我院举办第14届东亚工程院圆桌会议的议题、时间和地点等事项。为此，建议明年9月或10月下旬在西安召开，由西安建筑科技大学承办，会议议题拟分为低碳建筑、低碳水泥、低碳照明3个方面。随着我院与美国工程院战略咨询合作领域的不断拓展，但近两年我院出国经费有所下降，不能满足这一发展的需求。从中美两国工程院长期战略合作的角度出发，建议我院在编制2010年预算中增加“中美两国工程院重大战略咨询项目”专项，报请财政部审批。

院常务会议同意，我院承办东亚工程院圆桌会议拟定的时间、地点和议题，设立“中美两国工程院重大战略咨询项目”专项，以徐匡迪院长名义给美国工程院院长去函并提出两院战略咨询合作方案，待美方回复同意时，报请国务院领导批示后再申请专项经费。

六、听取关于咨询服务中心筹备情况的汇报

高中琪同志汇报了咨询服务中心的筹备情况。据汇报，目前咨询服务中心法人登记工作已进入公示阶段，首批工作人员开始上班，已安排了上岗和基本业务培训，并着手建立相关制度，提请审议两个问题：(1) 关于“中心”揭牌的安排，建议于9月举行揭牌仪式，请院领导为“中心”揭牌，第一种方案是机关全体人员参加，第二种方案是邀请与我院有合作关系的相关部门和机构及院士代表参加；(2) 关于“中心”党员的组织关系和组织生活安排，建议组织关系由机关党委接收，党员活动暂时归入政策研究室支部，待人员稳定后再研究单独设立党支部，也可考虑与研究室组成联合支部。

院常务会议提出：(1) “中心”揭牌仪式采用第二种方案，邀请国家自然科学基金委员会、工业和信息化部、科技部、国家发改委、中国科学院、国家开发银行、中钢集团等有关部门和机构参加，在我院综合楼适当位置放置“中心”标牌，便于“中心”对外联络和开展工作；(2) “中心”要做好队伍建设，其职工可以评定职级，但不评定职称；“中心”要认真研究并做好财务制度的建设工作，充分考虑我院咨询经费管理的实际情况，制订可操作的咨询项目经费管理办法；(3) 与开发银行的合作内容可分为资源共享（专家队伍共享、咨询研究成果和信息交流等）和委托咨询项目研究，对于资源共享的合作采取固定年度经费的方式，对于委托咨询项目研究的经费采取一事一议的方式。

七、通报有关事项

1. 徐匡迪院长传达了中央办公厅、国务院办公厅关于切实做好2009年国庆节前后有关工作的通知精神。院常务会议提出，请潘云鹤常务副院长负责今年国庆节放假期间院机关的值班工作，每日的值班要有院领导、局级干部和处级干部。

2. 杜祥琬副院长通报了参加国家发改委应对气候变化会议的情况。院常务会议指出，今后我院有关咨询项目的出版要慎重，防止有关不宜发布的重要数据的公开和知识产权问题，咨询服务中心成立后要注意积累咨询研究的基础数据。

3. 旭日干副院长通报了依托国家重大科技专项引进海外优秀人才会议；国家发改委“加快培育新型产业”部署会议的精神，近期邬贺铨、杜祥琬、旭日干副院长将分别参加“加快培育新型产业”系列会议；第六届中俄科技展暨高新技术产品交易会的有关情况。

主　持：潘云鹤

出　席：徐匡迪　邬贺铨　刘德培　杜祥琬　旭日干　白玉良　石立英

列　席:谢冰玉　谷　珏　李仁涵　程家怡　康金城　高中琪　郗小林　徐　进　王振海

记　录:易　建

院常务会议纪要(四十九)

2009年9月21日,受徐匡迪院长委托,潘云鹤常务副院长主持召开2009年第15次院常务会议。会议主要内容有:听取院士增选委员会会议情况的汇报;听取院士增选第二轮会议筹备有关情况的汇报;听取"咨询服务中心"揭牌仪式有关工作和咨询服务中心"特聘咨询专家"选聘程序的汇报;审议中美工程前沿研讨会有关事宜;通报有关事项。

一、听取院士增选委员会会议情况的汇报

白玉良同志受旭日干副院长委托汇报了院士增选委员会会议的情况。据汇报,9月9日下午,旭日干副院长主持召开院士增选政策委员会扩大会议,会议通报了近期增选工作和各学部常委会会议情况,研究讨论了如何提高共识度及充分用好增选名额等问题。针对各学部正在进行的投诉信调查核实工作,旭副院长建议各学部重点把握以下几个问题,一是严格保守秘密,二是坚持回避制度,三是调查结论要明确,四是重复投诉的处理。旭副院长还通报了给全体院士发出征求意见信的反馈情况。各学部主任或副主任分别汇报了近期召开常委会的情况。会议围绕用好增选名额以及选择试点学部的问题进行了热烈、深入的讨论,会议决定,在控制2009年当选院士人数不超过60名、坚持三分之二标准、120%差额选举原则的前提下,在第二轮增选和选举期间选择农业和医药卫生学部进行增选工作试点。此外,会议建议明年我院对院士增选相关工作进行专题立项研究,进一步完善我院今后的增选工作。

院常务会议同意院士增选委员会扩大会议确定两个学部进行试点的决定,提交第二轮增选会议前的主席团会议审议。

二、听取院士增选第二轮会议筹备有关情况的汇报

白玉良同志汇报了院士增选第二轮会议筹备的有关情况。据汇报,院士增选第二轮会议地点仍在北京会议中心;会议时间:工程管理学部10月25日报到,26日—28日评审,其余8个学部10月28日报到,下午3点召开主席团会议,10月29日—11月1日评审,11月2日离会。提请院常务会议审议。

院常务会议审议通过了院士增选第二轮会议的时间与地点等相关安排,由学部工作局承办会议通知。

三、听取"咨询服务中心"揭牌仪式有关工作和咨询服务中心"特聘咨询专家"选聘程序的汇报

高中琪同志汇报了"咨询服务中心"揭牌仪式有关工作和咨询服务中心"特聘咨询专家"的选聘程序。据汇报,9月24日下午,将在我院一楼大厅举行"咨询服务中心"揭牌仪式,参加人员将包括在京院领导、各学部一位学部主任或常委、相关部委厅局级领导、企业代表、媒体代表、机关全体工作人员。"特聘咨询专家"的选聘程序包括基本条件、推荐范围及具体选聘程序等。

院常务会议同意"咨询服务中心"揭牌仪式的时间与地点等相关安排,请潘云鹤常务副院长代表我院出席此次活动。

院常务会议对"特聘咨询专家"的选聘程序提出以下意见:选聘"特聘咨询专家"的主旨要推动"工程科技思想库"的建设,应将"吸纳全国工程科技界著名非院士专家"修改为"工程科技思想库除以院士为支撑外还将吸纳全国工程科技界著名专家",推荐范围中增加"中国工程院院士及中国科学院院士",将第1条、第3条与第4条合并为"战略研究经验丰富的优秀专家,包括著名的社会科学、经济学专家",最后一条修改为"其他有突出成就的专家,优先考虑各学部历年进入第二轮的院士候选人"。

四、审议中美工程前沿研讨会有关事宜

康金城同志汇报了中美工程前沿研讨会有关事宜。据汇报,中美工程前沿研讨会将于10月19日—21日在湖南大学召开,美国工程院代表团10月17日抵达北京,18日飞往湖南长沙。经中方组委会讨论研究,拟请徐匡迪院长出席的活动有:出席17日晚餐招待会并致欢迎词;出席18日在长沙的晚宴;出席19日上午的研讨会并在开幕式上致辞;在长沙期间安排与美国工程院Vest院长进行工作会谈。组委会还建议:请在京全体院领导出席10月17日晚欢迎招待会;确定一位副院长于10月18日陪同徐匡迪院长赴长沙出席研讨会。

院常务会议讨论后提出以下意见:请邬贺铨副院长代表工程院出席长沙的研讨会,徐院长与美国工程院Vest院长在北京进行工作会谈。

五、通报有关事项

1. 杜祥琬副院长通报了温家宝总理主持召开节能环保、新能源和新能源汽车产业专家座谈会的情况。

2. 白玉良同志受旭日干副院长委托通报了全国进一步做好甲型H1N1流感防控工作电视电话会议的精神。

3. 白玉良同志汇报了院机关规范津补贴的有关情况。院常务会议指出,我院机关干部参照公务员管理符合国家机关相关程序和规定,对有关津贴补贴进行规范有利于我院的津补贴管理走向规范化和正规化,具有长远意义,体现了院党组对机关干部的关怀。

4. 高中琪同志通报了科技部、工信部领导来我院作专场报告的事宜。

5. 程家怡同志汇报了上海中瑞合作项目第十一次研讨会的情况。

6. 易建同志通报了上海市院士活动中心关于邀请我院参观世博会的有关事宜。据汇报,上海市院士活动中心拟邀请我院主席团成员于2010年4月赴上海参观世博会,并建议同期召开一次主

席团会议。院常务会议同意上述提议，提出届时主席团会议可以在上海或邻近的浙江乌镇召开。

主　持：潘云鹤
出　席：徐匡迪　邬贺铨　刘德培　杜祥琬　白玉良　石立英
请　假：旭日干
列　席：谢冰玉　程家怡　康金城　高中琪　郗小林　徐　进　王振海
记　录：易　建

院常务会议纪要（五十）

2009年10月21日，受徐匡迪院长委托，潘云鹤常务副院长主持召开2009年第16次院常务会议。会议议题有：审议旭副院长在第二轮评审选举会议上的讲话稿；审议第二轮院士增选会议日程安排；审议在主席团会议上介绍外籍院士候选人的请示；听取关于张福泽院士反映增选工作有关情况的汇报；审议主席团会议安排；审议我院与云南省政府科技合作事项；听取第二轮增选会议会务工作情况的汇报；通报有关情况。

一、审议旭副院长在第二轮评审选举会议上的讲话稿

旭日干副院长汇报了在第二轮评审选举会议上的讲话稿。据汇报，讲话稿共三部分：第一，进入第二轮候选人的基本情况。第二，需要通报的几方面情况，包括：关于第一轮增选评审会议后的工作；关于第二轮评审选举工作的几个重要问题的说明，一是关于选举票取消"弃权"栏的说明，二是关于确定试点学部操作方案的说明，三是关于各学部增选名额的说明；关于投诉信处理和对候选人考察了解的工作。第三，对做好评审和选举工作的几点意见，包括：高度重视院士队伍的健康可持续发展；充分认识进行选举试点工作的必要性和重要性；正确看待和理性分析对候选人的投诉问题；积极探索有效的评审程序和方法，提高选举水平和质量；慎重行使选举权利和履行选举义务；自觉遵守各项评审和选举规定。

院常务会议原则同意讲话稿的内容，并提出以下修改意见：第8页的"慎重行使选举权利和履行选举义务"的小标题改为"把握增选标准，保证增选质量"较妥，此段文字中"个别人、个别单位"，"特别是对上一届落选的候选人"，"推波助澜"等表述要再斟酌。会议请各位院领导对讲话稿进行修改后，提交主席团会议审议。

二、审议第二轮院士增选会议日程安排

李仁涵同志汇报了第二轮院士增选会议日程安排（见日程安排）。

据汇报，由于化工、冶金与材料工程学部将在11月1日晚上召开常委会，要确定召开第21次

主席团会议的时间。

院常务会议同意第二轮院士增选会议日程安排，请化工、冶金与材料工程学部在 11 月 1 日下午召开常委会，晚上 19:40 召开第 21 次主席团会议。

第二轮院士增选会议日程安排

<table>
<tr><th>时间
日期</th><th>上　午
（8:30—12:00）</th><th>下　午
（14:30—18:00）</th><th>晚　上
（19:40—21:30）</th></tr>
<tr><td>10 月 25 日
（星期日）</td><td colspan="2">工管学部全天报到</td><td>工管学部常委会</td></tr>
<tr><td>10 月 26 日
（星期一）</td><td>工管学部全体会议</td><td>工管学部审阅材料
工管学部专业组会议</td><td>工管学部常委会</td></tr>
<tr><td>10 月 27 日
（星期二）</td><td>工管学部会议（候选人自我介绍与答疑）</td><td>工管学部会议（候选人自我介绍与答疑）</td><td>工管学部专业组评审、投票</td></tr>
<tr><td rowspan="3">10 月 28 日
（星期三）</td><td>工管学部评审、预投票</td><td>工管学部讨论、投票产生正式候选人</td><td>工管学部正式投票、学部常委会</td></tr>
<tr><td></td><td>主席团会议（15:00 第十九会议室）</td><td>其他学部常委会</td></tr>
<tr><td colspan="3">其他学部全天报到</td></tr>
<tr><td>10 月 29 日
（星期四）</td><td>全体院士会议（院领导讲话、选举外籍院士）</td><td>学部全体会议（主任讲话、关于二轮评审办法及投诉调查情况报告）；专业组会议等</td><td>有关学部常委会</td></tr>
<tr><td>10 月 30 日
（星期五）</td><td colspan="2">专业组会议；各学部候选人自我介绍、答疑</td><td>电影</td></tr>
<tr><td>10 月 31 日
（星期六）</td><td>各学部候选人自我介绍、答疑</td><td>各学部候选人自我介绍、答疑；专业组评审、投票</td><td></td></tr>
<tr><td>11 月 1 日
（星期日）</td><td>学部大会评审（学部预投票与正式投票选举）</td><td>各学部常委会议</td><td></td></tr>
<tr><td>11 月 2 日
（星期一）</td><td colspan="3">离会</td></tr>
</table>

三、审议在主席团会议上介绍外籍院士候选人的请示

李仁涵同志汇报了在主席团会议上介绍外籍院士候选人的有关情况。据汇报，根据8月13日第19次主席团会议对10位外籍院士候选人征求院士意见的情况通报，收回征求意见表的统计结果，有8名外籍院士候选人符合条件，有2名基本不符合条件。第19次主席团会议同意将符合条件的外籍院士候选人提交下次主席团会议选举产生正式候选人。但是按照《中国工程院外籍院士增选工作实施办法》的有关规定，建议将10位外籍院士候选人提交第20次主席团会议选举产生正式候选人。同时建议请干勇院士和魏复盛院士作为监票人，负责主席团选举产生正式候选人时的监票工作，还请干勇院士和魏复盛院士作为总监票人和4位监票人负责10月29日全体院士大会选举产生外籍院士时的监票工作。

院常务会议同意将10位外籍院士候选人提交第20次主席团会议选举产生正式候选人，并同意请干勇院士和魏复盛院士作为监票人的建议。会议提出，选举外籍院士正式候选人时，要提前给主席团成员和各位院士提供候选人的详细材料。

四、听取关于张福泽院士反映增选工作有关情况的汇报

李仁涵同志汇报了张福泽院士反映增选工作的有关情况。

院常务会议肯定了张福泽院士的建议，提出将部分建议内容在旭副院长的讲话稿中体现。

五、审议主席团会议安排

白玉良同志汇报了第20和第21次主席团会议的安排情况。据汇报，第20次主席团会议拟定于10月28日15:00召开，主要议题有5项：审议徐匡迪院长在第二轮院士增选全体院士大会上的讲话稿；审议旭日干副院长在第二轮评审选举会议上的讲话稿；评审和投票产生外籍院士正式候选人；审议院士选举试点学部方案；审议第二轮院士增选会议日程安排。第21次主席团会议拟定于11月1日19:40召开，主要议题是听取各学部第二轮增选情况汇报。

院常务会议同意两次主席团会议安排，并提出以下意见：第20次主席团会议先进行“评审和投票产生外籍院士正式候选人”议题，然后再进行其他议题；第21次主席团会议议题中增加农业学部和医药卫生学部关于选举试点情况的汇报。

六、审议我院与云南省政府科技合作事项

白玉良同志汇报了我院与云南省政府签署科技合作协议的情况。据汇报，根据云南省政府给我院的专门致函，10月16日，在云南省昆明市举行的全国大院名校科技成果展览交易会开幕式上，我院与云南省人民政府签署了科技合作协议。该事宜原定于先经院常务会议审议、再签署，由于10月12日的院常务会议延期到21日，经院领导同意，先签署协议后再通报情况。

院常务会议提出，考虑到我院实际情况，今后与地方签署合作协议仍要坚持量力而行的原则，并增加“在工程院实施有关咨询项目时，需要各地提供协助”的内容。会议提出，与云南的合作要突出云南地方特色，建议院领导及有关院士赴云南作报告，增进相互了解。

七、听取第二轮增选会议会务工作情况的汇报

董庆九同志及杨丽同志汇报了第二轮增选会议会务工作的情况，包括日程、食宿、会议室、保密、安全保卫、医疗保障、车辆、文娱活动、突发事件应急预案等各方面安排。提请院常务会议审议的内容有：(1) 经机关办公会议研究决定，本次院士增选会议驻会人员由各局级单位提供上会人员名单，其他人员留在院里办公；(2) 根据国务院勤俭办会原则，除会议安排的住宿餐饮外，其他各种消费自理(如理发、网络费用、长途电话、各种娱乐项目等)，因增选工作需要为每个学部开通网络及长话业务。另外，程家怡同志汇报了关于第二轮增选会议接机的安排情况；易建同志汇报了第二轮增选会议期间将举办院士与书画家笔会及书画联展活动的筹备情况。

院常务会议通过了第二轮增选会议会务和书画展的有关安排，并提出以下意见：为充分保证院士的发言自由，在增选期间的有关会议上不要安排记录或录音；在会前对所有相关设备都进行检测和调试，保证会议期间的正常运行。

八、通报有关情况

1. 邬贺铨副院长通报了国务院会议关于“十二五”规划编制工作要求的有关情况。据汇报，根据国务院会议精神，我院将参与承担“十二五”规划中第 7 课题“关于推进自主创新、建设创新型国家战略研究”，该课题由科技部牵头，国家发改委、教育部、中科院、工程院、自然科学基金委、深圳市参加。各参加单位要单独形成分报告，然后由牵头单位形成总报告。各单位于 10 月 25 日前将本单位课题组成员名单报送中财办秘书组，2010 年 1 月 15 日前将课题报告送中财办秘书组(科技部要求分报告于今年 12 月 15 日前送科技部)。建议在我院已有工作基础上组织起草组起草，然后组织院士讨论完善。

院常务会议议定：请潘云鹤副院长和邬贺铨副院长牵头组织分报告工作，政策研究室具体承担，在我院已有研究基础上成立科技发展趋势、重点领域、关键或重大技术开发、体制与政策等数个分课题，分别起草分报告的各个部分。分报告要突出我院特色，强调占领工程科技战略的制高点，强调科学与工程的结合，有关内容要具体。起草分报告的工作要与我院正在进行的“中国工程科技中长期发展战略研究”项目安排相衔接。

2. 程家怡同志通报了中日韩圆桌会议的情况。据汇报，由日本工程院主办第 13 届东亚(中日韩)工程院圆桌会议及学术研讨会于 9 月 24 日—25 日在日本召开，杜祥琬副院长率中国工程院代表团出席了会议。三国工程院领导主要商讨了如下事宜：(1) 东亚工程院圆桌会议将仍然保持目前的形式，即圆桌会议加学术研讨会；(2) 根据需要，三国工程院经过协商就某一问题成立工作小组，三国工程院有责任协助工作小组成员完成其任务；(3) 目前仍然搁置有关扩大新成员的讨论，但会议主办国工程院有权自主邀请非正式成员组织以观察员身份出席会议。杜副院长代表我院就主办第 14 届东亚工程院圆桌会议提出初步建议，将于 2010 年 10 月 13 日—15 日在陕西省西安市举办，学术会议将以“循环经济中的工程技术”为主题，就低碳建筑、低碳水泥和低碳照明开展学术讨论。参加本届东亚工程院圆桌会议的代表们一致表示赞同，并建议将低碳水泥改为低碳建筑材料。

3. 谢冰玉同志通报了应约与财政部教科文司非正式沟通 2010 年预算情况。

经院常务会议认真研究决定：要采取硬措施解决预算执行和历年咨询项目结余经费结账的问

题。请邬贺铨副院长负责，给课题组长发通知，按限定日期结算相关咨询项目经费。为了做好重大咨询项目的相关工作，从2009年的咨询项目经费中安排140万元，用于"十二五"规划的咨询研究项目；另将2009年已安排的"能源中长期"、"生物安全战略"、"科技中长期战略"、"养殖业可持续发展"项目一并交咨询服务中心承担。由政策研究室做好项目具体任务安排及经费预算的相关工作并与咨询中心签订相关合同。

4. 高中琪同志通报了科技部万钢部长将来我院作报告的情况。

主　持：潘云鹤
出　席：徐匡迪　邬贺铨　刘德培　杜祥琬　旭日干　白玉良　石立英
列　席：董庆九　谢冰玉　程家怡　李仁涵　高中琪　郗小林　徐　进　王振海
记　录：易　建

院常务会议纪要（五十一）

2009年11月9日，徐匡迪院长主持召开2009年第17次院常务会议。会议议题有：邬贺铨副院长通报中央国家机关政务公开工作座谈会情况；杜祥琬副院长通报气候变化论证会情况；旭日干副院长通报上海工博会情况；白玉良同志通报武汉市"十二五"规划思路咨询会议情况；国际合作局通报中美两国工程院领导工作会谈及工程前沿研讨会情况；石立英同志通报我国工程科技中长期发展战略研究咨询项目进展情况；刘德培副院长通报中央人才工作会议情况；徐匡迪院长宣布院党组关于周济同志分工的决定。

一、邬贺铨副院长通报中央国家机关政务公开工作座谈会情况

邬贺铨副院长通报了10月27日召开中央国家机关政务公开工作座谈会的情况。据通报，中央书记处书记、中央纪委副书记、全国政务公开领导小组组长何勇主持会议。国务委员兼国务院秘书长马凯出席会议并讲话。

何勇同志在会上强调，中央国家机关各部门、各单位要认真贯彻党的十七届四中全会精神，按照这次会议的要求，把政务公开摆上更重要位置，纳入改革发展的总体规划，与业务工作统筹考虑，同步推进，逐步建立起政务公开的长效机制。

马凯同志在会上提出以下几点要求：**一是**深化认识，切实增强做好政务公开工作的责任感和紧迫感。**二是**突出重点，深入推进中央国家机关政务公开：第一，扎实推进政府信息公开；第二，大力推进决策公开；第三，稳步推进行政权力公开透明运行。要按照权力"取得有据、配置科学、运行公开、行使依法、监督到位"的要求，着力推进行政权力公开透明运行，保证公开内容真实可信、过程有据可查、结果公平公正；第四，深入推进办事公开；第五，积极推进内部公开。紧紧围绕机关干部

职工关心的问题，如干部选拔任用、机关预决算、政府采购、基建工程、资产状况等问题，制定公开制度，加大公开力度，不仅要公开结果，更要公开过程。要探索建立机关干部参与机关建设和管理的有效途径，维护干部职工切身利益，提高机关工作透明度。**三是**充分发挥政务公开综合效应，不断推动中央国家机关自身建设和管理创新：一要通过政务公开推动政府职能转变；二要通过政务公开改进机关作风；三要通过政务公开促进廉政建设。

院常务会议指出，根据我院职能，按照座谈会的精神做好信息公开工作，重点是院士增选相关的信息公开，并通过加强内部信息公开，增加透明度，推动机关建设。

二、杜祥琬副院长通报气候变化论证会情况

据通报，最近我院与国家发改委联合召开了两次气候变化论证会。在“中国能源中长期发展战略研究”项目研究基础上，会议着重对我国应对气候变化的中长期指标进行了科学论证，包括到2020年我国单位GDP的二氧化碳排放下降指标、二氧化碳排放的峰值时间、清洁能源占全部能源比例、森林碳汇保有量等，将由我院和国家应对气候变化委员会形成报告报国务院。

三、旭日干副院长通报上海工博会情况

据通报，“2009中国国际工业博览会”11月3日在上海新国际博览中心开幕，我院是共同主办单位。本届博览会紧扣国家重点发展产业和重大科技专项，设立了新能源与电力电工展、科技创新展、航空航天技术展等七大专业展区，各展区展品展现了我国改革开放30年来国内制造装备的最新成果，展示了我国自主创新的最新技术。博览会吸引了来自19个国家和地区的1869家中外展商参展。

四、白玉良同志通报武汉市“十二五”规划思路咨询会议情况

据通报，11月4日下午，徐匡迪院长主持会议，就武汉市“十二五”经济社会发展思路举行院士专家咨询会，湖北省委副书记、武汉市委书记杨松等领导，我院周济副书记、潘云鹤常务副院长及相关院士专家参加了会议。

武汉市介绍了武汉“十二五”规划的初步构想，提出希望就“十二五”发展的有关重大问题，请我院组织相关领域的院士专家进行专题咨询。徐院长在会上指出，我院将全力支持武汉“十二五”规划工作，强调武汉未来在四个方面要有新的突破：注重经济增长和社会进步的平衡发展；继续深化改革，转换政府职能；促进产业结构调整，通过技术更新、产业升级，使武汉成为绿色经济先行城市；加强城市规划，完善城区功能布局。副书记周济、常务副院长潘云鹤及与会院士专家对武汉“十二五”规划的初步构想，提出了前瞻性、建设性、针对性建议。

湖北省委副书记、武汉市委书记杨松代表武汉市委市政府，衷心感谢工程院的支持与帮助，将认真吸收院士专家的建议，进行专题研究，力争做好做实武汉“十二五”规划。

五、国际合作局通报中美两国工程院领导工作会谈及工程前沿研讨会情况

康金城同志通报了中美两国工程院领导工作会谈的情况。据通报，10月18日上午，徐匡迪院长和刘德培副院长在我院与Charles M. Vest等美国工程院领导举行了工作会谈。双方回顾了近年来两院间的友好合作，认为保持两院领导间的经常性会晤对促进两国工程院的合作与交流十分重

要。经协商,双方一致同意在能源、公共医疗系统、合成生物学或系统生物学、工程教育4个领域加强合作。双方表示将同时在各自国家争取合作项目经费支持,力争在6个月内,视经费落实情况,选定具体合作领域。双方认为"中美工程前沿研讨会"(CAFOE)是双方合作的又一个良好形式,一致同意继续办下去。

本次CAFOE中方主席钟志华院士汇报了研讨会召开的有关情况。10月19日—21日,第一次CAFOE在湖南长沙举行,会议取得预期成果,为今后再举办CAFOE积累了经验。中方名誉主席、徐匡迪院长,湖南省委张春贤书记,美方名誉主席、美国工程院Vest院长等出席开幕式。研讨会由报告会、墙报会及技术考察三部分组成。报告会分四个专题:"工程与公共卫生:确保食品安全";"新节能技术";"可持续和抗灾的基础设施系统";"智能交通系统"。中美双方共有16人作了学术报告。在研讨会期间,参会人还提出了不少有益的建议,如:在此次研讨会的基础上由中国工程院在国内组织召开类似会议,选拔杰出人才,逐渐积累经验,形成自己的品牌,并与美方更好地接轨;通过召开双边研讨会,建立一套完整的联系网络,并使其不断完善和扩大;希望将参会中青年科技人员纳入工程院的有关人才信息库,使他们能够在今后参与工程院组织的工程科技咨询课题,等等。

研讨会期间,双方会议主席及中美工程院机关人员就举办第二届CAFOE相关事宜进行了磋商。美方建议第二届研讨会会期定在2011年3月下旬,地点为:加州厄湾(Irvine)贝克曼研究中心。为便于在积累的经验基础上开展工作,保持会议的延续性,美方建议此次会议主席继续担任下次会议主席。双方初步提出了下次会议的四个领域:(1)仿生工程技术(Bio-inspired Engineering);(2)IT无线领域(Wireless Area);(3)先进车辆与交通系统(Advanced Vehicles and Mobility Systems);(4)海洋工程-钻井、深海采矿(Marine Engineering-Drilling, Deep Sea Mining)。双方表示,会后双方将对议题进一步征求意见,并进行修改和细化,经过双方领导批准后正式确认,以尽早启动筹备工作。

研讨会后,湖南省提出希望与我院开展"产学研结合开展制造业竞争力及其评价体系建设"的院地合作项目建议。项目内容有:制造业领域的创新人才培养体系创新、持续技术创新能力建设和产学研相结合机制创新。项目涉及的合作单位将包括国家有关部委、企业及湖南省有关部门和企业,经费投入争取各合作单位支持。

院常务会议提出,此次与美国工程院的合作比较务实,与美国工程院的合作在技术方面会有较大得益,要进一步加强与美方的合作。对于下一步拟与美国工程院开展的合作,重点从促进"合成生物学"在农业、医药及新材料领域应用的角度进行合作。同意下一次CAFOE在美国举行,建议主题"IT无线领域"宜改为"智慧地球"较妥。

关于湖南省所提院省合作项目建议,院常务会议指出,项目要聚焦到制造业中的具体领域,可与我院正进行的"装备制造业可持续发展战略"项目对接,根据我院实际情况研究后再定。

六、石立英同志通报我国工程科技中长期发展战略研究咨询项目进展情况

据通报,该项目分为两条线进行,一是我院8个专业学部分别组成领域课题组,分别确定了研究重点,项目综合组凝练出4个跨领域重大问题;二是按国家自然基金委项目组织程序面向全国招标研究课题,8个领域课题组根据各自战略研究的需要,共确定39个研究方向作为项目指南,8月14日对外发布。在申报期内,共收到申报项目648项,经初审后592项进入领域课题评审。各领

域课题组评审产生61项进入综合评审，综合评审确定50项给予研究资助，其中机械、信息电子、化工、冶金与材料、土木、环境与轻纺、农业各6项，能源与矿业、医药与卫生各7项。综合组还组织了“面向2030年工程科技发展系列报告会”，并研究提出项目总报告框架。下一步拟开展以下工作：在各领域研究基础上，组织系列专题研讨会；12月中旬组织项目中期交流活动；2010年4月下旬召开“面向2030年的世界工程科技发展”国际研讨会；继续组织系列报告会。本次项目征集申报者踊跃，有一些只因评审的细微差距落选，建议可作为后备项目，在今后予以资助。

院常务会议就课题组的研究重点提出：化工、冶金与材料课题组的“流程工业的战略目标和重点技术选择”要重点研究低碳技术；环境与轻纺课题组的“深海海底地质环境探测及海洋资源勘探开发安全保障技术发展战略研究”要与能源与矿业课题组相结合。

对下一步拟开展的工作，院常务会议提出：系列专题研讨会主题要包括“科技政策”；2010年4月召开国际研讨会的时间仓促，建议与明年召开院士大会的时间相衔接，以便于邀请到本次当选的外籍院士等国际知名工程科技专家参加研讨会；拟继续组织的系列报告会要先邀请有关部委及中国科学院的领导作报告，然后再请相关专家作报告。

七、刘德培副院长通报中央人才工作会议情况

据通报，10月23日，刘德培副院长和董庆九同志代潘云鹤副院长和谷珏同志参加了中央人才工作协调小组第二十三次会议。李源潮同志主持会议，主要议题是研究《关于加强社会工作人才队伍建设的意见》。李源潮同志在分析了国外特别是美国人才政策后，指出一要充分重视人才资源，二要进一步重视国际人才的竞争，三要靠人才强国。李源潮同志还介绍了“千人计划”进行的情况，要求各部门都要认真研究，对本部门人才培养和引进工作提出建设性意见。刘德培副院长在会上对事业单位中社会工作人才实行专业技术人员工资待遇等问题发表了自己的看法，认为此事值得商讨。

八、徐匡迪院长宣布院党组关于周济同志分工的决定

徐匡迪院长在常务会议上宣布，院党组研究决定，周济同志将负责我院教育委员会和工程研究院所研究生教育学术委员会的工作，联系机械与运载工程学部。在院党组中，周济同志将分管机关党的工作，联系机关党委。今年院士增选工作已完成，要对增选与院士队伍可持续发展问题进行专题研究，由周济同志主抓，杜祥琬副院长和旭日干副院长参加，各学部主任也参加，学部工作局李仁涵同志具体承办，学部工作局综合处作为此项研究的办公室。徐院长说，周济同志到工程院任党组副书记，体现了党中央对我院的关心、重视和支持，也有利于明年院领导班子换届的平稳过渡，最近机关各厅局要主动向周济同志汇报工作。

主　持：徐匡迪

出　席：周　济　潘云鹤　邬贺铨　刘德培　杜祥琬　旭日干　白玉良　石立英

列　席：董庆九　谢冰玉　谷　珏　程家怡　康金城　李仁涵　高中琪　郗小林　徐　进

记　录：易　建

院常务会议纪要(五十二)

2009年11月24日,受徐匡迪院长委托,潘云鹤常务副院长主持召开2009年第18次院常务会议。会议议题有:听取2009年院士增选有关情况的汇报,听取关于外事经费执行情况的汇报,通报情况。

一、听取2009年院士增选有关情况的汇报

白玉良副秘书长汇报了2009年院士增选的有关情况。

二、听取关于外事经费执行情况的汇报

程家怡同志汇报了2009年外事经费预算的执行情况。据汇报,今年我院报外交部的出访计划均已执行完毕,相关预算基本完成,有少量结余;原拟在华举办的3个国际会议因故推迟,此经费剩余较多。

院常务会议提出,今年"中美工程前沿研讨会"要尽快结账;明年外事活动较多,要保证足够的外事经费。

三、通报情况

1. 邬贺铨副院长通报了深圳高交会有关情况。据通报,在高交会期间,邬副院长与深圳市政府就院地合作交换了意见。深圳市选择互联网、生物技术和新能源作为三大支柱产业进行培育,希望我院予以支持。双方认为明年上半年通过报告会和座谈会方式了解深圳企业的需求,找准合作切入点,以便扩大合作范围。

2. 邬贺铨副院长通报了世界经济论坛全球议程高峰会议的情况。

院常务会议提出,我院组建成立专家库的工作可参考借鉴世界经济论坛组织专家工作的方式。

3. 石立英副秘书长通报了关于教育委员会、工程研究院所研究生教育学术委员会下一步工作的建议。据通报,两个委员会拟增补部分委员。

院常务会议同意,根据有关科研院所分管研究生教育的领导变动情况,对研究生教育学术委员会进行调整或增补。

4. 谢冰玉同志通报了审计署来我院审计的有关情况。据通报,11月18日,审计署科学工程局李凤雏副局长一行来我院召开审计进点见面会,提出今年预算执行审计的总体要求和对我院预算执行审计的具体要求。11月19日召开了机关审计工作部署会议,按要求进行了工作部署,明确了机关各部门任务分工,11月28日前机关各部门将自查报告交办公厅,由办公厅汇总形成我院自查报告于11月30日前报审计署。

院常务会议研究决定：(1) 各部门要认真做好预算执行工作的自查，配合审计做好相关工作；同时要通知有关外拨经费单位做好自查和配合延伸审计的相关工作，有未结账的项目要尽快结账。(2) 鉴于院咨询服务中心已成立，为了发挥咨询中心的作用，更好地做好咨询服务工作，我院的咨询项目可委托咨询服务中心协助承担。今后凡由咨询服务中心承担的我院委托的与咨询项目管理有关的工作，咨询服务中心应按照相关规定进行经费管理，负责咨询项目的财务报账工作。

主　持：徐匡迪
出　席：周　济　潘云鹤　邬贺铨　刘德培　杜祥琬　白玉良　石立英
请　假：旭日干
列　席：董庆九　谢冰玉　谷　珏　程家怡　康金城　高中琪　徐　进　王振海
记　录：易　建

院常务会议纪要(五十三)

2009 年 12 月 8 日，受徐匡迪院长委托，潘云鹤常务副院长主持召开 2009 年第 19 次院常务会议。会议议题有：徐匡迪院长传达中央经济工作会议精神；听取"推进自主创新，建设创新型国家'十二五'规划战略研究"项目报告的情况汇报；审议我院 2010 年预算方案；听取推荐国家西部大开发突出贡献集体和个人名单的情况汇报。

一、徐匡迪院长传达中央经济工作会议精神

徐匡迪院长传达了中央经济工作会议精神。12 月 5 日—7 日，中央经济工作会议在北京召开。胡锦涛总书记在会上发表重要讲话，全面分析了当前国际国内经济形势，深刻阐述了加快经济发展方式转变的重要性和紧迫性，明确提出了明年经济工作的总体要求、重要原则、主要任务。温家宝总理在讲话中全面总结了今年经济工作情况，阐述了明年经济社会发展的主要预期目标和宏观经济政策，具体部署了明年经济工作。会议指出，要把加快经济发展方式转变作为深入贯彻落实科学发展观的重要目标和战略举措，从制度安排入手，以优化经济结构、提高自主创新能力为重点，以完善政绩考核评价机制为抓手，增强加快经济发展方式转变的自觉性和主动性，不断在经济发展方式转变上取得实质性进展。

院常务会议讨论后认为，此次中央经济工作会议对当前经济形势分析很准确，将贯彻落实科学发展观提到新的高度。要认真学习领会经济工作会议精神，保持清醒头脑，增强忧患意识，并将会议精神贯彻到工作中。常务会议提出，中央经济工作会议有关精神表明工程科技的重要性越来越明显，对我院正在进行的"中国工程科技中长期发展战略研究"和"推进自主创新，建设创新型国家'十二五'规划战略研究"有重要指导意义，这两项战略研究要贯彻中央经济工作会议精神，充分体

现会议的要求。

二、听取“推进自主创新，建设创新型国家‘十二五’规划战略研究”项目报告的情况汇报

石立英同志汇报了“推进自主创新，建设创新型国家‘十二五’规划战略研究”项目报告的情况。据汇报，该报告分三部分，一是世界工程科技发展趋势和我国自主创新现状；二是若干重要领域“十二五”发展思路和重点，重要领域有先进制造与材料、信息技术、能源与环境、生物医药与农业生物，其中分别提出基本思路、主要方向和发展目标、关键技术及重大工程项目建议；三是推进自主创新的政策和措施建议，主要包括：(1) 组建若干产业技术研究院；(2) 探索建立高效、协调、规范的科技管理新机制；(3) 强化国家投入对工程科技创新的支持；(4) 加快培养合格工程师和拔尖创新人才；(5) 打造“产学研用”紧密结合的创新链；(6) 加强政策配套，促进自主创新。

院常务会议讨论后提出以下意见：报告标题改为“推进自主创新，建设创新型国家‘十二五’工程科技规划战略研究”；“推进自主创新的政策和措施建议”部分中，将第1点建议与第3点建议顺序互换；要坚持实事求是的原则，对报告中部分具体文字表述再斟酌和推敲，请各位院领导对报告内容进行具体修改，由研究室汇总后，报邬贺铨副院长审定。

三、审议我院2010年预算方案

谢冰玉同志汇报了我院2010年预算“二上”安排建议和改进2010年预算管理工作的初步想法。据汇报，在我院2010年预算安排中：(1) 由于财政部实施了预算与执行挂钩的原则，而我院2009年预算执行率低，因此2010年经费被调减；(2) 部分与我院两个部门或多个工作有关的经费安排采取了细化分解项目来解决，如院士活动经费分别按学部工作局、政策研究室和办公厅负责的项目进行了分解；(3) 与咨询有关的学术活动经费由研究室根据财政部下达的咨询经费控制数进行调整；(4) 按项目及责任人细化安排下年度经费预算在我院尚属首次，可能存在预算科目和经费划分不合适的问题。拟通过沟通协商或在明年院士大会后根据预算执行情况和领导的要求再作一次调整。对于改进2010年预算管理工作，提出两条建议：一是对内加强管理，要改进管理方式，逐步建立一套责权明晰、快捷有效的全过程预算管理体系；加强制度建设，完善相关的管理办法；建立预算管理信息系统；加强学习并与部门沟通，提高人员素质。二是向上争取政策，建议由政策研究室牵头，办公厅参与，梳理我院在咨询项目经费管理中，受体制机制所限存在的特殊问题，提出改进建议，再请院领导与财政部领导面谈，争取我院咨询项目经费管理问题在体制机制上有所突破。

院常务会议原则同意我院“二上”的各项安排及改进2010年预算管理工作的建议，并提出：要按财政部要求上报我院2010年预算，今后对预算执行率低的咨询项目经费要进行调减；对于由学部工作局负责的院士活动经费，根据各学部的实际情况，事先做好工作计划；中美工程院双边合作咨询项目再单独申请专项经费支持。

四、听取推荐国家西部大开发突出贡献集体和个人名单的情况汇报

李仁涵同志汇报了推荐国家西部大开发突出贡献集体和个人名单的情况。据汇报，根据人力资源和社会保障部、国家发改委《关于评选国家西部大开发突出贡献集体和个人的通知》，我院推荐名额为突出贡献集体1个、突出贡献个人2名。现各学部共推荐了1个集体(中国工程院“水资

源”项目组)、7位个人(按学部顺序:多吉、康玉柱、钱正英、王小东、沈国舫、吴明珠、吴天一),请院常务会议讨论决定推荐人选。

院常务会议讨论后同意推荐“水资源”项目组为突出贡献集体;考虑到我院曾于今年9月向国家民委推荐多吉院士为民族团结模范个人,同意推荐农业学部吴明珠院士和医药卫生学部吴天一院士为突出贡献个人。

主　持:潘云鹤
出　席:徐匡迪　周　济　邬贺铨　刘德培　杜祥琬　旭日干　白玉良　石立英
列　席:董庆九　谢冰玉　谷　珏　康金城　李仁涵　高中琪　王振海
记　录:易　建

院常务会议纪要(五十四)

2009年12月21日,受徐匡迪院长委托,潘云鹤常务副院长主持召开2009年第20次院常务会议。会议议题有:通报哥本哈根气候变化会议情况;听取院咨询服务中心工作进展情况的汇报;听取我院与国家开发银行合作情况的汇报;研究院士新春活动安排初步方案;听取“院士数字展馆”工作汇报;研究布置院机关2009年工作年终总结。

一、通报哥本哈根气候变化会议情况

杜祥琬副院长和程家怡同志通报了哥本哈根气候变化会议情况。据通报,联合国气候变化框架公约缔约方第15次会议于12月7日在丹麦哥本哈根召开。为落实温总理指示,国家发改委组成了高级顾问团参加了该会议,杜祥琬副院长作为高级顾问参团出席。会议期间,杜副院长作了题为《主动承诺降低碳排放强度——中国须作出非凡的努力》的讲座,参加了中国代表团与丹麦清洁技术企业总裁见面会等活动,介绍了我国应对气候变化的举措,表达了中国政府在主动承诺并实现减排目标方面的决心。鉴于气候变化是世界关注的热点,也是需要进行不间断研究的领域,涉及能源、气象、环境、林业、农业等多个方面,建议我院设立长期研究项目,跟踪国内外情况,积累相关基础数据、资料等,为国家制定相关政策和参与国际谈判提供科学依据。

院常务会议同意对气候变化开展跨学部、跨学科的持续性跟踪研究,请杜祥琬副院长与国家发改委沟通,表达我院对这项工作的重视与意愿,建议由国家发改委牵头,可成立气候变化委员会或发展低碳经济委员会等组织机构。院咨询服务中心要主动配合此项工作的开展。

二、听取院咨询服务中心工作进展情况的汇报

高中琪同志汇报了院咨询服务中心工作进展的情况。据汇报,咨询服务中心现已基本正常开

展各项工作，对咨询研究经费管理办法进行了修改，并提出如下建议：(1) 从2010年起新启动的项目经费委托咨询服务中心财务统一管理，各部门按分工具体组织实施。(2) 咨询服务中心可从所委托的项目经费中提取8%的管理费，用于中心的日常支出。(3) 必要时，咨询项目经费可用于出国考察，具体预算和审批程序在实施细则中明确。(4) 从2010年新启动的项目开始，其经费使用统一在“中心”报账。为方便院士使用经费，允许经费代管单位根据项目执行进度与需要分期分批预借款，并依次用原始单据到“中心”财务报销，也可根据项目负责人的要求，可采取垫支方式报销。为有效控制项目经费的决算，项目总预算经费最后的20%统一按借一笔报一笔的方式执行。如院常务会议原则同意此建议，还需与部分经费代管单位的财务部门协商后，细化操作办法。(5) 考虑到项目经费代管单位要付出一定的劳动以及项目实施中发生的房、水、电、设备等费用，允许项目经费代管单位收取不超过5%的使用费，也需在“办法”中明确。修改后的“办法”经邬贺铨副院长审改后，已于11月初由办公厅报财政部，目前尚无明确回复。咨询中心正常运行后，经费管理需要以“办法”为依据，并在此基础上制定实施细则。为此，建议院常务会议审议上述改革建议和修改后的经费管理办法(先试行)，待财政部有具体反馈意见后再进一步修订完善。

院常务会议原则通过了修改后的咨询研究经费管理办法和相关改革建议，同意该“办法”在财政部反馈意见前先试行，并参照国家或部门有关规定或办法制订严格的实施细则。

三、听取我院与国家开发银行合作情况的汇报

高中琪同志汇报了我院与国家开发银行合作的情况。据汇报，11月2日我院与国家开发银行签署合作协议后，双方就合作的具体内容、合作资金、合作工作的开展方式和规程等进行了商谈。明确了双方合作的具体内容。

院常务会议原则同意我院与开发行开展合作的4条建议和做法。

四、研究院士新春活动安排初步方案

谢冰玉同志汇报了院士新春活动安排初步方案。据汇报，2010年院士新春活动有两项：一是，中央人才工作协调小组拟于2010年1月18日下午在人民大会堂组织召开在京院士专家新春联谊会，李源潮同志出席，中组部对我院提出4项要求。建议此项工作由学部工作局负责，相关部门配合。二是，按惯例，由我院主办的院士新春活动拟于1月下旬举行，地点在国家大剧院，将选择合适的节目，采取按需购票，不包场，不与其他单位合办。建议此项工作由办公厅负责，相关部门配合。

院常务会议同意两项新春活动的安排，由学部工作局就院士专家新春联谊会的具体事项与中组部有关部门沟通、商定。我院主办院士新春活动可在1月下旬举行，地点安排在国家大剧院，所选演出剧目要综合考虑，也可考虑安排专场，并要安排好外地院士往返的交通，保证安全第一。

五、听取“院士数字展馆”工作汇报

董庆九同志和徐进同志汇报了“院士数字展馆”的工作情况。据汇报，我院已建好院士风采展示平台的硬件设施，需要丰富展示内容，系统、全面搜集院士的信息资料，包括院士基本信息、著作、论文、研究报告等的文字、图片、视频资料，从而建立起院士学术成就数字展馆(暂定名)，拟采取边建设，边展出，预计用两年半时间达到初具规模，在建院20周年时完成。徐进同志还汇报了建设工程院综合信息数据库系统(暂定名)的建议，目前初步完成咨询数据库的软硬件建设，需要在此基

础上扩展建设工程院综合信息数据库系统，重点建设内容包括：咨询报告、学术活动、各种出版物、院士大会、院士增选、国际会议、地方合作和院士行等资料，实现信息资源的数字化集中管理与共享。

院常务会议同意完善院士数字展馆的建设内容，并提出以下意见：(1) 要高度重视和加强我院有关咨询报告、学术活动、出版物等资料的搜集、归档工作，完善细化相关工作方案与规章制度，以正式文件下发院机关各部门。(2) 数据库建设中应尽量避免涉密资料，数据库内容分为公开和内部信息，并制订具体操作管理办法。(3) 院士数字展馆和综合信息数据库建设既有联系又有区别，应达到各有所侧重，充分共享信息资源。(4) 近期召开会议，就院士数字展馆和综合信息数据库建设进行专题研究，有关软件开发工作可与有丰富数字化建设经验的单位（浙江大学）进行合作。此项工作，由潘云鹤常务副院长负责，由信息中心承办、加快落实。

六、研究布置院机关 2009 年工作年终总结

邬贺铨副院长汇报了院机关 2009 年工作年终总结的安排情况。据汇报，根据《公务员考核规定（试行）》和《中国工程院机关年度考核工作暂行办法》，院机关 2009 年年终总结和年度考核工作拟定于 2009 年 12 月 23 日至 2010 年 1 月 31 日期间进行。2010 年 1 月 10 日前，职工要完成个人总结、填写《年度考核登记表》、本部门内进行述职，在此基础上完成本部门的年终总结，各部门提出本部门人员的考核等次建议；2010 年 1 月 31 日前，院机关考核工作领导小组研究提出机关职工的考核档次并报党组审定。建议此次院机关全体职工考核工作分别在部门内和全院范围内进行，考核优秀者在全院公示。

院常务会议提出：(1) 改进、完善年终考核方法，要以调动大家的积极性，做好机关工作为主要目的。请机关党委研究细化考核的具体操作办法和方式。(2) 鼓励大家在述职时有改进，着重讲工作亮点。(3) 考虑到院领导春节前各项活动较多，院党组年终工作总结会和民主生活会安排在 2010 年 2 月初的同一天进行。

主　持：潘云鹤

出　席：徐匡迪　周　济　邬贺铨　刘德培　杜祥琬　旭日干　白玉良　石立英

列　席：董庆九　谢冰玉　谷　珏　程家怡　康金城　李仁涵　高中琪　徐　进

记　录：易　建

（以上均由王立群提供）

【专门委员会会议纪要】

院士增选政策委员会会议纪要

第 1 期

2009 年 7 月 10 日下午，中国工程院院士增选政策委员会在工程院 318 会议室召开了 2009 年第 1 次会议。会议由增选政策委员会主任委员旭日干副院长主持，副主任委员杜祥琬副院长、各位委员出席了会议，增选政策委员会秘书及学部工作局有关同志列席了会议。会议主要议题有：讨论关于各学部增选名额分配的建议方案；讨论《致全体院士的信》、《致遴选部门和候选人所在单位的信》、《致进入第二轮院士候选人的信》；通报进入第二轮候选人投诉的有关情况；讨论第二轮评审和选举会议前的工作安排。现将会议内容纪要如下：

一、关于各学部增选名额分配的建议方案

会议听取了白玉良同志对 2009 年院士增选名额分配背景数据的汇报，并对各学部增选名额如何分配等问题进行了说明。与会院士围绕是否增加增选名额问题展开了热烈的讨论。会议综合分析后得出的结论是，下次增选再研究讨论增选名额调整问题，2009 年应遵守主席团的决定，仍保持增选名额 60 名不变，将剩下的 1 个机动名额分配给环境与轻纺工程学部，最终形成提交院常务会审议的增选名额分配建议方案如下：

机械与运载工程学部	7 名
信息与电子工程学部	7 名
化工、冶金与材料工程学部	7 名
能源与矿业工程学部	7 名
土木、水利与建筑工程学部	7 名
环境与轻纺工程学部	6 名
农业学部	7 名
医药学部	7 名
工程管理学部	5 名

会议强调，各学部常委会要结合本学部的特点，认真处理好投诉、提高对候选人的共识度、用好用足所分配的增选名额等问题。

二、讨论《致全体院士的信》、《致遴选部门和候选人所在单位的信》、《致进入第二轮院士候选人的信》

白玉良同志向会议汇报了《致全体院士的信》(讨论稿)、《致遴选部门和候选人所在单位的信》(讨论稿)、《致进入第二轮院士候选人的信》(讨论稿)。会议认为:给院士的信中,要征求院士们对第二轮增选工作以及对进入第二轮候选人的建议和意见,从而加强各学部院士对候选人的全面了解,保证增选质量;给遴选部门和候选人的信中,应强调候选人所在单位和个人须严格遵守《中国工程院院士增选工作实施办法》中增选工作行为规范的规定,不得进行任何形式的助选和拉票活动,以保证我院院士增选工作能够公平、公正和顺利地进行。会议决定,三封信经修改后发出,但不对社会公布。

三、通报进入第二轮候选人投诉的有关情况

科学道德办公室鲁瑛主任向会议汇报了截至目前对进入第二轮候选人的投诉情况。会议认为,近年来院士增选越来越受到社会各界的关注,对候选人投诉的数量逐年增加,投诉形式趋向多样化和复杂化。会议要求,在第二轮评审会议前,各学部要克服困难、认真做好投诉信处理工作,把投诉涉及的问题搞清楚,保证评审和选举工作的公正、客观、顺利。超过投诉截止时间(8 月 15 日,以当地邮戳为准)的投诉信,由学部工作局登记保存,原则上不予处理。

四、讨论第二轮评审和选举会议前的工作安排

会议听取了白玉良同志对 2009 年第二轮增选会议前有关准备工作安排的汇报。经过会议讨论,确定以下安排:

1. 7 月份

(1) 7 月 8 日,《光明日报》、《科技日报》、《科学时报》和中国工程院网站公布进入第二轮评审的候选人名单。

(2) 7 月 10 日,召开院士增选政策委员会会议,研究增选与选举问题,讨论给院士、进入第二轮评审的候选人及其遴选部门和所在单位的信等事项。会议材料由学部工作局准备。

(3) 7 月 13 日,召开院常务会议,听取增选政策委员会对第二轮评审相关情况的汇报,审议给院士、进入第二轮评审的候选人及其遴选部门和所在单位的信(7 月 20 日前发出);研究确定第二轮评审会议的时间和地点;听取学部工作局对外籍院士候选人征求意见汇总情况的汇报。

(4) 7 月 25 日前,由学部工作局综合处收集整理公示反馈情况,并向院领导和常务会议报告后分送各学部。

2. 8 月份

(1) 8 月 15 日,投诉信受理截止。8 月 20 日投诉信登记整理工作结束,分别送交相关学部,由学部工作局作好移交登记。

(2) 8 月中旬在内蒙古召开主席团会议,与增选有关的议题有:① 通报进入第二轮评审候选人的投诉情况;② 审议增选政策委员会提出的各学部增选名额分配建议方案;③ 通报第二轮评审会议前的有关工作安排。

(3) 8 月 31 日前,各学部分别召开常委会,研究投诉信处理问题,安排投诉调查和候选人考察工

作;研究如何完善评审和选举程序或做法,提高共识度,充分利用所分配的增选名额;研究确定第二轮评审时,候选人到会介绍的相关事宜;进行本学部领域外籍院士候选人排序等。各学部处理投诉的具体安排需书面报学部工作局和院领导。由学部工作局一处、二处负责各学部常委会的准备工作。

3. 9月份

(1) 9月10日前,各学部向进入第二轮的候选人发出到会介绍情况的通知。通知由学部工作局起草,报旭副院长审定后发出。

(2) 9月1日—30日,各学部进行投诉调查工作。由学部工作局或机关有关人员协助工作。

4. 10月份

(1) 10月15日前,完成投诉信调查和相关候选人的考察工作。召开增选政策委员会会议,研究增选相关事宜。

(2) 10月24日—26日,工程管理学部开始第二轮评审。由学部工作局二处负责会务工作。

(3) 10月26日,召开主席团会议,审议院领导讲话稿;研究有关增选事宜;产生外籍院士正式候选人等。

(4) 10月27日—30日,召开第二轮评审与选举会议。机关全体人员负责会务工作。

出　席:旭日干　杜祥琬　王玉明　沈昌祥　许祖彦　才鸿年　邱定蕃　钱绍钧　杨秀敏　韩其为　魏复盛　季国标　沈国舫　方智远　杨胜利　刘　耀　王礼恒　朱高峰　白玉良

请　假:杜善义　关　杰　胡思得

列　席:学部工作局有关人员

记　录:潘　刚

院士增选政策委员会会议纪要

第2期

2009年9月9日下午,在工程院113会议室由增选政策委员会主任旭日干副院长主持召开院士增选政策委员会扩大会议,徐匡迪院长、潘云鹤副院长、各学部主任及委员共20人出席了会议。会议通报了近期增选工作和各学部常委会会议情况,研究讨论了如何提高共识度及充分用好增选名额等问题。现将主要内容纪要如下:

一、通报近期增选工作有关情况

旭日干副院长通报了第一轮增选评审会议后完成的工作,主要有:根据2009年7月3日主席团会议的要求，分别向全体院士、进入第二轮的候选人及其所在部门和单位寄发了信函；收集整理了对候选人的投诉情况和公示反馈情况；各学部分别召开了常委会；向进入第二轮的候选人寄发了到会介绍情况的通知；分别向有关院士和候选人单位寄发了协助进行投诉调查核实的函等。

旭日干副院长传达了2009年8月13日我院在内蒙古召开了主席团会议（详见主席团会议纪要）主要情况。据传达，主席团会议决定，取消院士选举票中的“弃权”栏；本次增选选择部分学部进行评审和选举的试点工作。主席团会议还确定了各学部增选名额分配方案和第二轮院士增选会议召开的时间，通报了进入第二轮的候选人被投诉情况和外籍院士候选人的有关情况等。

旭日干副院长针对各学部正在进行的投诉信调查核实工作，强调指出，投诉信的调查核实是一项难度较大、政策性很强的工作，建议各学部在遵守相关规定的基础上，重点把握以下几个问题：

一是严格保守秘密。“投诉信原则上仅提供常委会委员和调查组的有关院士查阅。投诉信及调查结果不向投诉人和有关单位反馈。凡接触投诉信的院士和工作人员应对投诉人姓名、单位、投诉内容、调查结果等严格保守秘密”。这样做，既是对投诉者权益和被投诉者名誉的保护，也是对调查人员声誉的保护，同时也有利于维护工程院的社会形象，希望引起各学部的重视。

二是坚持回避制度。投诉办法规定，投诉调查组成员的回避范围是同一基层单位或有亲属关系者。为了客观公正地评价候选人，建议提名院士也应该尽量回避。

三是调查结论要明确。投诉调查组对投诉材料，特别是对学术水平和学术道德方面的投诉是否属实要给出明确、恰当的结论。各学部要严格把关，认真求证，努力为今年第二轮的院士评审和选举提供可靠的事实根据。

四是重复投诉的处理。在今年的投诉材料中，属于与往年重复的投诉内容，且以前曾经调查过并已经有明确结论的，今年可以简化调查程序，把主要精力放在对新的候选人以及新的投诉内容的调查工作上。

旭日干副院长通报了给全体院士发出征求意见信的反馈情况。据通报，共有6位院士对增选工作提出了书面意见和建议，主要内容包括：要高度重视当选院士的质量，加强对候选人的全面了解；高度重视评选过程中的保密问题；注意院士的学科、地区、单位的分布情况，防止“马太效应”；进一步理解和掌握院士队伍的年龄结构问题；坚决抵制对候选人进行“助选”和“包装”。旭副院长要求各学部认真研究院士的意见和建议，进一步完善增选的操作办法和选举程序，增进院士对候选人全面了解和准确把握，不断提高增选工作质量。

二、各学部汇报常委会会议情况

与会各学部主任或副主任分别汇报了近期召开学部常委会的情况。据汇报，各学部常委会研究了投诉信处理的计划安排，制定了第二轮评审和选举的具体操作规程办法，提出了如何用好增选名额的意见，讨论了外籍院士候选人征求意见情况等。会议认为，各学部对投诉信处理工作安排的比较具体、细致，确定了符合本学部实际的增选操作办法。除化工、能源、土木、工程管理学部外，其他5个学部均提出在可能的条件下进行第二轮增选工作试点的建议。

三、在坚持院士标准条件的前提下，进行增选工作的试点

会议围绕如何提高共识度、在坚持院士标准条件的前提下，用好增选名额以及选举试点学部的问题进行了热烈、深入的讨论。与会20位委员，绝大多数委员同意选择少数学部进行选举的试点。

会议决定，在控制 2009 年当选院士人数不超过 60 名、坚持三分之二标准、120% 差额选举原则的前提下，选择农业学部和医药卫生学部在第二轮评审和选举中进行试点，这两个学部按 9 名增选名额进行选举；其他学部仍按今年的规定和办法进行评审和选举，即机械与运载工程学部，信息与电子工程学部，化工、冶金与材料工程学部，能源与矿业工程学部，土木、建筑与水利工程学部当选名额不超过 7 名，环境与轻纺工程学部不超过 6 名，工程管理学部不超过 5 名。会议认为：(1) 选择试点学部的依据是今年进入第二轮的候选人获得“A 票”数达到或超过三分之二的人数超过了主席团规定的分配名额，即农业学部 9 名和医药卫生学部 13 名；(2) 试点的定位是进行改革性、探索性试验（类似 2003 年候选人介绍情况的试点），不用修改章程和增选办法；(3) 试点的目的是为今后更科学合理的确定不同增选年份、不同学部增选名额提供依据，为修改、完善今后增选办法积累经验；(4) 试点具体方案是：试点学部分别从进入第二轮的候选人中，按照投票的得分排序，产生 11 名正式候选人；正式选举时，试点学部在 11 名正式候选人中，按照当选名额 9 名掌握，即投票时圈选“同意”最多不超过 9 名；获得达到或超过三分之二“同意”的候选人达到 9 名（或 8 名）时，而且 7、8、9（或 7、8）名中出现并列时，试点学部须对并列者进行重复投票确定排序，依据获得“同意”票数多少，依次排出顺序，提交主席团会议审定。主席团将依据各学部实际选举结果进行审定：如第二轮正式选举结果全院 9 个学部当选数量合计在 60 名以内，试点学部 8 名或 9 名（达到或超过三分之二）均可当选；如全院当选数量超过 60 名，试点学部只能前 7 名当选；如遇到特殊情况，由主席团会议研究处理。此方案将提交第二轮增选会议前的主席团会议审议。

此外，会议建议明年我院对院士增选相关工作进行专题立项研究，进一步完善我院今后的增选工作。

徐匡迪院长、潘云鹤常务副院长分别作了讲话。

潘云鹤常务副院长在讲话中表示，同意增选政策委员会扩大会议决定在农业和医药卫生学部进行试点的做法。潘云鹤常务副院长指出，随着国家综合实力的不断增强，很多重大工程项目相继启动与完成，带动了我国工程科技水平的大幅度提升，从而涌现出大量高层次的科技成果和优秀的科技人才，候选人的整体水平也有明显提高。通过此次试点，希望增选政策委员会要认真做好探索和总结工作，进一步研究和完善增选工作的有关政策、办法和程序，以适应新形势发展的需求。

徐院长在讲话中指出，此次增选政策委员会扩大会议开得非常好，达到了预期的目的，对与会委员充分热烈的讨论给予了充分肯定，并就加强院士队伍建设讲了四点意见：

1. 院士队伍的健康可持续发展，院士专业结构能够覆盖工程科技的各个领域，是我院发挥工程科技思想库作用的重要保证。其中，院士数量是基础，质量是关键。把工程科技领域的优秀人才吸收到院士队伍中来，推动我国工程科技事业的发展，是我院增选工作的根本目的。

2. 在今年的第二轮院士增选评审和选举中，选择少数学部进行增选工作试点，是工程院结合当今工程科技发展和人才成长的新特点、新规律，探索如何提高选举质量的一项重要举措，希望试点学部能够认真研究，积累经验，为今后进一步完善院士选举工作奠定良好基础。

3. 坚持院士标准和条件，增进院士对候选人的全面深入了解，不断提高共识度，是做好增选工作的前提。一方面，专业组内的院士对其候选人要有基本的共识，客观公正地引导其他专业组的院士进行投票选举；另一方面，各学部要在充分讨论的基础上，提高共识度，把握好讨论的程度，避免“临门一脚”的现象发生。

4. 投诉问题一直受到社会各界的关注，也是民主的体现。总的看，院士选举受到社会的监督，必将有利于院士队伍的建设。在对投诉信的调查核实中，既要看到存在的学风、道德问题，也要看到当今社会环境下人才成长快、科技成果多的事实。总之，正确看待和恰当处理投诉问题要重点把握“实事求是”的原则。希望各学部在调查核实过程中，能够做到认真细致、客观公正，为提高院士选举质量提供有力的保证。

出　席：徐匡迪　潘云鹤　旭日干　杜善义　李国杰　沈昌祥　许祖彦　干　勇　才鸿年　钱绍钧　胡思得　杨秀敏　韩其为　刘鸿亮　沈国舫　方智远　甄永苏　朱高峰　李京文　白玉良

请　假：杜祥琬　张彦仲　关　杰　邱定蕃　何继善　魏复盛　季国标　管华诗　杨胜利　刘　耀　王礼恒

列　席：学部工作局有关人员

记　录：潘　刚

（潘　刚）

咨询工作委员会2009年第一次会议纪要

2009年1月9日，中国工程院副院长、咨询工作委员会主任邬贺铨院士在工程院主持召开了院咨询工作委员会扩大会议，徐匡迪院长、潘云鹤常务副院长、咨询工作委员会委员、邀请的院士、工程院机关和科学院院士工作局咨询工作处有关同志参加了会议。

会议审议了《我国抗灾救灾能力建设和灾后重建策略研究项目综合报告》（修改稿）；讨论了我院《咨询研究项目指南》的制订办法；讨论了我国如何应对金融危机，保持经济平稳较快发展的问题。与会委员和院士们会前准备充分，会上发言踊跃，提出了很多有益的意见与建议。

在讨论我院《咨询研究项目指南》制订办法时，邬贺铨副院长指出，工程院在学习实践科学发展观活动中，特别研究了如何加强咨询工作委员会对咨询工作的领导，希望将来除了由院士自发提出咨询研究项目立项外，咨询工作委员会能提出《咨询项目的指南》。邬副院长说，前期要开展一些调研工作，一是院领导带领院机关有关部门和将要成立的院士咨询服务中心，走访并了解国家有关部委需求；二是通过院士行、院地合作以及和一些企业的合作，了解地方和企业的需求；三是征求各学部的意见与建议；四是征求咨询工作委员会委员的意见与建议。咨询工作委员会根据调研情况，进一步研究我院咨询研究方向并提出《咨询研究项目指南》，报院常务会议和主席团会议审议，通过后再向各学部公布。邬副院长指出，会后对大家反馈意见与建议进行归纳分析后，再研究确定下一步具体调研工作。

在讨论我国如何应对金融危机，保持经济平稳较快发展的问题时，邬贺铨副院长指出，中央领导希望广大科技工作者积极为扩大内需、保持经济平稳较快发展贡献力量。希望广大科技工作者大力加强决策咨询，积极为推进决策科学化、民主化作出新贡献。中央领导指出，中国科学院学部、中国工程院是国家在科学技术和工程方面的最高咨询机构，是国家的科学技术思想库。工程与经济结合比较紧密，要动员广大院士为提高企业应对能力出谋划策。工程院要为应对国际金融危机，保持经济平稳较快发展提出建议。

邬贺铨副院长指出，从近期中央领导同志讲话的精神可以看出，时间越近，中央领导对如何应对经济危机的要求越具体，越紧迫。我们今天开会的主要目的就是如何响应中央的号召，进一步的动员工程院的院士为应对国际金融危机，保增长、扩内需、调结构提出建议。比如，如何紧急启动针对上述问题的咨询研究项目，启动什么项目？如何结合上述问题开展院地合作、院士行以及国际合作活动？等等。我们支持院士个体行动，更希望工程院整体提出建议。

潘云鹤常务副院长在发言中讲了三点意见。第一，体会近期温总理关于应对金融危机讲话的要点有两个。一是中央各个部门提出了很多建议，但大部分是管理方面的。温总理认为管理方面的建议是治标的，治本主要靠科学技术。所以温总理认为要发动科学技术界提建议，这些建议不但能够应付当前危机，而且能应付危机过后中国经济如何发展，要标本兼治。因此，工程院的咨询建议既要有管理方面的，更要有科技方面的，尤其是科学技术如何为生产服务。二是，中央认为，每一次经济危机都可能引发一次技术革命，这个技术革命可以把一个国家经济发展推到一个更高端去。所以中央呼吁，要加大对科学技术的投入，希望中国应对这次经济危机的同时，能够引发技术的大革命。因此，工程院既要提短平快的建议，也要提长远的建议。

第二，工程院咨询工作委员会要组织各学部就如何应对金融危机开展深入讨论。温总理指出，广大科技工作者要帮助企业改善管理、开发产品、创新技术、解决困难。各学部可以围绕这些方面进行讨论，要有纵深，第一个层次是近期可以解决的意见与建议，第二个层次是科研成果如何转化为生产力，第三个层次是要通过创新提出一些新的项目。

第三，最近工程院与自然科学基金委协商，准备开展中国工程科技中长期发展战略研究。我们希望能够实现党中央、国务院的要求，将这次金融危机转变为机遇，使中国经济有一个很大的改变，达到一个新的水平。

徐匡迪院长在发言中讲了三点意见。第一，今天上午召开了国家科技奖励大会，工程院王忠诚院士获得了最高科学技术奖，温总理在讲话中指出，当前一场历史罕见的金融危机正在蔓延加剧，给全球金融体系和实体经济带来很大的冲击。历史表明每一次大的危机常常伴随一场新的科技革命，每一次经济的复苏都离不开技术创新，通过科学技术的重大突破创造新的社会需求，催生新一轮的经济繁荣。知识和科技是可持续发展的重要因素，是克服经济困难的根本力量。在应对这场金融危机中我们已经出台了一系列扩内需、保增长的政策措施，但更要重视知识和技术的力量，这带有根本性和长远意义，也是我们信心和力量之所在。广大科技工作者要急国家之所急，想国家之所想，承担起这次会议的重任，要深入到企业农村中去，深入到经济建设第一线去，推动科技成果加快向现实生产力转化，帮助企业改善管理、开发产品、创新技术、解决困难。要把加快组织实施国家中长期科学技术发展规划纲要，特别是16个重大专项与当前扩内需、保增长结合起来，突破经济社会发展的关键技术，培育新兴产业和拥有自主知识产权的产品，做到人无我有，人有我优，推动发展方式转变和产业结构升级。要支持科技型企业的发展，促进科技创新，带动社会就业，开辟新的经济增长点，为经济平稳较快发展作出贡献。徐院长由此指出，科学技术在应对这场危机中应该既是一个挑战，也是一个机遇，我们要抓紧这个机遇为国家分忧，为我们的祖国作出一些贡献。

第二，当前国家拿出4万亿元刺激经济增长，可能会带动16～20万亿元的投资，带来一个投资什么项目的问题。一方面是原来已经批准的项目可以加快开展,另一方面是原来已经否定的项目可能又重新申报了。在这方面,希望院士们除了建言献策以外,还要积极参与国家大行业政策规划的制订。

第三,要充分发挥工程院多学科的优势,希望各学部开展一些学科交叉方面的研究,保证我们咨询工作既有眼前的,又有中长期的。在我们国家经济情况最困难的时期,希望科学技术能够发挥支撑作用,同时也利用这个机会把科学技术的发展放到更重要的地位。

会议就有关工作安排如下:

1. 会议印发了《反馈意见表》,一些与会院士已反馈了书面意见与建议,请尚未交《反馈意见表》的与会院士于1月12日(星期一)之前反馈。

2. 请各学部根据中央领导指示精神和院领导的部署安排,围绕如何应对国际金融危机挑战,实现经济社会持续稳步发展提出意见与建议。由于时间紧迫,请各学部尽快研究,并于2009年1月16日(星期五)之前反馈书面意见。

3. 请各学部围绕如何建设国家科学技术思想库以及我院的咨询研究工作如何更好开展等问题提出意见与建议,并于2009年1月23日之前反馈书面意见。

会议要求,根据各学部、与院士们的意见与建议,修改完善《我国抗灾救灾能力建设和灾后重建策略研究项目综合报告》、《关于应对国际金融危机挑战、实现经济社会持续较快增长的建议》,进一步研究如何制订《咨询研究项目指南》。《关于应对国际金融危机挑战、实现经济社会持续较快增长的建议》要求春节前上报中央。

会议呼吁广大院士按照中央的要求,积极为扩大内需、保持经济平稳较快发展贡献力量。

主　持:邬贺铨
出　席:徐匡迪　潘云鹤　王淀佐　朱道本　赵忠贤　龙乐豪　陈良惠　刘韵洁　陈立泉　潘自强　马国馨　范立础　张　懿　戴景瑞　尹伟伦　刘　耀　李京文　刘大响　李幼平　干　勇　殷瑞钰　袁晴棠　侯芙生　孙传尧　施仲衡　周干峙　丁一汇　钱　易　季国标　方智远　石玉林　李文华　范云六　刘更另　侯云德　卢世璧　王礼恒　王基铭　白玉良　石立英　高中琪　郗小林　王振海　安耀辉　王　澍　宗玉生　黄　琳　赵蕾蕾等
请　假:高金吉　王静康　黄其励　孙晋良　桑国卫　程书钧　傅志寰
记　录:宗玉生

咨询工作委员会2009年第二次会议纪要

2009年7月9日,潘云鹤常务副院长在工程院主持召开了咨询工作委员会会议,14位委员出席了会议。我院政策研究室和科学院院士工作局有关同志列席了会议。会议主要议题有:审议2009年第二批立项及追加经费的项目安排,审议2010年咨询研究选题方向等。

一、审议2009年第二批立项及追加经费的项目安排

王振海同志作了汇报。各学部申报2009年第二批立项的项目有6个,申请追加经费的项目有10个。委员们会前进行了函评,原则同意各学部申报的2009年第二批立项及追加经费的项目安排。此外,函评后,国际合作局提出申请2009年追加立项中美四院“利用可再生能源发电”项目,申请经费95万元。

会议经研究指出,由于中美四院“利用可再生能源发电”项目经费主要用于在国内召开研讨会,因此批准经费50万元。同时,会议在函评意见的基础上,研究确定了各学部2009年第二批立项及追加经费的项目安排,详见附件1。

会议要求,请第二批立项的各项目承担部门根据会议意见修改项目立项书,并将立项书1式5份于2009年8月17日前交政策研究室咨询工作处。请追加经费项目各承担部门尽快提交借出经费决算表,之后方可办理后续支出。

二、审议2010年咨询研究选题方向

王振海同志作了汇报。共收到24个选题方向,其中18个选题方向在会前进行了函评。

与会委员进行了认真的讨论和研究,普遍认为:第一,申请的项目要避免重复立项和研究。第二,新项目要充分利用已有的研究成果,并在其基础上开展研究。第三,重大专项研究成果要有后期评估,对领导层有影响的重大专项要多组织。委员们原则同意所列选题方向,并对各选题方向及经费安排提出了具体意见,详见附件2。

会议要求:第一,请各学部根据会议意见修改选题方向,推荐项目负责人,2009年8月17日前交政策研究室咨询工作处;第二,政策研究室咨询工作处汇总修改后的选题方向,报主管咨询工作的院领导审批,通过后返回各学部;第三,各学部根据审批后的选题方向填写项目《立项申请书》1式5份和《申报书》1式2份,交政策研究室咨询工作处,办理立项手续。

会议还围绕如何优化重大专项的选题和提升研究工作质量,如何吸纳工程院以外的研究力量参与咨询研究工作等方面进行了讨论,主要意见与建议有:第一,进一步加强工程院咨询工作选题的宏观性、战略性和新颖性。第二,工程院的咨询工作要和社会力量联合起来。一是吸引社会上专家,团结在院士周围开展咨询;二是向全社会征集咨询研究选题方向,不仅院士,而且有关部委和地方都可以提出选题方向;三是请同行专家参加我院立项评审。第三,将咨询研究工作与学术活动相结合。

关于我院今后项目经费安排的原则,会议要求政策研究室根据会议意见制订我院项目经费安排原则,在修改我院咨询研究项目管理办法时补充进去。

会上,潘云鹤常务副院长提出,由于工作变动,今后由政策研究室主任助理王振海同志担任咨询工作委员会秘书。

出席委员:潘云鹤　邬贺铨　朱道本　龙乐豪　陈良惠　张　懿　潘自强　尹伟伦　李京文　刘　耀　傅志寰　白玉良　石立英

请假委员:王淀佐　赵忠贤　高金吉　刘韵洁　陈立泉　王静康　马国馨　范立础　孙晋良　戴景瑞　桑国卫　程书钧　黄其励

列　　席:高中琪　王振海　安耀辉　宋德雄　王　澍　刘　玮　黄　琳

记　　录:宗玉生

附件1：

2009年第二批立项及追加经费的项目安排汇总表

一、2009年第二批立项的项目安排汇总表

序号	项目名称	负责人	承担部门或项目级别	立项时间	完成时间	经费安排/万元	会议提出的意见和建议
1	国防科技发展若干重大问题的建议	沈荣骏 杜祥琬	重大专项	2009.7	2009.12	130	应该突出当前我国国防科体制中存在的部门分割、各自为政、重复建设、浪费严重、效率低下等现实问题，提出治理的建议。
2	我国下一代机器人技术发展战略研究	徐扬生	信息学部	2009.7	2010.6	75	1. 建议对学术体系结构、主要基础研究领域的内容从简，因为这些内容可放到与基金委合作的2030年项目中，研究内容及目标应是我国机器人发展战略。 2. 建议吸收王天然、封锡盛、蔡鹤皋院士参加，还需明确研究经费管理单位。
3	抗疲劳制造与长寿命高强度构件研究发展	赵振业	化工学部	2009.7	2010.6	100	
4	中国石油天然气新区新领域勘探方向研究	翟光明	能源学部	2009.7	2009.12	50	5个月即完成，是否用现有成果？

续表

序号	项目名称	负责人	承担部门或项目级别	立项时间	完成时间	经费安排/万元	会议提出的意见和建议
5	中国感染性角膜病的社会危害和干预策略研究	谢立信	医药学部	2009.7	2011.6	2009年安排70万元，2010安排80万元、2011年安排50万元	1. 题目中“社会危害”是比较显然的，似乎不需要咨询研究才能确定，建议仅研究防治策略。 2. 目前提出的研究内容主要是调整与建库，这是有必要的，但建数据库的事最好有卫生部参与，选择建在何地，另外建库工作应有配套经费支持，而不应全出在咨询经费中。建设防治中心的工作本项目可提建议，但不可能在本项目中建设，可提出建议，但可行性报告涉及定点投资等其他问题，难以在咨询报告中决定。 3. 角膜中心的建立是否另有经费，卫生部在其中的角色？
6	三农问题与农民致富之道	师昌绪	资深院士联谊会	2009.7	2010.6	10	1. 让这些老院士颐养天年，或关心一下本专业的事情吧。 2. 项目组成员年事已高，是否所有资深院士都可胜任工作？
7	中美四院“利用可再生能源发电”	杜祥琬 黄其励	国际合作局	2009.7	2010.4	50	
共计						485	

二、2009 年追加经费的项目安排汇总表

序号	项目名称	负责人	承担部门	立项时间	完成时间	经费安排/万元	原批准经费/万元	会议提出的意见和建议
1	提高我国机械装备产品品质的若干关键共性技术调查研究	陈予恕	机械学部	2007.9	2009.12	20	20	明年4月的50人会议应引入第④项会议费中。
2	机械产品的数字化设计与制造战略研究	李培根	机械学部	2008.6	2009.12	20	20	会议费超过总经费25%。
3	大力发展计算机仿真技术促进我国节能减排规划与实施	李伯虎	信息学部	2008.6	2009.12	10	15	
4	关于信息系统安全保密必须从源头上加以治理的措施研究	沈昌祥	信息学部	2008.6	2009.12	10	10	很重要，建议深入研究。
5	信息化与工业化融合研究	吴　澄 孙优贤 王天然	信息学部	2009.6	2010.6	20	100	追加申请报告太简单。
6	海上风电场建设重大工程问题研究	王景全	土木学部	2008.8	2009.12	20	60	
7	国家战略石油地下大型储备库的建设技术研究	王梦恕	土木学部	2008.6	2010.12	21	40	1. 这个项目不属于咨询项目的范畴。 2. 石油集团是否投入?

续表

序号	项目名称	负责人	承担部门	立项时间	完成时间	经费安排/万元	原批准经费/万元	会议提出的意见和建议
8	环境与轻纺工程学科发展战略研究	魏复盛	环境学部	2009.5	2010.12	20	20	
9	我国工程管理现状与关键问题研究	何继善	工管学部	2006.1	2010	15	130	结题时间是否明确，报告中不清楚。
10	中国制造业企业国际化战略研究	郭重庆	工管学部	2006.1	2010	10	20	结题时间是否明确，报告中不清楚。
共计						166		

（宗玉生）

附件 2：

对 2010 年咨询研究选题方向的评审意见表

序号	选题方向	建议人	对立项的意见	建议项目类别	建议研究周期	经费额度/万元	会议提出的意见和建议
1	提高我国产品自主设计能力的发展战略研究	谢友柏、殷瑞钰等	同意立项	重大专项	两年	200	1. 工程院以前做过类似项目，避免重复研究。 2. 立项书内容是产品创新，题目是自主设计能力，不一致。
2	互联网与物联网结合在重要领域应用的战略	邬贺铨	同意立项	重大专项	一年	800	
3	黄河三角洲及渤海湾滨海地区综合开发的战略研究	钱正英、沈国航、石玉林等	同意立项	重大专项	两年	800	
4	汶川地震跨区域工程破坏与恢复重建对策研究	欧进萍	同意立项	重大专项	涉及地震成因及机理的研究，一年恐难以完成。	500	1. 提交恢复重建对策报告。这里要强调民生为先的建议。另外也希望增加生态恢复与重建的对策的内容。 2. 关键要做好协调工作，确定 1～2 个主要承担单位。 3. 但题目不必写“恢复重建”，因此工作到 2010 年应基本完成，仅提“工程破坏对策研究”即可。另外为何强调“跨区域”，似乎需要解释。 4. 经费中计算分析费和出版费比例过高。

续表

序号	选题方向	建议人	对立项的意见	建议项目类别	建议研究周期	经费额度/万元	会议提出的意见和建议
5	北部湾经济区水资源安全保障研究	王　浩	同意立项	重大专项	两年	100	1. 针对一个省的特定地区的资询项目要取得当地政府部门的支持。建议吸收地方主管部门参加。最好纳入与广西合作协议中。另外,水资源的保障与产业政策有关,不是土水建学部所能覆盖,建议请化工与环境学部院士一同参加。 2. 其他经费争取广西支持。
6	我国空间安全发展战略研究	陈　鲸、叶尚福	改为2009年启动				题目改为“我国国防若干重大问题研究”。
7	处置恐怖、暴力事件武器及特种装备能力建设	王兴治、苏哲子	同意立项	重大专项	两年	100	1. 将反恐应急主要设备武器的研发作为调研和咨询的重点突出出来。(现文中较多是进口购置、保养、销售运输等) 2. 希望将反恐能力建设调研与国家抗灾应急机制调研结合起来。 3. 建议题目改为“处置恐怖、暴力事件特种装备能力建设咨询研究”。
8	关于信息服务业促进我国区域社会经济平衡发展的作用与对策研究	郑南宁	同意立项	学部项目	一年	25	1. 提高研究报告。 2. 由工程院信息学部、西安交大承担。

续表

序号	选题方向	建议人	对立项的意见	建议项目类别	建议研究周期	经费额度/万元	会议提出的意见和建议
9	有色行业 CO_2 排放、评估及对策研究	邱定蕃	同意立项	学部项目	两年	50	1. 本研究是对现在 CO_2 排放的评估和对策研究。建议明确提出减少 CO_2 排放的关键技术在哪几个工艺环节,并提出企业和政府在工艺改造上重点支持的项目。 2. 冶金、电力和建材是 CO_2 排放的主要行业,建议跨行业开展研究,不要局限于有色行业。
10	中国铝工业中长期发展战略研究	刘业翔	同意立项	学部项目	一年半	50	1. 同意推荐表中所列内容。还希望能提出今年重点攻关解决的节能减排的工艺环节,以便国家能给予科研项目重点支持立项。 2. 化工学部与各铝业公司、有色金属工业协会及中南大学合作研究。
11	循环经济科技支撑战略研究	左铁镛	如没新意,暂缓立项	学部项目	一年	100	1. 循环经济是很好的,值得研究。但是以前宏观战略提得较多,而且国家已颁布《循环经济促进法》。所以,建议本项目更突出重点,抓具体的行业,或具体的企业工艺上如何构建循环经济产业链上,这样为国家重点抓几个行业的试点及技术攻关上更明确具体一些,发挥出典型样板引路的作用。 2. 除化工学部外,建议吸收环境学部与工程管理学部参加。

续表

序号	选题方向	建议人	对立项的意见	建议项目类别	建议研究周期	经费额度/万元	会议提出的意见和建议
12	振学化学与化学工程教育，从中学生抓起	全 涌、王静康等25位院士	同意立项	学部项目	一年半	40	1. 题目不是项目题目，重新起名。 2. 扩大到工程教育，可以先从化工做起，形成系列。
13	中国电网智能、柔性化技术术发展战略	黄其励等	同意立项	学部项目		70	
14	非动力核技术产业在推动国民经济发展、建立两型社会中的作用	樊明武	同意立项	学部项目	一年	50	提供研究报告。（希望在提出提供较高的GDP产值外，是否更需要提出具体产业链的构建结构及具体哪些应用产品）
15	关于强化矿山安全隐患的源头综合治理问题	古德生	同意立项	学部项目	一年	50	应尽快启动，解决当前矿山灾难是当务之急。
16	全寿命期低碳低成本绿色建筑及其政策法规研究	江亿等	同意立项	学部项目	两年	40	
17	生物质高分子纤维（环保、绿色的）工程化、产业化前景	季国标	同意立项	学部项目	两年	60	提出研究报告及对政府有关建议。
18	我国重大海洋工程设施腐蚀防护技术发展战略研究	侯保荣	同意立项	学部项目	两年	50	1. 推荐书和建议书。 2. 山东做过类似项目，建议避免重复。

续表

序号	选题方向	建议人	对立项的意见	建议项目类别	建议研究周期	经费额度/万元	会议提出的意见和建议
19	粮食安全与农业可持续发展	戴景瑞	如没新意，暂缓立项	学部项目	一年	50	农业的课题很重要，但此项目与以前安排且已经完成的农业方面的项目研究内容有何区别？
20	国内外戒毒方法的调研和对策		如没新意，暂缓立项	学部项目	一年	20	关于戒毒，工程院以前有过咨询题目或院士建议，请说明此项目与以往咨询研究项目的关联及不同点。
21	探索建立中国的进食障碍三级干预模式问题的研究		同意立项	学部项目	一年	20	
22		特大城市（以上海为例）人口老龄化与提高老年人口生活质量对策研究	同意立项	学部项目	一年	40	工程院研究老龄化问题，除了从社会学角度外，更重要还是科技角度。建议增加科技内容，例如老龄疾病的防治以及信息技术在老龄社会中的作用等研究内容。
23	中药资源可持续发展相关问题的研究		如没新意，暂缓立项	学部项目	一年	30	说明与曾经安排的与中药有关的咨询项目的关联与区别。
24	自体干细胞临床应用现状及临床准入标准研究		同意立项	学部项目	一年	30	

第四届科学道德建设委员会
第六次会议纪要

2009年6月15日，中国工程院第四届科学道德建设委员会第六次会议在工程院召开，潘云鹤常务副院长应邀出席，杜祥琬主任委员主持了会议。会议主要议题是通报和讨论2009年上半年投诉受理情况；研究讨论2009年向全体院士作《中国工程院院士科学道德建设回顾与展望》报告稿。现纪要如下：

一、通报和讨论2009年下半年投诉信受理工作

（一）受理投诉总体情况

2009年上半年科学道德建设委员会继续完成对3位院士2008年投诉信的调查处理工作，同时新收到投诉信15封，涉及7位院士，其中3位院士的投诉被刊登在媒体上。

经调查了解，不属实投诉5位；正在由所在单位调查核实2位；等待科技奖励办回复1位；重复过去的投诉，不再受理2位。

此外，还有1位院士对于媒体盗用院士名誉做广告，主动向院作出声明，予以澄清。

（二）对有关投诉事宜的研究情况

会议认为，院道德委员会对于院士投诉的调查，采取多种方式，包括请院士调查，向被投诉者本人了解情况，与投诉人沟通，也必须依靠被投诉院士所在单位或其上级主管单位进行调查。

会议同意对有关院士的投诉处理情况，其中对于尚在进行调查中的院士，拟在得到有关单位调查的反馈意见以后再讨论。

会议重点讨论了对李连达院士的投诉处理情况。会议认为，对被投诉院士的处理要十分慎重。从现在看，今年3月6日我院向媒体公布的李连达院士问题的通报是恰当的；尚未完成调查的问题仍需跟踪调查了解。关于天士力集团致函我院提出的问题，会议认为：(1) 以道德委员会的名义约谈李连达院士妥善处理；(2) 如天士力再询问此事，可说明：我院已表明原则态度，做了应有工作，此事已超出了科学道德的范畴，工程院科学道德委员会无权进行具体处理。

二、研究讨论2009年向全体院士作“我院科学道德建设的回顾与思考(征求意见稿)”报告

杜祥琬主任委员首先向会议介绍了报告的起草过程，并传达了5月18日在院主席团会议讨论后，主席团成员对报告的反馈情况。会议认为报告总体写得不错，有些地方还需要进行调整。主要有：

1. 中国工程院对于中国科技界的科学道德建设负有重要责任。报告的视角应再提高，题目要

扩展，改成“进一步加强中国工程院和中国科技界的科学道德建设”；

2. 回顾部分要重点写本届道德委员会的工作；

3. 报告的重点在弘扬科学精神，有关这部分的内容需要向前提；

4. 报告中过于具体的内容，如对一些典型投诉进行调查的举例，宜粗不宜细，使整个报告的风格一致起来；

5. 报告中对院士制度的讨论，超出了院士科学道德的范畴，最好放在院长的报告中，此报告可以不涉及。

会议还对作此报告的时间选择进行了讨论。会议认为，加强院士科学道德建设十分重要，如果来得及修改，建议在6月底第一轮院士增选会上向全体院士作此报告。

出　席：潘云鹤　杜祥琬　旭日干　胡启恒　王兴治　何新贵　孙传尧　何继善
马国馨（代谢礼立委员）　许健民　方智远（代管华诗委员）　庄　辉　沈荣骏

请　假：潘家铮　谢礼立　管华诗

列　席：李仁涵　鲁　瑛

记　录：鲁　瑛

（鲁　瑛）

教育委员会暨工程研究院所研究生教育学术委员会联席会议纪要

2009年12月25日，中国工程院教育委员会暨工程研究院所研究生教育学术委员会联席会议在中国工程院召开。会议主题是在总结2009年工作的基础上，研究2010年工作计划，并向新增补的委员颁发聘书。徐匡迪院长、周济副书记、潘云鹤常务副院长、刘德培副院长、教育部陈希副部长等领导及教育委员会和工程研究院所研究生教育学术委员会各位顾问、委员出席了会议，两个委员会秘书处成员及有关同志列席会议。徐匡迪院长作重要讲话，潘云鹤和陈希分别作专题发言，周济就两个委员会2010年工作计划作了说明，委员们进行了认真讨论。现将会议的主要内容纪要如下：

一、徐匡迪院长讲话并向新增补的委员颁发聘书

徐院长在讲话中充分肯定教育委员会和工程研究院所研究生教育学术委员会的工作，并对两个委员会2010年的工作部署作重要指示。徐院长指出，新中国成立六十年来，我国工程科技总体水平实现大幅跃升，部分领域已跻身世界先进行列，在经济发展、社会进步、民生改善、国家安全方面发挥了重要支撑作用，作出了巨大贡献。当前，我国正处在工业化和城市化发展的关键时期，加

快推动经济发展方式转变和经济结构调整，加快建设创新型国家，为我国工程科技人才培养和队伍建设赋予了新的历史使命。能否尽快培养与造就一大批高质量、多层次的创新型工程技术人才，为中国发展和人类工程科技进步做出新的重大贡献，是当代中国工程教育责无旁贷的历史任务。作为中国工程院负责工程教育的两个专门委员会，中国工程院教育委员会和工程研究院所研究生教育学术委员会在未来的工作中，应当充分发挥工程科技思想库的作用，加强咨询研究工作，继续深化工程科技人才培养课题研究；加强与各相关部委、高校、研究院所和企业的联系，促进工程科技人才培养，切实推进人才强国战略的实施；进一步加大宣传力度，不断提升研究成果对工程科技人才培养和发展的影响。工程教育是工程科技人才成长与队伍建设的基础性、前瞻性和战略性工程。责任艰巨，使命光荣。希望两个委员会继续开拓探索，为我国工程科技人才队伍建设、为人才强国战略的实施建言献策，贡献智慧和力量。

根据工作需要，并经院常务会议批准，教育委员会增补了教育部副部长、党组副书记陈希为副主任委员，教育部部长助理林蕙青、教育部高教司司长张大良为委员；工程研究院所研究生教育学术委员会增补周济为主任委员，陈希为副主任委员，林蕙青和国务院学位办主任张尧学、中国工程院副秘书长石立英为委员。徐匡迪院长向各位新增补的委员分别颁发了聘书。

二、潘云鹤主任委员介绍“创新人才”项目的有关情况

潘云鹤主任委员以“大力培养创新型工程科技人才的五点建议”为题，向大会汇报了中国工程院承担的“创新型工程科技人才培养研究”重大咨询专项最新进展。这项历经2年时间，有100余位院士和300余位专家参与的咨询项目，已经于2009年6月完成研究并上报国务院，受到中央领导同志和相关部门的高度重视。潘云鹤主任委员着重就咨询研究中提出的关于工程科技人才培养工作的五点建议作了汇报：一是建议加快高等工程教育改革，尤其是要突出工程教育的实践性、创新性和多样性；二是组织在职工程师的创新能力再培训，使之充实前沿科技、创新案例、交叉学科和设计知识等，以增强其创新精神，推动企业创新活动；三是建议比照国家自然科学基金机制设立国家工程科技创新基金；四是建设激励工程科技创新的环境和机制；五是切实推进政产学研在工程科技创新中的多方位合作。

三、陈希副主任委员介绍教育部高等工程教育改革情况

陈希副主任委员作了“面向工业界、面向世界、面向未来培养工程科技人才”的专题发言。他全面回顾新中国成立六十年来我国工程教育发展取得历史成就，深刻分析了我国工程教育的发展优势及存在的主要问题，并就教育部目前正在推动的几项工程教育改革措施做了详细介绍。这些措施主要包括：“卓越工程师培养计划”，与科研院所联合培养博士生试点以及工程师继续教育改革。陈希副主任委员指出，我国正处于工业化中期，正在由制造业大国向制造业强国转变，对工程人才需求巨大，培养大批优秀工程师，对我国的工业化和现代化将提供有力的人才支撑。工程教育要坚持面向工业界、面向未来、面向世界培养工程师，提升我国工程教育的国际竞争力，提升我国产业的国际竞争力。

四、周济主任委员介绍两个委员会2010年工作计划

周济主任委员向大会介绍了两个委员会组建秘书处情况及2010年工作计划的安排建议。

2010年，两个委员会的工作计划主要包括：(1) 继续开展工程科技人才培养咨询研究工作；(2) 加强与教育部的合作，协助推进“卓越工程师培养计划”的实施；(3) 加强与教育部和工程研究院所的联系，协助推进工程研究院所研究生培养制度深化改革；(4) 加强与人力资源和社会保障部、教育部等有关单位的联系，协助推进工程师创新能力培养计划的实施；(5) 做好研究基础建设和宣传出版工作；(6) 做好两个委员会的换届工作。周济主任委员强调，两个委员会将继续坚持“指导、交流、协调和咨询”的工作原则，积极配合政府相关部门，切实推动我国工程科技人才培养和队伍建设事业。

为加强两个委员会的工作，经院常务会议批准设立两个委员会的秘书处。教育委员会秘书处组成人员为：王振海、李茂国、王孙禺、陈 劲、雷 庆、陈 敏、姜嘉乐、孔寒冰、傅兴顺、陈志宇、刘 玮、延建林；工程研究院所研究生教育学术委员会秘书处组成人员为：王振海、任增林、郑 义、宋 浩、刘玮、延建林。两个委员会的秘书由王振海担任。

五、讨论

参加会议的各位委员就两个委员会2010年度的工作计划和咨询项目等问题进行了广泛的讨论，并就工程科技人才培养研究咨询项目提出许多建设性的意见和建议。主要包括三类：一是理论研究，如工程科技哲学研究、工程科技知识宣传普及研究、工程师社会地位研究；二是实践研究，如工程管理硕士培养研究、工程教育课程结构研究、工程院校评价体系研究；三是政策研究，如加强高校与工程研究院所研究生培养合作问题研究、加强工程科技教育产学研合作研究、加强工程技术创新体系研究、加强部分行业领域工程科技人才培养和队伍建设研究等。

联席会议原则同意两个委员会2010年度工作计划，责成两个委员会的秘书处认真汲取各方的意见和建议，进一步完善工作计划并积极做好落实工作计划的各项工作。

主　持：周　济

出　席：徐匡迪　朱高峰　周　济　潘云鹤　王淀佐　陈　希　刘德培　吴启迪　左铁镛
钟志华　韦　钰　郑南宁　干　勇　汪燮卿　殷瑞钰　徐德龙　何继善　谢克昌
钱　易　汪懋华　洪绂曾　林蕙青　张大良　余寿文　石立英　庄　毅　谭志昕
李新亚　杨毅刚　赵　强　陈　劲　张彦通

列　席：袁振国　王孙禺　刘　桔　高中琪　吴国凯　王振海　李茂国　任增林　傅兴顺
雷　庆　郑　义　宋　浩　姜嘉乐　陈　敏　孔寒冰　宋建农　李开占　宋德雄
刘　玮　黎青山　延建林　王　波

记　录：延建林

（刘　玮）

产业工程科技委员会第八次全体会议纪要

2009 年 9 月 25 日—26 日，中国工程院产业工程科技委员会第八次全体会议在绍兴市举行。工程院原副院长、委员会主任王淀佐院士，工程院副院长、委员会副主任邬贺铨院士，殷瑞钰、蒋士成、刘友梅、谢友柏、谭建荣、吴澄、王天然、周翔等院士、20 多家成员单位代表出席会议。王淀佐院士介绍了委员会 2008—2009 年围绕“技术创新与节能减排”主题开展的一系列活动；成员单位代表介绍了各自单位在自主创新方面的体会、状况，应对金融危机的对策、措施；会议还讨论了委员会的工作。

产业工程科技委员会自 2000 年 9 月成立以来，先后组织开展了一系列的活动，目前已发展团体成员单位 42 家，其中 15 家研究院所、27 家大型企业，现有院士委员 22 位，还成立了薄板坯连铸连轧协会、金属矿产资源研究会、表面活性剂研究开发促进会等 3 个下属委员会。

2008 年 7 月与 2009 年 9 月，由谢友柏院士倡导和推动，由产业工程科技委员会与教育部现代设计与制造网上合作研究中心等单位共同主办了两场“产品现代设计与技术创新”论坛。该系列论坛对推动创新理念、设计理论方法与知识服务模式在中国企业的应用，增强企业的技术创新能力具有十分重要的参考价值。

2008 年 7 月与 2009 年 8 月，表面活性剂研究开发促进会组织承办了“表面活性剂在节能减排技术中的应用”和“生物质化学品与表面活性剂的研究及开发”论坛，论坛围绕“节能减排技术”，涵盖了纺织、造纸、农药、能源、洗涤、环境工程等多个领域。

2009 年 3 月，为推动技术创新与节能减排的建设，产业委员会在广州举办了以“工业污染防治战略研究”为主题的专场报告会，并分专业与石油化工、建材、冶金、造纸方面的企业进行了现场交流研讨，取得很好的成效。

在加强国内合作的同时，产业委员会还积极开展国际合作：

2008 年 9 月 22 日—23 日，中国工程院和澳大利亚工程院联合举办了“中澳工程院矿物加工研讨会”，王淀佐院士和澳大利亚工程院院长 Robin Batterham 院士担任会议主席。中国工程院徐匡迪院长、澳大利亚工程院 Robin Batterham 院长和澳大利亚驻华大使 Geoff Raby 博士分别出席开幕式并致辞。中方杜祥琬等十余位院士、专家和澳方专家学者等围绕基础研究与工业应用研发、矿物加工新技术和采矿安全进展、清洁能源和可持续能源技术等三个主题作了特邀报告。来自中澳双方有关矿业、钢铁、冶金公司和高校、院所的 70 余名代表出席。

2009 年 5 月 13 日—15 日，产业委员会与中国金属学会在南京联合主办了“2009 年薄板坯连铸连轧国际研讨会”。来自 12 个国家近 50 位外方专家及我国主要板材生产企业、科研院所的近 230 位代表出席会议，共同研讨世界薄板坯连铸连轧技术发展方向。

在全体会议上，与会院士、成员单位代表建议：今后需要进一步加强委员会的工作，通过产业委员会这个平台，开展相关先进技术和相关系统的交流，成为不同产业关键共性技术的交流平台；同时加强对创新观念的交流和讨论，对工程设计理论、方法、工具的研究和探讨。

邬贺铨副院长在总结时，高度评价了会议取得的成果，他指出：工程院作为国家工程科技思想库，应该为产业的发展作贡献，同时，为企业做好服务，也是国家的期望。委员会的活动，就是为院士、研究院所与企业间搭建沟通平台。通过会议交流，明确了与会企业对有关政策和技术的需求，今后工程院将通过书面征求意见、组织院士、专家开展咨询活动等方式，进一步加强与企业、研究院所的联系，促进院所、企业的技术发展。

产业委员会在绍兴活动期间，与会院士、成员单位代表还与绍兴企业家代表举行座谈会、与绍兴市企业开张对接洽谈活动。为与绍兴市的企业建立良好的合作关系打下了良好的基础。

（左家和、王晓俊）

学术与出版委员会会议纪要

6月28日，中国工程院学术与出版委员会会议在北京会议中心召开。会议由中国工程院副院长、学术与出版委员会主任刘德培主持，副主任邬贺铨副院长和19位委员出席。会议听取了政策研究室关于“中国工程院学术活动情况”和“出版工作情况”的报告，审议了《中国工程院学术活动管理办法（讨论稿）》，纪要如下。

政策研究室副主任高中琪同志向会议报告了我院成立以来学术活动的基本情况。该报告是在学部工作局2007—2008年完成的“中国工程院学术活动调研报告”的基础上，经过整理提出的。报告认为，中国工程院成立以来，学术活动的数量从少到多、规模从小到大，围绕国家经济社会发展的工程科技问题，开展了大量具有较高水平的学术活动，有些学术活动，比如“工程科技论坛”、“工程前沿”研讨会、“化工、冶金与材料工程学部学术年会”等，已经形成了具有一定影响的品牌，在工程科技界和社会上的影响逐步扩大。但总的来看，我院学术活动缺乏前瞻性的顶层设计和有效的管理机制；具有重要影响的学术活动品牌尚未真正形成，学术活动的整体水平有待进一步提高；学术活动支撑条件缺乏，管理薄弱。报告建议学术与出版委员会加强对学术活动的顶层设计，力争通过一定时间的引导和努力，形成具有工程科技和工程院特点的学术活动品牌；加强对重大学术活动的资金支持，为学术活动提供基本条件；制定“中国工程院学术活动管理办法”，推动学术活动的规范化管理和服务。

学术与出版处处长刘静同志通报了有关出版工作。

委员们一致同意报告中关于我院学术活动的总体评价以及存在的主要问题和相关改进建议，原则同意秘书处提交的“中国工程院学术活动管理办法”，待提交院常务会议审定后实施。会议围绕加强我院学术活动的顶层设计，学术活动的品牌建设、学术活动的组织管理，以及规范出版工作等问题进行了讨论。

会议讨论认为，我院以往对学术活动的顶层设计和管理确有欠缺，学术活动虽然数量不少，涉及面也较广泛，但形式内容分散杂乱，缺乏连贯性和系列性。为加强和推动我院今后学术活动的开展，提高学术活动的质量和针对性，会议形成以下五点意见：

1. 学术与出版委员会将充分发挥对学术活动的领导和指导作用，加强学术活动的顶层设计。学术活动将注重发挥国家最高学术性机构和“国家工程科技思想库”的作用，围绕关系国计民生、经济社会发展的重大工程问题开展学术活动，抓住重要领域的前沿性、交叉性以及热点、难点问题，举办不同规模、不同层次的学术活动。并通过抓重点、多层次、多项结合、系统整合等措施，创出中国工程院的学术活动品牌。

2. 各学部在各自专业领域开展各具特色的学术活动，是我院学术活动的主要形式和最大优势，希望各学部在总结过去成功经验的基础上，注重发挥自己的优势，突出重点，在本领域开展系统性、持续性的学术活动，使之不断扩大影响，形成品牌。

3. 会议强调，咨询工作是我院的主要职能和任务，学术活动也要围绕这一中心工作开展。今后重大学术活动选题要注意与咨询研究相配合，使学术活动的选题更贴近国家经济社会发展的需要，也更有利于支持咨询研究的开展。

4. 为保证对学术活动的经费支持，建议 2010 年从现有院士活动经费中暂明确 300 万元专项用于学术活动，其他与咨询研究结合开展的学术活动经费从咨询项目经费中支持。从 2011 年开始，在我院年度财政预算中将学术活动费用单列。

5. 出版工作也要注意与咨询工作、院士大会学术活动、光华工程科技奖等的结合，充分利用这些活动的成果和专家队伍，扩充优秀稿源，提高出版物质量。希望各学部抓住国家重大需求的工程科技问题，积极组织《中国科学技术前沿》的系列文章，保证该出版物的高质量和持续出版。

会议强调要规范咨询研究报告的出版。拟选择一家合适的出版社统一规格，统一出版，形成系列。

主　持：刘德培
出　席：邬贺铨　金国藩　汪旭光　柳百成　李椿萱　徐滨士　李伯虎　汪燮卿　沈德忠
苏义脑　陈毓川　韩英铎　谢世楞　崔俊芝　李泽椿　甄永苏　何继善　朱晓东
刘志鹏（王国祥代出席）
请　假：侯云德　毛二可　张锦秋　徐　洵　金鉴明　唐启升　山　仑　郑树森　沈倍奋
郭重庆
列　席：高中琪　刘　静　丁养兵　赵文成
记　录：丁养兵　赵文成

（丁养兵）

咨 询 研 究

【咨询报告】

2009 年咨询报告目录

1. 关于加快推进科技进步应对金融危机的若干建议
2. 关于促进我国高性能纤维产业自主创新发展的意见
3. 我国主要流程工业 CO_2 排放的评估及对策研究
4. 发展抗疲劳制造,提升我国机械制造核心竞争力
5. 我国抗灾救灾能力建设及在后重建策略研究
6. 关于应对甲型 H1N1 流感疫情的若干建议
7. 提高中小企业研发能力与产品质量促进经济平稳增长的建议
8. 交通运输网络关键问题研究
9. 我国可再生能源若干专题调研的主要结论和建议
10. 废弃物资源化专项调研的主要结论和建议
11. 煤的洁净化专项调研的主要结论和建议
12. 创新型工程科技人才培养研究
13. 我国能源产业振兴的思路与建议
14. 关于应对“智慧地球”的对策建议
15. 新疆可持续发展中有关水资源的战略研究
16. 我国空间技术与应用发展战略若干重大问题研究
17. 关于对防控甲型 H1N1 流感大流行几点建议的报告
18. 我国建筑节能战略研究

【咨询项目管理】

关于中国工程院2009年咨询研究项目立项及经费安排的通知

中工发[2009]58号

院各学部、专门委员会、机关各部门：

按照国家财政部批复我院的2009年院士科技咨询经费的额度，根据《中国工程院咨询研究项目管理办法》、《中国工程院咨询项目经费管理办法》有关规定，经院咨询工作委员会审议，并报院常务会议批准，我院2009年咨询研究项目立项及经费安排如下：

一、2009年重大专项新立项3个，接转2个，共安排经费2350万元，其中已安排"中国工程科技中长期发展战略研究"、"中国养殖业可持续发展战略研究"项目启动经费640万元（见中工发[2009]30号文件），现安排经费1710万元。（详见附件）

二、2009年学部重点咨询研究项目新立项14个，接转2个，共安排经费680万元，其中已安排"信息化与工业化融合战略研究"、"我国放射性医疗发展对策研究""石油化工工程建设项目管理机理研究与评价"、"工程演化研究"项目经费145万元（见中工发[2009]1、8、17号文件），现安排经费535万元。（详见附件）

三、2009年学部一般咨询研究项目新立项22个，接转1个，共安排经费319万元。（详见附件）

请院财务部门严格按照国家有关规定和《中国工程院咨询项目经费管理办法》，做好经费的保障和监管工作。

请各项目承担部门根据本《通知》安排的项目经费额度，严格按照国家有关规定和《中国工程院咨询项目经费管理办法》，编制所承担项目的各月用款计划，2009年7月15日前交政策研究室咨询工作处，要求合理使用项目经费，坚持节俭原则、专款专用。请严格按照《中国工程院咨询研究项目管理办法》，做好项目的研究工作，按计划完成咨询研究报告。

特此通知。

附件：1. 中国工程院2009年咨询研究项目立项及经费安排表

2. "中国工程科技中长期发展战略研究"重大专项各专题经费分配方案

中国工程院

二〇〇九年六月十五日

附件 1：

中国工程院 2009 年咨询研究项目立项及经费安排表

表 1　重大专项

序号	名　称	负责人	编号	立项时间	完成时间	经费安排/万元	备注
1	中国工程科技中长期发展战略研究	徐匡迪 陈宜瑜 潘云鹤 孙家广 邬贺铨	2009－ZD－01	2009.1	2010.12	800	2009 年共安排 1200 万元，已安排启动经费 400 万元
2	中国养殖业可持续发展战略研究	旭日干 张桃林 管华诗 李　宁 陈焕春	2009－ZD－02	2009.1	2010.12	260	2009 年共安排 500 万元，已安排启动经费 240 万元
3	我国重点湖库富营养化控制及其流域经济协调发展模式建议	刘鸿亮	2009－ZD－03	2009.5	2010.9	150	
4	中国能源中长期（2030、2050）发展战略研究	杜祥琬	2008－ZD－01	2008.1	2010.3	200	接转
5	新时期我国生物安全战略与法规研究	刘德培 杨胜利	2008－ZD－03	2007.8	2009.12	300	接转
合计						1710	

表2　学部重点咨询研究项目

序号	名　称	负责人	承担部门	编号	立项时间	完成时间	经费安排/万元	备注
1	我国高能耗机械装备运行状况及节能对策研究	高金吉	机械学部	2009 – XZ – 03	2009.5	2010.12	50	
2	我国未来空中交通管理技术发展的对策研究	张彦仲 冯培德	机械学部	2009 – XZ – 04	2009.5	2010.6	30	
3	信息化与工业化融合战略研究	吴　澄 孙优贤 王天然	信息学部	2009 – XZ – 02	2009.2	2010.8	80	共安排100万元，已安排启动经费20万元
4	战略金属镀材料在我国的可持续发展	何季麟	化工学部	2009 – XZ – 05	2009.5	2010.5	35	
5	钢铁工业主要固体废弃物资源化利用的现状与对策研究	殷瑞钰 徐德龙	化工学部	2009 – XZ – 06	2009.5	2011.5	60	
6	我国放射性医疗发展对策研究	胡思得 傅依备 杨　岐	能源学部	2009 – XZ – 01	2009.2	2010.10	65	共安排80万元，已安排启动经费15万元
7	我国气象灾害预警与应急研究	李泽椿	环境学部	2009 – XZ – 07	2009.5	2010.12	30	
8	中国食品安全的现状、问题和对策预调研	魏复盛	环境学部	2009 – XZ – 08	2009.5	2010.5	40	
9	作物科学应对气候变化的对策和措施	官春云	农业学部	2009 – XZ – 09	2009.5	2011.5	20	

续表

序号	名　称	负责人	承担部门	编号	立项时间	完成时间	经费安排/万元	备注
10	青藏铁路运营期低氧防护及高原病防治的研究	吴天一	医药学部	2009－XZ－10	2009.5	2011.5	40	
11	高油价下中国油气资源战略	翟光明	工管学部	2009－XZ－11	2009.5	2010.12	30	
12	交通运输节能问题的研究	傅志寰	工管学部	2009－XZ－12	2009.5	2011.5	15	
13	石油化工工程建设项目管理机理研究与评价	王基铭 袁晴棠	工管学部	2009－XZ－13	2008.12	2009.12	—	已提前启动，安排经费60万元
14	工程演化研究	殷瑞钰	工管学部	2009－XZ－14	2008.12	2011.3	—	已提前启动，安排经费50万元
15	黄淮海地区农业节水对策及实施半旱地农业可行性研究	山　仑	农业学部	2008－XZ－09	2008.6	2009.12	20	接转
16	医药学科发展现状及前沿发展方向	杨胜利	医药学部	2008－XZ－10	2008.6	2009.12	20	接转
合计							535	

表 3　学部一般咨询研究项目

序号	名　称	负责人	承担部门	编号	立项时间	完成时间	经费安排/万元	备注
1	促进我国建筑钢结构产业快速、健康发展的技术政策研究	沈祖炎	土木学部	2009 - XY - 01	2009.5	2010.12	20	
2	土木学科发展现状及前沿发展方向研究	崔俊芝 杨秀敏	土木学部	2009 - XY - 02	2009.5	2010.6	20	
3	水利学科现状、发展方向及创新前沿研究	韩其为 陈厚群	土木学部	2009 - XY - 03	2009.5	2010.6	20	
4	城乡统筹与人居环境科学发展	吴良镛 毛其智	土木学部	2009 - XY - 04	2009.5	2010.4	20	
5	环境与轻纺工程学科发展战略研究	魏复盛	环境学部	2009 - XY - 05	2009.5	2010.12	20	
6	海洋学科发展现状及前沿发展方向研究	侯保荣	环境学部	2009 - XY - 06	2009.5	2010.12	10	
7	气象学科发展现状及前沿发展方向研究	许健民	环境学部	2009 - XY - 07	2009.5	2010.4	10	
8	环境科技发展现状及前沿发展方向研究	张　懿 郝吉明	环境学部	2009 - XY - 08	2009.5	2010.6	10	
9	轻工业工程学科发展战略研究	陈克复	环境学部	2009 - XY - 09	2009.5	2010.7	10	
10	纺织学科发展现状及前沿发展方向研究	孙晋良	环境学部	2009 - XY - 10	2009.5	2010.6	10	

续表

序号	名　称	负责人	承担部门	编号	立项时间	完成时间	经费安排/万元	备注
11	作物学学科发展现状及发展方向	戴景瑞	农业学部	2009－XY－11	2009.5	2010.12	10	
12	园艺学学科发展现状及发展方向	方智远	农业学部	2009－XY－12	2009.5	2011.5	10	
13	农业工程学科发展现状及发展方向	王懋华	农业学部	2009－XY－13	2009.5	2011.5	10	
14	农业生态（林学）学科发展现状及发展方向	尹伟伦	农业学部	2009－XY－14	2009.5	2011.5	10	
15	水产学学科发展现状及发展方向	唐启升	农业学部	2009－XY－15	2009.5	2010.12	10	
16	兽医学学科发展现状及发展方向	陈焕春	农业学部	2009－XY－16	2009.5	2011.5	10	
17	南方双季稻问题调查研究（以湖南为例）	刘更另	农业学部	2009－XY－17	2009.5	2010.5	20	
18	生物防御工业的国际发展态势与我国发展战略研究	沈倍奋 郑　涛	医药学部	2009－XY－18	2009.5	2011.5	20	
19	中国女性乳腺癌筛查效果评估及对策建议	郝希山	医药学部	2009－XY－19	2009.5	2011.5	20	
20	服务科学管理工程（SSME）对促进我国转变经济发展方式的研究	郭重庆	工管学部	2009－XY－20	2009.5	2010.5	20	

续表

序号	名　称	负责人	承担部门	编号	立项时间	完成时间	经费安排/万元	备注
21	东水西调工程研究	刘人怀	工管学部	2009 - XY - 21	2009.5	2011.6	15	
22	二氧化碳地下储存及提高石油采收率发展战略研究	王玉普	工管学部	2009 - XY - 22	2009.5	2011.6	10	
23	非爆炸且不可还原的农用硝酸铵的研究发展前景与产业政策的研究	汪旭光	化工学部	2007 - XZ - 23	2007.5	2009.12	4	接转
合计							319	

附件2:

"中国工程科技中长期发展战略研究"重大专项各专题经费分配方案

序号	名　称	负责人	经费安排/万元	备注
1	机械与运载工程技术领域专题	张彦仲	80	2009年各安排120万元,已各安排启动经费40万元
2	信息与电子工程技术领域专题	李国杰	80	
3	化工、冶金与材料工程技术领域专题	干　勇	80	
4	能源与矿业工程技术领域专题	何继善	80	
5	土木、水利与建筑工程技术领域专题	杨秀敏	80	
6	环境与轻纺工程技术领域专题	魏复盛	80	
7	农业技术领域专题	管华诗	80	
8	医药卫生技术领域专题	杨胜利	80	
9	综合组	王礼恒	160	2009年安排240万元,已安排启动经费80万元
总计			800	2009年共安排1200万元,已安排启动经费400万元

关于中国工程院咨询研究项目2009年第二批立项及追加经费安排的通知

中工发[2009]77号

院各学部、各专门委员会、机关各部门：

按照国家财政部批复我院的2009年院士科技咨询经费的额度，根据《中国工程院咨询研究项目管理办法》、《中国工程院咨询项目经费管理办法》有关规定，经院咨询工作委员会审议，并报院常务会议批准，我院咨询研究项目2009年第二批立项及追加经费的安排如下：

一、2009年第二批立项的咨询研究项目有8个，共安排经费485万元，其中重大专项1个，学部级项目7个。（详见附件1）

二、2009年追加经费的咨询研究项目有10个，共安排经费166万元。（详见附件2）

请院财务部门严格按照国家有关规定和《中国工程院咨询项目经费管理办法》，做好经费的保障和监管工作。

请各项目承担部门根据本《通知》安排的项目经费额度，严格按照国家有关规定和《中国工程院咨询项目经费管理办法》，编制所承担项目的各月用款计划，2009年8月15日前交政策研究室咨询工作处。各项目要合理使用项目经费，坚持节俭原则、专款专用。请严格按照《中国工程院咨询研究项目管理办法》，安排好项目的研究工作，按计划完成咨询研究报告。

特此通知。

附件：1. 中国工程院咨询研究项目2009年第二批立项安排表

2. 中国工程院咨询研究项目2009年追加经费安排表

中国工程院

二○○九年七月二十四日

附件 1：

中国工程院咨询研究项目
2009 年第二批立项安排表

序号	项目名称	负责人	承担部门或项目级别	立项时间	完成时间	经费安排/万元
1	国防科技发展若干重大问题的建议	沈荣骏 杜祥琬	重大专项	2009.7	2009.12	110
2	我国下一代机器人技术发展战略研究	徐扬生	信息学部	2009.7	2010.6	75
3	抗疲劳制造与长寿命高强度构件研究发展	赵振业	化工学部	2009.7	2010.6	100
4	中国石油天然气新区新领域勘探方向研究	翟光明	能源学部	2009.7	2009.12	50
5	中国感染性角膜病的社会危害和干预策略研究	谢立信	医药学部	2009.7	2011.6	70
6	三农问题与农民致富之道	师昌绪	资深院士联谊会	2009.7	2010.6	10
7	中美四院“利用可再生能源发电”	杜祥琬 黄其励	国际合作局	2009.7	2010.4	50
8	院士专家工作站工作形式推广的必要性和可行性研究	待定	学部工作局	2009.7	待定	20
共计						485

附件2：

中国工程院咨询研究项目 2009年追加经费安排表

序号	项目名称	负责人	承担部门	立项时间	完成时间	经费安排/万元	原批准经费/万元
1	提高我国机械装备产品品质的若干关键共性技术调查研究	陈予恕	机械学部	2007.9	2009.12	20	20
2	机械产品的数字化设计与制造战略研究	李培根	机械学部	2008.6	2009.12	20	20
3	大力发展计算机仿真技术促进我国节能减排规划与实施	李伯虎	信息学部	2008.6	2009.12	10	15
4	关于信息系统安全保密必须从源头上加以治理的措施研究	沈昌祥	信息学部	2008.6	2009.12	10	10
5	信息化与工业化融合研究	吴　澄 孙优贤 王天然	信息学部	2009.6	2010.6	20	100
6	海上风电场建设重大工程问题研究	王景全	土木学部	2008.8	2009.12	20	60
7	国家战略石油地下大型储备库的建设技术研究	王梦恕	土木学部	2008.6	2010.12	21	40
8	环境与轻纺工程学科发展战略研究	魏复盛	环境学部	2009.5	2010.12	20	20
9	我国工程管理现状与关键问题研究	何继善	工管学部	2006.1	2010	15	130
10	中国制造业企业国际化战略研究	郭重庆	工管学部	2006.1	2010	10	20
共计						166	

关于2009年提前启动“我国放射性医疗发展对策研究”学部重点咨询研究项目的通知

中工发[2009]8号

院各学部、机关各部门：

经中国工程院咨询工作委员会审议，并报院常务会议批准，我院2009年将开展“我国放射性医疗发展对策研究”学部重点咨询研究项目，由能源与矿业工程学部承担。

经能源与矿业工程学部申请，并报主管咨询研究工作的院领导批准，决定提前启动该项目。启动经费安排15万元，从我院2008年院士科技咨询经费中列支。该项目负责人为胡思得院士、傅依备院士等，研究起止时间为2009年2月至2010年10月，项目编号为2009－XZ－01。

请各有关部门严格按照《中国工程院咨询研究项目管理办法》、《中国工程院咨询研究项目经费管理办法》进行管理。

特此通知。

中国工程院

二〇〇九年二月二日

关于2009年提前启动“信息化与工业化融合战略研究”学部重点咨询研究项目的通知

中工发[2009]17号

院各学部、机关各部门：

经中国工程院咨询工作委员会审议，并报院常务会议批准，我院2009年将开展“信息化与工业化融合战略研究”学部重点咨询研究项目，由信息与电子工程学部承担。

经信息与电子工程学部申请，并报主管咨询研究工作的院领导批准，决定提前启动该项目。启动经费安排20万元，从我院2008年院士科技咨询经费中列支。该项目负责人为吴澄院士、孙优贤院士、王天然院士，研究起止时间为2009年2月至2010年8月，项目编号为2009－XZ－02。

请各有关部门严格按照《中国工程院咨询研究项目管理办法》、《中国工程院咨询研究项目经费管理办法》进行管理。

特此通知。

中国工程院

二〇〇九年三月二日

关于委托咨询服务中心负责组织实施部分重大咨询项目的通知

中工发[2009]98号

中国工程院咨询服务中心：

根据院常务会议决定，为保证重大咨询项目的顺利开展，现将2009年批准开展的部分重大咨询项目（见附件）的后续工作，委托你中心负责组织实施和经费的管理。请严格按照国家有关规定和《中国工程院咨询研究项目管理办法》、《中国工程院咨询项目经费管理办法》，单独核算，专款专用，做好相关工作。

附：项目名称及经费情况

中国工程院

二〇〇九年十一月十八日

附：

项目名称及经费情况

项目1："中国工程科技中长期发展战略研究"2009年1月立项，2010年12月完成。2009年安排经费1200万元，已执行3854037.28元。可转拨经费8145962.72元。

项目2："中国养殖业可持续发展战略研究"2009年1月立项，2010年12月完成。2009年安排经费500万元，已执行2193136.25元。可转拨经费2806863.75元。

项目3："我国重点湖库富营养化控制及其流域经济协调发展模式建议"2009年5月立项，2010年9月完成。2009年安排经费150万元，已执行1338594.6元。可转拨经费161405.4元。

项目4："中国能源中长期（2030、2050）发展战略研究"2008年1月立项，2010年3月完成。2008年安排经费400万元，2009年经费200万元，已执行3256977.73元。可转拨经费2743022.27元。

项目5："新时期我国生物安全战略与法规研究"2007年8月立项，2009年12月完成。2008年安排经费500万元，2009年安排经费300万元，已执行438788.29元。可转拨经费3612111.71元。

共可转拨17469365.85元。

注：以上经费，均以我院财务处提供的截止到10月底数据为准。

关于个别咨询研究项目取消立项及调整经费等事宜的通知

中工发[2009]101号

院各学部、各专门委员会、机关各部门：

"国防科技发展若干重大问题的建议"项目组（原批准研究时间为2009年7月—12月，负责人为沈荣骏院士、杜祥琬院士，2009年安排经费110万元）经调查研究提出，目前尚不适宜开展此项研究工作，申请取消立项。经院领导批准，同意项目组申请。

"石油天然气新区新领域勘探突破方向"项目组（原批准时间为2009年7月—12月，负责人为翟光明院士，2009年安排经费50万元）提出，由于新疆"7·5"事件影响，原计划与该地区相关的调研工作未能如期进行，影响到整个项目的进度，申请将项目完成时间延期并调整年度经费安排。经院领导批准，同意项目组申请，决定将此项目完成时间延至2010年7月，项目经费调整为2009年安排15万元、2010年安排35万元。

中国工程院

二〇〇九年十一月二十六日

（以上均由王立群提供）

【院士建议】

关于加强宁德市官井洋大黄鱼繁殖保护区建设和提升大黄鱼养殖产业模式的建议

管华诗　唐启升　雷霁霖　赵法箴　徐　洵　林浩然
张国范　麦康森　关瑞章　柯才焕　林祥志

2009 年 2 月 6 日

大黄鱼,英文名 large yellow croaker,俗称黄花鱼,历史上曾居我四大海洋渔业之首。由于近些年过度捕捞和生态环境恶化,造成产量锐减,自然种群受到极大威胁。大黄鱼通身金黄,唇部呈橘红色而被沿海渔民视为吉祥物。其经济价值高,市场潜力大,被农业部列为 8 大出口优势产品之一,因之冠以"国鱼"之美称而享誉海内外。

福建省宁德市官井洋是典型的内湾型大黄鱼产卵场,是国际知名的大黄鱼产卵场,大黄鱼优良种质保存库。在湾内栖息繁衍的大黄鱼属于闽粤东族,又称宁德大黄鱼,该族较之浙江的岱衢族和广东的硇洲族具有体型大、生长快的优势。大黄鱼分布于闽、浙、粤三省沿海的三个种群中,以闽东族种群的种质最佳,为使宁德大黄鱼的种质资源得以持续繁衍,并逐步恢复其产量,福建省人大早在 1985 年就通过立法,设立了"官井洋大黄鱼繁殖保护区";2007 年农业部又批准设立了"官井洋大黄鱼种质资源保护区";当地政府也积极鼓励、组织宁德市水产科技人员开展大黄鱼人工育苗及增养殖技术研究。在国家、省、市渔业部门的大力支持下,经过 23 年艰苦努力,取得了宁德大黄鱼人工育苗、网箱养殖和放流增殖的重大突破,形成一鱼一产业,造福一方百姓的效应,产生了巨大的经济和社会效益,为当地产业结构调整和三农经济的发展作出了重要贡献。

当前,在宁德市政府规划落实三都澳沿岸港口、临港工业和旅游产业的大背景下,如何做好该湾区的统一规划,合理开发利用资源,是充分发挥环三都澳岸带和水域优势的重大课题。为此,我们提出以下意见和建议:

一、加强官井洋大黄鱼繁殖保护区建设的几点意见

大黄鱼是我国特有的经济海洋鱼类,其具有重要的经济价值的同时,在大黄鱼身上也蕴涵着丰富的中华民族的文化符号,谓之"国鱼"实不为过。在开发大黄鱼资源的同时,建立保护区对大黄鱼种质资源进行有效的保护,防止大黄鱼基因丢失及至物种濒危,已迫在眉睫。三都澳官井洋是国

内外著名的大黄鱼内湾型产卵场，做好它的保护工作，对宁德大黄鱼种群兴衰和种质保存的关系十分密切，所以需要特别重视：

1. 全面落实1985年福建省人大通过的“官井洋大黄鱼繁殖保护区”的决定和2007年农业部批准的“官井洋大黄鱼种质资源保护区”的决定。

2. 责成当地渔业管理部门和执法单位，严格按照保护区规定的条例实施全面科学管理，要留足保护区的岸带和海域面积，维护好水域生态环境安全。

3. 组织当地科研机构定期开展湾区内外种质资源与环境调查，并进行科学的放流增殖、跟踪回捕等实验研究，以建立一个内湾型的种质资源管理模式。

4. 国家级大黄鱼原种场早已落户官井洋，但只有启动经费而无后续经费和地方配套经费的支持，所以难以有效开展种质资源保护和人工育种工作。为此建议各级主管部门应加快落实专项经费的投入，以确保原种场各项工作的顺利实施。

二、提升大黄鱼养殖产业模式的建议

目前福建闽东地区辖6市、区，年产大黄鱼苗超过10亿尾，有小型网箱33万个，年产商品鱼逾6万吨，是全国的主产区，占全国总产量的70%以上。年产值逾20亿元，年出口量约2万吨，创汇7000万美元，活鱼和加工产品行销全国各地和东南亚各国，产业链上的从业人员达10万人以上，已经形成我国南方沿海具有地方特色的一大养殖产业。但是，目前网箱养殖突出存在诸如性状退化、超负荷养殖、鲜杂鱼饲喂、水体污染严重、产品品质下降和养殖设施有碍观瞻等问题。为了彻底改变这种局面，在保护大黄鱼种质资源、改善大黄鱼生态环境质量的同时，全面提升大黄鱼养殖技术水平，使大黄鱼的产业尽快成为国内一流的资源节约型和环境友好型海水养殖产业，特建议如下：

1. 当前开展品种选育工作至关重要。一是要尽快与国家科研院所或大专院校合作，采用分子育种等现代育种技术选育口感好、生长快、抗逆性强的新品种；二是借鉴大农业品种选育方法，走家系选育之路，依托大黄鱼种质资源保护区的优势，获得原种资源选育接近自然风味的新品系或新品种；三是注意选育品种或家系的逃逸，避免其对野生群体造成遗传污染。

2. 营养饲料是大黄鱼养殖产业健康发展的关键问题之一。目前大多数大黄鱼养殖户仍然采用鲜杂鱼作为饲料，需要6~8斤饲料鱼方可换取1斤养成鱼，既浪费资源，还会对养殖环境造成继发性损害和病害发生。所以当务之急必须加快改进网箱养殖大黄鱼的饲料。政府应该出台限制性政策，行政管理和技术推广部门则要加快推广专用颗粒饲料产品，鼓励地方饲料工业研发国产化的专用配合饲料，促进产业全面升级换代，以解决养殖产区的环境污染和疾病传播等问题。

3. 与此同时，养殖模式和网箱布局也要作较大的调整。目前宁德的大黄鱼养殖大多数是3×3×4(m)或4×4×6(m)的小网箱。这种网箱在浅水区高密度布设，因结构简单，抗台风能力低，以致每年夏秋季强台风期，小网箱养殖区都要付出惨重代价，且一旦暴发鱼病则更难逃脱蔓延之苦。为了改变这一现状，建议首先将近岸浅水区的小型网箱数量缩减一半以上。与此同时，组织养殖户联合起来，地方政府给予一定的补助，大力推广大口径深水网箱养鱼，完全投喂全价配合饲料；另外也可在适宜的沿岸带推行围网生态养鱼。对湾内网箱养殖区要重新规划，有序发展。同时对防灾减灾问题也要引起足够重视，可引进远程遥控升降式养殖网箱和配置藻类兼养筏或在网箱养殖区外围敷设浮式消波堤、柔性防浪筏等以减轻台风对养殖网箱的正面冲击。

4. 为了发展大黄鱼的科学、健康养殖，培训、提高从业人员的技术素质和组织化程度也很重要。当前急需培训一大批文化水平较高，有技术、懂管理的土生土长的专业技术人员，让他们承担起大黄鱼养殖区的改革和技术升级重任。

5. 要实现产业体系改革和养殖技术水平的大幅度提升，最根本之路还要落实到“科技”和“政策”两手一起抓。一方面要不断提升产业的科技水平，另一方面配套的政策也要紧紧跟上，两个拳头要形成合力，才能保证三都澳大黄鱼网箱养殖产业的有序发展。

保护大黄鱼种质资源和开展大黄鱼的有序生态养殖，重振“国鱼”昔日雄风，是有识之士和当地群众的企盼和产业发展的需求。

建议人：

管华诗　中国工程院院士
　　　　中国海洋大学教授
唐启升　中国工程院院士
　　　　中国水产科学研究院黄海水产所研究员
雷霁霖　中国工程院院士
　　　　中国水产科学研究院黄海水产所研究员
赵法箴　中国工程院院士
　　　　中国水产科学研究院黄海水产所研究员
徐　洵　中国工程院院士
　　　　国家海洋局第三海洋研究所研究员
林浩然　中国工程院院士
　　　　中山大学教授
张国范　中科院海洋所研究员、副所长
麦康森　中国海洋大学教授
关瑞章　集美大学教授、副校长
柯才焕　厦门大学教授
林祥志　国家海洋局第三海洋研究所副研究员

关于对农业抗旱的建议

山　仑

2009 年 2 月 13 日

2008 年 11 月初至 2009 年 2 月 6 日期间我国北方主要冬麦产区基本无有效降水，受旱面积接近 1.5 亿亩，其中约 30% 属重旱。为此国家防汛抗旱总指挥部宣布启动了 1 级抗旱应急响应，党中央和国务院对当前旱情和抗旱工作作出重要批示，要求落实各项抗旱措施，打好这场硬仗，为今年保持经济平稳较快增长打一个好基础。根据历史经验并通过一些调查了解，从当前与长远结合上就我国北方农业防旱抗旱问题提出以下几点认识和建议：

一、要对旱情作出全面分析和准确判断

与涝灾相比，旱灾一般发生范围更广，涉及因素也更加复杂，应从气候情况，灌溉能力，以及墒情、苗情等多个方面作出综合分析与判断，而后进行分区、分类指导。为实现“应急响应”的要求，不但要有一个统一的领导机构，而且要有一个由农业、水利、气象以及其他部门共同组建的执行机构，在“应急”期间统一发布指导意见和重大措施安排。

当前干旱的范围之大和持续时间之长为历史少见，但同时也要注意到另外一些因素：去年小麦播种前降水基本正常，播种时土壤表层及下层墒情均较好，成苗良好，估计多数麦田根系可达到 1 米左右；11 月初至今多数地方无有效降水，但正值冬季，麦田蒸发量不大，干层主要限于土壤表层；在一般年份 2 月底以前不是小麦需水临界期和灌溉关键期；小麦主产区，如黄淮海平原有效灌溉面积的比例较大（冀鲁豫三省约占麦田 70% 左右），应急能力较强。目前陕西渭北塬地的情况是：灌溉地小麦生长基本正常，但苗情较正常年份差，旱作农田普遍出现 5 ~ 10 厘米不等的干土层，但下层土壤含水量仍属中等，以旱为主的多种原因造成部分旱作麦田出现黄苗，但死苗极少。2 月 7 日下了一场小到中雨，在陕西约有 1/3 麦区旱情得到缓和，但在 686 个测点中只有 6 个测点的降水量达到 20 mm 以上，故总体旱情没有解除。按目前情况看，小麦一定程度减产难以避免，但不会减产幅度太大，如果到 3 月初以前再无较大降水（应达到 20 mm 以上），问题就会变得严重，故当前在千方百计保苗促苗的同时应作好近半个月内有雨或无雨的两手准备。

二、当前应采取的措施

（1）综合抗旱，科学用水。要采取全面抗旱措施，除千方百计广开水源增加灌溉外，也要采取中

耕、镇压、补肥、喷洒抗旱制剂等多种措施,同时要注意预防病虫及其他灾害发生。在灌区,已实行冬灌的如苗情正常可暂时不灌;灌溉水量充足的地方可按需节灌;灌溉水量不足的地方,实行每亩20~30 m^3 的限量灌溉;旱作地区在采取耕作抗旱措施的同时,还可采取用少量水点浇或行浇的办法(每亩10 m^3 左右,方法是开沟→浇水→覆土),亦可有效推迟小麦受害时间。总之,要将补水和保水、提水、用水结合起来,将浇丰产水与浇救命水结合起来,最大限度地提高水的利用率和利用效率,以减少产量损失。

(2)作好旱情预测预报及持续抗旱准备。如近期仍无较大降水,即应采取进一步措施,如对一些受害严重、收成无望的麦田改种春播作物,对部分缺水灌区和旱作区麦田千方百计施以少量补水争取一定收成,对生长正常的灌区麦田全面加强中后期田间管理以争取更高产量。总之,要本着以秋补夏、以丰补歉的原则积极应对变化中的旱情,争取全年较好收成。

三、长远应对策略

(1)健全农业应急抗旱机制,制定农业抗旱法规,规范旱情预测预报内容。

(2)强化农田水利全面建设,实行大、中、小、微型水利并举的方针,在灌溉总用水量不可能增加的情况下,强调走减少灌溉定额、增大灌溉面积之路,积极发展半灌溉(半旱作)农业。

(3)在农业水资源优化配置,抗旱农业结构建立,有限灌溉水高效利用,以及抗旱、广适应品种培育等方面都还存在较大潜力,应加强研究,积极挖掘。

(4)树立"以丰补歉"的策略思想。在当前科技水平下,遭受严重干旱造成大幅度减产的年份世界各国还都不可避免,为此对产量的要求不应以单一年度为标准,而应着眼于一个周期年内的平衡,比如以5年作为一个周期,统筹考虑。这样,在丰收年面前不致大意,遇灾害年份不致恐慌,做到冷静积极应对,争取最大限度减少年度损失,保持周期内产量稳步上升。

建议人:

山　仑　中国工程院院士

关于开展超超临界汽轮机高中压转子毛坯件组织与性能基础研究的建议

潘健生　阮雪榆　卢　柯　柳百成　林富生

2009年4月7日

超超临界汽轮发电机组可以比亚临界机组提高效率20%以上,是国家实现节能减排目标所急需的重大装备。目前我国已具备制造百万千瓦超超临界汽轮发电机组成套设备的能力,现已有十余台超超临界机组投入电网运行,但是其中的汽轮机高中压转子全部依赖进口。截至2007年底,国内几家发电设备制造企业承接和中标的1000 MW等级超超临界机组94台,600 MW等级超超临界机组76台。转子需求量很大,继续向国外订购,不仅价格贵,而且数量与供货期都无法满足国内需求。近年来,一重、二重、上重等重机厂抓紧开展超超临界汽轮机转子毛坯件(亦称转子大锻件)的研制,但在研制过程中都遇到了很大困难,转子合格率很低。由于国外对高中压转子制造工艺及性能控制技术严加保密,国内必须自主研制。

汽轮机的蒸汽温度和压力愈高,发电效率愈高。目前我国超超临界汽轮机的蒸汽温度达到600 ℃、蒸汽压力25~28 MPa,今后还将进一步提高,这对材料的性能提出了极高要求。超超临界机组的使用寿命通常在40年以上,转子需要在高温高压条件下长期运行,而金属材料在高温下长期服役的力学行为与常温下不同,将发生蠕变和组织演变,导致材料性能不断恶化。通常,常规短时力学性能合格并不能代表高温长时性能合格。为保证机组长期安全运行,必须对材料的高温长时性能进行试验评定,得到10万小时乃至更长时间的性能指标来作为汽轮机设计的依据。对于毛坯件来说,冶炼浇铸、锻造成形、热处理等热加工工艺过程都会对转子的最终高温长时性能有很大影响。超超临界汽轮机高中压转子的制造难度很大,国外历时20余年,深入研究马氏体耐热钢的成分优化和冶炼浇铸、锻造、热处理等材料制造过程中的组织结构变化,及其对室温性能与高温性能影响规律。在此基础上掌握了X12CrMoWVNbN10-1-1钢(国内牌号为1Cr10Mo1W1NiVNbN钢)热加工过程性能控制的核心技术,才使得百万千瓦超超临界汽轮机投入商业运行。全球只有少数几家工厂掌握高中压转子毛坯件制造的性能控制技术。

国内在高中压转子毛坯件试制中出现一系列值得注意的问题:

1. 根据国外提供的工艺曲线进行热处理,并不能保证获得合格的毛坯件,多次发生或因晶粒粗大,或因室温性能不合格,或因淬火开裂而报废。

2. 用不同规范热处理的转子,即使室温性能都合格,但用电子显微镜观察发现微观组织有明显差别,将会影响转子的高温长期性能,需要加以深入研究。

3. 观察到高中压转子材料X12CrMoWVNbN10-1-1钢在热处理过程中发生一系列特殊的相变现象、形成特殊的组织,而与此相关的基础研究国内尚属空白,需要经过深入的研究,才能掌握正确制订热处理工艺和预测高温长期运行可靠性的依据。

4. X12CrMoWVNbN10-1-1钢锻造的形变阻力很大,该钢种锻造过程中疏松与孔洞的焊合、裂纹的形成与扩展、形变与再结晶等基础研究国内仍处于空白状态,锻造工艺的制订缺乏科学依据。

5. 在高中压转子内存在微区成分偏析的现象,有些区域内Nb严重贫化,对高温长期性能的影响不容忽视,有必要对这种钢的熔炼与浇铸过程进行深入的基础研究。

6. 高中压转子材料X12CrMoWVNbN10-1-1是一种多元素高合金钢,合金元素与C、N之间的相互作用十分复杂,并对材料制造过程中的组织转变及高温长期性能有强烈的影响。缺乏这方面的基础研究,也是当前转子毛坯件质量问题难以解决的原因之一,并且不利于下一代使用温度为650 ℃的高中压转子材料的自主开发。

总体上看,我国几家大型重型机器厂试制超超临界高中压转子已取得很大进展,已具备良好的熔炼、锻造和热处理等设备条件,国家和地方有关部门已立项支持,但因缺乏基础研究,以致欲速则不达。高中压转子毛坯件的性能要求很高,热加工难度很大,亟须基础研究的支持,才能保证毛坯件的质量,缩短试制周期。另一方面抓紧超超临界高中压转子毛坯件制造的基础研究,对于保障大电站长期安全运行同样具有十分重要的意义。不仅是国产转子、而且当前对进口转子的质量检验也缺乏科学依据,以致在进口转子的验收中没有话语权,带有盲目性。只有自主开展高中压转子毛坯件质量控制技术的基础研究,掌握客观规律,才能切实保障我国大电站的长期安全运行,避免发生后果不堪设想的事故。

超超临界高中压转子毛坯件已成为制约我国超超临界汽轮发电机组发展的瓶颈。建议在国家的有关计划中立项支持超超临界高中压转子毛坯件质量控制技术关键科学问题的基础研究。

建议人:

潘健生　中国工程院院士
上海交通大学　教授
阮雪榆　中国工程院院士
上海交通大学　教授
卢　柯　中国科学院院士
中国科学院沈阳金属研究所　所长
柳百成　中国工程院院士
清华大学　教授
林富生　教授级高级工程师
上海电站设备成套技术研究所
副总工程师

关于成立国家严重呼吸系疫病研究中心的建议

夏咸柱　高宏伟

2009 年 6 月 5 日

分析 2003 年的严重急性呼吸综合征(SARS)、2004 年以来持续发生的高致病性禽流感与当前正在扩散蔓延的甲型 H1N1 流感,可以发现有一个共同的特征,即均为动物源性人畜共患病,而且又都属于严重呼吸系传染病。回顾历史上曾给人类带来过巨大灾难的欧洲黑死病(鼠疫)和 1918 年致 4000 余万人死亡的西班牙流感以及近代新发或再现的肺炭疽,埃博拉、马尔堡与汉坦病毒出血热等烈性传染病，也都属于严重呼吸系疾病和人畜共患病。

由于这类疾病可以经空气甚至气溶胶传播，极易扩散蔓延，难以防控。尤其是当今全球经济一体化，航空业空前发达，人际交往十分频繁便捷，以致这类疾病一旦发生即可在几周甚至几天内传至世界许多国家和地区。当前的甲型 H1N1 流感的快速蔓延就是个明显的例子，从 4 月 13 日墨西哥出现第一个病例至 5 月 20 日的 38 天时间里，即已传至世界 41 个国家和地区，确诊病例达 10243 人。

而且更为重要的是，这类疾病的病原还极有可能被人为用作生物恐怖袭击。2001 年发生于美国的炭疽粉末邮件事件，人们至今记忆犹新。至于 2003 年 SARS 与今年甲型 H1N1 流感，人为制造的疑点至今也未能排除。

纵观我国的疾病防控，尤其是对上述严重呼吸系疾病的防控，虽经 SARS、禽流感等疾病的防控实战，在防控策略和能力上已经有了很大的提高，但每次无不是倾全国之力，救火式的紧急应对，并且无不对政治、经济和社会生活造成极大的影响。究其原因，很重要的一条即是我国没有这类疾病的专门研究机构，缺少必要的物质与技术储备，一旦发生只能全国动员仓促应对。

为尽快改变此种被动局面，迅速提高我国对这类疾病的防控能力，建议紧急成立“国家严重呼吸系疾病研究中心”，专门从事严重呼吸系疾病防控研究。

鉴于严重呼吸系疾病多半为动物源性人畜共患病，且关系到国防建设和生物安全，国际上对此类研究不但十分重视，而且十分敏感和关注。为此，建议由卫生部与总后勤部牵头，整合国家疾控中心、医科院、军事医学科学院优势资源，协同攻关。从国内外、军内外招聘一流专家，并保证有较高比例的动物疾病研究专家参加。全面规划，加强基础建设，建成国内一流的严重呼吸系疾病研究机构，以保障我国对这类疾病的有效防控。

建议人：
夏咸柱　中国工程院院士
　　　　军事医学科学院研究员
高宏伟　军事医学科学院军事兽医研究所所长教授

关于加强我国页岩气勘探开发的建议

翟光明　胡文瑞

2009 年 6 月 10 日

近年来美国页岩气开发进展迅速，页岩气产量快速增长，页岩气工业处在高速发展阶段，使得美国计划中进口的 LNG 项目停建或缓建。美国非常规油气开发的成功将引领美国走向能源独立的未来,新能源将再一次成为美国成功的象征。

相对常规天然气而言,页岩气是一个新的领域。我国目前乃至未来对天然气需求旺盛,而进口中亚天然气以及东南沿海的 LNG 项目,其到岸价据测算不会低于 2 元每立方米,更重要的是国家能源安全的独立性大大受制于他人。而我国页岩气资源非常丰富,开发页岩气将面临一次历史性的机遇和选择。

一、美国页岩气发展基本情况

全球页岩气资源量巨大,预测相当于煤层气和致密砂岩气的总和,约 456 万亿立方米,主要分布在北美、中亚、中国和拉美等地区。美国是目前唯一实现页岩气商业开采的国家,截至 2008 年底累计生产页岩气 3316 亿立方米。

美国的页岩气资源量达 16.9 万亿立方米,可采资源量 7.47 万亿立方米。至 20 世纪 90 年代末,美国页岩气产量徘徊在 30 ~ 50 亿立方米/年,2000 年新技术的应用及推广,使得产量迅速增长;2005 年进入大规模勘探开发,已成功开发沃思堡等 5 个盆地的页岩气田,其中以 Barnett 页岩层为主。产量以 100 亿立方米/年左右规模增长,2008 年底产量已达到 600 亿立方米(相当于中国石油 2008 年天然气总产量),占美国天然气产量的 8%。预计 2015 年美国页岩气产量将达到 2800 亿立方米。

二、国际石油公司纷纷介入页岩气勘探开发

在美国参与页岩气开发的石油公司,从 2005 年的 23 家发展到 2008 年的 60 多家,如壳牌、雪佛龙、BP、康菲和挪威国家石油公司等都在进行页岩气的商业开采。

2008 年 11 月 11 日,挪威国家石油公司向美国 Chesapeake 公司支付 33.8 亿美元,其中 12.5 亿美元用于购买该公司在美国东北部页岩气区块的 32.5% 股份,21.3 亿美元用于今后 10 年内 75% 的钻井作业。

2008 年 7 月 18 日和 9 月 11 日,BP 石油公司分两次共投资 36.5 亿美元,购买美国 Arkoma 盆地的 63 万英亩(2549.6 km^2)的页岩气全部权益。

三、美国页岩气快速发展的三条主要原因

一是国家政策的大力扶持。20 世纪 70 年代末期,美图政府在《能源意外获利法》中规定了开发非常规能源的税收补贴政策。得克萨斯州 20 世纪 90 年代初,制定了对页岩气开发不收生产税的政策。另外,美国设立了非常规油气资源研究基金。有力地支持和扶持了美国页岩气业务的发展。

二是技术突破和规模推广应用。利用油气开发积累的技术和经验,经过多年攻关,探索出了一套先进的、低成本的页岩气开采技术,主要有水平井 + 多段连续压裂技术和同步压裂改造技术以及储层优选评价、钻完井技术、排采增产技术等,大幅度地提高了页岩气单井产量。

三是依托现有四通八达的天然气管网和城市供气网络,大大减少了页岩气在末端的前期投入,迅速实现了商品市场化。

四、美国页岩气开发具有三个主要特点

一是采收率变化较大(5% ~60%),钻井的产气量相对较低,美国 40000 多口页岩气井,即所

谓的“地毯式钻井”，单井平均日产气量约1000立方米，是真正意义上的“多井低产”、“多井低成本”。其中页岩气主产区单井日产量介于2800~33000立方米之间。

二是生产周期长，页岩气田开采寿命一般可达30~50年，甚至更长。美国联邦地质调查局最新数据显示，美国沃思堡盆地Barnett页岩气田开采寿命，可达80~100年。开采寿命长，就意味着可开发利用的价值大，这也决定了它的发展潜力。

三是页岩气在成藏、开采机理上与煤层气具有相似性，页岩在地层层序上，多为暗色泥岩与浅色粉砂岩的薄互层。页岩气在页岩中除极少量的溶解状态天然气以外，大部分均以吸附状态赋存于岩石颗粒和有机质表面，或以游离状态赋存于孔隙和裂缝之中，吸附状态天然气的含量变化于20%~85%之间。页岩气介于煤层吸附气（吸附气含量在85%以上）和常规天然气（吸附气含量通常忽略为零）之间。开采方式上，与煤层气类似需要排水降压采气。

我国已具备开发页岩气资源的基本条件

一、中国页岩气资源十分丰富

中国页岩气资源广泛分布于海相、陆相盆地，在全国范围内各地质历史时期都存在页岩气资源，通过与美国页岩气类比初步估计，中国海相地层沉积广泛，分布面积达300万km^2，其中陆上海相沉积面积约280万km^2，我国页岩气资源在30万亿立方米左右（中国石油廊坊分院，2008.09）。主要层系均为良好的烃源岩，且演化程度普遍较高，具备页岩气成藏的地质条件。

二、中国页岩气勘探开发前景良好

中国在近60年的常规油气勘探开发历程中，多个含油气盆地在页岩段见到页岩气显示，例如松辽古龙、柴达木、花海－金塔、渤海湾岐口、四川等地区。其中在四川盆地的威远、阳高寺和九奎山等地区钻探常规天然气的158口井，均发现有页岩气显示。有些地区在页岩段的钻探过程中经常发生井涌等现象，部分页岩段气测异常高达80%。1966年完钻的威5井，钻遇九老洞组页岩段发生气浸与井喷，裸眼测试日产气量达到24600立方米。

三、中国页岩气开发条件基本成熟

中国石油一直在跟踪国外页岩气勘探开发进展。通过资源评价、盆地研究、区带优选，已初步确定了页岩气有利范围。同时，页岩气的水平井钻井技术、压裂改造技术、排水采气技术基本成熟。其主体技术与煤层气、天然气开采基本相似。

四、几点建议

页岩气是我国油气资源的重要组成部分，为实现我国页岩气资源的开发和利用，建议如下：

1．政府制定页岩气开发的扶持政策

参照国家扶持煤层气开发的政策，在充分调研的基础上，制定页岩气勘探开发的扶持政策。

2．组织页岩气前瞻性的规划研究

页岩气的勘探开发应纳入到国家新能源规划之中，给予页岩气与水力发电、风能、太阳能、地热同等地位，制定我国页岩气发展的规划。

3. 坚持以我为主的勘探开发原则

汲取中国海域和煤层气勘探开发以外包为主的利弊，借鉴我国积累的天然气和煤层气开发的技术和经验，页岩气勘探开发应坚持“自我为主”的原则。

4. 积极推进全国页岩气资源勘查

由国家行业主管部门牵头，组织有实力的石油公司和科研院所，对全国页岩气资源开展进一步勘查。

5. 建立页岩气开发的先导性示范区

依据页岩气资源评价的成果，近期选择 1～2 个有利地区开展老井复查和页岩气开发的先导性试验，积累页岩气开发的经验和技术，为规模开发准备条件。

6. 开展页岩气开采技术联合攻关

设立国家级科研课题，由有实力的能源公司牵头，组织大专院校、科研实体，对页岩气勘探开发的低成本主体技术进行联合攻关。

综上所述，我国基本掌握了页岩气勘探开发技术，部分技术尚需完善，具备了勘探开发页岩气的基本条件，应尽快展开工作、形成突破、规模开发，以实现我国页岩气的快速发展。

建议人：

翟光明　中国工程院院士

胡文瑞　中国石油天然气集团公司

关于控制钢铁工业产能是我国钢铁工业当务之急的建议

张寿荣　殷瑞钰

2009 年 7 月 22 日

世界金融危机发生后，2008 年 4 季度，全球钢铁工业出现严重衰退。受到国际市场出口急剧下降的影响，我国钢材价格大幅下滑，出现了全行业亏损，成为最困难的行业之一。2008 年上半年铁矿石及煤等原燃料大幅涨价，达到历史上的最高价位。2008 年 4 季度以来，钢材价格大幅下降，而铁矿石和煤的价格下降幅度却很小，钢铁工业的利润被挤掉。

虽然我国钢铁全行业亏损，生产水平比 2008 年高峰月份减产，但减产幅度远低于全球钢铁产量下降幅度。今年 1 月—5 月与去年同期相比，我国钢铁工业并未减产，反而略有增产。2009 年 1

月—5 月与 2008 年同期产量对比见表 1。

表 1　2009 年 1 月—5 月与 2008 年同期产量对比

时间	全国粗钢产量/万吨	连铸坯产量/万吨	生铁产量/万吨
2009 年 1 月—5 月	21719.09	21078.08	20987.47
2008 年 1 月—5 月	21622.31	20919.11	20151.00

2009 年以来钢铁产量仍与 2008 年同期处于相同水平的根本原因是我国钢铁工业产能过剩。到 2008 年底，我国钢铁产能约为 6.5 亿吨。产能过剩的基本原因是进入 21 世纪以来钢铁工业固定资产投资的高速增长，见表 2。

表 2　1986 年至 2008 年我国钢铁工业固定投资的演变

年份	1986—1990	1991—1995	1996—2000	2001—2005	2006	2007	2008
钢铁工业固定投资/亿元	685.21	1728.33	2153.76	7147.38	2246.5	2616.71	3920.8

钢铁工业 2001—2005 年五年间的固定资产投资总额比 1986—2000 年 15 年的投资总和还多。2006 年至 2008 年三年间的投资比 2001 年至 2005 年五年的投资还多 22.9%。过度、过急的固定资产投资必然造成产能过剩。2007 年以后的投资项目有的正在建设之中，有的已形成生产能力或将形成生产能力。我国钢铁工业产能过剩的局面将进一步加剧。

钢铁工业协会对我国钢铁产量的统计将钢铁企业分为两类：一类是重点统计单位，包括所有参加钢铁协会的企业，一类是其他，即县以下的小钢厂（绝大部分属于落后装备、落后工艺、落后产品）。2009 年 1 月—4 月份的实际情况是重点统计单位减产，而落后工艺的单位增产，见表 3。

表 3　2009 年 1 月—4 月两类统计单位钢产量与去年同期对比

时间	粗钢		连铸坯	
	产量/万吨	增减/%	产量/万吨	增减/%
全国 2009 年与 2008 年同期对比	+10.26	+0.06	+57.67	+0.35
重点统计单位同期对比	-576.29	-4.14	-490.46	-3.60
其他单位同期对比	+586.55	+18.70	+548.13	+18.70

重点统计单位减产，而与此同时落后产能大幅增产，则落后产能比例不是降低而是增加。

2009 年 4 月份以后，我国钢坯进口有所增加，从而成为钢净进口国（1 月—5 月净进口量为 78 万吨左右，数量有限，属基本平衡）。其原因在于我国铁矿石和煤的价格居高不下，而国外钢坯比我国生产的钢坯便宜使钢坯进口所致。这并不是什么坏事，不值得大惊小怪。应该说进口相对廉价的半成品（钢坯甚至钢材）比进口高价的铁矿石相对有利。

我国钢铁产能严重过剩，打乱了国内外钢铁市场的正常秩序（包括价格等）。发展下去钢价低，矿价高，使我国钢铁企业将长期处于亏损的边缘，不仅无法振兴，将会影响我国钢铁工业结构调整的进程。

因此建议：

1. 对我国钢铁产能严格控制。既严控国有企业的产出，同时严控其他各类企业的产出，实行问责制。同时严格控制相关钢铁工业信贷闸门。

2. 我国钢铁产能已严重过剩，在淘汰落后任务未完成前，对新建或改造项目暂停几年，同时，国家不批地，银行不贷款。坚决禁止借淘汰落后之名行扩大产能之实的项目。

3. 扩充有关淘汰落后的标准。除了装备规模大小之外，还需补充吨钢能耗、污染物排放和产品实物质量，以切实有效的措施强化淘汰落后，加速淘汰落后的进程。

建议人：

张寿荣　中国工程院院士
　　　　钢铁冶金
　　　　武汉钢铁（集团）公司

殷瑞钰　中国工程院院士
　　　　钢铁冶金
　　　　钢铁研究总院

关于建立国家药用植物种质保护中心的建议

肖培根　甄永苏　刘昌孝　张伯礼　杨胜利　刘　耀

2009 年 7 月 22 日

中医药在保障我国医疗卫生事业发展、推进医疗改革中具有举足轻重的作用。中药资源是其发展的基础，是我国发展优势生物医药经济、保障人民健康的重要战略资源。中药种质资源的高效、合理利用和保护还直接关系到很多山区、边远和民族地区“三农”问题的解决，关系到森林、西北草原、高山植被等生态环境的保护。

近年我国中药资源需求大幅增长，统计表明从1985年到2008年，我国中成药工业总产值增加了100倍以上，中药材使用量增加了4倍以上。但长期过度开发利用、生态环境恶化等导致全世界20%以上药用植物资源濒临灭绝，我国情况尤为严峻。我国3000种濒危植物中，近60%为药用植物，且每年还有数十种中药资源沦为濒危。与此同时，国外大量进口我国特有药用植物，筛选具有重大开发价值的新化合物骨架，申请专利保护，间接掠夺了我国的创新药物资源，进一步加剧资源耗竭的趋势。

针对上述问题，中国工程院与广西壮族自治区人民政府于2009年3月30日—31日在广西南宁召开了“中药资源可持续发展高层研讨会”，就我国中药资源保护与可持续利用进行研讨。经反复酝酿，提出如下建议：**建立国家药用植物种质保护中心，促进中药资源可持续利用，树立中国负责任大国形象**。具体内容如下：

1. 建设以药用植物园为主体的国家药用植物种质保护中心。按照我国的气候资源和药用物种资源分布，建立寒带、温带、亚热带、热带四个国家药用植物园，同时建立典型生态区药用植物园，如沙生药用植物园、高山植物园、湿地植物园。药用植物园的建设根据工作基础可采取分步实施和推进策略，先改造后新建。当前阶段以现有药用植物园改造为主，建议重点改造建成温带国家药用植物园和亚热带国家药用植物园。

2. 建立1～2个国家药用植物种质资源库及其备份库，以种子方式保存种质；建立1～2个国家中药资源可持续利用重点实验室，开展药用植物种质资源的保存、保护和利用基础研究。

通过建设国家药用植物种质保护中心，开展珍稀、濒危及特色中药种质资源的收集、引种和保存，使我国珍稀濒危药用物种免于灭绝。加强优良药用植物种质引种，选育和推广种植优良品种，大幅提高药材品质和产量，服务“三农”及促进西部地区发展，达到保护与利用并举。

上述工作已有一定的基础。为保护我国药用植物种质资源，在我国亚热带、温带和热带已建立了专业药用植物园，分别为北京药用植物园、广西药用植物园、云南西双版纳南药园及海南兴隆南药园，共保存药用物种5000余种；另外，在北京建有库容10万份的国家药用植物种质资源库。但长期以来，现有药用植物园缺乏集中性投入改造，保存设施陈旧落后，维持运转举步维艰，保存的物种规模、保存技术、保存种质的挖掘利用远远滞后于我国中医药发展的速度及需求，与我国中医药在全世界传统医药学中的优势地位不相匹配。为此，我们建议在此基础上，国家投入资金，建立国家药用植物种质保护中心，推动中医药可持续发展。

建议人：

肖培根　中国工程院院士
中药资源与鉴定学
中国医学科学院
甄永苏　中国工程院院士
微生物与生物技术药学
中国医学科学院
刘昌孝　中国工程院院士

药理学
天津药物研究所
张伯礼 中国工程院院士
中医内科学
天津中医药大学
杨胜利 中国工程院院士
生物技术
中国科学院
刘 耀 中国工程院院士
法医学
公安部物证鉴定中心

关于加强海西经济区和谐环境与生态流域（九龙江与闽江）示范研究的建议

卢耀如 王淀佐 常印佛 金鉴明 刘鸿亮 魏复盛 林学钰
刘宝珺 宋振琪 孙 均 范立础 陈毓川 梁应辰 石玉林
李文华 郑绵平 赵文津 康玉柱 汤中立 王思敬 王梦恕
王景全 周丰峻 郑守仁 王 浩 雷志栋 张锦秋 王小东

2009 年 7 月 22 日

近日，国务院颁布《关于支持福建省加快建设海峡西岸经济区的若干建议》，极大鼓舞了海西地区广大人民的热情和信心。在目前形势下，加快海西建设，必将进一步促进海峡两岸的交流与发展，为今后统一奠定更加坚实的基础。

一、海西建设的成功关键在于建设和谐自然、友好生态文明的社会

在建设发展海西经济区方面，改变以往粗放式发展模式，把和谐自然摆在首位，应是重要的基本准则。在 21 世纪初，福建省通过了建设生态省的目标。今后，应利用海西建设的良机朝着和谐环境友好的方向发展，才能更好地体现出发展海西经济区的重要价值。可以说，海西地区建设能否取得举世瞩目的成就，在于保持良好生态，以和谐自然，具有友好生态文明，以显示海西的经济与文明的活力。

二、开展九龙江和闽江流域等水土资源配置与地质－生态环境综合治理的示范研究

福建全省面积12.41万km^2，山区和丘陵就占10.22万km^2，耕地只有1.43万km^2，多年平均水资源有1506亿m^3。真是八山、一水、一分田。

九龙江流域是福建第二大河流，全长258 km^2，流域面积1.47万km^2。流域内包括龙岩、潮州和厦门三大区，森林覆盖率达66%，每天从九龙江提取的生活用水达24.5万m^3。九龙江也是向金门供水的水源。

九龙江流域污染正在发展，例如上游龙岩地区前段时期大量发展养猪业，目前已达500万头。一头猪排泄物相当于五个人的排泄量，500万头猪相当于增加了2500万人的排泄物，而全流域只有329万人。虽然有些养猪业应用循环经济理念，建立了森－草－沼－猪或草－沼－水－猪的模式，有的在猪栏内应用微生物就地分解处理粪便，但是这种零排放还是少数。如何发挥八山的效益，合理科学地水土资源的配置开发，及避免诱发不良环境效应与灾害，仍是今后建设中的重要问题。

闽江流域面积6.09万km^2，占全省面积一半，干流长577 km，年径流量达619亿m^3，闽江流域的工业污染也有显示，作为海西地区的重要地带，保持合理开发与防灾减灾，以和谐自然，也是需要全流域认真综合治理的问题。

三、和谐自然与生态文明的主要研究内容

在海西地区开展对九龙江流域和闽江流域的和谐自然和生态文明的示范研究，主要内容应当包括：

1．从水土资源合理配置上，全面控制养殖业及相应产业调整

面源污染主要是化肥和养殖业，这个涉及水土匹配、零排放的科学养殖法，以及经济产业调整等问题。龙岩等地区，种植猪食草所占耕地，（大约一亩地供养4～5头猪），从水－土资源配置、其他经济发展和市场上需求考虑，如何达到和谐发展的效果，需要科学制定养殖业规模，以及相应其他产业对水土资源的需求。

2．水环境整治与水资源安全保障

九龙江流域面积1.47万km^2，干流总长只有256 km，目前在干流上已建有多座大中小型水电站，有的不能保证下游枯水期的生态流量与水质的要求。因此，需研究水环境的整治，合理系统地控制流域开发和水质。此外，还需考虑备用应急水源地包括地下水资源的安全与开发问题。

3．合理立体开发利用土地资源，加强矿山环境治理，注意灾害链防治

福建“八山”中，如何高效地立体性利用地表和地下土地资源，并加强矿山环境治理，都是很重要的问题。地表有限土地常由台风诱发滑坡、泥石流等地质灾害，造成很大损失。因此，必须注意防治和减轻自然灾害链的危害。此外，在“八山”中应科学地在海西建设中很好利用更广阔的地下土地资源，如良好的花岗岩岩体条件，可更好地修建地下交通通道，包括地铁、高速铁路长隧道以及地下水封油库等，并使地表与地下建筑，显示海西的特色。

4．研究构建新能源系统，发展节能综合效益

九龙江流域的小型水电站需从保护水环境上予以调整，在能源上应建立水电、火电、核能、风能、太阳能、地热能的综合能量供给系统。农村小水电站之外，更好发展几立方米至十几立方米的

沼气能源，从闽江、九龙江流域上看，利用海西发展机会，更好发展节能高新工业，构建能源储藏基地，才是可持续发展之路。

5. 加强污水小型化处理和垃圾分类处理

减少污水排放量，研制小型污水处理设施，提高污水处理率和中水利用率，是海西地区应当首选的保护环境的方案。在目前已有大中型污水处理系统基础上，更需要小型污水处理系统，使小城镇及中大城市的分带分片处理污水，更易提高污水处理率。在海西建设中，今后应积极推广垃圾分类处理，这也是生态文明的表现。

6. 加强综合科学研究，增加研究费用投入

海西经济区发展已经有几个年头，但一直停留在区域上的发展认识，因而投入尚不多，综合性与专门性研究也进行不多。今日，海西经济区建设已成为国家战略目标，应当深入开展有关科学研究。首先在九龙江、闽江流域综合治理方面，需要国家纳入有关计划或专项，予以经费支持，地方上（省、市）也予以配套投入，并建议国家发改委、科技部、环保部、国土资源部、水利部和建设部等在项目资金及科技力量上予以支持。

目前全世界金融危机中，通过海西经济区建设，对两岸联手抵御风暴，也是一个机遇。我们呼吁在贯彻科学发展观，在国家战略部署总指挥下，国务院及有关部门首先大力支持开展九龙江、闽江流域综合治理和生态流域示范研究，使海峡西岸的建设达到与自然和谐而又突显生态文明，以其新颖的面貌展现于世。今后以福建为接口的海西，必将像被掩埋的明珠，拂去尘土，而熠熠生辉，取得世人瞩目的成绩，为两岸今后共赢发展与和平统一作出巨大贡献。

建议人：

卢耀如　中国工程院院士，水文地质、工程地质与环境地质，中国地质科学院
王淀佐　中国科学院院士、中国工程院院士，矿物加工，北京有色金属研究总院
常印佛　中国科学院院士、中国工程院院士，矿物资源和地质调查，安徽国土资源厅
金鉴明　中国工程院院士，环境生态保护与修复，环境保护部
刘鸿亮　中国工程院院士，水污染防治，中国环境科学院
魏复盛　中国工程院院士，环境监测与标准，中国环境监测总站
林学钰　中国科学院院士，水文地质，吉林大学
刘宝珺　中国科学院院士，地质矿产，成都理工大学
宋振琪　中国科学院院士，矿山工程，山东科技大学
孙　均　中国科学院资深院士、岩土基础，同济大学
范立础　中国工程院院士，桥梁工程，同济大学
陈毓川　中国工程院院士，矿产资源和地质勘察，中国地质科学院
梁应辰　中国工程院资深院士，港口、水道、海岸及近海工程，交通运输部总工办
石玉林　中国工程院院士，土地资源，中国科学院地理科学与资源研究所
李文华　中国工程院院士，森林生态学，中国科学院地理科学与资源研究所
郑绵平　中国工程院院士，矿产资源和地质勘查，中国地质科学院
赵文津　中国工程院院士，地球物理勘探，中国地质科学院
康玉柱　中国工程院院士，油气资源与勘探，中石化石油勘探开发研究所

汤中立　中国工程院院士，矿产资源和地质勘查，长安大学
王思敬　中国工程院院士，矿山水文地质和工程地质，中国科学院地质与地球物理研究所
王梦恕　中国工程院院士，隧道工程，北京交通大学
王景全　中国工程院院士，桥梁工程及风电建设，解放军理工大学
周丰峻　中国工程院院士，土木工程抗震与防护工程，总参谋部工程兵第四设计研究院
郑守仁　中国工程院院士，水工结构工程，长江水利委员会
王　浩　中国工程院院士，水文学与水资源，中国水利水电科学研究院
雷志栋　中国工程院院士，农田水利工程，清华大学
张锦秋　中国工程院院士，建筑设计及其理论，中国建筑西北设计研究院
王小东　中国工程院院士，建筑设计及其理论，新疆建筑设计研究院

关于汶川地震灾区恢复重建的若干建议

钱七虎　王思敬　顾金才　谢和平　郑颖人

2009 年 7 月 22 日

汶川地震是我国近 100 年来发生在人口相对密集、山区震级最高、破坏力最强、损失最大的一次地震，不仅导致人员伤亡惨重，建筑物和构筑物的大量损毁，而且也导致了地质和生态环境的严重破坏。

地震一年来，四川省在党中央和国务院的正确领导下，以超常的努力推进灾后重建的各项工作，取得了令人瞩目的成就。

但是由于灾区情况的复杂性和恢复重建任务的艰巨性，要按照国务院提出的两年时间基本完成恢复重建，并使灾区基本生活条件和经济发展达到或超过灾前水平，各方面仍然面临很大的压力。尤其是针对这样一场巨大灾难所导致的整个社会体系的重建，国内外的经验也并不丰富，还需要在实践中不断探索、总结和发展。为此，中国岩石力学与工程学会对恢复重建中的一些问题提出以下意见和建议。

一、关于地质灾害防治

应树立长期应对地质灾害风险和防范地质灾害的思想。据相关资料显示，强震过后地质环境通常

需要经过5年以上的时间才能基本稳定。各级政府部门对此应有充分思想准备。建议开展以下工作：

1. 加强灾区地质灾害调查与地质环境评估。并按县域编制地质灾害风险区划图，为政府部门开展地质灾害的风险管理与风险控制提供依据。

2. 进一步完善现有的群策群防体系和地质灾害监测预警体系。国土资源部门要加强与地震、气象、水利、建设等部门的合作，进一步提升监测预警体系的有效性和针对性。

3. 做好农户分散安置的地质环境评估工作，可能的情况下尽量适度集中安置，以降低地质灾害风险。另外，在农房建设过程中，要避免出现陡切坡或农房紧贴切坡修建等不合理、高风险现象。

二、关于基础设施建设

1. 基础设施的重建要尊重科学。按照规划，四川省近三年将有3万亿的投入用于灾后重建，其中2009年将完成1.2万亿元。这些投入很大部分将安排在以铁路、公路为主的交通基础设施建设上，建设任务极为繁重。据公布的计划，这些工程许多在2009年就要开工修建。据我们了解，目前这些工程的前期勘测设计严重不足，我们认为灾区恢复重建，应该严格按照规程规范进行，保证必要的勘测设计周期和建设周期，对地质条件简单的地段(项目)，勘测设计可先行开展，先行开工修建，对穿越龙门山重灾区，要留出足够的勘测设计和建设周期。

2. 进一步优化路网结构，提高线路等级，确保“生命线”工程畅通。我们建议：

——对于地形、地质条件复杂的山区，要合理规划路网结构，对地质环境脆弱的地区，应优先考虑通往县城、乡镇人口密集地区的道路建设，重点地区要有备用线路。

——提高线路等级，增强线路抗灾能力。要综合考虑采用隧道、明洞、棚洞和边坡防护等措施以提高线路的抗灾能力，极端情况下至少保证有一条生命线通道能保持畅通状态。

3. 公路、铁路等交通基础设施建设要尽可能有效的避开地质灾害的威胁，采取以绕避为主，绕避与治理相结合的防治方针。因此，我们建议：

——灾后恢复重建中，穿越龙门山地震断裂带的铁路和高等级公路等交通基础设施建设在线路方案选择上要遵循以下原则：① 线路总体方案应首先绕避地质灾害密集地段和地震断层错动强烈的地段；② 对无法绕避的地段，应尽可能采用隧道工程通过，"早进洞、晚出洞"，并保证隧道进、出口边坡有良好的地质条件和足够的安全支护措施；③ 对烈度9度以下的地区以及地质灾害不发育的路段，应在优化设计，降低坡高的基础上，考虑合理的边坡安全支护措施。

——线路尽量以可靠的技术措施通过全新活动断层，避免以高路堤、深路堑、陡坡路基或高桥通过，避免路基高大切坡。

——对既有的公路、铁路，要开展全面的沿线地震地质灾害危险性评价，并根据评价结果，提出防震减灾应对措施，分期分批有计划有步骤地开展防治工作。

——按照环境优先原则做好水利水电工程恢复重建。本次地震未造成水电站溃坝等重大事故，修复重建工程量不大。但在修复重建过程中，应注意把握好环境优先的原则，综合考虑功能恢复和生态环境保护关系的协调。

三、关于地震遗址的保护和开发利用

1. 地震遗址保护区设置和纪念场(馆)建设规划应突出保护对象的科学价值。汶川地震后，各级政府提出了地震遗址保护区和纪念(场)馆建设的规划，从目前的情况看，大多把保护对象变成了以地震损毁建筑物为主的“废墟保护”，而且数量偏多、规模偏大。我们建议：

——地震遗址的保护应突出保护对象科学价值和教育意义。

——地震遗址的保护对象应以地震活动造成的断层错动、地表隆起等自然现象为主，辅以典型的、具有纪念意义的地震损毁建筑物的保护；保护的方式仍然是以自然状态为主，辅以少量的人工维护措施。

——合理规划、科学布局，建议在沿龙门山 300 km 的地震带上，选择各自具有代表性的遗迹或遗址进行规划保护或修建纪念场(馆)；根据遗址类型和地域分布，在考虑被保护遗址类型多样性的基础上，科学合理地确定保护的数量和规模。

2. 要充分认识北川县城地震遗址保护形势的严峻性。北川县城原址作为汶川地震最具代表性的地震破坏遗址，已经纳入了保护规划，相关部门正在组织勘测、规划与设计。但是通过我们这次组织专家考察，发现县城遗址的保护面临极大的挑战：

——县城原址面临极高的地质灾害风险，而且这种风险短期之内还难以解除。

——北川县城还面临很高的洪水灾害风险。由于唐家山堰塞湖的泄流，北川县城原址下游通口河的河床被普遍抬高 6 ~ 8 m。过流和行洪断面被大面积缩小，因此，雨季来临，一旦上游形成洪水，北川县城原址，尤其是老县城部分，将难以逃脱被洪水再次淹没的厄运。

因此，目前北川县城地震遗址保护形势极为严峻。为此，我们建议：

——尽快查明威胁北川县城原址的地质灾害状况，尤其是震裂松弛山体和沿沟松散物质堆积的范围、体积以及灾害(或滑坡)启动的机理和条件。在此基础上，制订有效的减灾对策。

——为了降低县城原址的洪水灾害风险，建议一方面改造县城附近原北 - 茂路上的龙尾隧道，作为分洪隧道；另外，在通口河回水湾形成的条形山脊的“根部”再新建一条分洪隧道，估计长度约 400 m，修建难度并不大。具体设计可委托相关部门进行。

建议人：

钱七虎　中国工程院院士
地下工程与隧道工程
总参军事科学技术委员会

王思敬　中国工程院院士
矿山水文地质和工程地质
中国科学院

顾金才　中国工程院院士
矿山水文地质和工程地质
总参工程兵科研三所

谢和平　中国工程院院士
煤炭开发
四川大学

郑颖人　中国工程院院士
岩土工程
解放军后勤工程学院

关于推行热处理专业化生产中的错误倾向亟待纠正的建议

潘健生

2009年7月22日

在各类机械制造业和五金制造业中，热处理是控制材料的性能、保证和提高使用寿命的关键，同时又是能耗大户（约占制造过程能耗1/3）。一些大城市和沿海发达地区采取将原来分散于各机械制造厂中的热处理生产集中到专业化热处理厂的政策，作为节能、减排的重要措施，正在大力推行。这种做法虽然可以立竿见影地降低热处理单位能耗，但不符合科学发展观。

制造业与节能减排的关系应从两个方面考量，其一是制造过程中的能耗，其二是产品使用寿命和轻量化对全社会节能减排的影响，而后者比前者大得多。热处理的生产水平直接影响材料的内在质量和产品的性能，有可能使其寿命相差几倍。专业化生产的负面影响在于热处理质量难以保证。

用同样材料制造的零件（或工模具，下同）的使用状况各不相同，因而对性能有不同的要求。热处理是材料改性与控性的关键，可以通过调节和严格控制热处理工艺参数，使材料的性能满足不同零件的使用要求。世界上大量生产名牌产品的制造业厂商都各自掌握独到的热处理技术，并作为竞争力的核心要素而严格保密。他人可以用相同的材料，仿制出几何形状和加工精度与名牌产品完全一样的仿制品，但使用寿命和可靠性却相差很远。这正是我国先进制造业发展的薄弱环节。行政命令式推行热处理专业化生产势必进一步拉大我国制造业与世界先进水平的差距。产品寿命提不高，几个零件才能抵一个用，将造成能源和材料的巨大浪费。

热处理专业化生产存在以下问题：

1．质量失控

目前还没有能够用非破坏性方法观测材料内部组织结构的技术，因此在技术上尚无法对热处理质量进行严格的检验。热处理的质量问题往往在产品使用时甚至失效后才能发现，产品制造厂很难对热处理专业化厂的生产质量进行监管。再则把热处理和其他热加工环节产品制造流程中剥离，将使材料质量管理体系被撕裂，出了质量问题常因相互“扯皮”而难以解决。

正因为无法用非破坏性方法观测材料质量，就不能指望依靠事后检验实现热处理质量的控制，必须在生产过程中对热处理的所有环节都进行严格的实时监控，才有可能保证热处理质量。热处理专业化厂并不直接面对产品的用户，寿命高低和热处理专业化厂的效益没有直接关系，为降低成本而粗制滥造的现象相当普遍。

2. 不利于热处理技术水平的提高

热处理专业化生产使产品制造厂保护热处理的技术机密和知识产权变得十分复杂，不利于热处理技术水平的提高，不利于先进制造业的发展。

3. 保护落后

江、浙、珠三角等地区已有的大批热处理专业化厂绝大多数是随着廉价的五金制品的大量生产而发展起来的，有些则是假、冒、伪、劣零配件一度泛滥的衍生物。准入门槛低、技术力量薄弱、设备落后、管理不善、热处理质量无法满足正规零配件或工模具的要求。这些热处理专业化厂并非凭着技术水平和生产质量，而是靠种种"关系"取得热处理生产许可证。在我国制造业面临发展方式和产品结构转型之际，这种热处理专业化厂本应被淘汰。然而目前各地所采取的依靠扩大热处理专业化生产的比重以求"节能减排"的政策，使得一些已获得热处理专业化生产许可证的企业处于不平等竞争中的有利地位。热处理质量水平进一步下滑在所难免。

专业化热处理厂的节能减排效果也存在许多水分，有些厂在购买燃料时要求供货商用其他名目开发票，上报的能耗数据是虚假的。废水废气处理等环保设备平时闲置不用，或者日班开晚班停以节省加工成本。种种弄虚作假的行径都难以在有关部门组织的检查、验收时被发现。

4. 污染转移

热处理生产从大城市向郊区转移，从发达地区向其他地区转移，并没有使全国的能耗和污染减下来。排放从一个流域下游向上游转移将付出更大的环境代价，甄江流域和环太湖地区的教训并未得到吸取。热处理和热加工从大城市向外转移之风愈演愈烈，波及的地域愈来愈大，甚至有些国家生态保护区和生态示范城市也打算承接热处理和热加工的转移，后果不堪设想。

以上几点都反映出热处理专业化的负面影响。在制造业中热处理有很大的节能减排潜力，只有依靠高科技对落后的生产技术进行改造才能达到在保证和提高材料性能的同时实现节能减排的目的。行政命令式的组织专业化生产，虽然可以立竿见影收到局部的、短时的效果，却忽视了提高材料性能，通过搞好热处理，制造出高寿命和轻量化产品所具有的巨大节能减排潜力，未免本末倒置，应当加以纠正。其他热加工行业也有类似情况。

建议：

(1) 暂缓执行各地区推行热处理和热加工专业化生产的实施方案，重新进行深入的科学论证。

(2) 应该允许对热处理质量有高要求的产品制造厂（包括主机厂和零配件制造厂）保留或建立必要的热处理生产能力。组织专业化生产时应以对产品性能要求高、技术水平高、管理严格的制造厂中的热处理车间为骨干。现有的大量低水平的热处理专业化厂才是应该关、停、并、转的重点。

(3) 整顿现有的热处理专业化生产厂。重新严格核发热处理生产许可证，并建立长效的切实的对热处理质量和环境污染的监管机制。

(4) 热处理和其他热加工的减排应以就地技术改造为主，跨地区转移必须十分慎重，应由国家有关部门审批，不应由两个地区的政府审批，以免出现一地达到节能减排指标，另一地提高财政收入的表面上"双赢"的虚假政绩。防止出现两地"双赢"而损害全局的结果。

(5) 组织热处理专业化生产除了要充分科学论证、做到布局合理之外，在实施过程中热处理生产的转移应有一个过渡阶段。尤其是一些重要的工件的热处理生产的转移应经过一定时期试生产考验，以证明转移后能否确保热处理质量并建立长效的质量监控体系。成熟一个转移一个，不能行政命令式的一刀切。

(6) 大力支持热处理技术改造,积极推广已成熟的热处理新技术,并加大优质、节能、无污染的热处理新技术研发的投入。

建议人:

潘健生 中国工程院院士

机械成形加工工程及自动化

上海交通大学

关于大力推广基于吸收式换热的新型热电联产集中供热,实现大幅度建筑节能的建议

江 亿 倪维斗 黄其励 徐大懋

秦裕琨 徐旭常 蒋洪德 杜祥琬

2009 年 9 月 12 日

我国北方地区城镇采暖能耗占城镇建筑总能源消耗约 40%,是建筑能耗最主要的组成部分。目前这一地区建筑的 70% 以上采用集中供热方式采暖,其中一半以上的热源为热电联产方式供给。全国热电联产装机容量超过 1 亿 kW,承担城镇建筑供热面积 27 亿 m^2,预计每年将新增热电联产装机 1000 万 kW 以上,以满足每年新增城镇建筑供热面积 6 亿 m^2 的需要(其中 50% 由热电联产供应)。

分析表明,热电联产集中供热是目前各种供热方式中一次能源消耗量最少的供热方式,但近年来发展缓慢,所承担北方城镇建筑供热热源的比例逐年下降。导致这一现象的经济原因是煤价上涨而热价不变,技术原因是热电联产热源容量不足、热网输送能力不足、扩容困难等。

清华大学建筑节能研究中心经过长期研究,提出一种基于吸收式换热的热电联产集中供热新流程,可以使热电厂在同样的燃煤量和发电量的前提下供热量增加 30% ~50%,同样供热循环水量的条件下热网的热能输送能力可提高约 70%。其原理是利用吸收式换热器,可使供回水温差增加到 110 ℃,在管网流量不变的条件下,大大提高热网的热能输送能力。同时,利用以蒸汽为动力的吸收式热泵,可提取冷凝器中的低温热量,用于加热热网循环水,从而使热电联产机组供热量增加约 40%。

这种新的供热技术不仅可解决城市热网集中供热热源容量不足和管网输送能力不足的问题,

还可大幅度提高热电联产系统的能源利用率,使我国北方城市建筑采暖能耗降低约30%。

中国工程院于2008年5月31至6月1日召开了第九届"工程前沿"研讨会,与会的动力工程、供热工程、制冷工程等多学科院士和专家对该项技术进行了充分的研讨和论证。会议认为该技术是热电联产供热领域的"重大自主技术创新",对实现我国节能减排的战略目标有重要意义和作用。

2008年11月,清华大学与赤峰市富龙热力公司合作,实施了20万 m^2 吸收式换热的新型热电联产集中供热技术的实验工程,经过2008年到2009年一个采暖季的运行,完全证实了工程的预期效果,表明这一新技术的工程可应用性和经济性。

2009年3月20日,内蒙古自治区科技厅主持了"赤峰市富龙热力公司利用基于吸收式循环供热技术实验工程"鉴定会,由国内相关领域专家组成的鉴定委员会对这一新技术给予高度评价,认为该项技术"是我国热电联产集中供热领域的一项重大原始创新","将对我国热电联产集中供热事业带来重大影响"。

赤峰市的实验工程实践表明,这一技术可以增加热电联产供热量30%以上,提高管网输送能力约70%,和目前的热电联产方式相比可降低单位建筑面积采暖煤耗30%以上,在目前的煤价和热价水平上,所增加的投资可以在3~5年内回收,具有重大的节能、经济和环保效益。

目前我国热电联产电厂总发电装机容量超过1亿kW(其中一部分是用于工业生产供热),承担的民用建筑供热面积27亿 m^2。通过推广这一技术,可以利用目前热源和管网增加供热建筑面积11亿 m^2,每年可节能约2000万吨标煤;需要投资约1000亿元,通过增加供热面积所增加的收入,可在4~5年内收回全部投资。随着城市建设的飞速发展,近年来每年新增城市供热的热电联产装机容量为1000万kW,如果全部采用这一技术,可以减少新增装机容量350万kW以上。

这一新技术所增加的设备主要是吸收式换热器和吸收式热泵,我国目前已初步建成完整的吸收式热泵的生产体系和世界领先的制造能力。在目前经济形势的影响下,大多数设备制造企业产能严重闲置,这些制造厂通过适当的技术改造,可以制造出满足新供热流程要求的、高可靠性的相关关键设备。这对于引导这些企业走出困境,每年创造约150亿元的市场。同时还存在进一步将这一新技术、新产品输出到东欧市场提供可能。

为此,我们建议:

1. 由科技部、发改委、工信部等有关部门协调组织相关的科研机构和企业,系统地进行相关理论和工程问题研究以及关键的配套产品研制,进一步优化系统结构与运行方式,降低关键设备的成本和体积,进而形成完整的技术和产品体系。

2. 把这一节能改造措施列入扩大内需、改善基础设施建设的重点工程计划,给予有效的资金和政策支持,使这一项目能顺利实施和尽快推广。

3. 制定推广计划,在新建和在运的热电联产供热系统中全面应用该新技术。

4. 国家物价部门负责,给出采用这一新工艺流程后热电联产电厂与供热企业的结算方法和电、热价格,使发电、供热企业双赢,激励企业采用新技术的积极性。

建议人:

江　亿　中国工程院院士
建筑环境工程与建筑技术
清华大学

倪维斗　中国工程院院士
热能动力工程
清华大学
黄其励　中国工程院院士
热能动力工程
国家电网公司东北电网有限公司
徐大懋　中国工程院院士
热能动力工程
中国广东核电集团公司
秦裕琨　中国工程院院士
热能动力工程
哈尔滨工业大学
徐旭常　中国工程院院士
热能动力工程
清华大学
蒋洪德　中国工程院院士
热能动力工程
清华大学
杜祥琬　中国工程院院士
核科学技术应用
中国工程院

关于开展大型油气输送压缩机驱动变频调速装备国产化的建议

殷瑞钰　干　勇　李大东　汪燮卿
王淀佐　李正邦　何季麟　屠海令

2009 年 9 月 8 日

大型油气输送和 LNG 对我国是一项新技术，其技术装备的国产化，对扩大清洁能源应用，改变我国能源结构，振兴装备制造业关系重大。特别是伊朗北帕斯 LNG 项目，技术装备国产化具有重要的经济政治意义。

大型油气输送装备主要是用于管道输送大型压缩机和液化天然气的大型冷冻压缩机，这些大型压缩机需要20 MW至60 MW同步电机来驱动，而其核心控制是大功率变频调速。交流电机变频调速是电力电子及电气传动学科的高新技术，大功率交流电机变频调速是国家重大技术装备的关键设备。

随着能源与信息技术的发展，采用电力电子器件的变频调速得到长足的进步，广泛应用于国民经济各个领域。但国家重大工程和重大装备中的高性能大功率变频调速基本依赖进口。国际上大型油气输送和LNG变频调速装备采用晶闸管负载换流（LCI）同步电机变频调速，主要是西门子、ABB、GE少数国外大公司垄断。目前世界最大的LNG压缩机驱动装置为西门子为挪威制造的65 MW变频调速装置。我国西气东输一线十多台2万kW的大功率变频调速装置全部由西门子公司制造，西气东输二线工程也仍然从国外引进。在大型油气输送和LNG装备三大件：压缩机、同步电机、变频调速中大功率变频调速是薄弱环节，也是国产化的关键。因此，研制国产大型油气输送变频调速装备迫在眉睫。

我国从20世纪80年代就开始对该技术进行科技攻关。冶金自动化研究设计院、上海电机厂和清华大学等单位在国家科技攻关项目的支持下，为国家研制成功第一套交交变频轧机传动系统（1993），第一套12 MW负载换流（LCI）同步电机变频调速系统用于启动30 MW的大型同步电机（1997），第一套矿井提升机交流传动（2001），第一套IGCT大功率交直交变频器（2007），国产变频器最大容量已达到25 MW。在此基础上，将变频调速技术产业化并推广应用，已向包钢、攀钢、武钢、鞍钢和淮北矿等30多家企业推广2000 kW以上变频调速系统达270套，总装机容量超过2000 MW，交交变频国产化全面扭转了大功率交交变频传动装备长期依赖进口的局面，占据了国内轧机传动市场的70%，标志着我国在大功率交流调速理论研究、装备制造、工程设计与调试技术方面跻身于世界先进行列。此外，我国晶闸管制造已达到国际先进水平，四英寸到六英寸的大功率晶闸管已广泛应用于轧机传动、直流输电，可以满足大功率变频的需求。

综上所述，大型油气输送和LNG技术装备的国产化，对扩大清洁能源应用，改变我国能源结构，振兴装备制造业意义重大。大功率变频调速是其关键核心部件。我国电力电子器件与变频调速技术和产业已有相当的实力，无论是理论研究、技术团队、工程经验，还是电力电子器件和变频器制造产业基础，大型油气输送驱动的同步电机变频调速的国产化都是可行的。因此，应尽快组织国内高校、研究院所和企业，研制出中国自己的大型油气输送变频调速装备。

建议国家有关部门：

1. 国家支持大型油气输送变频调速装备的国产化立项。

2. 科技攻关项目立足于我国自主创新科研平台，依托国内电力电子装备产业，用大型油气输送变频调速的国产化来带动装备制造业的发展。

3. 对攻关项目给以科研经费支持；同时对首台国产油气输送变频调速装备给以优惠政策等。

建议人：

殷瑞钰　中国工程院院士
钢铁冶金
钢铁研究总院

干　勇　中国工程院院士
钢铁冶金
钢铁研究总院
李大东　中国工程院院士
石油与天然气化工
中国石油化工股份有限公司
汪燮卿　中国工程院院士
有机化工
中国石油化工股份有限公司
王淀佐　中国工程院院士
矿物加工
中国工程院
李正邦　中国工程院院士
钢铁冶金
钢铁研究总院
何季麟　中国工程院院士
有色金属冶金
宁夏东方有色金属集团公司
屠海令　中国工程院院士
功能材料
北京有色金属研究总院

关于组织实施“中国癌症基因组计划”的建议

程书钧　钟南山　王红阳　顾健人　陈赛娟
郝希山　樊代明　徐宁志　刘芝华

2009 年 11 月 18 日

一、癌症的危害

癌症是极大危害人类健康乃至生命的严重的复杂性疾病。目前，全球每年癌症新发病例约

1100 万,死亡病例约 670 万。我国自 20 世纪 70 年代以来 40 年间,大多数癌症的发病率和死亡率一直呈现上升趋势。根据卫生部每年发布的统计公报,自 2002 年始,每年我国城市和农村居民前十位的死因中,癌症几乎均居于首位。按目前的发病趋势,到 2020 年我国癌症患病总人数将达 660 万,因癌症死亡和新发病人数均将达 300 万。

按照最新的《中国肿瘤临床年鉴》数据,2006 年我国 26 所省级肿瘤医院共有 140732 人接受了肿瘤手术,住院病人共有 375447 人次,门诊病人 314 万人次。但是癌症的治疗效果远远不尽如人意。据有关部门估算,每年用于癌症病人的医疗费用约 800 ~ 1000 亿元,约占卫生总费用的 20%。毋庸置疑,癌症对家庭和社会都带来巨大的经济负担和精神压力,已经成为我国全面建设小康社会的重大障碍。

二、国内外现状

2003 年,以美英发达国家为主体,中国科学家参与,耗资近 30 亿美元的“人类基因组计划”(Human Genome Project, HGP)顺利完成。随之,美国于 2006 年独自率先启动“癌症基因组计划”(The Cancer Genome Atlas,TCGA),由美国国立卫生院(NIH)下属的国立癌症研究所(NCI)与国立人类基因组研究所(NHGRI)出资 1 亿美元,并共同协调和管理。这项计划的初期三年任务(开展脑、肺和卵巢三种肿瘤的 DNA 测序研究,2006—2009)圆满完成。

2009 年 9 月 30 日,美国总统奥巴马在视察 NIH 时宣布,从美国政府的救市计划[the American Recovery and Reinvestment Act of 2009 (Recovery Act),ARRA]中出资 1.75 亿美元,另外,NIH 下属的 NCI 和 NHGRI 再投入 1 亿美元,共计 2.75 亿美元,用于今后两年的癌症基因组计划的研究,表明美国政府在经济危机尚未完全解除之机,仍然继续扩大投入开展癌症基因组计划的决心。奥巴马在 NIH 的演讲中高度赞扬了基因组研究和人类遗传学研究已经给予肿瘤治疗带来希望;同时,他还强调:“我们现在仅仅触摸到肿瘤治疗的表面,因为我们刚开始认识到环境与遗传的关系在引起和促进肿瘤中的重要作用”。

据悉,美国这 2.75 亿美元的癌症基因组计划的研究内容和任务是:在两年内收集 20 余种肿瘤的 20000 个标本;完成其中 10 种肿瘤的基因组改变图谱;测序并鉴定至少 15 种其他肿瘤中的 100 个肿瘤组织。所有信息将储存在公共数据库中,为全人类的研究服务,旨在发现诊断、治疗和预防肿瘤的新方法。NCI 和 NHGRI 目前正在商议应该包括的肿瘤类型,是否优先列入的考虑因素主要有:癌症发病率、危害程度以及目前是否具备有效的治疗方法等。

而我国在人类基因组计划完成之后,对飞速发展的基因组研究重视不够且投入不足,使得“十一五”期间,我国在利用基因组海量信息,进行包括癌症在内的一系列重大复杂性疾病的全基因组关联分析方面的研究明显滞后,如不立即行动,急起直追,差距将进一步扩大。这一状况与我国政治、经济、科技实力日益提升相比,极不相称;而且,不利于我国在国际社会中逐步建立起大国的形象和勇于负责的大国地位。

三、必要性和紧迫性

癌症是基因与环境交互作用的一类复杂性疾病。病因及发病机制尚未完全明了是直接引发癌症发病率和死亡率高居不下的最重要的原因。历史经验表明,已有的研究模式很难全面解决癌症的根本问题,而彻底改变目前“盲人摸象”和“零敲碎打”的肿瘤研究现状,需要解放思想。利用最先进的DNA深度测序技术，结合系统生物学、生物信息学，对癌症细胞（组织）基因组进行全方位、全景式系统检测和分析，是目前能够深入阐明癌症发生发展分子机制的最佳选择，不仅具有重要的学术价值和理论意义，而且，鉴定获得的分子标志物可用于癌症高危人群的筛查、预测、预防和早期诊断。更为重要的是，在人类基因组基础上实施的癌症基因组研究对于：发现和确定癌症个体遗传易患性，筛查和鉴别高危险人群和个体，实施有效的干预和预防，推动我国生物技术和医药工业发展，乃至最终控制癌症具有重要的战略意义，是实现癌症个体化诊治和个体化医学的必经之路。

美国先行一步，开展癌症基因组计划已经三年（2006—2009），在奥巴马总统的强力支持下，现正式进入第二期（2.75亿美元的两年计划）。虽然，国际肿瘤基因组协作组于2007年成立，但机构松散，无经费资助，进展甚微。因而，这一领域美国一枝独秀，基本掌控话语权。但是，已有的研究结果表明，个体遗传易患性具有明显的个体差异，尤其在不同人种之间。另外，由于中华民族世世代代在环境、习俗、生活方式有所不同，发生在我国癌症的病因、癌症发病谱、基因突变谱，与美国不尽相同，不能完全照搬和简单沿用美国研究结果。我国肿瘤病人靶向治疗的临床数据已充分显示了人种差异对肿瘤治疗效果的重要影响。中华民族具有自己群体的遗传特点，我国癌症具有自己独特的基因图谱和突变图谱，这一特性决定了中国科学家必须独立自主、依靠自己，获取中国人的癌症基因组改变信息。

新中国成立60周年，改革开放30年以来，我国在政治、经济、军事、科技各个领域都发生了翻天覆地的变化，逐渐在世界舞台上崭露头角。尤为重要的是我国是一个人口大国，占世界人口五分之一的中华民族的癌症基因组图谱必须也只能由我们自己来完成。机不可失，时不我待。紧紧抓住国际癌症基因组计划刚刚开始的有利契机，在我国尽快开展中国人的癌症基因组计划。希望继中国参与完成人类基因组计划时作出重要贡献之后，再一次向全世界展现中国在癌症基因组研究方面所具备的强大实力和所能发挥的重要作用。

四、目标和任务

“中国癌症基因组计划”是一项功在千秋的宏伟计划。战略目标是建立中国人的癌症基因图谱，以期实现临床个体化诊治，在我国最终达到降低癌症发病率和死亡率，提高患病生存率和生存质量，提升中国肿瘤研究，尤其是癌症基因组研究的整体实力和水平，跻身世界先进行列。

计划在“十二五”期间（2011—2015），采用最先进的深度测序技术，在基因组、转录组和全基因组调控（包括表观基因组、microRNA等）水平，以及蛋白质组水平等，综合研究导致癌症发生的遗传变异，以及这些变异在癌症发生、发展中的作用，揭示基因变异与癌症的关系，最终描绘出一幅完整的癌症发生发展基因图谱，构建一个共享的、高分辨率的癌症分子信息数据库，指导我国癌症的预防和诊疗，造福全人类。

计划一定突出中国特点，应选择在中国发病率高、危害大、具备良好研究基础、缺乏有效诊治手段的常见癌症。个体特异性是癌症基因组计划关注的重点。为每一个病人确定最合适的治疗方法，是实施癌症基因组计划的强大动力和目标。此外，我们还将与世界科学家一道研究癌症发生发展的共性问题。

目前，我国已完全掌握了当今世界上最先进的深度测序技术，并有良好的研究资源及人才储备，但研究力量分散。而癌症基因组研究绝不是几个单位的单兵种、小规模、小作坊式的研究组织能够完成的，必须集国家基因组研究和肿瘤学研究的优势团队之合力，整合并应用最新最强之技术，聚焦“中国癌症基因组计划”研究，科学、全面、完整地收集临床信息和资料，运用生物信息学、系统生物学的平台优势，集基因组学、蛋白质组学、分子与细胞生物学、发育生物学、遗传学、病理学等之大成，在癌症基因组突变、全基因组甲基化、癌症基因组表达、microRNA表达，以及癌症细胞信号网络改变等方面，全面推进，迅速提升，形成规模，颇具实力和影响，跻身世界先进行列，打造成为代表中国并具有中国特色的肿瘤研究体系。同时，以癌症基因组研究为起点和模式，全面推动我国其他人类复杂性重大疾病(高血压、心脑血管病、糖尿病等)的研究，为建立新的医学模式，为实现中国癌症个体化诊治，为国人也为全人类的健康贡献力量。

建议人：

程书钧 中国工程院院士
医学细胞生物学
中国医学科学院
钟南山 中国工程院院士
内科学
广州呼吸疾病研究所
王红阳 中国工程院院士
医学细胞生物学
第二军医大学
顾健人 中国工程院院士
生物技术
上海市肿瘤研究所
陈赛娟 中国工程院院士
医学细胞生物学
上海交通大学
郝希山 中国工程院院士
肿瘤学
天津医科大学
樊代明 中国工程院院士
内科学
第四军医大学
徐宁志 教授
医学细胞生物学
中国医学科学院
刘芝华 教授
肿瘤学
中国医学科学院

关于提请将“干空气能”列入我国《可再生能源法》与可再生能源目录的建议

江 亿

2009 年 11 月 26 日

我国地域辽阔，由于太阳辐射、大气环流、地理条件等差异，形成了东、西部气候的巨大差异，占国土面积一半以上的西北地区，夏季处在典型的干热气候区。由于空气中水蒸气绝对数量少，相对湿度低，空气和液态水接触时，水容易蒸发，空气被加湿的过程中水被蒸发吸收热量而使空气温度降低。这个过程实质上是干燥空气由于其水蒸气处在不饱和状态而存在的可用能转化为热能（即冷水冷量）的一种方式。空气越干燥，其可利用能量的品位越高。干燥空气的这种可用能可称之为“干空气能”。

干空气能的定义、导出和表征已从热力学角度得到了论证（见博士学位论文《间接蒸发冷却式空调的研究》，清华大学，谢晓云）。从热力学上，可以选择能够表征各类能量本质的参数“功”来定义干空气能，即当有水源存在时，干燥空气由于处在不饱和状态而存在的对外做功的能力，称之为“干空气能”。理论上，干空气能可以转化为任意形式的能量，可以利用干空气能制冷、制热或者发电。仅是由于系统复杂程度不同，转化效率有所不同。其中利用干空气能制冷是目前可实现的干空气能利用效率最高的方式。从经济可行性上讲，当室外干燥空气的相对湿度低于 40% 时，利用干空气能制冷就已有显著经济性，当室外干燥空气的相对湿度低于 10% 时，利用干空气能实现制热或者做功和发电都经济可行。

人类利用干空气能制冷已有悠久的历史，主要通过常规的直接蒸发冷却技术。由于常规技术干空气能的利用效率较低，因此适用场合和节能潜力都有限。近年来，我国通过技术创新，发明了利用干空气能通过间接蒸发冷却制备接近室外空气露点温度的冷水的技术，和通过间接蒸发冷却使空气冷却到室外湿球温度以下的技术，实现了室外干空气能的高效地利用。这些技术已在我国西北地区超过 100 万 m^2 的大型公共建筑中被推广应用，替代空调用常规冷冻机，使空调运行节能 70% 以上。其中利用干空气能制备空调用冷水的间接蒸发冷却技术被专家评定为国际领先水平，2009 年获得国家科技发明二等奖。目前已在塔吉克斯坦和丹麦的工程中设计选用，相关设备的出口等事宜已进入商谈议程。

相对于其他可再生能源，干空气能具有如下特点：(1) 自然界中干空气能量规模大，在干燥地区，只要有水就可获得非常大的干空气能；(2) 资源分布范围广，世界上约 40% 的国家和地区拥有丰富的干空气能；(3) 利用方式简便；(4) 可持续利用；(5) 清洁，无任何污染。

我国干空气能的分布范围很广。当干空气能的能量强度为 2 kJ/kg. air 时，相当于如果每小时通过 1000 m^3 空气，理论上可获得 666 W 的电能。目前的技术利用干空气能制冷的火用效率，即利用干空气能转化为冷量火用（功）的效率约为 25%，利用干空气能的过程仅需耗费输送干燥空气所需的风机电耗。与常规电驱动的机械压缩式制冷系统相比，即干空气能大于 1.0 kJ/kg. air 的新疆、内蒙、甘肃、青海、宁夏等西北地区，采用干空气能通过高效的蒸发冷却作为空调制冷可获得显著的节能效果。

如此，干空气能应作为干燥地区公共建筑空调系统的驱动能源，从而替代常规的空调制冷用电，可比传统空调节能 40% ~70%。从使用效果来看，干空气能驱动的空调系统实现了与传统空调同样舒适的室内温湿度环境，且由于取消了室内潮湿表面，以及充足的新风供应，比传统空调更舒适和健康，受到了用户的一致好评。据测算，仅将干空气能用于空调制冷领域，在我国西部地区的大型公共建筑中全面推广应用，每年就可以节约空调运行电耗约 20 亿度，折合标准煤约 70 万吨，减少二氧化碳排放约 200 万吨，将创造可观的社会效益和环境效益。

经过十多年的研究和实践，我国已在干空气能的利用技术上实现了重大突破，也已在新疆地区取得了规模化的应用效果，与水源和地源热泵相比，它有更广泛的适应性，不存在任何污染和环境问题，有更大的经济效益和节能效益。为推动可再生能源技术的进一步发展和全面推广，建议将“干空气能”列入我国《可再生能源法》和可再生能源目录，从而使其在政策层面得到明确支持。

建议人：

江 亿 中国工程院院士
建筑环境工程与建筑技术
清华大学

关于制止我国炼油石化工业盲目发展的建议

曹湘洪 袁晴棠 李大东 王基铭 侯芙生 汪燮卿
闵恩泽 舒兴田 徐承恩 杨启业 关兴亚 胡永康

2009 年 12 月 10 日

最近我们围绕我国“十二五”期间到底应该规划建设多少炼油项目，目前各地规划建设的炼油能力合计是多少，将来会不会形成严重的产能过剩，我国炼油工业应该走什么样的发展道路等问题进行了调查研究和分析。我们对各地盲目发展大型炼油项目感到非常忧虑，建议国务院采取有力措施，坚决制止这种势头。

伴随新中国 60 年的发展历程，我国炼油工业在规模实力、技术水平上均实现了巨大飞跃，目前炼油能力完全可以保障国内成品油和化工原料的需求，炼油工业已成为我国国民经济持续健康发展的支柱产业。截至2008年底，我国一次原油加工能力已达到4.63亿吨/年（包括燃料油加工企业），居世界第2位；2008年全国原油加工量3.42亿吨，生产成品油2.083亿吨、化工轻油3365万吨，成品油和化工轻油表观消费量分别为2.05亿吨和3400万吨，全国成品油和化工轻油供需基本平衡；我国的炼厂布局已形成了较为合理的格局，除山西、云南、贵州、西藏和重庆及香港、澳门两个特别行政区外，其他27个省市自治区均建有炼厂。

我国正处于工业化、城镇化加快发展的历史阶段，石油产品需求仍将以较快速度增长，为我国炼油工业的发展提供了较大的市场空间。假设2009—2011年GDP年均增速为8.0%～8.5%，2011—2015年GDP年均增速为8.5%～9.5%，按弹性系数法和消费系数法测算，2010年、2015年成品油消费量分别为2.15～2.20亿吨、2.75～3.0亿吨，化工轻油消费量2010年、2015年分别为5000万吨、8300万吨。到2015年炼油厂的平均负荷率按90%计算，加工每吨原油的成品油、化工轻油的收率仍保持2008年70%的水平，需要形成的炼油总能力4.64～5.4亿吨/年。

由于炼油项目对地方GDP的贡献大，地方政府为促进经济发展，引入三大国有石油石化公司竞争建设大型炼油项目，同时地方炼油企业也以“重油加工”或“生产沥青”等名义无序扩张，出现了盲目发展的冲动。如广东省现有能力4370万吨/年，规划能力9720万吨/年；浙江省现有能力3180万吨/年，规划能力8300万吨/年；天津市现有能力1050万吨/年，规划能力3750万吨/年；福建省现有能力1200万吨/年，规划能力3600万吨/年；山东省现有能力7520万吨/年，已严重过剩，还规划将能力增加到8700万吨/年；辽宁省现有能力6750万吨/年，也严重过剩，又规划将能力增加到7160万吨/年。计划新增的炼油能力中，拟新布点的大型炼油项目13个，能力达3.2亿吨/年，项目遍及十多个省市，这些项目都是计划在“十二五”期间建成的项目，届时我国炼油能力会突破8亿吨/年，过剩能力将超过2.5亿吨/年。

我国炼油工业如此无序扩张盲目发展，一是缺乏可靠的资源基础。从长远看，我国国内的石油产量只宜维持在目前的水平，即年产1.8～2.0亿吨左右，新增炼油项目的原油资源必须从国际市场获得。关于世界石油资源的可供应能力存在激烈的争论，悲观派认为世界石油产量已经达到高峰，乐观派认为世界石油产量在2030年左右达到高峰。即使按乐观派的观点，我们2015年前建成的一批大型项目，15年左右也将出现难以从国际市场获得资源的困境。

二是炼油能力大量过剩，市场恶性竞争必然出现，届时部分炼厂将低负荷运转，部分炼厂会停工停产或倒闭，资产或是利用率不高或是闲置，银行不良贷款大量增加，停工停产或倒闭炼厂职工会失业或下岗，将给社会稳定带来很大压力。

三是会对水资源、土地资源、环境、温室气体排放造成很大压力。大型炼油项目都需要建设相应的原油进厂、原油储运、中间产品及成品油储存及出厂的配套工程，占地多；加工每吨原油目前最先进的水平也要消耗0.5吨水，炼油过程即使严格控制也存在一定的“三废”和CO_2排放，分散布点既会增加处理难度，也将增加处理投入。

有人认为，国内能力过剩，产品可以出口。我们认为通过少量成品油出口，调节国内市场的供求关系是可以的，但大量出口成品油是不切实际的想法。发达国家通过采取替代和节油措施，成品油消费不仅增长趋缓，而且有的已呈负增长，欧洲、日本已开始关停现有炼厂；石油生产国正加快本国炼油及石化工业的发展，努力实现出口原油向出口产品的转变，亚太发展中国家也在加快本国炼油项目的建设。从国际市场购买原油，长途运到国内，再将产品销到国外，缺乏竞争力，即使可以实现部分出口，也是把治理污染和 CO_2减排的压力留在了国内。

鉴于以上情况，我们提出如下建议：

1. 严格控制我国炼油加工的总能力

我国炼油工业发展的总规模，必须和成品油市场消费需求总量相适应。建议国务院有关部门组织专门研究，在比较准确估计"十二五"我国成品油市场趋势的情况下，确定"十二五"的炼油总能力；对新增炼油能力要实行归口管理，严格审批权限，坚决防止打"擦边球"，迅速扭转无序发展的局面。对有些企业未经国家核准，擅自开工建设炼油项目，或用"重油加工"、"生产沥青"等名义逃避国家核准变相开工建设的炼油项目，国家有关部门要严肃查处，经查实，应追求相关人员的责任。

2. 坚持走技术改造、内涵发展的道路

"技术改造、内涵发展"是我国炼油石化工业发展的宝贵经验，是转变经济增长方式，走科学发展之路的具体体现，是今后我国炼油工业应继续坚持的发展道路。要在目前我国炼油工业布局基本合理的基础上，充分依托现有炼油企业和现有配套设施，挖掘潜力，通过技术改造，增加原油加工能力，严格控制铺新摊子。这样做有利于实现资源的高效利用，节约土地；有利于"三废"集中处理，减少新的污染源。

3. 加快炼油企业结构调整，淘汰落后生产能力

据了解，近几年我国小炼油禁而不止，小炼油厂的数目在增加，加工总能力也在增加。从总体看，小炼油工艺技术落后，二次加工装置不配套，能源消耗高，资源利用效率低，产品质量差，"三废" 排放高。如全国平均小炼油轻油收率仅为 47.2%，综合商品率约 61%，分别比中国石油、中国石化的平均水平低 17 个和 33 个百分点；全国平均小炼油加工能耗超过 90 千克标油/吨原油，比中国石油、中国石化平均水平高出 23 千克标油/吨原油。在原油价格和国际市场接轨、国家调控成品油市场价格的情况下，小炼油有利润时大干，无利润时停产，给成品油市场稳定带来很大干扰。要采取加快油品质量升级，提高产品市场准入标准，引导资产整合，关停并转等措施，加快调整炼油企业结构，淘汰落后炼油生产能力。

建议人：

曹湘洪　中国工程院院士
石油与天然气化工
中国石油化工股份有限公司

李大东　中国工程院院士
石油与天然气化工
中国石油化工股份有限公司

袁晴棠　中国工程院院士
石油与天然气化工
中国石油化工集团公司

王基铭　中国工程院院士
化工、冶金与材料工程管理
中国石油化工股份有限公司

侯芙生　中国工程院院士
石油与天然气化工

中国石油化工集团公司
汪燮卿　中国工程院院士
有机化工
中国石油化工集团公司
闵恩泽　中国工程院院士
石油与天然气化工
中国石油化工集团公司
舒兴田　中国工程院院士
无机化工
中国石油化工集团公司
徐承恩　中国工程院院士
石油与天然气化工
中国石化工程建设公司
杨启业　中国工程院院士
石油与天然气化工
中国石化工程建设公司
关兴亚　中国工程院院士
石油与天然气化工
中国石油化工集团公司
胡永康　中国工程院院士
石油与天然气化工
中国石油化工股份有限公司

关于控制取向硅钢新建项目避免出现产能过剩的建议

殷瑞钰　张寿荣

2009 年 12 月 11 日

进入 21 世纪，我国电力工业快速增长，带来对取向硅钢的需求急剧增加。以 2003 年为例，当年我国取向硅钢产量仅 12.5 万吨，还有 30 万吨依赖进口。2005 年以来，随着我国取向硅钢资金投入与技术进步加快，产量开始增加，到2008年超过33万吨。由于国内产量增加而取向硅钢进口的比例逐渐减少，预计今年（2009年）取向硅钢进口量将降至32万吨，见下表1。

表1　2005年以来我国取向硅钢表观消费量、产量及进口量　　单位：万吨

年份	当年取向硅钢消费量	当年国产取向硅钢产量	当年取向硅钢进口量	当年取向硅钢进口的比例/%	当年世界取向硅钢产量	中国消费占当年世界产量的比例/%
2005	39.01	13.20	25.81	66.16	164	23.78
2006	49.95	20.08	29.87	59.80	179	27.91
2007	60.52	27.24	33.28	54.99	205	29.52
2008	69.21	33.90	35.31	51.02	220	31.46
2009预计	74	42	32	43.24	238	31.09

2000年以来，我国大批无取向硅钢建成投产。目前无取向硅钢的供需矛盾已基本解决，部分品种已出现供大于求的局面。投资取向硅钢已成为热门，近年来一批取向硅钢项目已开始建设，有的在建设之中。如不加控制，在2012年以前将形成以下生产能力（见表2），合计生产能力将达到134万吨。

表2　2012年以前我国取向硅钢将形成的生产能力预测　　单位：万吨

企业	武钢	宝钢	鞍钢※	首钢※	华菱涟源※	地方民营※	合计
目标年生产能力	44	20	20	20	20	10	134

※在建或拟建中

再加上长期以来的进口的“油片”（旧变压器拆下的利用品）每年约10万吨，则到2012年我国年取向硅钢的资源量将达144万吨，是我国2007、2008、2009年实际表现消费量的两倍左右。取向硅钢产能过剩的危险是严峻的，应予以高度重视。

取向硅钢是技术密集型、资金密集型产品。据已掌握的资料，全世界生产取向硅钢的企业共15家，其中生产高磁感取向硅钢的工厂只有7家。发达国家，一般一个国家只有一家企业生产取向硅钢，仅有日本和美国有两家。必须指出，取向硅钢的单位投资高昂，硅钢加工后工序大约为2.5万元/吨，如包括整个前后工序，大约为6万元/吨，约为常规大型联合钢铁企业的10倍。高投入、高技术含量产品一旦产能过剩，其危害胜于一般产品，取向硅钢产能过剩将是国家财力物力的巨大浪费。

建议及早采取措施控制新建项目，防止取向硅钢产能过剩的出现。

建议人：

殷瑞钰　中国工程院院士
钢铁冶金
钢铁研究总院

张寿荣　中国工程院院士
钢铁冶金
武汉钢铁(集团)公司

关于我国转化医学发展战略的建议

杨胜利　戴尅戎　陈凯先

2009年12月22日

近三十年来,基因组等各种组学发展迅速,基础医学研究硕果累累,但与临床医学间的鸿沟日趋加深。为改变这种现象,转化医学应运而生。转化医学(Translational Medicine)是基础医学与临床医学间的双向转化过程。

世界卫生组织提出,21世纪的医学不应继续以疾病为主导,应以人类的健康为导向,这是医学研究理念的战略性转移。我国卫生部医疗改革中提出要从大病晚期治疗为主向预防为主转变,做到"关口前移、重心下沉"。转化医学的发展在于将医学研究的无序化变成系统化、科学化,使医学研究的被动型、自发性转变为主动型、自觉性的过程,推动医学研究从以治疗为主转向预测医学、预防医学和个性化医学,加快医学应用科学的发展。

目前我国转化医学研究的理念尚未系统形成,导致科研投入与对人类健康贡献之间存在巨大反差。以干细胞治疗研究为例,我国每年发表相关研究文章超过2000篇,但至今仍无统一、成熟的干细胞分离、提纯和扩增平台,没有公认的操作规范、临床准入规范和标准的治疗效果评定。为探讨我国转化医学发展战略,中国工程院医药卫生学部与上海市中国工程院院士咨询与学术活动中心于2009年9月25日在上海共同举办了"我国转化医学发展战略研讨会"。专家们一致认为对转化医学的重视将会为我国医学科学的发展提供重要的契机。

根据此次研讨会的成果,基于我们在相关领域的研究经历,谨对我国转化医学的发展战略提出以下五点建议:

一、形成有中国特色的转化医学模式

我国开展转化医学研究具有一定的有利条件。首先我国是世界上人口最多的国家,自然也是最大的"临床样本库",对于开展转化医学研究十分有利。其次,近年来医学院与理工科院校的整合推动了学科间的沟通和联系,为转化医学研究奠定了基础。

我国的转化医学模式,要针对我国的国情,适合我国的需要,具有中国特色。要与我国医疗体制改革相结合，尽量避免转化医学开展中的功利性，形成以最广大人民健康为中心的转化医学模式。同时，要充分注意加强转化医学的发展不能以牺牲基础研究为代价，而应继续加强基础研究，在更高的水平上解决临床问题。

二、转化医学需要政策和财政支持

由于转化医学对国家卫生与医学科学发展具有重大战略意义，国际上各主要发达国家均出台了发展规划和支持鼓励政策。我国目前还没有建立转化型研究中心的大型计划，也没有出台针对转化医学领域的资助和鼓励政策，这种状况亟须改变。

首先应积极鼓励开展转化医学研究。其次是加强医学临床研究，临床研究是转化医学的重中之重，建议政府相关部门为临床医生参与转化医学研究提供必要的支持和引导，使临床医生成为转化医学团队的重要组成部分。最后，要增加对转化医学研究的支持力度。一方面可通过在“973”计划、国家自然科学基金、各项科技基金等增设转化医学专项，加强基础医学研究；另一方面针对从事转化医学的交叉学科实验室或转化医学中心提供财政支持，从而推动转化医学的发展。

三、注重培养转化医学人才

转化医学人才是构建转化型研究团队的必备条件。转化医学涉及的各个方面均需要有既懂得基础研究又懂得临床医学的人才。这并不是指学校专门设立转化医学学科，而是指我们目前的医学教育模式，尤其是研究生教育模式需要改进。

首先要适时调整医学研究生教育体制，如建立高校、科研院所和医院间的短期轮转培训制度，使临床医学研究生得到良好的基础知识和循证医学知识培训；使基础医学研究生加强与临床医生的交流。其次要注重临床医学科学学位研究生的培养。目前我国虽已有临床医学科学学位研究生培养计划，但基本上是源于美国的 MD－PhD 培养计划。我国教育机构应重点保证临床医学专业学生在进入培养计划后得到比较全面正规的基础与临床研究能力培训。最后要促进临床医生参与基础和/或临床医学科研项目。基础医学的科研一定要有临床医生的参与，如围绕某个重点的慢性疾病，可鼓励基础研究专家加强与临床医生的合作，实现重点突破。

四、科学推进转化医学中心的建设

转化医学中心是转化医学网络结构的关键环节。美国等发达国家既出台了国家层面上的转化医学中心建设计划，又实施了各个大学的局部转化医学中心发展与促进规划。

考虑到我国国情，专家们认为我国转化医学中心的建设不应另建新的科研中心，而应利用已有的研究中心，对他们进行合理的系统化整合，以形成高效的转化型研究机构和团队，提高转化医学方面的集成能力。

五、促进医学成果向社会预防领域转化和产业化

转化医学不但涉及基础医学研究成果向临床应用的转化，还涉及基础研究成果和医疗部门（包括医院和防疫机构等）已有的临床防治技术、方法向社区的转化，使基础研究与临床研究成果真正被社会所接受和应用，使医学成果被普通民众所享用，优化人民的生活习惯。

同时，要十分重视和大力推动基础与临床研究成果的产业化进程。

建议人：

杨胜利　中国工程院院士
生物技术
中国科学院上海生命科学研究院

戴尅戎　中国工程院院士
外科学
上海交通大学医学院附属第九人民医院

陈凯先　中国科学院院士
药物化学、药物设计
中国科学院上海生命科学研究院

关于成立“国家海洋防腐蚀工程研究中心”的建议

侯保荣

2009 年 12 月 29 日

近两年来，我们中国科学院海洋研究所承担了中国工程院环境学部的“我国海洋腐蚀现状调查与防护对策研究”咨询项目，根据已经取得的研究成果及调查过程中发现的严重问题，我们认为，完全有必要成立国家海洋防腐蚀工程研究中心。

美国在 2001 年发表了第七次腐蚀损失调查，其腐蚀损失为 2760 亿美元，占美国当年 GDP 的 3.1%。如按此比例计算，我国在 2008 年腐蚀损失大于 9000 亿元人民币，这是一个相当惊人的数据。如果采取有效的防护措施，其中有 25% ~40% 的腐蚀损失可以被避免。因此，研究腐蚀与控制技术对国家经济建设和国防建设有重大意义。

海水的含盐量高，远高于一般淡水，使海水的导电性高，同时溶解氧含量高，并含有微生物，成分非常复杂，影响因素多样，不可避免地带来严重的腐蚀问题。因此，海洋工程腐蚀严重，现状堪忧，亟待解决，而且海洋开发是当代促进国民经济持续发展的十分重要的产业，但海洋环境中工程结构的腐蚀问题与海洋开发相伴而来。目前，这些构筑物大都用钢铁材料制成，严重的腐蚀必然直接威胁着这些钢铁设施的安全，严重影响工程将结构的使用寿命，甚至带来严重的安全隐患及巨大的经济损失。

从 20 世纪 60 年代开始，中国科学院海洋研究所一直从事海洋腐蚀与防护研究工作，逐渐形成了一个团结向上、结构优化、勇于开拓的研究团队，其中一部分已成长为具有国际水平的海洋腐蚀科学工作者。经教育部批准，中国科学院海洋研究所腐蚀学科成为国内唯一的海洋腐蚀与防护博士点；同时先后成立了海洋腐蚀与防护研究室、青岛市海洋环境腐蚀与防护重点实验室、山东省腐蚀科学重点实验室、中科院海洋所海洋腐蚀与防护研究发展中心，并与东京工业大学联合成立了中日海洋腐蚀环境共同研究中心，与大日本涂料株式会社(DNT)成立了中日海洋防腐涂料研究发展中心，对海洋工程的腐蚀与防护进行系统的研究，并取得了一系列有价值的研究成果。

鉴于上述，我们认为建立国家级的海洋防腐蚀工程研究机构是非常必要的，也是可行的。我们强烈建议，应以中国科学院海洋研究所为依托，成立国家海洋防腐蚀工程研究中心，积极开展以下方面的工作：

1. 成果推广

目前，我国在海洋工程防腐蚀技术领域已经拥有了一批具有自主知识产权的核心技术和产品，但是，还没有一家国家级的海洋工程防腐蚀研究中心，这不利于相关技术的进一步研发、集成、推广和应用。在我国海洋开发日益加快、海洋工程设施不断增加、人才和技术已基本具备的情况下，成立国家海洋工程防腐蚀研究中心的条件实际已基本成熟，这将大大有助于把成熟、先进的科研成果尽快转化和产业化，为国家蓝色经济的建设服务。

2. 人才培养

海洋腐蚀是一门交叉性学科，化学、生物、物理等多个因素都对腐蚀产生影响，涉及许多基本科学问题，如海洋生物腐蚀与污损、海洋腐蚀寿命预测、深海腐蚀研究等等，这些基础性问题的深入研究将对海洋防腐蚀技术的长远发展具有重要价值，也有助于我国海洋工程防腐蚀领域的人才汇集和成长。目前，我国该领域基础研究人才较发达国家相对匮乏，建议国家有关部门对该领域研究给予倾斜支持，为人才队伍的发展创造良好的基础性条件。

3. 标准制定

我国至今还没有一部腐蚀与防护的法律法规，还不能从管理的层面把腐蚀控制工作纳入法制轨道。根据发达国家的经验以及我国加入 WTO 后防腐蚀工作与国际接轨的需要，必须大力加强有关腐蚀与防护标准的研究制订与实施工作；对与安全生产关系密切的重大问题，还需要制订防腐蚀的相关法律及腐蚀防护设计的标准与规范，使防护工作有章可循，有法可依。

4. 科技宣传

目前，各种海洋设施的防腐蚀工作已经提到重要的议事日程，但相应的管理、技术和工程技术人员通常缺乏海洋腐蚀与防护知识，常识性的错误屡见不鲜，工程质量不易得到保证，留下许多隐患，这也是直接影响防腐蚀新技术的推广应用的一个重要原因。成立海洋工程腐蚀与防护的专业机构将有助于对相关工程技术人员进行必要的腐蚀防护培训、考核，有助于开展相关防腐蚀施工工作，提高海洋工程运行的安全性。

建议人：

侯保荣　中国工程院院士
海洋化学工程
中国科学院海洋研究所

（以上均由丁宁提供）

学 术 活 动

【工程科技论坛】

“金融危机下的太阳能产业”工程科技论坛(第83场)

2009年3月22日,第83场工程科技论坛“金融危机下的太阳能产业”在京召开,此次论坛由化工、冶金与材料工程学部承办。会议主席由周廉、梁骏吾、闻立时、陈立泉院士担任,师昌绪、杜祥琬、顾真安、何季麟、何祚庥等院士和来自国家发改委能源研究所、中山大学、北京太阳能研究所、南京玻璃纤维研究设计院、北京有色金属研究总院、中国材料研究学会、安泰科技等太阳能领域产、学、研的20多家单位40余位知名专家出席论坛。中国硅酸盐学会和中科院物理所清洁能源中心协办此次论坛。

2006年3月28日至30日,化工、冶金与材料工程学部曾召开了题为“中国太阳能利用的发展机遇与战略对策”的第273次香山科学讨论会,三年来我国太阳能光伏产业有了快速发展,电池产量跃居世界第一。在全球金融危机的形势下,两头在外的我国太阳能光伏产业如何应对严重的挑战,是光伏产业界关心的问题也是此次论坛的主题。

赵玉文、沈辉、崔容强、孙立国等四位专家围绕论坛主题分别作了“多晶硅生产线技术和产业发展”、“太阳电池生产线技术和产业发展”、“太阳能光伏发电在未来能源结构中的地位”、“聚光光伏和光热发电技术产业化发展”专题报告。闻立时院士代表“低成本太阳能电池和多晶硅材料发展战略”咨询项目组作了“我国多晶硅材料和太阳能产业发展形势及战略问题”汇报。与会院士、专家对金融危机下,太阳能产业如何健康发展进行了深入研讨。

会议认为:(1) 太阳能将逐步成为我国能源的绿色支柱。发展太阳能意义重大,是能源与环境双赢的战略方向,从资源、技术各方面分析,大力发展太阳能完全可能;(2) 目前和今后若干年,太阳能发电处于突破阶段,走过这个阶段太阳能将作出规模化的贡献。这个突破阶段呼唤科技创新和政策扶植。科技创新部分很多与材料和工艺有关,例如太阳能电池涉及的高纯度硅的制备,各种新概念太阳能电池的技术与经济性的突破,太阳能热发电的物理概念创新和技术创新等;(3) 金融危机是太阳能发展的机遇和挑战。“两头在外”的太阳能光伏产业受到冲击,迫使企业通过创新实现转型和升级,科学地、有序地完成这个转型和升级,具有战略性的意义,将会使我国的太阳能产业走上一个新的历史阶段;(4) 太阳能产业在我国是新兴的产业,它的创新发展需要政策的扶植。这是一个应用性很强的领域,但它的发展却离不开基础研究创新的引领,政策上要支持基础研究和“产、学、研”的结合。

论坛建议:对重大技术问题,将邀请有关专家召开小范围的专题研讨会,研讨降低能耗和污染、降低成本的技术对策,并提出政策建议,以期加大研发投入,促进太阳能产业健康发展。

(左家和)

“生产生物质燃料的原料与技术”工程科技论坛（第84场）

2009年4月7日至9日，由化工、冶金与材料工程学部承办的第84场工程科技论坛“生产生物质燃料的原料与技术”在杭州举行。闵恩泽、汪燮卿、李大东、舒兴田院士和来自石油化工科学研究院、浙江大学、浙江工业大学、中粮集团生化能源事业部、宁波市杰森绿色能源有限公司等产学研方面共17家单位的150余位专家、学者参与研讨。

闵恩泽院士等共8位专家分别围绕“国内外生产生物质燃料的原料与技术”作了学术报告。论坛深入探讨了生产生物质燃料的原料问题、收集与储运等物流体系问题，研讨了生产生物柴油的超临界酯交换法、水力空化法以及反应器技术。

论坛为产学研搭建了平台，也为浙江发展生物柴油产业展示了良好的前景，为当地生物柴油向着健康和可持续方向发展起到促进作用

（左家和）

“海洋工程结构浪花飞溅区腐蚀与控制学术研讨会”工程科技论坛（第85场）

2009年5月12日至15日，第85场工程科技论坛“海洋工程结构浪花飞溅区腐蚀与控制学术研讨会”在青岛召开。本次会议由环境与轻纺工程学部、中国科学院资源环境科学与技术局和山东省科技厅联合主办，由中国科学院海洋研究所具体承办。科技部、中国科学院、山东省科技厅等单位有关领导及来自中科院金属研究所、厦门大学、北京科技大学、日本DNT涂料有限公司等26家研究机构和企业的国内外海洋腐蚀与防护领域的专家代表共计130余人参加了此次论坛。侯保荣院士担任大会主席并作了大会致辞。

海洋是最苛刻的自然腐蚀环境，其中浪花飞溅区是海洋工程设施腐蚀最为严重的环境区带。发展海洋工程结构浪花飞溅区腐蚀控制技术，并开展工程性示范应用，对提高我国海洋工程设施整体防腐技术水平，保障我国海洋工程设施长久安全运行具有重要意义。本次论坛就海洋工程材料

在浪花飞溅区的腐蚀行为与机理、海洋工程结构在浪花飞溅区的电化学保护技术、海洋工程材料浪花飞溅区防腐蚀涂层与表面处理技术、海洋工程材料在浪花飞溅区的缓蚀技术、海洋浪花飞溅区工程结构的腐蚀检测与监测技术、海洋浪花飞溅区腐蚀防护工程应用技术、海洋工程钢筋混凝土结构防腐蚀技术、海洋钢结构腐蚀安全性评价和寿命预测技术、海洋工程结构腐蚀损伤数据库和数字仿真系统、海洋工程结构复合防腐技术及其他与浪花飞溅区工程结构相关的腐蚀与防护技术等11个研究领域通过6场特邀报告、30场口头报告和34个墙报展讲等形式进行了深入广泛的交流，会议共收到76篇研究论文，约40万字，会议论文集已由科学技术文献出版社正式出版。

本次论坛加强了海洋工程结构浪花飞溅区腐蚀与控制技术领域的学术间交流，促进了腐蚀与控制技术在国民经济建设中的应用，对国家科技支撑计划“海洋工程结构浪花飞溅区腐蚀控制技术及应用”项目的进展具有积极的推动作用。

（张　健）

“应对当前金融海啸　服务型制造的发展战略”工程科技论坛（第86场）

2009年6月2日，第86场工程科技论坛“应对当前金融海啸服务型制造的发展战略”论坛在工程院举行。论坛由汪应洛院士负责。潘云鹤常务副院长出席论坛并致辞。王礼恒等11位院士和近百位专家参加了论坛。论坛对服务型制造的理论体系、实施模式、价值创造机理以及产业界的实践进行了深入探讨，为我国企业应对金融危机，推进制造业的产业结构升级，推进经济增长方式的转型提供了理论指导和经验借鉴。

（于泽华）

“膝关节外科高层峰会”工程科技论坛（第87场）

2009年7月24日至26日，由中国工程院主办，中国工程院医药卫生学部、中华医学会骨科学分会及中华医学会骨科学分会关节外科学组承办，大连大学附属中山医院协办的中国工程院第87

场工程科技论坛——“膝关节外科高层峰会”在大连大学附属中山医院召开，邱贵兴院士担任大会主席。刘德培副院长出席大会并致辞。白玉良副秘书长、医药卫生学部杨胜利、王正国、卢世璧、钟世镇等院士以及大连市有关领导出席。此次会议共有来自全国各地500多名骨科医务人员参加，其中中华骨科学会关节外科学组裴福兴、王继芳、杨庆铭、王坤正、翁习生等80余位膝关节外科研究领域的知名专家与会。本次会议围绕着膝关节外科，覆盖人工关节、创伤、关节镜、运动医学、骨肿瘤和微创技术等领域，按照院士点评、嘉宾发言、学术讨论、学术小结等多种形式进行学术交流。

刘德培副院长围绕“骨钙素与稳态调节”、钟世镇院士围绕“膝关节数字解剖学及应用”、邱贵兴院士围绕“膝关节外科技术进展”、卢世璧院士围绕“组织工程技术在膝关节外科的应用”、王正国院士围绕“再生医学的现状及展望”等内容分别作了主题演讲，关节外科学组的多位专家教授也围绕我国近年来膝关节外科的相关研究成果，发展方向和重点研究领域进行了大会交流。

与会报告的院士、专家分别从分子生物学、解剖学、组织工程学以及临床等多个角度将膝关节外科所需的相关知识呈现给广大骨科医生，使广大骨科医生特别是基层医生受益，取得了论坛的实效。论坛主席邱贵兴院士表示，今后将根据骨科学科发展的现状，举办骨科领域不同主题的论坛，开展高层次的学术交流，充分发挥工程院院士的作用，团结调动骨科届专家的力量，为推动我国骨科事业的发展作出贡献。

（李冬梅）

“生物质化学品与表面活性剂的研究及开发”工程科技论坛（第88场）

2009年8月26日至28日，由中国工程院主办，中国工程院环境与轻纺工程学部、中国工程院产业工程科技委员会表面活性剂研究开发促进会、中国化工学会精细化工专业委员会、中国轻工业联合会轻工表面活性剂应用研究分会等联合承办的第88场工程科技论坛“生物质化学品与表面活性剂的研究及开发”，在河南省焦作市召开。环境学部陈克复院士担任本次论坛主席，姚穆、庞国芳、李俊贤、孙优贤等4位院士出席了本次会议，来自全国72个高等院校、科研院所、企业及政府单位的116位代表参加了会议，焦作市和武陟县政府的领导也出席了会议并致辞。

本次论坛的主题是“生物质化学品与表面活性剂的研究及开发”，论坛共听取了包括2位院士在内的27场专题报告。与会代表一致认为要推动我国经济健康发展，解决人口众多，经济高速增长，化石资源短缺这一突出矛盾，大力推进我国生物质资源的开发和应用，是解决这一矛盾的重要举措。我国生物质资源品种及产量位居世界前列。仅农业秸秆年产量就达7亿吨之多，而目前仅有5千万吨得到初级利用，发展潜力巨大。林产资源、畜牧业资源、渔业资源、中药资源等的深入开发，高效、绿色利用，发展空间巨大。有许多科学问题、技术问题、工程问题亟待解决。以植物生物质资源为例，组分分离过程——将纤维素、半纤维素和木质素三种组分分离，组分转化合成过程——将针对组分结构特点进行化学修饰，合成有重要意义的高值化材料，是植物生物质功能化高值化利用的两个关键。与会代表围绕大会主题，还就多种禽兽水产品的皮、毛、血、肉资源的加工、分离、综合利用，多种中药植物有效成分的鉴定、分离、组方、应用，多种酶/菌的基因重组、智能化控制技术、环境优化培养技术，用分子模拟建立表面活性剂构效关系和性能调控机制，从性能——分子设计入手指导表面活性剂的合成、应用，用重组脂肪酶全细胞催化合成糖脂生物表面活性剂，用生物质化学转化制备优质香料，在多种生物质化学反应中应用表面活性剂提高效能等广泛工程技术问题，进行了热烈认真的讨论交流。

（张　健）

“肿瘤防控战略高层论坛”工程科技论坛（第89场）

9月28日至30日，由中国工程院医药卫生学部、中国抗癌协会和天津医科大学共同承办的第89场工程科技论坛“肿瘤防控战略高层论坛”在天津举行。此次会议旨在交流有关恶性肿瘤研究的最新成果，研讨恶性肿瘤防控诊治策略，为国家制定实施防癌、抗癌科学有效的战略措施提供咨询建议，以期最终达到降低肿瘤发病率和死亡率、促进人类健康的目的。医药卫生学部主任杨胜利院士和副主任郝希山院士担任论坛主席。

杨胜利、吴咸中、汤钊猷、郝希山、甄永苏、程书钧、樊代明、曾益新、赵国屏、陈志南等肿瘤研究相关领域的10余名院士以及国际抗癌联盟主席 David Hill 教授、中国抗癌协会副理事长蒋国良和高国兰等齐聚天津医科大学。与会专家就全球肿瘤防治策略、从基因组到肿瘤临床、肿瘤生物学与4P医学、胃癌研究的思考、抗肿瘤药物研发的策略探讨等相关内容进行大会报告，并就肿瘤基础研究、肿瘤早诊早治等肿瘤防控战略进行主题研讨。

近30年来，癌症发病数以年均3%～5%的速度递增，其中3/4新增病例发生在新兴工业国家及发展中国家。目前世界每年大约有1100万新发病例，有700万人死于癌症。预计到2020年，全球将有1000万恶性肿瘤死亡病例、1500万新发病例、3000万带瘤生存病例。世界卫生组织要求各会员国制定国家癌症防控规划，携手控制癌症。我国作为最大的发展中国家，近年来癌症发病及死亡率一直呈上升趋势，恶性肿瘤已成为我国城市人口的首位死因。恶性肿瘤的预防、早诊及综合治疗等研究已被列入“十一五”国家科技支撑重大项目的重点资助对象。然而，我国癌症发展态势严峻，防控体系相对薄弱，当务之急是建立良好的癌症防控机制，制定一套有效可行的肿瘤防控战略显得尤为重要。

（李冬梅）

“信息时代的建模与仿真技术”工程科技论坛(第 90 场)

2009 年 11 月 6 日,由中国工程院主办,中国系统仿真学会与中国工程院信息与电子工程学部共同承办的第 90 场工程科技论坛“信息时代的建模与仿真技术”在京召开。

论坛主题是探讨信息时代的建模与仿真技术。仿真是 20 世纪出现的一门新兴学科,经过半个多世纪的发展,仿真科学与技术的应用越来越普遍,特别在一些关系国家实力和安全的关键领域,以及众多的高新技术领域,发挥着不可替代的作用。仿真技术对国民经济的带动、对科学技术本身的发展以及国家科技创新能力的提升都发挥着重要的作用。仿真已经为科学研究与技术创新提供了新的重要手段和理论基础,正在推动当代科学和高新技术的发展。

中国工程院副院长邬贺铨出席了论坛并致开幕词,吴澄、汪成为、李德毅、李国杰、张钹、李伯虎、王子才院士以及来自有关单位的专家,中国系统仿真学会的有关领导出席了此次论坛。参加论坛的人数达 200 余人。8 位院士分别围绕信息时代的建模与仿真技术作了学术报告。

召开此次论坛,进一步扩大和加强了仿真科技工作者相互之间的学术交流,增进了解和联系,提升了仿真科技人员的学术水平,专家在论坛上提出具有前瞻性的热点问题,引起与会代表的高度重视,通过深入探讨,共同促进仿真科学与技术的发展。

(范桂梅)

“我国海上风电场建设重大工程问题研究”工程科技论坛(第 91 场)

在全球瞩目的发展新能源、发展低碳经济,应对气候变化,实现可持续发展的联合国哥本哈根气候变化峰会即将召开之即,中国工程院依托学部级重点咨询项目于 11 月 18 日在上海主办召开了第 91 场工程科技论坛“我国海上风电场建设重大工程问题研究”。论坛由王景全院士主持,沈国舫原副院长出席论坛并致辞,杨秀敏、翁史烈、张超然、曹楚生、卢耀如、孙伟、江欢成、薛禹胜、杨裕生、刘尚合、侯保荣、秦顺全、张建云、钟登华等工程院院士以及科学院伍荣生院士共计 17 位院士参加了论坛活动，来自国家职能部门、行业协会和企业、知名院校和科研单位共计129位代表出席了会议。

海上风电场建设是海上风电产业发展的中心环节，因此本届论坛的召开具有重要现实意义，受到业界和有关各方的高度重视。论坛主席王景全院士作论坛主旨报告，刘尚合院士、侯保荣院士、曹楚生院士以及张开华、陆忠民、陈党慧、黄国良、王力雨、尚景宏、李军堂、秦海岩、顾为东、张韧、缪国平等专家作了12场专题报告。论坛第二天，全体代表现场考察了海上风电国家示范工程——上海东海大桥海上风电场施工现场及上海电气集团海上风电设备有限公司研发制造基地。论坛第三天，全体代表围绕我国海上风电如何实现科学发展与可持续发展的专题进行了热烈讨论，并对坚持科学发展，引领促进我国海上风电又好又快发展提出了系列建议。

本届论坛活动调研总结了我国海上风电示范工程的实践经验，研讨了国外海上风电工程相关经验，交流了国内陆上风电可海上应用的有关经验，梳理了海上风电部分研究成果，深化了海上风电场建设重大工程问题的咨询研究，为推进我国海上风电开发事业的科学发展作出了贡献。

（张　健　高战军　田瑞雪）

“钛合金材料技术发展与应用”工程科技论坛（第92场）

由工程院主办，化工、冶金与材料工程学部与西北有色金属研究院承办的第92场工程科技论坛“钛合金材料技术发展与应用”，于11月27日至29日在西安举行，周廉院士担任论坛主席。来自国内钛及钛合金产业领域的院校、院所、企业共14位专家作学术报告，中国有色金属学会、中国有色金属工业协会钛锆铪分会、西北有色金属研究院、北京航空材料研究院、中科院沈阳金属研究所、西北工业大学、哈尔滨工业大学、北京科技大学、上海交通大学、宝鸡钛业股份有限公司、宝钢股份特殊钢分公司、西部超导材料科技有限公司、遵义钛业股份有限公司、东方钽业钛材料分公司等单位230余位专家出席论坛。论坛围绕“世界钛科学与技术现状与发展、航空用钛材料与加工技术的发展与进步、民用钛及钛合金材料技术的发展与挑战、办好2011年第12届世界钛会议与我国钛合金人才培养”等方面进行了研讨。

钛及钛合金是20世纪发展起来的一种重要的金属材料，具有强度高、耐蚀性好、耐热性高等特点，广泛用于航空航天、航海、兵器、化工、生物医学、汽车等各个领域的重要部位，是高技术领域的核心材料、现代国防建设的重要支撑材料和国民经济发展不可缺少的重要材料。近年来我国高性能钛合金材料及其加工应用技术取得了长足发展和进步，但与世界先进水平相比仍有一定差距。

通过研讨，与会专家认为，本次工程科技论坛对加强国内钛及钛合金产业产学研的交流起到重要作用，建议今后定期举办类似活动，相关单位代表也表示将积极建立研究平台，为人才培养、科学研究、生产应用创造有利条件。

周廉院士在论坛总结会上指出:通过论坛,对促进钛及钛合金材料领域在发展过程中具备大视野、建立大平台、开展大合作;扩大眼界,熟悉趋势,加强创新具有重要作用。他还希望业界重视软实力建设,扩大钛产业的应用,通过创新平台,使中国钛材料达到先进水平。

本次论坛报告人均是中青年专家,达到了工程科技论坛“为年轻专家架设舞台,为促进学科发展,促进学术交流搭建平台”的目的,同时对推动国内钛研究及产业发展起到了积极的作用。

(左家和)

“中国生物材料研究与产业发展现状及趋势”工程科技论坛(第93场)

2009年12月11日至12日,中国工程院第93场工程科技论坛“中国生物材料研究与产业发展现状及趋势”在北京召开。此次论坛由中国工程院主办,中科院金属研究所、四川大学国家生物材料研究中心、西北有色金属研究院、《中国材料进展》杂志社等单位协办,论坛得到中国材料研究学会、中国生物材料委员会、中华医学会、中国医疗器械行业协会外科植入物专业委员会等单位的支持。师昌绪、李恒德、丁传贤、卢世璧、卢秉恒、郑树森、高润霖、邱贵兴等院士担任论坛顾问,周廉、张兴栋院士担任会议主席,顾忠伟、杨柯教授担任副主席。

中国工程院党组副书记周济院士,师昌绪、丁传贤、卢世璧、李恒德、卢秉恒等院士,发改委、科技部、国家食品药品监督管理局、国家自然科学基金委、中国生物医学工程学会等单位的领导,来自中国内地、台湾、香港的50多所大学、医院和产业单位的200多位专家出席论坛。在为期2天的论坛中,共有43个 学术报告。论坛围绕中国生物材料研究及产业发展趋势和重点发展方向进行研讨,探讨生物材料发展的方针和总体目标,找出与国际先进国家的差距和解决方案,提出可供国家相关部委参考的具体措施。

生物医用材料是一种技术含量高、在生理环境下具有生物功能和生物相容性的特殊材料。生物医用材料已成为全球新材料领域研究的前沿和热点。围绕医用金属材料、生物陶瓷材料、医用高分子材料及其复合或衍生生物材料等先进生物材料的学术研究方兴未艾,科研成果层出不穷,生物材料及其医疗器械产品已经或正在成为世界发达国家的一个新兴的支柱性产业。我国人口众多,对生物医用材料有着特别大的市场需求。经过二十余年的努力,我国在生物医用材料及工程研究与应用开发方面已取得了长足进步,部分研究领域在已取得一批具有国际水平的成果,医疗器械产业规模和产值正在以每年10%左右比例逐年增长,我国正在成为全球外科植入物材料及矫形器械最大的潜在市场。我国虽然在近年来取得了明显进步,但在生物医用材料研发、生产和科研成果工程化方面仍与国外先进水平差距较大,主要表现在基础研究薄弱,创新能力差,材料加工制备技术落后，产业化生产规模小，临床应用层次和产业化水平低、缺少精品，90%以上的人工植入体、软组织修复和医疗器件需要进口。改进和提高现有材料的性能，研究开发新的换代材料，建立符合中国国情的完整的生物材料体系是一项十分迫切的任务。

经过两天的会议，与会的全体专家对于生物材料的现状，发展趋势以及与先进国家的差距有了更深刻的认识，也达成了很多的共识。会议主席周廉院士对论坛进行了总结：生物材料的发展要强调其立体性和整体性，科研和业界应该兼顾高中低端产品的研发及其科学问题，重视关键产业的突破；同时要理顺管、研、产、学之间的机制与体制问题，促进生物材料的成果转化及快速、健康发展；生物材料科研应与产业和应用密切结合，进一步重视学科交叉，强调科研与产品间的相互导向性；进一步重视人才队伍的培养，尤其是年轻人才及领军人物的培养。

会议期间，由周廉、师昌绪、李恒德、张兴栋、丁传贤、卢世璧等院士作为倡议人，与会专家作为发起人成立了"生物材料产学研创新联盟"，联盟的成立旨在整合生物材料企业、高校和科研院所的资源和力量，以提升整体行业技术创新能力为目标，形成联合开发、优势互补的产学研合作产业链，推进生物材料的创新和产业化，也可以将它作为生物材料界的资讯、统计、项目、投资的合作平台。同时联盟也将发挥服务功能，为高校和科研院所指明研究方向，为企业提供研究成果，为政府提供决策依据和参考。

（左家和）

【香山会议】

可持续海水养殖与提高产出质量的科学问题研讨会

2009年2月11日至13日，香山科学会议在北京召开了以“可持续海水养殖与提高产出质量的科学问题”为主题的第340次学术讨论会。

我国是世界海水养殖大国。改革开放30年来，我国海水养殖业取得长足发展，养殖总产量从1978年的不足45万吨增至2007年的1307万吨，增加了29倍，在繁荣沿海地区社会经济发展和保障国家食物安全中作用显著。但是，快速发展也带来一些问题，诸如养殖良种率低下、种质衰退现象突出、局部水域滩涂过度开发、养殖病害频发、养殖产品药残问题、鱼虾类养殖对鱼粉资源过于依赖以及养殖环境污染等等。这些问题已成为制约我国海水养殖业可持续发展的瓶颈，可持续海水养殖业的发展与研究对我国具有重要的科学价值和特殊的战略意义。

唐启升研究员、林浩然教授、徐洵研究员和王清印研究员担任本次会议的执行主席。从事海洋渔业与生态、海洋生物技术、水生动植物遗传育种、海水养殖病害、海水养殖生态、海水养殖技术、水产动物营养与饲料、水产品加工与质量安全控制、海洋微生物、海洋生物地球化学以及海洋科技管理等方面研究的47位专家学者应邀参加了会议。与会专家围绕优良性状的遗传机理和分子调控机制、饲料要素与营养需求匹配的代谢基础、养殖系统微生物群落及其生态功能与作用机理、养殖投入品的环境效应及其对产品质量安全的影响、复合养殖系统的生物地球化学过程与生态调控机制等五个中心议题进行了研讨。在此基础上，进一步探讨和归纳影响我国海水养殖可持续发展和提高养殖产品可持续产出质量的主要科学问题，并就我国开展可持续海水养殖与提高产出质量基础研究的发展方向和目标进行了定位。

唐启升和王清印研究员作了题为“海水养殖可持续产出与提高产出质量的科学问题”的主题评述报告。报告在分析我国海水养殖产业可持续所面临问题的基础上指出，为保障我国海水养殖业的可持续发展和提高产品质量，不但应大力发展生态系统水平的海水养殖业，还应加强相关学科的交叉、融合，大力培育边缘学科，倡导开展海水养殖与可持续协调发展的生命过程和生态过程整合型研究，完善各相关学科的综合协调机制；同时，应选择有代表性的养殖生物种类，做深做细，提高海水养殖遗传、营养、生态操纵等方面基础和应用基础研究的系统性和精准性，促进海水养殖业的可持续产出和产出质量提高，保障我国的“食物安全”和“生态安全”。

林浩然和何建国教授在题为“海水养殖生态操纵与病害防控的科学问题”的主题评述报告中指出，我国海水养殖病害问题突出、暴发流行严重，病原种类众多，病毒病、细菌病、寄生虫病等合并感染时常发生，造成严重经济损失，直接和间接影响养殖产品安全，成为海水养殖业可持续发展的一大瓶颈。未来我国渔业产量的提高主要取决于海水养殖业的可持续发展，海水养殖的生态操纵和病害防控是决定海水养殖业产量提高和产出质量安全的两个重要的科学问题。

徐洵和章晓波研究员在题为"海水养殖中的生物技术"的主题评述报告中论述到，蛋白质重组表达技术、基因组和基因组学、疫苗、转基因技术等主要生物技术平台能为海水养殖业发展提供高新技术支撑，重点解决认识海水养殖生物的蛋白质和核酸作用两大技术，并推动其在海水养殖的良种选育、病害防治、饲料利用等方面的应用。

麦康森的"海水养殖营养调控的科学问题"主题评述报告指出，与水产发达国家相比，我们在水产动物营养研究和饲料研制水平以及思想观念上差异较大，包括有：基础研究不足，营养需要数据库不精确、不完善；饲料主要添加剂仍然依赖于进口；蛋白源，尤其是高品质的动物蛋白源匮乏；高效环保型人工配合饲料普及率低；养殖产品品质、环境安全和食品安全都受到优质饲料的缺乏和投饲策略不科学的威胁。海水养殖的营养操纵应以养殖对象的繁殖、生长、健康、行为、质量以及养殖环境友好为目标，实现营养调控精准化，为可持续养殖业提供高效、优质的饲料物质基础。

在针对各专题的讨论中，与会专家认为：

1. 要重点加强重要海水养殖生物遗传研究平台建设和育种工程标准体系建设，开展全基因组测序、功能基因组学研究，建立相应的基因组信息数据库、生物特征性状数据库，为深入开展优良性状遗传机理和分子调控机制研究和实现海洋生物良种工程的跨越发展奠定基础。

2. 高效、优质饲料的开发是养殖业可持续发展的物质基础，认识养殖动物的营养生理、营养需要是饲料研制和开发的前提。我国水产营养研究基础薄弱，饲料工业较发达国家落后，年饲料需求缺口大于2000吨，这与我国水产养殖大国的地位极不相称。

3. 海水养殖系统中的生物絮团在解决水产养殖系统能量利用率低、环境富营养化和病害防控等一系列问题上潜力巨大，要重视养殖系统尤其是池塘系统微生物群落结构与功能的研究。

4. 要重视生态安全、生物安全和产品安全的和谐统一，重点研究对可持续发展产生影响的持久性污染(有害)物的环境效应及其对产品质量安全的影响；加强危害因子的风险评估与标准的基础研究；加强危害因子代谢机理的研究和关注水产品质量安全的保护和过保护问题。

5. 应加强养殖环境特别是海湾养殖环境修复原理与技术的研究；重视养殖生产活动与环境的相互作用；开展构建异养型自持综合养殖系统的原理与技术研发；研究民生水产品高值化提升途径等。

专家们还提出了一系列目前在基础研究方面需要关注的科学问题。

从满足我国"食物安全和生态安全"的国家需求和发展现代海水养殖产业需求出发，与会专家讨论和梳理了我国海水养殖的"可持续发展"和"提高产出质量"等方面基础研究的优先发展方向、主要科学问题及研究对策。经过讨论，大家产生了以下重要共识：

1. "生态系统水平的水产养殖"研究是我国海水养殖可持续发展基础研究新的发展方向。发展"生态系统水平的水产养殖"是"保证规模化生产"和"实现可持续产出"的必由之路。它不仅是国际水产养殖发展与研究的新趋势，同时也是由于我国海水养殖所特有的种类结构与生产方式所必须作出的选择。

2. 发展"生态系统水平的水产养殖"研究，必须开展整体、系统水平的研究，必须开展海水养殖的生命过程、生态过程及其相互作用的过程与整合研究，研究其综合协调机制，赋予"制种/调水/给饵/供药/管理/收获"等生产关键环节在系统中的作用内涵。另外，还需建立海水养殖相关学科综合交叉研究机制，发展诸如基因组育种学、生态免疫学、营养生态学、系统能量学等交叉学科，实现海水养殖科技的跨越式发展。

3. 需要实施“单种精作”的研究策略。事实上，这已经是国际上渔业发达国家成功的作法，如挪威对“大西洋鲑”的研究、美国对“沟鲇”的研究。选择有代表性的养殖种类开展深入研究，不仅是应对海水养殖基础研究新发展方向及其相关主要科学问题的研究需要，同时也有助于解决我国海水养殖可持续发展中出现共性问题。通过点面结合，做深做细，有效提高我国海水养殖研究工作的系统性和精准性，逐步形成具有中国特色的海水养殖科技研发体系，推动养殖产业向现代化方向发展。

4. 海水养殖品种的多样化仍然是我国海水养殖发展的主流模式。它不仅是我国海洋生物物种和环境的多样性所决定的，同时也是我国市场需求和饮食习惯的多样化所决定的。但是，在开发和研究新的养殖品种时，从可持续发展的角度，需要同时兼顾优质高效和环境友好两个方面的需求。

（王元晶　高战军）

钢铁制造流程中能源转换机制和能量流网络构建的研究

香山科学会议第356次学术讨论会于2009年9月8日至10日在北京香山饭店召开。钢铁研究总院荣誉院长殷瑞钰教授、东北大学陆钟武教授和钢铁研究总院院长干勇教授担任会议执行主席，应邀出席本次会议的相关领域专家、学者37人，分别来自钢铁企业、设计院、高校、科研等单位。全国人大环资委副主任蒲海清、中国工程院副院长王淀佐、科技部高新司副司长戴国强、国家发改委产业协调司李忠娟处长、工业和信息化部节能司苗治民处长、国家自然基金委朱旺喜处长等领导也应邀参加了本次会议。本次会议主题是“钢铁制造流程中能源转换机制和能量流网络构建的研究”。此次会议的召开，旨在引导我国钢铁界从三个功能作用充分发挥的视角，审视钢铁制造流程中铁素物质流、碳素能量流和质、能在时空上实现耦合匹配与网络化的信息流三者的关系，剖析钢铁制造流程进一步节能减排的潜力，寻求提高其综合竞争力和多方位服务于可持续发展社会的可能性，深入探讨相关理论的建立、技术开发和工程化实施的策略等。会上，殷瑞钰教授作了题为“钢铁制造流程中能源转换机制和能量流网络构建”的会议主题评述报告，陆钟武教授、温燕明教授和干勇教授分别作了题为“钢产量增长机制的解析及2000—2007年我国钢产量增长过快原因的初探”、“钢铁制造流程实现能源高效转换和能量流网络优化的必要性及可行性分析”和“金融危机带来对钢铁工业优化用能的再思考”三个中心议题评述报告，还有11位与会专家围绕各自中心议题作了专题报告。

香山科学会议被誉为我国最具特色和最有影响力的高层科学论坛，是我国科技界精心培育的会议品牌，很多涉及我国前沿学科发展的重大理论和工程技术问题以及国家近几个五年科技规划立项内容都源于历届香山科学会议上的思想碰撞和学术探讨。本次学术讨论会主题突出、学术气氛民主、讨论问题热烈，很好地体现了香山科学会议面向科学前沿和未来、弘扬学术民主、启迪创新思维、促进学科交叉融合的良好氛围。与会专家在钢铁制造流程物理本质和运行规律的再认识以及其对可持续发展社会可提供多样性支持等方面取得很多共识，并针对制约我国钢铁工业有序发展的不利因素和技术水平进一步提升需亟待解决的问题提出了一些建议。

（左家和）

【资深院士联谊会】

中国科学院　中国工程院
资深院士联谊会理事会会议纪要

时　间：2009 年 3 月 18 日
地　点：中国工程院 113 会议室
主持人：师昌绪
出　席：师昌绪　卢良恕　徐光宪　张树政　於崇文　柯　俊　梁思礼
戴元本　王　夔　杨福愉　翟光明　冯叔瑜　王文兴　张金哲
童志鹏　白玉良　李仁涵
请　假：王绶馆
列　席：阮宝君　吴晓东　赵世荣　刘春杰　鲁　瑛　张　恒　盛海涛
申倚敏　钱莹洁　袁牧红　胡　筠　张　松　向　岚
记　录：向　岚

按照理事会五次会议的决定，理事会增补了中国科学院戴元本、王夔、杨福愉和中国工程院翟光明、冯叔瑜、王文兴等 6 位院士为理事会成员，会议对此进行了确认。

一、总结 2008 年主要工作

中国科学院院士工作局学术活动处处长刘春杰代表联谊会秘书处汇报资深院士联谊会 2008 年工作。

1. 组织两院资深院士专题研讨会

在深圳召开两院资深院士专题研讨会，会议围绕“三农”问题与农民致富之道进行了主题研讨。会议特别邀请了石元春院士作了题为《学习两个“三中全会”——11 届和 17 届》的专题报告，报告从 1978 年的十一届三中全会一步步走到 2008 年的十七届三中全会，指出了 30 年来“三农”所取得的成就和贡献，分析了“三农”存在的问题及其产生的原因，并提出了解决“三农”问题的意见和建议。与会院士进行了热烈讨论。会议建议理事会将“三农”问题作为咨询项目进一步研究。会议期间组织资深院士参观华为技术有限公司等高新技术企业，让院士了解特区发展。深圳市常务副市长许勤同志会见并宴请了各位院士。两院驻深圳办事处和广州分院共同协助办好了本次活动。

2. 组织资深院士学习实践科学发展观座谈会

为落实在全党开展深入学习实践科学发展观活动，组织召开资深院士学习实践科学发展观座谈会，22位院士对新时期科技、经济、社会发展以及学部工作等提出了很好的意见和建议。

3. 关注资深院士养老问题

对院士提出的有关高龄院士生活方面的问题，两院领导热切关注。根据领导的指示，两院工作机构对北京市部分养老机构进行了调研。据了解，目前，现有社会养老机构是盈利性质，收费较高，医疗保健设施比较简单，且位置离城区较远，尚达不到资深院士对于医疗条件的要求；同时，对有关院士的要求也进行了了解，多数资深院士希望有一定的院士群体参加，但院士多在观望，表示参加的少。鉴于以上情况，高龄院士养老问题现还难以具体落实，需进一步研究。

4. 组织资深院士健康讲座

关心资深院士身心健康、丰富资深院士生活是资深院士联谊会的重要工作之一。结合资深院士联谊会理事会的召开，在中国工程院机关举办"老年人骨质疏松防治"健康知识讲座，邀请医院骨科专家做讲座，受到资深院士的欢迎。

5. 组织资深院士与中学生面对面对话活动

结合两院资深院士深圳研讨会的举办，组织资深院士与中学生面对面对话活动。在深圳市第二实验学校，20位资深院士分成四个小组分别与中学生就其非常关心的学习方法、励志、成长等问题进行面对面的谈心和交流，畅谈求学经历和人生理想。

参加活动的院士感受很深，认为院士与中学生面对面对话活动对于中学生从小树立热爱祖国、热爱科学的崇高理想，树立正确的人生观、价值观等具有重要的现实意义，应该继续举办下去。

二、研究制定2009年资深院士联谊会工作计划

参会人员除了理事会成员外，还邀请了周远、何祚庥、张存浩、王乃彦等4位院士与会，两院副院长李静海和杜祥琬到会讲话，中国工程院徐匡迪院长讲话并对两院资深院士联谊会对科学院监管问题提出了要求。

会议经过充分讨论，初步确定了2009年资深院士联谊会工作计划。

1. 组织开展两院资深院士关于"三农"问题的咨询工作

会议认为2008年11月在深圳举办的研讨会上研讨的"三农"问题十分重要，决定在石元春院士报告的基础上，把"三农"问题作为今年资深院士联谊会开展的咨询项目进行研究。结合该咨询项目，举办一系列的研讨会和座谈会，广泛征求资深院士的意见，对相关内容进一步完善，最终形成一个咨询报告，报送有关部门。

2. 召开科学诚信问题专题研讨会

对于科技教育界的科学诚信问题已引起社会的广泛关注，会议认为，资深院士应该就此问题进行研讨，围绕分析学术不端行为现状以及科学道德与学风问题的形成原因；学术不端行为问题的界定，维护科学诚信的措施，如何建立预防、监督和处理机制；讨论建立学术行为规范通用标准等议题进行充分讨论。除两院资深院士外，还特邀两院领导、科学道德建设委员会的领导和部分相关院士出席，把资深院士的活动与两院的相关工作结合起来。

在研讨会上，中国工程院徐匡迪院长提议资深院士参与监督工程院学术道德问题，科学院李静海副院长也认同对中科院学部科学道德委员会应起到相同作用。会议经过认真讨论，一致赞同将

科学诚信问题作为资深院士联谊会的软课题进行深入研究，为维护科技界的科学诚信以及维护院士称号的纯洁性起到监督作用。

3．组织关于稀土资源（所有矿产资源）的保护问题的咨询调研

会议认真听取了徐光宪院士关于稀土资源的保护问题的介绍，计划在2009年由两院共同组织以稀土资源为重点的矿产资源保护问题作为咨询项目进行调研。会议认为，两院共同组织咨询项目具有互补性优势，要大力合作开展咨询工作。

4．举办西部地区两院资深院士联谊活动

原定于2008年5月在成都举办西部地区两院资深院士联谊活动，因四川汶川突发大地震而临时取消了活动。会议决定，拟于2009年5月18日至21日在成都市举办西部地区两院资深院士联谊活动，活动主要内容有：总结交流资深院士联谊会成立4年来的工作，讨论资深院士联谊会开展的咨询主题及相关活动，参观考察及联谊，举办科普报告会等。活动同时邀请在成都地区工作的院士参加。

5．继续举办资深院士与中学生面对面对话活动

会议认为，2009年要继续组织资深院士与中学生面对面对话活动。通过资深院士与中学生面对面进行交流，让中学生感受院士们热爱祖国、热爱人民的奉献精神，实事求是、脚踏实地的科学精神，敢于创新、不懈攀登的求索精神，严肃认真、一丝不苟的工作精神，使年轻一代从小树立热爱祖国、热爱劳动，热爱科学的崇高理想，树立正确的人生观和价值观。

会议认为，2009年要继续举办针对资深院士的健康知识讲座和保健咨询活动，为保障资深院士的身心健康服务。

（鲁　瑛）

【其他学术活动】

浙江省工业转型升级系列报告会——纺织产业专题会议

2009年2月26日,“浙江省工业转型升级系列报告会——纺织产业专题”在绍兴市举行。本次报告会由中国工程院、工业和信息化部、科技部、中国纺织工业协会和浙江省政府共同举办,环境与轻纺工程学部、浙江省经贸委、浙江省科技厅和绍兴市政府联合承办。徐匡迪院长、工业和信息化部欧新黔副部长出席会议并作重要讲话。环境与轻纺工程学部季国标、姚穆、梅自强、蒋士成、周翔等5位院士参加了会议并作了专题报告。来自浙江省各市政府和相关部门,有关纺织产业集群所在县(市、区)、乡镇政府和部门,相关金融机构、高校院所、行业协会、新闻媒体和全省纺织产业链各环节骨干企业代表共700余人参加了报告会。

本次会议是在国务院出台纺织工业振兴规划后及时召开的,在纺织工业振兴规划细则出台之前,浙江省率先在全国召开这样的报告会,既是国家相关利好政策的落实会,也是一次转型升级的动员会。该系列活动旨在通过邀请国内外一批高层次专家学者,立足国际化视野,研究分析当今行业技术、产业变化态势,拓宽思路,提高各地政府和企业的战略筹划能力,为编制行业、产业集群和企业发展规划提供高端咨询和指导。本次报告会是浙江省工业转型升级系列报告会的第一场,今后还将举办装备制造业、新能源、新材料、特色块状经济向现代产业集群提升等专题报告会,进一步加强对全省重点产业、企业转型升级方向和路径的指导。

季国标、梅自强、姚穆、周翔、蒋士成等5位院士及中国纺织工业协会副会长许坤元、中国产业用纺织品协会理事长朱民儒共作了7场精彩的专题报告。报告内容涵盖国家纺织工业调整和振兴规划政策解读、化纤工业发展、产业用纺织品发展、纺织工业可持续发展、天然纤维原料加工技术和贸易形势、生态调整和节能减排关键技术等多个方面。院士、专家们结合当前宏观形势,就纺织产业转型升级的战略和战术问题作了深入阐述,为浙江省纺织工业转型升级提供了咨询意见。专家们认为,纺织工业是国民经济的支柱产业、民生产业、国际竞争优势产业,发展空间仍然巨大。但当前行业发展中积累的矛盾问题也日益显现,必须推进结构调整,转变增长方式,提高自主创新能力,从整体上实现产业升级。

这次报告会为身处产业中的企业家们鼓舞了信心,许多企业家代表纷纷表示,通过此次大会看到了国家对于纺织产业的重视,更看到纺织产业升级的紧迫性,今天最大的收获就是院士专家关于纺织产业目前国内外生产和需求状况的描述。本次会议坚定了浙江纺织企业深入发展的信心,使他们对于浙江省纺织产业发展的未来充满了希望。

(张　健　高战军)

中药资源可持续发展高层研讨会

2009年3月30日至31日，由工程院和广西壮族自治区政府共同主办的“中药资源可持续发展高层研讨会”在广西药用植物园召开，刘德培副院长，广西壮族自治区政府陈章良副主席和国家中医药管理局于文明副局长到会并致辞。本次会议邀请了医药卫生学部肖培根等9位院士以及来自国内知名高校、研究院所的著名专家30人参会，肖培根、尤剑鹏、贺善安、缪剑华教授等分别做了主题报告，报告从中药资源的可持续发展，广西中医药资源的可持续发展，植物园在药用植物资源可持续发展中的作用、中药资源的可持续发展的经济学思考等角度进行了探讨，黄璐琦、陈士林等教授分别同时从专业技术的角度做了道地药材分子生药学研究、药用植物DNA条形码关键技术的学术报告。之后与会专家针对药用植物保护利用的现状、问题进行了深入的讨论，并提议会后向国务院呈报关于中药资源可持续发展的建议书。

（李冬梅）

2009水资源与可持续发展高层论坛

由中国工程院和水利部联合主办的“2009水资源与可持续发展高层论坛”于2009年9月22日至24日在武汉举行。本次论坛由中国工程院土木、水利与建筑工程学部、武汉大学、中国水利学会、长江水利委员会共同承办，国际水资源协会（IWRA）、国际灌排委员会（ICID）、国际水利工程与研究协会（IAHR）、国际水管理研究院（IWMI）、美国俄亥俄州立大学、中国水力发电工程学会以及中国欧盟流域管理项目等组织和机构协办，武汉大学具体组织。韩其为、崔俊芝、王浩、雷志栋、茆智、曹楚生、郑守仁、张蔚榛、周君亮、丁一汇、张勇传等13位院士出席本次大会并作了报告。本次会议共吸引了来自美国、日本、俄罗斯、澳大利亚、欧盟、印度以及中国等十多个国家的300余名代表，其中国外代表50余人，国外院士共8名。

开幕式上，沈国舫原副院长代表工程院作大会致辞，水利部部长陈雷作重要讲话，他简要回顾了新中国成立60年以来特别是改革开放30年来我国水利建设取得的成就，针对我国的基本国情和水资源开发利用现状，提出了今后我国在水资源节约与保护方面将采取的一系列政策措施。

本次会议的主题是水资源与可持续发展,这是一个十分复杂的问题,它既涉及自然科学,也涉及社会科学,既有学术问题,也有工程技术和管理问题。为了全面探讨这一问题,论坛设置了水资源时空变异及其配置、农业水资源高效可持续利用、流域管理与河流健康和水能资源开发与环境保护等四个议题。会议共收到论文 247 篇,其中议题一收到论文 71 篇,议题二收到论文 85 篇,议题三收到论文 60 篇,议题四收到论文 30 篇。本次论坛正式录用论文 114 篇,其中英文版《中国科学(E 辑)》26 篇,英文版《武汉大学学报(自然科学版)》9 篇,中文版《武汉大学学报(工学版)》79 篇。论坛共有 102 人次作学术报告,其中主题报告 4 个,特邀报告 26 个,分会报告 72 个,会议采用中英文两种语言,均采用同声传译。这些报告精彩纷呈,来自不同领域的专家从不同的角度围绕会议主题进行了广泛而全面的探讨,会议主要成果和建议有如下几点:

1. 随着人口的增长、城市化进程的加快,水资源需求不断增长与水资源短缺的矛盾将日益突出,这一矛盾在发展中国家特别是人口大国将更为尖锐。今后水资源管理的指导思想无疑是加强需求管理、减少浪费以及提高效率,这也是全球公认的一个总体原则。但如何进行需求管理,如何提高用水效率,还需要进一步从技术层面和政策层面加强研究。

2. 地下水的无序开采导致地面沉降、海水入侵及大面积地下水漏斗的出现是全球普遍存在的问题,而因开发过度造成河川径流的大幅度减少甚至断流的现象也在部分国家出现,这一现象在有些国家还有蔓延的趋势,如何有效控制水资源的无序和过度开发需要引起各国政府和水管理部门的高度重视。

3. 水污染是目前普遍存在的问题,是社会经济发展的负面产物,已成为严重威胁人类生存和社会经济可持续发展的突出问题,尽管近年来这方面的研究已取得了一些进展,但对水污染的机理特别是非点源污染机理的认识还不十分清楚,还没有找到行之有效的治理对策,迫切需要加大研究力度。

4. 农业节水的难点之一在于如何调动农民节水的积极性,尤其是在人口众多、农业经营规模小、无法量水到户的地方,即使建立了农民用水户协会,要解决好这一问题仍然需要从制度层面采取适当的措施。

5. 人类当今面临着水资源需求和能源需求的不断增长以及环境保护等多重挑战,而目前对于这些问题的认识以及研究大多是孤立的,今后的科学研究和政策制定有必要将水资源、能源和环境问题联系起来统一考虑。

6. 关于气候变化及其对水资源的影响是本次论坛的热点问题之一,来自澳大利亚、俄罗斯、美国和中国的不少专家都对此进行了探讨。以全球暖化、冰川消退和海平面上升为主要特征的气候变化已是不争的事实,由此造成的极端天气和水文事件近年来愈加频繁,但目前对气候变化的原因、人类活动对气候变化的影响程度、气候变化对水循环和水资源的影响以及相应的应对措施等问题的认识还不够深入,今后应进一步加强这一问题的研究。

7. 河流、湖泊、河口、土地的生态修复,水土保持以及非点源污染物排放的控制等是流域管理的重要内容,丹麦等国在这方面取得了较为成熟的经验。中欧流域管理项目将这些经验引入中国,在长江和黄河流域开展了试点研究,但还需要探讨切合中国实际的流域管理与生态修复模式。

(高战军　张　健)

中国工程管理论坛

11 月 11 日至 12 日，第三届“中国工程管理论坛”在成都举行。本次论坛由中国工程院和四川省人民政府共同主办，中国工程院工程管理学部、中国长江三峡集团公司、成都市人民政府承办。17 位工程院院士以及来自全国学术界、产业界和管理部门的省内外代表共计 200 余人参加此次论坛。刘德培副院长致开幕词，副省长李成云代表省政府致欢迎词。

本次论坛以“西部大开发与工程管理”为主题，分别围绕“西部开发与灾后重建”、“工程哲学与重大工程管理”、“工程管理教育与工程管理信息化”等专题进行了深入探讨和交流。省发展改革委、成都市建委分别就四川省防灾、抗灾与灾后重建规划和统筹城乡发展建设管理等内容进行了论坛报告。与会专家、学者就工业生态学、巨灾建筑质量风险分担、地震与气田生产应急、工程管理知识体系研究及人才培养等问题进行了充分研究和讨论。本次论坛既是一次高规格的学术研讨会，也是一次针对西部大开发和我省灾后重建的政府、院校和企业之间的交流与合作，对有效提升我省在加快建设灾后美好新家园、加快建设西部经济发展高地过程中的重大项目管理水平和效益具有十分重要的指导意义。

（于泽华）

第三届生物产业发展论坛（2009）——再生医学

2009 年 11 月 17 日在深圳举行，由我院主办，国家发改委、深圳市人民政府支持。医药卫生学部王正国院士担任论坛执行主席，邬贺铨副院长出席会议并致辞。杨胜利、王正国院士主持了报告会。来自全国各省市的研究院所、大专院校的专家、学者和产业界人士等 200 余位代表出席了会议。

继 2007 年首届论坛以“医学生物技术”为主题、2008 年第二届论坛以“医疗器械”为主题成功举办后，本届生物产业发展论坛以“再生医学”为主题，介绍了有关再生医学发展的历史、人类实现组织再生可能的手段、目前研究的重点，以及近年来国内外有关成体干细胞分化调控与应用于损伤和疾病治疗的进展，组织再生从基础走向临床的医学模式，并对存在的问题和将来可能的发展方向进行了讨论。

会议邀请了王正国院士、付小兵教授、韩忠朝研究员、杨志明教授、陆树良教授、胡祥博士作了主题报告。他们分别就再生医学新进展、组织修复研究、干细胞研究进展、组织工程进展、瘢痕研究进展等方面进行了介绍和交流。

工程发展趋势和相关前沿技术论坛

2009年12月14日至15日，由香港城市大学和中国工程院联合主办的“工程发展趋势和相关前沿技术论坛”在香港城市大学举行。香港城市大学校长郭位和工程管理学部副主任王基铭院士分别代表香港城市大学和中国工程院致辞。

沈荣骏、陆佑楣、孙永福、殷瑞钰、何继善、汪应洛6位院士分别以“中国载人航天工程”、“长江三峡工程思辨”、“青藏铁路工程创新成果”、“哲学视野中的工程”、“论重大工程规范化管理技术”、“推进服务型制造，推进中国产业结构调整”为主题作报告。来自美国工程院的Jack Dongarra和邓青云教授(C. W. Tang)、澳洲技术科学院的Martin Green和Rodney Tucker教授及加拿大工程院的吴柯教授，他们以“科学电脑运算的最新趋势及未来挑战”、“平面显示器和固态照明的最新发展”、“光能发电的最新发展”、“绿色互联网”、“基片集成电路——未来千兆赫和太赫兹电子及光子系统的范例”为主题作了演讲。

近350人参加了会议。与会者进行了广泛、深入的交流探讨和互动问答。

（工程管理学部　国际合作局）

技术创新与茶产业可持续发展研讨会

2009年2月19日至20日，由农业学部、中国茶叶学会、国家茶产业工程技术研究中心联合召开的“技术创新与茶产业可持续发展研讨会”在杭州举行。会议由陈宗懋院士主持，方智远、盖钧镒、张齐生、束怀瑞等4位院士以及相关科研院校和茶叶深加工企业的茶学专家80余人参加了研讨会。

本次会议是在陈宗懋院士主持的“茶产业可持续发展战略”咨询研究项目的基础上召开的。该项目的研究内容包括总结过去近60年来我国茶产业所取得的成绩，分析当前我国茶产业发展中存在的问题，同世界主要产茶国存在的差距，在此基础上提出对未来15年茶产业发展的预测和对策。研讨会上，15位专家就技术创新(含茶树育种、栽培、加工、有害生物防治、茶与人体健康等领域)和茶叶市场、品牌建设、茶学高等教育等方面对茶产业发展的作用进行了总结和展望，另外有6

位专家就茶产业的主要产品(包括绿茶、名优绿茶、乌龙茶、红茶、黑茶、茶饮料)的发展现状和未来发展前景作了专题报告。与会专家围绕报告内容展开了热烈的讨论。4 位受邀院士一致充分地肯定了这一会议形式,并结合自身的研究领域和对茶产业的理解提出了建设性的意见和建议。

改革开放 30 年来,我国茶产业迅速发展,对振兴农村经济、增加农民收入发挥了重要作用,茶产业成为我国农业中具有竞争力的高效产业。2008 年,我国茶叶产量、产值约 800 亿元,出口茶叶 29.5 万吨,中国是世界最大的产茶国和第二大茶叶出口国。回顾我国茶产业发展历程,技术创新对促进产业升级发挥了重要作用。通过技术创新,使茶树良种普及率由 20 世纪 80 年代的不到 10% 提高到 2006 年的 33.1%,茶园生产力水平明显提高,茶叶质量安全明显改观,茶叶加工特别是名优茶加工由手工走向机械化、连续化,名优茶成为对茶产业贡献最大的产品;茶叶新产品开发加快,促进茶产品升级,茶饮料年销售量达到 600 万吨;茶的健康功效不断被揭示,茶天然产物的制备与利用也取得重要进展,并有望成为茶产业发展新的生长点。然而目前还存在茶树良种比例较低、茶叶采摘劳动力紧缺、加工机械化水平不高、产业组织化水平偏低等问题,面临着国内外食品安全要求不断提高的形势和国际贸易技术壁垒等方面的挑战。

经过两天的讨论,与会专家在茶产业发展策略和未来规划方面达成共识。陈宗懋院士在总结中说,我国未来茶园面积要根据市场需求稳步发展,将提高产品质量和产业效益放在首位;名优茶的发展今后要立足于生产一芽二叶的优质茶;要提高茶叶生产的机械化水平,推进茶叶连续化、清洁化加工;要继续重视茶叶的质量安全问题,提高产品的卫生质量水平;重视茶叶功能成分的开发利用,开辟茶叶新用途,开发基于功能成分的终端产品,以进一步延长产业链,促进茶产业的可持续发展。

(高战军　陈霄雄)

2009 医学前沿论坛——中医药临床疗效评价技术与方法研讨会

由医药卫生学部、世界中医药学会联合会临床疗效评价专业委员会和天津中医药大学主办的“2009 医学前沿论坛——中医药临床疗效评价技术与方法研讨会”,于 3 月 13 日至 15 日在天津召开。王永炎院士、周宏灏院士、张伯礼院士及来自内地和香港从事临床评价相关研究的高层专家共 50 人参加了研讨。

有几千年使用历史和独特理论体系的中医药,运用整体调节、辨证论治,已成为我国具有原始创新潜力的学科之一,国家对中医药的发展也给予了大力的扶持和资助。在当前医疗卫生需求不断攀高的情况下,中医药应该在提高医疗服务的可及性和公平性中起重要作用。但由于中医药临床研究设计的科学性和质量控制水平以及疗效客观评价和准确表达等所存在的问题,阻碍了中医药事业发展，因此，如何使中医药临床疗效得以科学表达，是一个亟待解决的关键科学问题。

参会代表针对目前中医药疗效评价存在的诸多问题，展开了深入的交流和研讨，进一步审视现状，找准问题的关键，理清了思路：当前中医药研究应立足于针对优势病种的疗效评价，目标是提高疗效；针对中医临床多维度、多变量的特点，着眼于"大病大法"，通过降维、降阶，在注重中医自身特点的基础上，使个性化的诸多要求要回到共性规律，才能指导临床；应加强平台建设、人员培训和相关技术规范/标准的建立，为中医药临床疗效评价提供支撑条件；研究的开展应分步骤、分阶段进行，目前从"基本用药目录循证评价"和"中成药合理使用"等与老百姓用药相关的实际问题切入，开展工作。

经过讨论，与会专家达成以下四点共识：(1) 针对入围国家基本药物目录的中药，要从有效性、安全性和经济学等方面进行上市后再评价，建议列入国家相关研究计划，申请立项资助；(2) 重视中成药（含中药注射剂）的合理使用，按照对象不同编写中药合理使用教材、手册、报刊等宣传材料，以使中西临床医生及患者了解掌握相关知识，减少中成药的不合理使用，提高用药安全性，保护医患共同利益；(3) 应重视规范和标准的建立，包括"证候标准化"、"四诊客观化"、"术语规范化及诠释"等，为进一步临床研究奠定基础；(4) 应加强临床疗效评价方法学的教育，包括临床试验透明化、临床试验注册、临床试验报告规范、系统评价方法、临床证据分类分级等，纳入培训计划和考核标准，希望获得国家相关部门的支持并纳入相应计划。

（康立源）

第五届清华大学建筑节能学术周

第五届清华大学建筑节能学术周于2009年3月20日至25日在清华大学举办。该学术周活动由土木、水利与建筑工程学部主办，清华大学建筑节能研究中心承办。江亿院士担任学术周会议主席。本届学术周的主题为：建筑节能——用数据说话。本次学术周活动由1场论坛和4场专题研讨会构成，共有来自政府主管部门、设计院、物业管理部门、科研机构和大专院校、相关企业的代表共计200余人参加了学术周活动。

建筑节能学术周的举办旨在促进国内外学术界、企业界和各级政府在建筑节能领域的信息沟通和传递，建立经验交流平台，传播建筑节能科学理念，促进建筑节能事业的发展。本届学术周活动除召开建筑节能论坛外，还包括：集中供热系统的节能技术最新进展研讨会，村镇建筑节能和能源发展技术研讨会，大型公共建筑能量管理与节能诊断技术研究，以及从定额出发的公共建筑节能全过程管理研讨会。

3月25日在清华大学建筑学院召开了建筑节能论坛，清华大学江亿院士、朱颖心教授、杨旭东教授等12位专家作了13场专题报告。通过大量的建筑能耗数据的横向比较研究，院士专家们深入剖析各类中外建筑能耗的差异。论坛一致认为,我国目前的建筑能耗,无论是人均能耗还是单位面积能耗均低于发达国家水平,这是因为我国人民的生活模式与发达国家完全不同以及由此主导的营造室内环境的理念与方式差别造成的。因此,建筑节能工作不仅仅是研究和推广某些技术、产品或措施,更应该从文化出发,倡导节能的生活方式和建筑使用模式。江亿院士提出:建筑节能工作需要从具体的能源消耗数据出发,而不是从理念或者从应用多少项技术来认识和考虑,必须按照科学发展观,根据中国的实际情况探索中国特色的建筑节能途径,而绝不能照搬发达国家的建筑用能模式。

"清华大学建筑节能学术周"自 2005 年起,每年 3 月在清华大学举办,迄今已是第五届,历年主题分别为:建筑节能关键技术进展、建筑设计模拟优化设计、提倡节约型人居环境发展中国特色的建筑节能、中外建筑能耗比对、建筑节能用数据说话。主题均紧扣时代发展需求,汇集该领域著名专家、学者的相关研究成果,为我国的建筑节能工作建言献策。

本届学术周最后,清华大学建筑节能研究中心课题组发布了《2009 中国建筑节能研究发展报告》,这是清华大学连续第三年发表这一研究成果最新报告。

(张 健 杨 秀)

2009 医学前沿论坛暨第十一届全国肿瘤药理与化疗会议

为进一步促进我国抗肿瘤药物研究和肿瘤药物治疗经验的交流,追踪和了解国际研究动态,中国工程院医药卫生学部和中国抗癌协会抗癌药物专业委员会、中国药理学会肿瘤药理专业委员会,于 2009 年 4 月 9 日至 13 日在昆明共同举办"2009 医学前沿论坛暨第十一届全国肿瘤药理与化疗学术会议"。

本次会议是我国肿瘤药理和肿瘤化疗界的一次学术盛会。会议邀请了在肿瘤研究领域取得突出成就的 10 多位国内外著名专家,分别就肿瘤生物学、肿瘤的信号网络调控、分子药物研究临床应用、干细胞研究等方面的最新进展作大会报告。会议同时设立了肿瘤药理与肿瘤化疗两个分会场,为一线研究人员提供了充分展示和交流的机会。会议从 200 多篇投稿中,挑选 40 篇论文进行分会报告和壁报交流。医药卫生学部甄永苏院士、沈倍奋院士、王红阳院士分别作了"抗肿瘤抗生素与分子靶向治疗"、"肿瘤个体化治疗中关键技术及其平台是重要支撑条件"、"靶向肿瘤的抗体药物"等大会报告,来自美国的知名教授管坤良、熊跃、吴红等著名专家与 400 多名专业人士分享了他们在这一领域取得的突出成就。来自中国科学院上海药物研究所的胥彬教授、丁健教授等主持了大会报告。

(李冬梅)

2009中国天然纤维论坛

2009年4月15日至17日，由环境与轻纺工程学部和西双版纳傣族自治州主办的“2009中国天然纤维论坛”在云南西双版纳州景洪市举行。论坛由联合国粮农组织、中国纺织工业协会支持，总后军用汉麻研究中心、农业部农业贸易促进中心、汉麻控股有限公司、中国服装控股有限公司、中国纺织报社等单位协办。季国标、姚穆、蒋士成、周翔、孙晋良和胡永康等6位院士，及300多位来自世界主要天然纤维生产及消费地区的政府代表和国际组织官员、企业界代表、一线科研人员及天然纤维作物种植业的代表参加了本届论坛。姚穆院士主持本届论坛开幕仪式并作了大会专题报告。

本届论坛是“2009联合国天然纤维年”的主题系列活动之一。国际天然纤维年的宗旨是促进全球天然纤维的生产和消费，进一步推动天然纤维相关产业的发展，提高农民收入和保护地球环境。本届论坛针对目前世界各国天然纤维产业面临的问题，探索适宜的政府扶植政策；通过促进新技术研发及推广应用，提高天然纤维产业的效率和可持续发展。本届论坛共收到国内外中英文论文近50篇。32位来自国内外不同行业的专家、学者在论坛上作了专题发言。为使各界人士分享本届论坛的重要信息和天然纤维产业的最新科技成果，论坛组委会还汇编了国内外各界专业人士提供的有关天然纤维产业经济分析、最新科研及技术成果的论文，提供给与会代表。

本届论坛的主题是天然纤维开发和利用的经济意义，以及科研成果对于农民收入及新农村建设的贡献，论坛由三部分组成。第一部分是聚焦天然纤维开发与利用的经济意义，以及对于农业和农村经济的贡献；第二部分是由专家报告天然纤维生产技术的最新科技成果以及技术进步对于天然纤维产业发展的贡献；第三部分是与会代表参观农业种植示范基地，参观世界第一家具有工业生产规模的汉麻纤维加工厂，参观汉麻综合利用技术成果展及最新汉麻综合利用科技成果发布。

在3天的论坛期间，与会的联合国粮农组织官员和来自中、美、英、澳大利亚等国的著名专家对世界天然纤维的研发、利用和实践进行广泛交流和深入讨论，报告天然纤维研究领域的最新科技成果，探讨扶植天然纤维生产及综合利用的产业政策，探索推动天然纤维产业化发展和帮助农民增加收入的具体措施。本届论坛为与会代表提供了一个平台，使他们有机会分享产业发展的经验，了解最新技术发展动态。本次论坛的举办对以麻类为原料的纤维产业加快发展产生了积极而深远的影响，对促进世界天然纤维产业的长远发展作出了贡献。

（张　健）

2009两岸三地肝脏移植高峰论坛

由中国工程院医药卫生学部、中华医学会外科学分会器官移植学组主办，浙江大学医学院附属第一医院承办的“2009两岸三地肝脏移植高峰论坛”于2009年5月7日至9日在杭州召开。会议特邀美国、日本、韩国、中国香港、中国台湾及中国内地著名肝移植领域专家就活体肝移植发展、肝癌肝移植纳入标准、肝移植手术技术等作了专题报告。

国际肝移植协会(ILTs)主席、全球最大规模肝移植中心美国加州大学洛杉矶分校(UCLA)肝移植中心主任Ronald W Busuttil教授阐述了肝癌肝移植的发展情况，并系统回顾了肝癌肝移植的纳入标准的发展历程，逐一阐述了1996年的Milan标准、2001年的UCSF标准以及2006年提出的“杭州标准”，认为“杭州标准”是一种对Milan标准的创新和突破，扩充了更多的受者，且在存活率上与Milan标准并无明显差异，是一个巨大的飞跃与革新。Busuttil教授还对于未来肝癌肝移植的发展方向、抗血管生成治疗、特殊的分子靶向治疗等作了展望。Busuttil教授对郑树森院士所带领的肝移植团队所取得的成就给予了高度评价。

我国香港地区活体肝移植工作始终处于国际前沿。范上达院士阐述了肝癌肝移植的发展。他指出：侵袭性肿瘤生长和复发趋势是存活的最终决定因素。超过Milan标准的肝癌肝移植使更多的患者受益，其中符合杭州标准的肝癌肝移植患者存活率达到了72 3%。他并对肝癌肝移植术后复发的血液学检测指标等作了最新阐述。

陈肇隆院士阐述了台湾25年的肝脏移植经历，台湾高雄长庚纪念医院是亚洲最早开展肝脏移植的中心。该中心于1985年11月3日开展的肝移植为亚洲最长移植生存时间。该中心在5年肝移植后存活率(1997—2005年)上在台湾相关医院中排名第一。他希望加强大陆和台湾高雄长庚纪念医院肝移植中心的学术交流，促进两岸学术交流，更好的推动了中国肝移植技术的推广。

郑树森院士阐述了杭州活体肝移植的发展。该中心共开展了775例肝移植，其中活体肝移植121例。他介绍了本中心活体供体的评估议定书。通过肝脏的三维重建，可准确估计所选择肝脏部分的容积。强调术中血管重建的规范化。并再次强调了肝癌肝移植受体选择“杭州标准”的重要意义，指出“杭州标准”较Milan标准扩充了更多的受者，且具有相当的存活率。他还探讨了活体肝移植中胆管并发症的预防和治疗。

日本京都大学Yasutsugu TAKADA教授和韩国Ulsan大学医学院Asan医学中心肝移植和肝胆外科的Shin Hwang教授也分别介绍了在日本和韩国的活体肝移植开展情况和最新研究成果，并与本次会议的参会代表进行热烈的讨论和深入的交流。

在最后的专题讨论环节，进行了病例演示。中国以及美、日、韩的各位专家针对一名肝硬化患者肝移植治疗后的病情恢复阶段的情况进行了讨论和交流，探讨了术前诊断、术中处理、术后用药等相关问题。

（李冬梅　郑树森）

土木工程安全与防灾学术论坛

2009年5月22日，由土木、水利与建筑工程学部和中国土木工程学会、国家自然科学基金委员会材料与工程学部、东南大学、江苏省土木建筑学会共同主办的全国性学术会议"土木工程安全与防灾学术论坛"在南京召开。杨秀敏、吕志涛、王景全、范立础、卢耀如等7位院士及来自中国建筑科学研究院、清华大学、东南大学、同济大学、大连理工大学、台湾大学、香港理工大学等多所学校的知名专家学者和全国20多个省市的共计200多位代表参加了会议。杨秀敏主任代表工程院作了大会致辞。

本次会议是在"5·12四川汶川特大地震"一周年之际，土木工程领域召开的一次全国性的重要学术会议，论坛聚集了来自全国各地的200多位土木工程领域的专家学者。大家一致认为，随着社会的快速发展，我国的土木工程基础设施建设日新月异，随之带来的土木工程建设、运营、管养中的各类工程安全问题也日益凸显，同时，强震、强风、雪灾、火灾、爆炸、冲击等灾害和恶劣环境也使土木工程的安全性、耐久性与灾害防护经受着巨大考验。面对当前我国土木工程安全与灾害防御问题的严重形势，如何从科学规律上认识土木工程灾害产生的原因，搞清楚保障土木工程安全的客观条件和控制因素，提前或及时发现土木工程中的各类安全隐患，进而适时采取有效防护对策，是一项既面对现在又面向未来的、重要的学术和工程问题。

在两天的会议中，杨秀敏、吕志涛、王景全、范立础、卢耀如等7位院士和14位知名专家围绕汶川特大地震后的反思、地质灾害的防治、建筑结构的防震减灾、桥梁结构的设计、大型建筑的抗爆抗风等主题作了21场专题学术报告。与会专家还就土木工程领域中的学术前沿和研究热点问题展开了广泛而热烈的讨论。

本次会议更好地交流了工程安全与防灾领域的最新研究成果和成功经验，并对土木工程的安全与防灾、土木工程高性能材料及其力学性能与耐久性、土木工程各类灾害的形成机理及防护对策、土木工程灾害评估等方面进行广泛深入的探讨，是一次专家云集、高水平与高质量的学术会议。会议为来自全国各地从事土木工程安全与防灾的专家学者和工程技术人员提供了交流平台，对我国工程安全与防灾事业的健康发展起到了积极的推动作用。

（张　健　高战军）

骨科转化性医学与前沿技术国际研讨会

转化性医学就是把基础生物学研究的最新成果快速有效地转化为临床医学技术的过程。为推动这一新兴学科在国内快速成长与发展，由中国工程院医药卫生学部、上海交通大学 Med - X 研究院和上海院士中心共同主办的“骨科转化性医学与前沿技术国际研讨会”于 5 月 29 日在沪开幕。戴尅戎院士以“转化性医学研究”为题作主旨报告。王正国、卢世璧、邱贵兴等院士以及来自国内外理、工、医、管等各领域的专家学者共 300 余人参加会议。

随着生命科学领域研究的不断拓展，人类对疾病有了更为深入的认识，但是很多先进的科研成果并没有及时应用到临床治疗上，究其原因就在于基础科学研究和临床医学研究之间没有实现真正的交流与融和。为在实验室和病床这两者间建立起有效的沟通桥梁，转化医学应运而生，这一循环转化模式简称为“B - to - B”(bench to bedside)。

研究成果的转化过程历来都是艰苦而又漫长的，戴院士以“盘尼西林”为例：从弗莱明在实验室发现青霉素，其后历时 13 年，通过生物学、病理学、化学等各学科专家以及制药公司的紧密合作，最终研制成功“人类治疗细菌性感染第一武器——盘尼西林”。为加速这一转化过程，最有效的方法就是实现医工结合，将机械、材料、信息等理工学科的先进技术应用到医学领域，同时又由医学领域提出需求不断拓展理工学科的视野，从而实现学科间的相互促进和共同发展。

近年来我国在各个领域的研究上都取得了长足的进步，已经成为一个科技大国，但是由于缺乏交叉学科研究，各高校学科建设门类大而全，但互相间缺乏有效沟通，空有大量的科研成果却无法投入到实际应用中。生命科学和其他领域间难以融合的问题尤为突出，为促进医学与理工技术紧密结合，必须组建一支由相关领域医生和工程师共同参与，针对新型药物、医用材料、医疗器械研发组建专门的科研团队，在将基础研究成果迅速转化为应用技术的同时，打造出既能看病又能研究的复合型人才，从而取得 1 +1 >2 的效益。

（李冬梅）

2009 产品现代设计与技术创新论坛

2009 年 9 月 25 日至 26 日，“2009 产品现代设计与技术创新论坛”在绍兴市举办，该论坛是由教育部现代设计与制造网上合作研究中心、中国工程院产业工程科技委员会和绍兴市人民政府共同主办，由浙江大学、上海交通大学协办，论坛的主题是“全球经济危机与我国企业的技术创新”。来自浙江省企业、政府与高校的250余名代表出席了该论坛，邬贺铨副院长以及王淀佐、谭建荣、谢友柏、殷瑞钰、刘友梅、蒋士成、吴澄、周翔和王天然共10位院士出席了本次论坛，教育部现代设计与制造网上合作中心学术委员会委员、现代设计与产品研究开发网络理事会理事、中国工程院产业工程科技委员会委员以及来自上海交通大学、浙江大学、西安交通大学的教师和学生也出席了本次论坛。参会企业共250多家。

论坛主题报告共5个。邬贺铨副院长作了题为“基于网络的产品设计与创新”的主题报告，分析了我国创新与设计的现状，指出中国走向创新型国家与制造强国要“从设计抓起，力图在设计上有所突破”。谢友柏院士的主题报告“支持制造业产品设计竞争的知识服务”，论述了知识服务如何解决企业界在技术积累不足的情况下开展有竞争力产品创新的问题，探讨了企业界开展产品设计与技术创新的知识服务模式，指出“制造业的竞争取胜是要以依赖知识代替依赖劳力和资源。知识服务是在分布式资源环境中联系智力资源单元（服务提供方）和设计实体（服务请求方）的合理模式。”谭建荣院士的主题报告“自主设计：从仿制到创新”，介绍了产品设计领域的诸多关键设计方法，指出“要成为制造强国，首先要科学制造，而科学制造，首先要科学设计，而设计程序化、可视化是科学设计的保证”。杭汽集团叶钟副总经理与菲达集团舒英钢董事局主席分别就企业的设计与创新情况作了“菲达集团有限公司技术创新情况汇报”与“创新是‘杭汽轮’发展的不竭源泉”的主题报告。参加论坛的院士、专家与企业代表针对企业相关设计与创新的问题进行了深入的交流与讨论。

本次论坛对促进浙江省和绍兴市地方企业的创新与设计能力建设具有积极的推动作用。

（王晓俊　左家和）

我国转化医学发展战略研讨会

近年来，随着基因组学、蛋白质组学等各种组学和生物信息学的迅速发展，科学家们积累了大量的研究成果，但这些成果并未及时应用到临床诊断和治疗中。为了改变这种脱节现象，科学家提出了转化医学（translational medicine）的概念。转化医学是指把生物基础研究的最新成果快速有效地转化为临床医学技术的过程，即从实验室到病床，再从病床到实验室的连续过程，简称为“B－to－B”。

2009年9月25日，由中国工程院医药卫生学部和上海院士中心共同主办的“我国转化医学发展战略研讨会”在上海召开。会议由杨胜利院士和顾健人院士共同主持。陈灏珠、戴尅戎、顾玉东、王振义、项坤三、陈凯先、裴钢、张永莲、张友尚等院士、专家、企业代表及有关职能部门领导共50余人应邀出席。

杨胜利、戴尅戎、陈凯先院士、卫生部疾病预防控制局孔灵芝副局长、中国疾病预防控制中心杨功焕副主任分别作了题为“转化医学与慢性疾病防治”、“再生医学与转化研究”、“转化医学与新药研究”、“转化医学在我国心血管病防治中的应用”、“转化医学与慢性病预防控制”的报告。专家们围绕报告内容，分析讨论了国内外转化医学的研究现状，探讨了推动我国转化医学发展的措施等。

进入21世纪之后，转化医学在医学发展中扮演越来越重要的角色，世界各国都给予高度重视。目前，美国已有38个大学和医学院建立了医学转化中心，从2006年起，美国国立卫生研究院实施了临床与科研成果转化奖励计划，每年投入2亿~5亿美元推进转化医学的发展。英国已投资4.5亿英镑用于转化型研究中心的建设。我国尚无大型的转化医学中心成立。

针对上述情况，专家们认为转化医学可打破基础研究与临床应用间固有的屏障，快速有效地将基础研究成果转化为临床诊疗新方法，他们认为我国必须抓住机遇，走具有中国特色的转化医学发展道路，并提出以下四点建议：

一是做好宣传工作，促使人们真正转变观念。转化医学事实上强调的是理念的转变，需要人们意识到要以转化医学的理念来指导医学科学研究和患者治疗工作，因此，要继续加大宣传力度，使转化医学的理念深入人心。

二是加强源头创新，夯实转化医学发展基础。转化医学的加强并不是仅仅在转化过程中加大投入，而应在加强基础研究与临床应用互相沟通与交流的基础上，继续加强基础研究，加强源头创新，提高自主创新能力，为实现我国创新成果成功应用于转化性研究中奠定坚强的基础。

三是加强团队建设，构建转化链。转化医学的提出为基础研究和临床应用带来了新的曙光，但作为近十几年提出的新概念，转化医学涉及领域众多。因此，我国转化医学的发展需加强团队建设，构建包含基础研究、临床应用、企业界等各方面沟通和交流的完整的转化链，从而推动我国转化医学的发展步伐。

四是加强转化型人才培养。由于转化医学包含学科众多，所以基础研究者往往缺乏临床知识，而临床医生也缺乏对基础研究的了解。转化医学研究者要掌握新的复杂技术，就需要有特殊的人才培养方式。专家们建议一方面鼓励对转化医学有兴趣的临床医生积极参与基础科学研究；另一方面，涉及转化医学的基础科研人员要掌握基本的病理学等临床知识，这样才能为新世纪医学的发展带来根本性改变。

（李冬梅）

2009医学前沿论坛暨原发性肝癌研究新概念与新思路学术研讨会

在我国，每年肝癌死亡人数约占全世界死于肝癌人数的53%，肝癌是影响我国人民健康的重大疾病。为提高我国肝癌治疗水平，由上海交大肿瘤研究所癌基因及相关基因国家重点实验室、中国工程院医药卫生学部及上海院士中心共同主办的“2009医学前沿论坛暨原发性肝癌研究新概念与新思路学术研讨会”于10月13日至14日在沪召开。会议由杨胜利、顾健人、王红阳院士共同主持。共有来自我国内地、香港及美国的150余位专家学者及相关政府部分代表出席会议。

会上，曹雪涛院士、孙宗棠研究员、汤钊猷院士、吴吕爱莲教授、姜颖副研究员、敖平教授、程京教授及美国约翰霍普金斯大学 John D. Groopman 教授等来自不同研究领域的八位院士、专家分别作了主题报告。报告人从肝癌微环境中免疫逃逸新机制、肝细胞肝癌病因及预防、肝癌转移研究、肝细胞肝癌发病的分子机理、肝癌的系统组学及计算生物学分析、癌症的成因及进展的内源性网络动力学理论、生物芯片信息的系统集成及黄曲霉毒素和乙肝病毒在人肝癌发生中的作用等角度汇报最新研究结果与思路。

报告后，为探讨“十二五”期间我国肝癌研究的战略目标，专门开辟了原发性肝癌病因学的预防与干预，原发性肝癌分子标志物、分子分型及临床行为的预测，原发性肝癌分子靶点及生物治疗，肝癌的转移与复发的治疗，肝癌综合治疗的新思路与新策略等5个方面的专题讨论，专家们围绕讨论主题，为提高我国肝癌的基础研究与临床治疗水平献上了自己的锦囊妙计。

（李冬梅）

化工、冶金与材料工程学部第七届学术会议

以“现代化工、冶金与材料技术前沿”为主题的中国工程院化工、冶金与材料工程学部第七届学术会议于2009年10月26日至28日在天津滨海新区举行。

中国工程院院长徐匡迪院士，中国工程院原副院长师昌绪院士，科技部副部长曹健林，国家自然科学基金委副主任何鸣鸿，来自工程院、中科院的73位院士和全国各高等院校、研究院所和企业的化工、冶金与材料领域的老、中、青专家500余人参加了会议。天津市委常委苟利军，化工、冶金与材料工程学部主任干勇院士在开幕式上致辞。会议开始前，中共中央政治局委员、天津市委书记张高丽，市政府黄兴国市长以及市人大、市政协的主要领导同志专门会见了与会院士。会见过程中，徐匡迪院长介绍了学部学术会议有关情况，张高丽书记向院士们介绍了近年天津市的发展概况。

目前我国正处于建设创新型国家、由大国加快向世界强国迈进的重要时期，也是经济社会发展基本纳入科学发展轨道的关键时期。随着我国工业化和城市化进程加快，能源、资源和环境的瓶颈制约将更加凸显，经济社会发展面临着前所未有的困难和挑战，转变发展方式和调整结构的压力日趋紧迫，增强自主创新能力、培育新兴产业、对传统产业进行升级改造，提升我国核心竞争力，已成为当前科技工作者最重要的任务之一。石油、化工、冶金与材料工业是国民经济的支柱产业，同时这几大行业又是能源消耗和污染排放大户。要以节约能源、节约原材料、节约用水等为重点，采用新技术新工艺，加快结构调整，发展深度加工，大力发展循环经济，实现清洁化生产，加快建设节约型的现代工业，以资源和能源的有效合理利用，促进其可持续发展。

会议由中国工程院化工、冶金与材料工程学部主办，天津市科委承办，南开大学协办。会议设立了一个主会场、分设“化工”、“材料”、“材料化工”、“冶金”四个分会场，两院院士及有关专家作了102场学术报告，对我国冶金、材料与化工等领域的现状与发展战略进行了深入的探讨。徐匡迪（“低碳经济与钢铁工业”）、曹健林（“浅谈我国材料领域的基础研究——概况、问题与建议”）、何鸣鸿（“坚持科学发展观，繁荣基础研究，促进我国自主创新能力建设”）、闵恩泽（“微藻生物柴油的发展”）、师昌绪（“碳纤维的发展历程及其应用前景”）、殷瑞钰（“流程制造业与循环经济”）、王静康（“关于我国化学工业及晶体工程技术发展战略的思考”）共作了7场大会学术报告。与会的院士、专家在四个分会场共作了95场专题学术报告。会议还评选出11篇博士生优秀论文。由于报告时间有限，会议以墙报的形式展示了多篇论文。

利用本次会议院士、专家比较集中的机会，会议还组织院士、专家与天津市化工、冶金领域的企业开展技术对接活动，为今后院士、专家与相关企业的合作搭建平台，对推动相关企业的技术进步起到积极作用。

本届学术大会共收到论文近460余篇，经大会学术委员会评审，其中440篇被收录到会议论文集中，论文集在会前已由化学工业出版社正式出版并公开发行。这些论文反映了化工、冶金与材料领域最新的研究进展和科研成果，涉及面广、内容新颖、学术水平高，涵盖了化工、冶金与材料工程相关学科的多个专业领域，通过会议交流，对促进学科交叉、相关学科领域的技术创新，实现我国化工、冶金和材料工业的可持续发展起到重要作用。

至此，化工、冶金与材料工程学部学术会议已成功举办了7届，引起了社会各界的广泛关注，学部院士与相关领域专家、学者参与踊跃。会议为院士创造了一个良好的学术活动环境，加强了院士与相关专家、学者以及活动举办地企业的学术交流，扩大了学部的影响，对促进学科领域的发展和工程技术的创新发挥了重要作用。

（左家和）

2009医学前沿论坛暨人体干细胞移植技术临床应用管理论坛

2009年12月5日，以“人体干细胞移植技术临床应用管理”为主题的医学前沿论坛在深圳举行。卢世璧、陆道培、吴祖泽和付小兵院士出席会议，科技部、卫生部、国家自然基金委等国家部委、干细胞研究机构、医院和部分企业代表共计40余人参加了会议。

截至20世纪末，干细胞研究已经成为一项世界性的热门课题，曾被1999年的*TIME*杂志评为世界十大进展项目的首位。21世纪以来，国际上干细胞从基础研究到临床治疗技术都取得了突破性的进展，一些难以治疗的疾病经干细胞治疗后有可能或者已经在临床取得初步的结果。特别是近两年随着诱导多功能性干细胞的发现，以及在英美政府开放政策的鼓励下，干细胞研究和应用进入新高潮。在国内，除了胚胎干细胞研究、成体干细胞诱导分化研究、脐带血干细胞分离和建库等方面取得了一定成绩外，我国在干细胞治疗应用方面也已经积累了阶段性成果，干细胞治疗技术对于减轻患者痛苦、提高治愈力、减低伤害、改善患者生活状态都发挥了很好的作用。

会议分别邀请了不同领域内的专家结合各自的工作，畅谈对于干细胞研究和临床应用的看法。从事干细胞基础研究的科学家介绍了国内外干细胞研究的进展，通过对比 FDA 与我国医药卫生审批机构设置和流程提出对干细胞管理和法规的需求。从事临床工作的一线医师介绍了干细胞治疗血液肿瘤在软骨损伤修复、下肢血管病变的治疗、肝病、肌营养不良、自身免疫病的治疗以及烧伤后皮肤汗腺恢复治疗等临床运用方面取得的成果和存在的问题，并从他们角度提出了对我国在干细胞临床应用方面的政策需求。生命伦理学专家介绍了国际上对干细胞研究和临床应用所涉及的伦理问题的态度和立场，并就卫生部已经立项并开展的我国在这方面应该采取的措施和政策研究进行了简单说明。之后，与会代表就人体干细胞移植技术及临床应用管理进行了热烈的研讨。

会议认为，国内干细胞临床应用的情况和取得的成绩是非常令人鼓舞。这一方面说明国内的干细胞研究和临床应用正在前进，另一方面说明和国外科学家在干细胞技术方面的竞争正在逐步激烈展开。干细胞研究者在这个转化医学争取世界前沿的机遇中也已经表现出了强烈的责任感。目前，尽管干细胞基础研究及其临床治疗的应用已经取得了一些进展，但是离真正的大规模的、有效的、安全性好的临床应用还有较大差距，这涉及基础科学问题、临床治疗问题、法律法规等方面的问题，特别是后者，已经成为制约干细胞应用的瓶颈。由此会议提出如下建议：

1. 分期、分级、分类管理：干细胞研究分为四个阶段，分别是基础研究、临床前研究、临床试用和临床应用，这四个阶段缺一不可。这四项的要求分别应该是：基础研究要做扎实，进入临床要规范，评定结果要客观标准，这样才能使干细胞技术在临床应用得到更好的发展。从目前所形成基础研究及少量临床应用的结果来看，成体干细胞和骨髓干细胞的治疗技术是比较安全的，可以逐步进入临床应用阶段了。而胚胎干细胞的研究和临床应用，还需要积极探索。根据细胞不同来源和处理方法作分级管理，分别逐项批准。

2. 在干细胞管理上采用二十字的管理方针：宽严有度（实事求是，按照临床实际应用经验的积累和伦理要求来确定宽严结合的管理制度）、急缓有序（采取类似美国新药评审的绿色通道制度，在批准某些干细胞进入临床试用上进行提速）、合乎伦理（要合乎道德伦理的要求）、科学评定（对于成果和效果的评定要按照科学的方法来进行）、逐步推广（在取得严格规范的实验研究基础上，经过规范评审管理后，临床试用以后要逐步推广，杜绝一窝蜂的做法）。

3. 要变多重管理逐渐为统一管理，下设专家委员会提供决策参考。建议成立专门行使干细胞政策制定、审批和监管职能的组织，并由一个相对固定成员的专家委员会作为支撑，一方面解决规范标准的问题，另一方面在不断交流形成统一认识的基础上，给相关部门提出建议，形成有序的规范管理。

为期一天的会议得到与会专家的高度评价，认为会议充分体现了四性，即权威性、广泛性、建设性和前瞻性。大家一致建议，会议成果应以建议形式上报国家相关部门，以推动干细胞事业的发展。

（韩　雪　李冬梅）

国际交流与合作

【出访与来访】

2009 年主要出访团组

1. 1 月,徐匡迪院长等 6 人赴智利圣地亚哥出席第八届国际冶金溶盐炉渣大会,会后赴美国洛杉矶出席尼克松图书馆举行的“中美建交 30 周年回顾展”开幕式。会前与阿根廷工程院签署了两院合作谅解备忘录。

2. 2 月,沈国舫院士等 4 人赴泰国参加联合国亚太农业工程与机械中心(UNAPCAEM)理事会及技术委员会会议。

3. 2 月,邬贺铨副院长随国家标准化管理委员会代表团赴委内瑞拉、古巴和秘鲁,就数字电视标准推广应用工作进行考察。

4. 3 月,黄其励院士就中美能源合作课题赴美国进行考察。

5. 3 月,宋健名誉主席等 3 人赴秘鲁出席国际马铃薯中心(CIP)理事会会议。

6. 5 月,杜祥琬副院长等 11 人赴瑞典与其皇家工程科学院共同举办“绿色能源和可持续发展的城市”研讨会并顺访挪威。

7. 6 月,沈国舫院士赴挪威参加“CCIED 低碳经济课题组研讨会”。

8. 6 月,刘德培副院长赴美国出席太平洋卫生峰会。

9. 7 月,陈赛娟院士等 4 人赴法国。我院与法国医科院签署了合作谅解备忘录。

10. 7 月,潘云鹤常务副院长等 4 人赴加拿大出席国际工程与技术科学院理事会(CAETS)年会并顺访爱尔兰。

11. 8 月,黄其励院士等 2 人赴美国夏威夷出席亚太清洁能源峰会暨博览会。

12. 9 月,王淀佐院士等 3 人赴香港出席港高教界庆祝新中国成立六十周年晚宴。

13. 9 月,杜祥琬副院长等 6 人赴日本参加第 13 届东亚工程院圆桌会。

14. 10 月,徐匡迪院长等 3 人赴美国介绍新中国成立六十年发展成就及中国在气候变化和能源安全等问题上的政策立场及举措。

15. 10 月,宋健名誉主席等 3 人赴越南出席国际马铃薯中心(CIP)理事会会议。

16. 11 月,邬贺铨副院长赴阿拉伯联合酋长国出席世界经济论坛全球议程峰会。

17. 12 月,黄其励院士等 10 人赴瑞典参加中瑞可再生能源与环境合作项目第十二次研讨会——“可再生能源与智能电网”研讨会。

18. 12 月,宋健名誉主席等 5 人赴香港接受香港中文大学颁发的荣誉博士学位并发表演讲。

19. 12 月,孙九林院士等 13 人赴香港中文大学执行第二届院士访校计划暨院士论坛。

20. 12 月,王基铭院士等 18 人赴香港与香港城市大学共同举办“工程发展趋势和相关前沿技术”论坛。

21. 12 月,汪懋华院士等 2 人赴泰国参加 UNAPCAEM 第 5 次理事会会议。

22. 12 月,杜祥琬副院长等 2 人赴丹麦哥本哈根出席联合国气候变化框架公约缔约方第十五次会议。

2009 年接待来访团组

二月

1. 18 日,杜祥琬副院长在工程院会见了瑞典皇家工程科学院原秘书长 Per Storm 博士。

三月

2. 5 日,徐匡迪院长在工程院会见了葡萄牙驻华大使 Rui Quartin-Santos 先生。

3. 23 日,徐匡迪院长、潘云鹤常务副院长会见美国 Caterpillar 全球董事长兼首席执行官 James Owens 先生代表团。

4. 24 日至 25 日,中国工程院与瑞典皇家工程科学院可再生能源与环境合作项目组在广西南宁举行第九次“生物质能源研讨会”。杜祥琬副院长出席会议。

5. 24 日,徐匡迪院长会见新加坡淡马锡陈庆荣先生。

6. 27 日,徐匡迪院长会见纽约大学理工分校校监张钟浚夫妇,就工程教育创新问题交换了意见。

7. 27 日,英国结构工程师学会 Owens 会长在我院授予徐匡迪院长荣誉资深会员证书。

四月

8. 7 日,在上海举行的瑞典商会年会上,瑞典商会会长 Mats Harborn 先生为徐匡迪院长颁发了该商会“2009 年度中瑞工商贸易杰出贡献奖”。

9. 14 日,邬贺铨副院长在我院会见了瑞典驻华使馆科技参赞 Magnus Breidne 博士。

10. 16 日,徐匡迪院长会见美国国际华人科技工商协会主席李大西先生。

11. 17 日,徐院长在工程院会见了俄罗斯“普罗米修斯”中央结构材料研究院第一副院长 Valery Rybin 院士。

12. 20 日,徐匡迪院长会见日本亚洲交流协会理事长北村博昭。

13. 21 日,徐匡迪院长在工程院会见并宴请了渣打银行(中国)有限公司董事会副主席博文杰先生(Lance Browne CBE)。

14. 21 日,徐匡迪院长会见美国大自然保护协会董事杨雪兰女士和 William Ginn 教授。

五月

15. 8日，徐匡迪院长在工程院会见了我院外籍院士、法国医学科学院院士雅克·康（Jacques Caen）教授。刘德培副院长陪同参加了会见活动。

16. 15日，刘德培副院长在钓鱼台国宾馆会见了我院外籍院士、法国医学科学院院士雅克·康（Jacques Caen）教授。

17. 22日，徐匡迪院长、潘云鹤常务副院长会见澳大利亚教育部部长 Elizabeth Constable 博士，同意加强双方在工程教育领域的合作。

18. 25日，曾培炎副总理会见美国太平洋理事会李伟民先生，徐匡迪院长出席了会见活动。

19. 31日，徐匡迪院长会见香港曹光彪先生。

六月

20. 2日，徐匡迪院长会见淡马锡高层代表团。

21. 24日，徐匡迪院长在工程院会见了德国蒂森克虏伯公司董事会主席艾克哈德·舒尔茨博士（Dr. Ekkehard Schulz）。

22. 26日，徐匡迪院长、潘云鹤常务副院长见纽约科技大学校监张钟浚教授。

23. 26日，张钟浚教授专场学术报告会期间，徐匡迪院长、潘云鹤常务副院长会见了代表团成员。

七月

24. 23日，刘德培副院长在钓鱼台国宾馆会见了我院外籍院士、法国医学科学院、法国科学院院士 Pierre Tiollais 教授。

25. 24日，徐匡迪院长会见美国休斯敦大学校长 Renu Khator 和香港科技大学校长朱经武先生。

26. 25日，徐匡迪院长会见新加坡淡马锡陈庆荣先生。

八月

27. 27日，邬贺铨副院长会见美国光学学会主席、斯坦福大学教授 Thomas Baer 先生和 OSA 继任主席 James Wyant 教授。

九月

28. 9日至10日，中国工程院与瑞典皇家工程科学院可再生能源与环境合作项目第十一次研讨会——“中瑞可持续发展的城市与环境”研讨会在上海召开。杜祥琬副院长出席会议。

29. 11日，邬贺铨副院长出席大连达沃斯论坛活动。

30. 15日，杜祥琬副院长出席中俄（苏）科技合作的过去、现在和未来论坛。

31. 18日，杜祥琬副院长在工程院会见了英国 Strathclyde 大学的 DavidInfield 教授。

32. 25日，徐匡迪院长在工程院会见了瑞典驻华使馆 MikaelLindström 大使，以及瑞典负责筹建2010年上海世博会瑞典馆委员会主任 Annika Rembe 女士。

33. 29日，杜祥琬副院长出席中俄友好、和平与发展委员会会议。

十月

34. 15日，邬贺铨副院长参加刘延东国务委员会见古巴国务顾问 Fidel Castro Diaz-Balart 博士。

35. 10月16日，徐匡迪院长、杜祥琬副院长会见古巴国务顾问 Fidel Castro Diaz-Balart 博士。

36. 10月17日，徐匡迪院长、刘德培副院长会见美国工程院代表团并与 Vest 院长举行工作会谈。

37. 21日至23日，由我院、中科院、中俄总理定期会晤委员会科技合作分会、中国有色金属学会、俄罗斯科学院、俄罗斯科学教育部等单位共同主办，浙江省科技厅、嘉兴学院承办的第十届中俄新材料新工艺研讨会在浙江省嘉兴市召开。

38. 28日，潘云鹤常务副院长会见香港理工大学校长唐伟长先生。

39. 28日，邬贺铨副院长在我院会见了欧盟信息技术官员 Wolfgang Boch 先生和欧盟驻华使团一等参赞助理贲腾女士。

40. 29日，潘云鹤常务副院长会见美国汤森路透科技与医疗集团（Healthcare&Science Business of Thomson Reuters）副总裁 James Testa 先生。

41. 30日，徐匡迪院长会见美国史蒂公司董事长兼首席执行官老格林伯格先生。

十一月

42. 3日，徐匡迪院长会见美国国夏威夷州州长琳达·林格 Linda Lingle 女士。

43. 9日，白玉良副秘书长会见香港工程师学会会长陈嘉正博士代表团一行。

44. 18日，杜祥琬副院长在工程院会见了瑞典能源署 Tomas Kaberger 署长。

45. 24日，徐匡迪院长会见美国媒体代表团。

十二月

46. 2日，刘德培副院长在北京会见了我院外籍院士、法国医学科学院、法国科学院院士 Pierre Tiollais 教授。

47. 8日，邬贺铨副院长会见香港应用科学研究院张念坤院长一行。

48. 9日，邬贺铨副院长在工程院会见了世界经济论坛官员贺勤女士。

49. 18日，徐匡迪院长出席南京大学与纽约科技大学创新与创业精神工学院第二届顾问委员会会议。

【出访报告】

访问阿根廷、智利和美国情况报告

应阿根廷工程院、国际冶金溶盐炉渣大会组委会(MOLTEN2009)和美国尼克松图书馆邀请,中国工程院院长、中美友好协会会长徐匡迪于2009年1月15日至22日访问了阿根廷、智利和美国。有关情况通报如下。

1月15日晚18时,徐院长率中国工程院代表团访问了阿根廷工程院。阿根廷工程院院长比格诺利(Arturo J. Bignoli)对徐院长来访表示热情的欢迎。双方领导就当前世界金融危机,中国采取的应对措施和中、阿两国工程院合作事宜进行了友好的交谈,并续签了两院合作备忘录。而后,双方还简要介绍了各自的情况。会谈时阿根廷其他有关院领导及阿根廷外交部亚大司司长Margarita以及我驻阿根廷使馆政务参赞蔡维泉等人在座。徐院长在访问后致比格诺利院长的信函中提出希望两院在绿色制造技术和环境保护方面进行合作,并邀请阿根廷工程院派团访问我国,在上述两个领域进行学术交流。

1月19日,徐院长在智利圣地亚哥出席了国际冶金溶盐炉渣大会(MOLTEN2009),并应邀作了关于"中国钢铁工业发展及其技术创新"的主旨报告。会上,与会者们十分关注中国的发展情况。徐院长针对与会者们提出的有关世界金融危机对中国钢铁工业以及对中国宏观经济的影响等问题给予十分细致的回答,受到了与会者们的热烈欢迎。

1月20日清晨,代表团抵达美国洛杉矶。当天下午,徐院长不顾旅途疲劳,应太平洋理事会领导刘伟民的邀请作了"经济全球化与中国改革开放"的报告。约100余名理事和学者参加了报告会。报告结束后,徐院长还就与会者们关心的问题一一进行了解答。

21日下午,徐院长赴尤伯林达市尼克松图书馆出席了"纪念中美建交30周年图片展"开幕仪式。该图片展是国务院批准的中美建交30周年纪念系列活动之一,由中国人民对外友好协会负责具体安排。徐院长以中美友协会长的名义在开幕式上发表了热情洋溢的讲话,对图片展的意义和两国领导人在中美关系上的高瞻远瞩以及所作出的巨大贡献给予了高度评价。

中国人民对外友好协会副会长李小林、中国驻美国大使馆公使刘光源、中国驻洛杉矶总领事张云、尼克松基金会执行主任泰勒和二战期间参加美国飞虎队的老兵格林·本尼达先生等出席了开幕仪式,并先后致辞。60余位中美记者出席了开幕式,并对此次活动进行了报道。

应我驻阿根廷使馆曾钢大使的邀请,徐院长在日程十分紧张的情况下仍然安排时间到使馆给全体馆员作了有关科学发展观的报告。徐院长还向我驻法国大使孔泉、驻智利大使刘玉琴、驻洛杉矶总领事张云等馆领导介绍了当前国内经济形势和应对世界经济危机的措施。

徐院长此次出访时间紧,内容多。访问得到了我所驻国家使、领馆的积极配合与热情帮助。他们做了大量的细致工作，精心安排各项活动，保证了访问取得圆满成功。

国际合作局
2009 年 1 月

出席 UNAPCAEM 第四届理事会/技术委员会会议情况报告

以沈国舫前副院长为团长的中国工程院代表团 2009 年 2 月 10 日至 13 日出席了在泰国北部清莱举行的联合国亚太农业工程与机械中心(UNAPCAEM)第四届理事会/技术委员会会议。此次会议原计划应该是去年 12 月初召开，但由于当时泰国国内出现了动乱，会议不得已延期举行。沈国舫院士和汪懋华院士分别作为该组织理事会理事和技术委员会委员出席此次会议。

技术委员会(TC)会议于 2 月 10 日至 11 日举行。泰国农业与合作部常秘办公室主任代表农业部致欢迎词。UNAPCAEM 主任 Dr. Amatawa Mukherjee 致开幕词，他强调指出，未来 UNAPCAEM 将致力于联合国千年发展目标，围绕农业工程、食物链管理、农业企业发展与贸易，以及推进技术创新、技术转移，加强南南合作方面发挥该组织的作用。

我院汪懋华院士在会上作了题为"Strategic Approach to the Improvement of Agricultural Productivity towards Food Security in China"的专题报告。报告介绍了中国在应对当前国际新形势对农业可持续发展产生的影响所采取的一系列重大战略性措施，并就如何加强区域性合作提出了建议。报告内容充实、观点鲜明，且具有战略高度，得到了与会代表的热烈反响。

会议听取了 Dr. Mukhrejee 就 2008 年由 ESCAP 组织完成的对 UNAPCAEM 工作的评估报告作了说明。代表们就此评估报告进行了审议。对于评估报告中关于改变组织名称的建议，技术委员会认为：尽管随形势的发展 UNAPCAEM 的工作范围会有所扩大，但更该组织名称的建议是不合适的，应当保持现有的组织名称；对于评估报告中关于应允许将中国政府捐款的一部分用于项目经费的建议，技术委员会认为：中国政府在 UNAPCAEM 初创时所给予的捐赠款项应当仅用于该中心的日常运行费用，而开展项目的经费应当通过其他渠道来筹措。

UNAPCAEM 理事会(GC)会议于 2 月 12 日至 13 日召开。ESCAP 副执秘、泰国政府农业部副常秘、清莱省省长以及 ESCAP 贸易投资司司长分别在开幕式上致辞。作为上届理事会主席，我院沈国舫前副院长主持了理事会第一阶段的程序会议。会议选举斐济代表为本届理事会主席。本届理事会会议审议通过了 UNAPCAEM 的 2008 年工作报告、2009 年工作计划以及 2010—2011 年工作纲要。

理事会对中国政府和中国工程院对 UNAPCAEM 工作的一如既往的宝贵支持表示感谢。2008 年，我院做了大量深入细致的工作，使得 ESCAP 与中国政府关于 UNAPCAEM 行政与财务协议的续签工作得以顺利完成。同时,还代表 UNAPCAEM 两次续签了办公场地的租赁合同。我院沈国舫前副院长和汪懋华院士从 UNAPCAEM 建立以来一直亲自担任该组织的理事和技术委员会委员,为 UNAPCAEM 战略的制定和组织的健康发展作出了重要的贡献。

中国工程院代表团

出席国际马铃薯中心理事会会议情况报告

宋健同志一行三人于 3 月 28 日至 4 月 6 日赴秘鲁首都利马出席了国际马铃薯中心(CIP)理事会会议。由于此次理事会的召开正值包括 CGIAR 在内的联合国机构改革的重要阶段,因此会议所研究的议题较多,持续的时间也比较长。

3 月 29 日,理事会召开了内部务虚会,就 CIP 的研究工作及发展前景进行探讨。宋健同志就 CIP 的未来发展提出了两点意见:(1) 要提高 CIP 的国际地位。CIP 的改革和发展不应仅局限于中心的内部,要争取联合国以及 FAO 等国际组织及机构的支持和参与。这样,可以使 CIP 的发展与联合国的千年发展目标紧密结合,得到更广泛的社会认同和国际影响,使 CIP 有更多的资源去实现自己的发展目标;(2) CIP 应该重视科学研究。在十年规划中,要把 CIP 未来的科学研究目标摆在重要的地位。CIP 不应仅限于马铃薯,其他的根茎作物,如:白薯、木薯、山药等都应当列入 CIP 的研究范围之内。要跟上当代科学技术发展与创新的步伐,充分利用 GM(基因改良)等分子生物学技术和手段提高马铃薯及其他根茎作物的品质和产量。十年之后,CIP 应争取上一个台阶,成为世界根茎作物的研究中心。宋健同志的意见受到与会理事们的重视。

3 月 30 日开始,理事会的项目委员会开始听取 CIP 各研究课题组关于研究项目进展情况的报告。31 日理事会成员会议正式开始。在之后的几天里,项目委员会和理事会成员会议交替进行。还穿插有提名委员会、审计委员会、风险监察委员会等召开的会议。

此次理事会会议议题较多,一共有 50 项议程。其中既包括听取 CIP2008 年度的工作报告,也包括审议、批准向比尔 · 美琳达盖茨基金会提交的项目建议书;其他听取的报告包括:2008 年预算执行情况的报告,2009 年预算的安排报告,人力资源情况报告,研究管理报告,2009—2010 年度工作计划的审批,对 CIP 主任以及理事会主席工作的评估,CIP 十年发展规划的设想、改革步骤以及新年度 CIP 主任工资的确定等。

理事会增补来自尼日利亚的农业经济学教授——Stella Williams 博士为理事会新成员。鉴于本届理事会主席,来自瑞士的 Ruth Egger 女士任期已满,理事会成员选举产生了新的理事会主席,即来自加拿大的 Peter Vanderzaag 先生。宋健同志的理事任期也已届满。中方已向理事会提交了两名理事候选人,一位是农业部副部长张桃林,另一位是原科技部副部长惠永正,将由提名委员会最后确定一位人选。但 CIP 中心主任 Pamela Anderson 女士向理事会提出：由于建立国际马铃薯中心亚太分中心的关键步骤——东道国协议的签署已定于 5 月份在中国北京举行，而宋健博士对于 CIP 亚太分中心的建立起到了至关重要的作用。因此，中心主任向理事会提出，希望宋健博士能够以 CIP 理事会成员的身份见证这一 CIP 发展的重要历史事件。此建议得到理事会成员的一致同意。因此，中方理事的更换将推迟至 10 月份在越南举行的 CIP 理事会上进行。

CIP 中心主任 Anderson 女士在理事会会议上对宋健同志担任理事几年来对中心发展所起的作用给予了高度的评价。她总结说，宋健博士总是能在中心发展的不同阶段，在发展方向、发展战略等重大问题上为中心领导提供重要的意见和建议。Anderson 女士并进一步诚挚地表示：就她自己而言，她一直视宋健博士为自己的导师。

在理事会会议进行的间隙，宋健同志还接受了英国广播公司（BBC）记者的采访，就马铃薯在世界生物多样性和世界粮食安全方面的作用，以及在中国的重要性和发展状况等回答了 BBC 记者提出的问题。

2009 年 4 月

代表团成员名单：

宋　健　中国工程院主席团名誉主席

郑晓光　中国工程院国际合作局综合处处长

刘亮明　宋健名誉主席警卫参谋

访问瑞典、挪威工作报告

2009 年 5 月 31 日至 6 月 5 日，应瑞典皇家工程科学院的邀请，杜祥琬副院长带领工程院代表团一行 11 人访问了瑞典（代表团成员名单附后）。在斯德哥尔摩与瑞典皇家工程科学院共同举办了中瑞“可再生能源与环境”合作项目双边第十次研讨会——“绿色能源与可持续发展的城市”研讨会，会后代表团访问了隆德大学和瑞典皇家工学院，参观了马尔默 e-on 公司的 Öresundsverket 燃气热电厂和住宅示范小区以及 SYSAV 垃圾焚烧发电厂。在访问瑞典后，应挪威技术科学院的邀请，杜祥琬副院长及工程院国际合作局 2 位同志于 6 月 6 日至 9 日访问了挪威。期间访问了挪威技术科学院和挪威应用研究机构——挪威科学与工业发展研究院（简称 SINTEF）实验室。

一、访问基本情况

（一）中瑞“绿色能源与可持续发展的城市”研讨会

6 月 1 日在瑞典皇家工程科学院举行了中瑞“绿色能源与可持续发展的城市”研讨会。该研讨会是中国工程院与瑞典皇家工程科学院“可再生能源与环境”合作项目下第十次研讨会，双方代表30余人出席了会议。本次会议分两个单元进行：上午是大会报告，下午进行分组讨论，会议由瑞典皇家工程科学院 Larsson 院士主持。在上午的大会报告中，工程院杜祥琬副院长作了题为“中国城市的环境问题与对策”的报告；清华大学的江亿院士介绍了“中国建筑能耗现状和节能潜力”；中石化的朱玉霞教授就“中国交通节能问题”进行了报告。瑞方则作了四个报告：来自瑞典可持续发展城市委员会的 Guilano 女士介绍了“瑞典政府在可持续发展的城市方面采取的行动”；瑞典皇家工学院的 Fransson 院士作了题为“如何就能源问题进行教育和学习”的报告；马拉达兰大学的 Dahlquist 教授就“马拉达兰地区的可持续发展”进行了报告。最后，特邀代表，瑞典总理办公厅主任 Liljelund 博士介绍了“瑞典的气候政策”。

下午，与会代表就三个专题进行了分组讨论。

第一小组：建筑和能源效率

中瑞双方专家分别作报告，瑞方主要就建筑节能和城市能源方面新的研究进展和观点进行了介绍；中方则介绍了在热电联产集中供热和地热利用方面的研究进展与应用状况。双方并就一些具体技术问题开展了深入的讨论。

第二小组：废弃物能源

中瑞双方专家分别作报告，对感兴趣的问题进行了认真的讨论，并形成了以下几个观点：

1. 瑞典作为一个发达国家对废弃物的利用非常重视，特别对于其再资源化利用方面，城市生活垃圾的分类收集给利用提供了非常好的条件。

2. 中国在垃圾利用上也有自己的特色，目前垃圾的利用发展非常迅速，由于中国的劳动力比较便宜，所以资源利用上也达到了相当的水平；在垃圾资源化利用对环境的影响方面，仍有一些需解决的问题。

3. 生物质与煤的混烧在瑞典获得了相当好的发展，相比较而言中国在这方面应该予以重视，不能因噎废食。

4. 中国利用自主技术发展的生物质循环流化床技术引起瑞典方的关注，特别是在燃用农作物秸秆时防止结渣技术的采用达到了相当高的水平。

第三小组：绿色交通能源

中瑞双方专家共作了4个报告，中石化石油化工科学研究院的张宝吉博士介绍了中国绿色汽车能源的现状与前景，其中包括车用乙醇汽油的现状、生物柴油的现状、未来绿色汽车燃料的发展等。瑞方几个报告分别介绍了瑞典生物质气化的情况、瑞典甲醇生产情况、加强瑞典在能源领域国际竞争力的战略性研究概况。

（二）参观马尔默 e-on 公司 Öresundsverket 燃气热电厂

6月2日，代表团一行参观考察了马尔默 e-on 公司的 Öresundsverket 燃气热电厂。这家电厂原是一家小型燃煤热电厂，考虑到当地环境污染问题，改造成现在的一个大型的燃气－蒸汽联合循环热电厂，目前刚刚调试运行。这一改造，体现了马尔默当地政府和能源公司对环境保护的高度重视。这家电厂的机组是目前世界上最为先进、发电容量最大的美国 GE 公司生产的 PG9371(9FB)型燃气轮机组，单循环发电容量超过了 300 MW，联合循环发电容量大，在 400 MW 以上，发电效率也超过了 60%。尤其在采用热电联产后，总效率可达到 80%。其中的热负荷主要是马尔默城市的城市采暖和生活热水。通过庞大的热水网系统，由燃气－蒸汽联合循环系统的汽轮机抽气加热，将超过 100 ℃的热水供向城市中心，热网回水温度仅有 40 ℃，这比国内热网的回水温度低得多，这样可以深度回收余热锅炉排烟余热，使得烟气温度可以降低至 70 ℃排出。因此，该电厂的能源利用效率比同样发电装备的国内电厂要高，这样为我国集中供热的发展提供了一个借鉴。热网回水温度低的一个主要原因是城市多数生活热水负荷由集中热网承担，而不是像国内，主要依靠各家各户自给。生活热水要求的加热温度比采暖低，进而降低了热网回水温度。

由于采用了天然气作燃料，并采用先进高效的发电系统，使得新型燃气电厂与原有旧的燃煤电厂相比，CO_2 减排 50%，每年可减少 100 万吨，有明显的减排效果。另外，值得一提的是，这套能源系统中，还设置了 CO_2 捕捉示范系统，虽然处理能力较小，但起到了示范作用。

（三）参观隆德（Lund）大学燃烧物理实验室

6 月 2 日下午代表团访问了隆德大学的燃烧物理实验室。瑞典隆德大学位于瑞典南部，始建于 1666 年，是一所现代化、国际化，具有高度活力和历史悠久的大学，世界大学百强之一。隆德大学现拥有七个院系以及各研究中心和专业学术机构，无论在瑞典还是在国际上都处于领先地位，是欧洲研究型大学联盟成员，也是著名国际大学联盟（Universitas 21）中唯一的斯堪的纳维亚大学，目前在校本科生、研究生共计 4 万余人，教师员工 6000 余人，是北欧最大的高等教育和科研机构，其工学院 LTH 也是瑞典三所最著名的工学院之一。

隆德大学的燃烧物理实验室是世界顶尖的激光燃烧诊断中心，在火焰 OH、CH、CH_2O、H_2O_2 等自由基的 PLIF 测量，PLIF 双线测温，双光子激发 CO 成像，红外偏振光谱 IRPS、LII、CARS 等领域具有丰富的研究经验，广泛应用于火焰燃烧机理及新型燃气轮机、内燃机、HCCI 发动机的燃烧诊断及研究。其学术带头人 Marcus Aldén 教授是瑞典皇家科学院、工程院两院院士，曾担任国际燃烧学会主席、戈登燃烧诊断会议主席职务，在国际燃烧届有较强的影响力。Marcus Aldén 教授联合瑞典最有实力的三所工学院 CTH（Chalmers Institute of Technology）、KTH（Royal Institute of Technology）和 LTH（Lund Intitue of Technology）发起组建了 CECOST 瑞典燃烧科学与技术中心。

在该实验室 Marcus Aldén 教授亲自作了实验室的研究情况介绍，并引导我们参观了主要的几个燃烧测试实验室。

（四）隆德大学学术交流及参观

6 月 3 日代表团访问了隆德大学并在隆德大学工学院举行了研讨会。中方分别由骆仲泱教授、朱玉霞教授及江忆院士介绍了中国“生物质能高效转化技术”、“交通运输节能”及“建筑节能”的情况，隆德大学方面作了 6 个报告，分别是：Liden 教授介绍隆德大学在生物质能源领域开展的研究工作；Svanberg 教授介绍了中国与隆德大学在激光光谱学领域 25 年来合作的情况；Siöström 副教授报告了关于隆德和北京可持续的城市设计；Hatti-Kaul 教授就工业化生物技术和环境的可持续性进行了报告；Sunden 教授介绍了有关燃料电池技术；Warfvinge 教授和 Nillson 副教授共同介绍了隆德大学与中国开展的各项交流活动。

在学术交流后，代表团参观了隆德大学的三个实验室：燃烧发动机实验室、木质纤维素预处理及利用实验室和纳米实验室。

（五）参观 Malmo 住宅示范小区

6 月 4 日，代表团参观了马尔默市西海岸社区。这是一个按照可持续发展理念近年来开发出的社区项目，坐落在马尔默的西海岸，与哥本哈根隔海相望。利用邻海的条件，项目设计中充分考虑了营造海滩的休闲娱乐区，使其成为马尔默最受欢迎的休闲场所。社区内多种形式建筑的有机组合可满足不同的需求；完善的雨水收集系统，利用雨水的收集和流动形成社区内多个水景景观；多种形式的太阳能利用系统，包括可以发电上网的太阳能光伏电池和将热量输入到集中供热热网的太阳能热利用。社区采用集中供热系统提供采暖和生活热水，其热量除来源于太阳能外，还有大型地下水水源热泵。这个社区提出100%可再生能源的概念。但实际上太阳能和风能只能满足约10%的用电需求，还需要电网供应基本的建筑和生活用电。建筑物充分考虑了自然通风设计，每户都可实现良好的自然通风，从而满足了室内的空气质量，并且不需要空调。由于围护结构保温的加强，采暖需要的热量也较低。此外社区的建筑材料以木材为主，按照瑞典的资源条件，木建筑属于最好的可再生建筑材料，因此满足绿色建筑的要求。然而，作为马尔默市地标的最高建筑 HSB Turning Torso 也坐落在这个社区内。在我们看来，这座钢结构并扭曲的塔楼很难以与前述的绿色社区的理念相一致，还形成了很大的反差。

（六）参观 Sysav 垃圾焚烧发电厂

6月4日我们参观了 Sysav 公司在 Malmo 的垃圾焚烧发电厂。该厂两台新的焚烧炉建于2003年，每年处理超过20万吨的可燃垃圾，产生 9.5×10^5 MW · h 的热水和 1.45×10^5 MW · h（1.45亿度）的电力，所得到的热量相当于10万吨油产生的热量。该厂两台旧的焚烧炉作备用，新的两条焚烧线基本配置如下：

垃圾池容积	12000 m^3
垃圾抓吊	2×10 m^3
焚烧炉型式	逆推 Martin 炉排
焚烧炉容量	2×600 t/d
单台炉排面积	100 m^2
锅炉蒸发量	75 MW（107 t/h）
蒸汽参数	400 ℃，40 bar
汽轮发电机	2×26 MW
烟气处理	静电除尘 EP +2级脱酸清洗 + PCDD 吸附清洗 + 催化脱硝

这个焚烧厂有几点值得探讨：

（a）垃圾热值很高，虽然 Sysav 没有给出垃圾热值，从蒸发量推算垃圾平均热值约 3230 kcal/kg，是国内垃圾平均热值（约 1200 kcal/kg）的2.7倍，因此，也间接印证了完全复制国外先进的炉排式焚烧炉难以在国内长期稳定达产达标运行的事实。

（b）这个厂仍采用静电除尘器作为干式除尘设备，与我国2000年国家标准规定必须采用布袋除尘（禁止采用静电除尘）不一致，说明这个问题在国际上并没有形成统一的认识和规范。

（c）我国的环保审查基于废水难以处理的考虑，大多推荐使用干式烟气净化系统，但是效率偏低；这个厂采用湿法处理，效率较高，而产生的二次废水处理后直接排放到海里，是否会有二次污染，不得而知。

（七）访问瑞典皇家工学院

6月5日上午，我们参观了瑞典皇家工学院的学校图书馆、燃料电池实验室及能源系。能源系在进行生物质能利用时提出的一个综合利用的思路，即将生物质（主要就是木质纤维素类）气化，然后可以采用燃料电池结合燃气轮机进行高效的利用，灰渣可以作为肥料利用，这样可以形成一个生物质利用的多联产系统，达到非常高的效率。就此思路应该可以开展国际合作，进行研究。

(八)参观挪威科学与工业发展研究院实验室

6月8日,工程院代表团访问了挪威科学与工业发展研究院岸边和港口实验室。该实验室可以根据不同课题的要求,安装各种装置,模拟多种环境。现场,实验室装有一套模拟挪威峡湾周围山体滑坡对沿岸建筑和设施的破坏及影响的装置。挪方专家为代表团进行了现场演示。参观完实验室后,挪威科技大学的 Harald Blikra 教授向代表团介绍了挪威地质测量的情况,其中特别详尽地介绍了他们对山体岩石的监控工作。

挪威科学与工业发展研究院(SINTEF)成立于1950年,是斯堪的纳维亚最大的独立研究机构。宗旨是通过运用知识、研究和创新创造价值,致力于创造更多的新公司以及工作岗位。SINTEF 基于其在技术、自然科学、药学以及社会科学方面的研发,有偿提供以研究为基础的知识及相关技术服务。SINTEF 每年为挪威境内外2000余家公司提供支持。SINTEF 还积极转化其科研成果成立新公司,并帮助这些公司发展,成功之后再卖掉拥有的股份,得到的流动资金随之再投资于创造新的知识。2008年,SINTEF 营业额达26亿克朗。

SINTEF 现有分布在64个国家的2145名员工,总部设在特隆海姆,拥有约1300名员工,在奥斯陆拥有约450名员工,在挪威卑尔根、斯塔万格、奥勒逊以及美国休斯敦、得克萨斯,马其顿的斯科普里,巴西的里约热内卢等地设有办公室,在丹麦的希茨海尔斯设有实验室。SINTEF 包括 SINTEF 基金会、五个有限公司和一个控股公司,有七个研究部门:建筑与基础设施、健康、信息与通信、海事、材料及化学、石油与能源、技术及社会。SINTEF 项目研究范围很广。为保证研究的高水平,SINTEF 与挪威科技大学以及奥斯陆大学紧密合作,许多研究人员同时在两个机构中工作。

(九)访问挪威技术科学院

6月9日,工程院代表团访问了位于特隆海姆的挪威技术科学院,会见了现任院长 Ingebrigtsen 教授、前任院长 Rolstadös 教授、秘书长 Johnson 教授和该院的几位院士。双方回顾了两院合作与交流的历史情况,并就两院的具体合作事项进行了讨论。双方决定,将于2010年6月中旬由两院在挪威首都奥斯陆附近的 Raufoss 创新园共同举办主题为“全球制造战略与研发”研讨会。经讨论,双方确定此次会议将围绕以下议题开展讨论:

1. 制造的科研与模型;
2. 全球制造的战略;
3. 制造的可持续性和能效;
4. 循环与再制造;
5. 智能制造系统;
6. 制造核心技术;
7. 创新管理;
8. 需求引导的制造价值链;
9. 工厂设计;
10. 耐用的可改装的自适应加工;
11. 机械与加工的诊断与维护;
12. 制造业的教育与培训。

双方还就研讨会的具体组织形式、会议规模、工作结点等问题达成初步的一致。

6月8日晚,挪威技术科学院 Ingebrigtsen 院长还代表该院宴请了工程院代表团,挪威技术科学院多位院士与挪威科技大学的几位教授参加了宴请活动。

二、体会和建议

1. 在瑞典,我方专家进行建筑节能和能源效率的情况介绍中,对比分析了中国和发达国家建筑能耗的差异,说明目前中国建筑能耗低于发达国家水平,这是由于生活模式和使用方式的不同所致。对于中国和其他飞速发展的发展中国家来说,必须接受西方社会的教训,不要照搬西方的发展模式,一定要摸索出一条不同于西方模式的新途径,通过技术创新,大幅度改善建筑物提供的服务水平,以满足经济和社会发展及人民生活水平不断提高对建筑日益增长的需求。中方的观点引起了外方的兴趣和关注。瑞典方面也提出了一系列观点,值得我方研究:

(a) 建筑围护结构保温是降低采暖负荷的重要措施,但是过度的保温在很多情况下会增加建筑的冷负荷,或造成室内过热。尤其是对于办公建筑,在当前室内发热设备不断增加的趋势下,在瑞典的典型情况下,室外温度到 10 摄氏度以上时许多建筑就开始需要供冷了。因此合理地考虑围护结构的保温非常重要,并非是越保温越好。

(b) 当保温水平达到一定后,为保证室内空气质量所需要的室内外换气量构成室内热负荷的最主要部分。此时,节能的重点是采用排风的热回收。目前瑞典十分重视推广排风的显热回收和全热回收装置。标准要求的热回收效率是 70% 以上。这应该作为建筑节能的重要措施。

(c) 采用机械通风和排风热回收装置后,风机的电耗成为建筑能耗的重要组成部分,必须充分重视。提高风机效率,降低系统阻力,具有重大的节能潜力。目前这方面还有很多可以改进的潜力,正在积极工作,千万不要忽视风机电耗。

(d) 采用集中供热方式是综合解决城市建筑能源需求的有效途径。瑞典一些城市集中供热提供了城市建筑大部分的供热需求,其热源依靠垃圾焚烧,生物质燃料焚烧及部分热电联产。集中供热是利用生物质燃料的重要途径。

(e) 集中供冷在瑞典部分城市也在使用。这主要是由于某些非住宅建筑室内产热量高,需要供冷。但瑞典完全没有除湿的需求,因此冷水回水温度可以比较高,从而可以使集中供冷系统工作在较大的供回水温差下(15 K)。集中供冷的冷源是通过海水直接换热/地下换热和热泵进一步冷却所制备。热泵的另一侧热量还可以同时提供热量。

(f) 固体氧化燃料电池(SOFC)是最理想的建筑能源系统综合方案。通过安装在建筑物内的小型 SOFC 同时为建筑供电、供热和供冷,全面满足建筑物的各种能源需求,将是最理想的分布式能源供给方案。目前 SOFC 的技术已接近成熟,成本也有可能降低到 $4000/kW 以下,逐渐达到经济可接受程度。应注意燃料电池的建筑应用。

2. 瑞典总理办公厅主任 Liljelund 博士关于瑞典应对气候变化的政策论述给代表团留下深刻的印象。他提出了降低碳排放应采用的经济措施:征收 CO_2 税和耗能税,规划区域供热和公共交通,创新和扩大商业、科学和社会的交流。特别值得注意的是,在他的报告中指出,在 2005 年之前瑞典已经实现了在 GDP 增长的同时,温室气体排放的下降。

3. 在瑞典隆德大学的交流中瑞方教授介绍了他们在可持续发展城市设计中作的一些有益的探讨,其中包括中国唐山的项目和瑞典马尔默市的一个项目。同时还介绍了如何组织国际可持续发展城市设计专题班,通过各种专题设计,培养各国可持续发展社区设计专业人才,传播绿色城市理念的经验。

4. 由于生物质能的利用必须考虑不与人争粮，目前国际上许多国家都加强了对于木质纤维素类生物质的研究工作。瑞典隆德大学的木质纤维素预处理及利用实验室在生物质的预处理及后续的利用上富有特色，特别是采用微生物法处理及后续的制取燃料乙醇方面已经进行了大量的研究工作，取得了一定的成绩，应该说这个研究方向也是我国目前许多研究者在开展的研究工作，建议加强这方面的合作工作。

5. 参观了瑞典隆德大学的几个实验室之后，发现该校的基础研究和应用研究是并行不悖的。反之，国内大学过于强调基础研究和发表文章，在评价规则和资源倾斜上忽视应用研究，是不符合我国国情的。中国的企业绝大部分没有研发能力，大学有责任为产业界提供必要的研究、开发的支持，我们更应该强调的是应用研究与基础研究的有机结合。

6. 目前，我国的节能减排事业正在大力进行，瑞典马尔默的能源利用情况值得我们国家的很多城市借鉴。比如北京市，目前正在大力发展天然气应用，其中一半的天然气使用在采暖供热上。而各种天然气供热方式中，燃气锅炉采暖的比例占到80%以上。也就是说高品位的天然气直接烧掉用于供热，能源综合利用效率很低。虽然也有类似于马尔默 e-on 公司 Öresundsverket 燃气热电厂的热电联产供热方式，例如北京太阳宫燃气热电厂和郑常庄燃气热电厂，但发电系统效率和先进性还相对落后。同时，热网系统的设计理念和运行参数还相对不合理，导致燃气热电厂的能源综合利用效率的节能空间很大。因此，马尔默 Öresundsverket 燃气热电厂的设计和运行经验，是非常值得我们学习和借鉴的。

在整个访问期间，代表团得到了当地使馆的大力支持和帮助。驻瑞典使馆的陈明明大使和驻挪威使馆的高建大使分别会见了杜副院长一行。代表团的访问达到了预期的目的。

工程院访问瑞典、挪威代表团

2009 年 7 月

工程院访问瑞典代表团院士、专家名单

1. 杜祥琬　工程院副院长，代表团团长
2. 江　亿　工程院院士
3. 骆仲泱　浙江大学教授
4. 韩再生　国土资源部矿产资源储量评审中心研究员
5. 张衍国　清华大学教授
6. 付　林　清华大学副教授
7. 张宝吉　中石化石油化工科学研究院高工
8. 朱玉霞　中石化石油化工科学研究院教授
9. 程家怡　工程院国际合作局副局长
10. 何晓君　上海市中国工程院院士咨询与学术活动中心部门副主任
11. 官　键　工程院国际合作局处长

访问德国、法国工作报告

2009年7月5日至7日，作为“中德对话论坛”中方主席，徐匡迪院长率中方代表团赴柏林出席了该论坛的第五次会议。

“中德对话论坛”是中德两国总理于2004年倡议成立的高级别非官方论坛，旨在为两国政府就两国在政治、经济和文化领域扩大合作提出建议。论坛自2005年起每年召开一次，轮流在中德两国举行。

出席本次论坛的中方代表有中国人民外交学会杨文昌会长、中国前驻德国大使卢秋田、中石化原总裁王基铭院士等10人。德方主席为西门子监事会主席冯必乐博士，代表为分别来自政治、经济、社会、文化等领域的代表性人士，如：德国联邦议院前副议长克洛泽、联盟党议会党团外交政策发言人克莱登、自民党议会党团副主席霍伊尔、联盟90/绿党前主席布迪科夫等。论坛地点设在德国联邦议院议员办公楼会议室，会议由徐匡迪主席和冯必乐主席共同主持。

此次论坛的主题为“金融危机下的中德关系”，双方代表就推动中德在气候变化及环保领域合作；全球金融危机下进一步加强中德政治关系；中德应对国际金融危机的经验及如何进一步加强金融领域合作；拓展中德在实体经济领域的合作四个议题展开深入讨论，并就深化中德在上述领域的合作提出了具体建议。

论坛期间，德国外交部国务秘书彼得·阿蒙代表德国外交部会见并宴请了双方与会代表；我驻德国使馆赵彬代办参加了会议。

此次会议正值乌鲁木齐市7·5事件刚刚发生，徐匡迪院长在会上向德方通报了事件的有关情况，强调这是一起有组织、有预谋的严重暴力犯罪事件，导致了大量无辜百姓的伤亡。目前事态已得到控制，已有多家中外媒体赴新疆采访。德方与会者对事件造成无辜人员伤亡表示十分惋惜，希望事态尽快朝和平方向发展。

总体来看，本届论坛是五年来气氛最热烈的一次，会议气氛坦诚、友好，双方代表畅所欲言，达到了增进了解、扩大共识的预期目的。

7月8日，论坛结束后，应德国蒂森克虏伯公司董事会主席舒尔茨博士的邀请，徐院长访问了蒂森克虏伯公司位于杜塞尔多夫的总部，并听取了该公司在“低碳经济”中所作的贡献和开展的行动等有关情况介绍。

7月9日至10日，应法国医科院院长Lasfargue院士和常任秘书长Binet院士的邀请，徐院长率团访问了法国医学科学院。陪同访问的有刘德培副院长、陈赛娟院士和阮长耿院士、院机关有关人员。

7月9日上午在法国医科院，徐匡迪院长、刘德培副院长与法国医科院Lasfargue院长、Binet常任秘书长代表双方签署了两院合作谅解备忘录。该备忘录确定了两院合作的主要形式和重点领域，包括：心脑血管疾病、癌症（免疫学和白血病）、传染病、糖尿病、临床急诊医学、干细胞和器官移植、胎儿病理学和新生儿学等领域。我驻法国使馆孔泉大使出席了签字仪式。

通过交换意见，双方还初步确定了两院下一步的具体合作内容，即在 2010 年上海世博会期间举办“中法医学日”，在血液研究、心血管疾病、儿童保健等领域进行研讨，并建议由陈赛娟院士负责起草此次会议的方案。

随后，徐院长一行还会见了法国前总理、参议院议员拉法兰。

此次徐院长率团出访德国、法国的活动达到了预期的目的。

出席 2009CAETS 大会及顺访爱尔兰情况报告

以潘云鹤常务副院长为团长的中国工程院代表团 2009 年 7 月 13 日至 17 日出席了在加拿大阿尔伯塔省卡尔加里市举行的第十八届国际工程与技术科学院理事会（CAETS）大会及 CAETS 理事会会议。会后，代表团赴爱尔兰，访问了爱尔兰工程师协会和都柏林理工大学，重点了解了近年爱尔兰软件业发展的情况。

本次大会的主题是“我们的自然资源遗产——管理与可持续性”（Our Heritage of Natural Resources—Management and Sustainability）。大会由全球自然资源、能源、森林、水资源管理以及采矿与矿产等五个专题组成。与会者有一百余人。十六个国家的代表在大会上作了报告。

CAETS 理事会会议确定了如下事项：

（1）全体代表一致同意，通过了关于接纳南非工程院加入 CAETS 的决议。至此，CAETS 成员已扩大到 26 个。

（2）下一届 CAETS 年会将于 2010 年 6 月 28 日至 30 日在丹麦首都哥本哈根举行。该次年会学术研讨会的主题将是“可持续的食品供应”（Sustainable Food Systems）。

（3）理事会会议还通过了关于“自然资源——管理与可持续性”的 2009 CAETS 声明。声明强调对资源的需求在许多方面将超出了供给的能力，应当在资源开发利用所产生的经济效益与其对社会和环境的影响之间找到平衡点，并将能源、水、森林、矿产等作为整体综合考虑，开发新技术和工艺以保证可持续发展。

会议期间，潘副院长代表中国工程院与印度国家工程院院长 Goel 博士共同签署了两院的合作谅解备忘录，并就两院的未来合作交换了意见。

潘云鹤副院长还应英国皇家工程院 Peter Saraga 副院长、美国国家工程院 Vest 院长的邀请，一起就未来三方合作的可能性进行了探讨。特别是探讨了在“合成生物学”（Synthetic Biology）这一在未来将产生深远影响的前沿领域，中、美、英三国的工程院，并联合各国科学院（英国为皇家学会），在这一领域展开研讨和交流的可能性。

访问爱尔兰

为了解爱尔兰最近的发展，代表团在出席 CAETS 会后访问了爱尔兰工程师协会和都柏林理工大学，深入了解了爱尔兰软件及高科技产业发展的情况。

在访问中，代表团感受到，爱尔兰工程师协会（爱尔兰工程院为该协会的单位）和都柏林理工大学都与中国的研究机构、大学有着不同程度的联系和合作，但规模都不大。他们都有扩大和加强合作的强烈愿望。对此，潘副院长在与爱方交流时表示，中爱两国的工程院可以研究确定一些双方感兴趣的领域，并进一步确定一些合作研究项目，如数字图书馆等，带动两院的合作走向深入。中爱双方的学校和企业的领导人也应坐在一起讨论一下如何发展两国在 ICT、软件领域的合作。中国有着巨大的市场潜力，爱尔兰则具有技术开发方面的优势。中国企业在软件出口方面也可借助爱尔兰，进入美国等市场。

工程院代表团

出席亚太地区清洁能源研讨会工作报告

9 月 1 日至 3 日，亚太地区清洁能源研讨会暨博览会在美国夏威夷召开。应夏威夷州政府商业、经济发展及旅游厅（DBEDT）的邀请，中国工程院黄其励院士及国际合作局副局长康金城出席了会议。出席会议的还有国家发改委能源研究所高级顾问周凤起教授。

一、会议情况介绍

美国很重视可再生能源的发展。2007 年美国可再生能源利用量占总能源的 7%，计划投资 168 亿美元用于节能和可再生能源，目标是到 2025 年可再生能源利用量达到总能源需求的 25%。其中最具有活力的典型例子是夏威夷州。夏威夷目前对进口能源依赖严重，90% 的能源需求依赖进口（76% 是石油，13% 是煤炭）。据夏威夷州政府介绍，夏威夷州每年进口石油 5100 万桶，为此支出 70 亿美金。进口石油 30% 用于发电。

世界石油价格的不断飙升，导致州政府经济的不稳定和脆弱。另外，过多地使用石油发电，也对夏威夷州的环境和气候产生不利影响。为了改变这一状况，在州长 Linda Lingle 的领导下，夏威夷州决定从本地资源入手，大力发展可再生能源，特别是风能、太阳能、地热能和海洋能等等，以彻底改变对进口能源过度依赖的状况，还可拉动本州的经济，增加就业机会。

2008 年 2 月，夏威夷州政府与联邦政府能源部、夏威夷电力公司等，就启动夏威夷州新能源计划签署了合作协议。在该协议下，州政府制定了雄心勃勃的可再生能源发展计划，力争走在全国的前面。根据州发展计划蓝图，预计到 2030 年，夏威夷能源需求的 70% 将来自新能源，其中 30% 从提高能源利用效率取得，40% 则通过使用可再生能源加以实现。

此次在夏威夷召开亚太地区清洁能源研讨会暨博览会，主要目的是将该地区的政府、企业和科研机构的代表会集一起，共同研讨发展可再生能源问题，建立合作伙伴关系，交流在发展可再生能源方面的经验，展示相关的新技术和产品，宣传夏威夷州的可再生能源发展计划，将该地区推向发展清洁能源的前沿。还计划在明年搞更大规模的博览会，以便吸纳各国的经验，实现本州的可再生能源发展目标。

当得知中美两国四院开展的利用可再生能源大规模发电合作咨询项目时，夏威夷州政府提出邀请该项目中美双方专家出席会议，希望从中美双方专家的报告获得更多信息和新的启发。为此，会议还特别安排了专题报告会和问答。

二、中美专家介绍利用可再生能源发电合作咨询课题

9 月 2 日上午，大会特别安排了中美两国四院利用可再生能源大规模发电合作咨询专题报告会。

会议由刚刚卸任的美国驻华大使馆公使彭达(Daniel Piccuta)先生主持。

首先，国家发改委能源研究所高级顾问周凤起教授简要介绍了中美两国四院利用可再生能源大规模发电合作咨询课题的发起经过。他强调中美两国在可再生能源领域合作的重要性，并指出两国的科学院和工程院在利用可再生能源发电领域开展咨询课题合作研究将为两国政府制定相关政策提供有力支持。不仅如此，双方通过此次咨询合作研究，还能够相互借鉴各自的长处和优势。

而后，黄其励院士发言。他将中国在可再生能源方面特别是风能太阳能方面所取得的进展作了简要介绍。他指出，为了实现中国经济的可持续发展和保护环境，必须大力发展低碳能源和低碳电力，减少温室气体排放。在这方面电力部门起关键作用，而可再生能源发电，将对减排 CO_2 起重要的、越来越大的作用。

随后，黄其励院士又根据中国工程院近期开展的中国可再生能源发展战略研究咨询课题，向大会介绍了中国可再生能源具体实施情况和发展战略目标。简言说，中国在 2010、2020、2030 和 2050 年可再生能源的发展目标将分别接近或达到满足总能源需求的 10%、20%、30% 和 40%（含水能）。到 2050 年，可再生能源战略定位将成为中国主导能源之一。他还介绍了为实现上述发展目标，中国所面临的挑战和采取的相应措施。

最后，黄其励院士就中美在可再生能源合作提出了若干建议。

美国是经济大国、技术强国，在可再生能源发展方面，特别是在新一届政府领导下，发展势头猛、资金投入多、技术开发进展快。中国需要认真在技术、政策、市场和标准等方面，向美国学习；同时，中国针对本国的独特环境条件开发了一些很好的实用技术，也会对美方产生借鉴作用。双方在合作过程中相互学习，实现共赢。具体合作领域可包括：

大型风电场接入电网有关技术问题的研究；

大的风电功率长距离输送技术的研究；

风电等可再生能源并网技术标准研究；

太阳能发电光伏电池降低成本及新型光伏电池的研究；

发展智能电网的研究；

大功率蓄能技术和设备的研究；

相关支持可再生能源健康发展的政策制定。

美方课题组牵头人 Laurence Papay 和课题组专家 Carl Weinberg 也先后发言。Papay 博士在会议上介绍了美国国家研究院(National Academies)最近开展的可再生能源发电咨询课题的初步研究成果。预计到2020年,连同水电,可再生能源发电的贡献将接近总发电量的20%。到2035年,非水电可再生能源发电将达到或超过总发电量的20%。

Papay 介绍说,此次中美可再生能源发电合作咨询研究课题将实现三个不同但又相互联系的目标:

对中美两国利用可再生能源大规模发电的资源潜力进行比较并作出评估;

探讨两国近期在市场和技术层面进行合作的机遇;

对降低成本、提高效率和可再生能源电力入网及存储能力等方面进行集中研究,并向两国政府有关部门提供政策建议。

Papay 博士在发言的最后对双方合作的阶段性成果给予了充分肯定,认为对双方都产生了很大益处。他还就下一步双方的合作提出了新的建议,将清洁能源燃料和智能电网纳入下一阶段的合作范围。据 Papay 博士介绍,这一建议已经提交给美国国家研究理事会讨论,并将向美国能源部等政府主管部门提出。

上述两点建议实际上是我方在与美方就下一阶段合作领域进行非正式协商时向美方提出的,并得到了美方的积极响应。

此次会议上中美双方专家积极宣传了中美两国四院的利用可再生能源发电咨询课题的初步成果,丰富了会议的学术内容。同时,美方代表将夏威夷在可再生能源方面的工作作为中美可再生能源发电合作咨询课题的一个突出案例加以介绍,并将在美国加以宣称和推广。

三、体会和建议

通过中美两国四院在利用可再生能源大规模发电咨询合作课题,我们切实感到,美国和中国,一个是世界上最大的发达国家,另一个是最大的发展中国家。两国的人口总量、能源消耗和碳排放总量决定了两个国家在国际事务中都起着举足轻重的作用。两个国家虽然处在不同的发展阶段,但在气候变化和全球变暖等全球性问题,都面临着同样的挑战。无论是从全球视角看,还是从两国未来发展切实利益的角度考虑,两国都很有必要携起手来,共同应对挑战,发展低碳经济,保障两国经济的健康和可持续发展。

电力工业是温室气体的排放大户,碳排放量是排放总量的一半以上。因此,电力工业更是降低 CO_2 排放的潜力大户。近年来,中美两国在发展可再生能源上作出了许多努力。总结这方面的成果,找出影响可再生能源发展的技术、产业、管理和政策方面的问题,对于两国政府和企业来说很有必要。

当前两国四院开展的利用可再生能源发电合作咨询项目正是针对两国经济发展中面对这一刻不容缓的问题进行的一次有益的学术交流,将为两国政府的政策制定和企业的健康发展起到良好的咨询作用。从目前情况看,此次咨询课题已经开展了9个多月,取得了初步成效。下一步将进入总结和咨询成果汇总阶段。完成的咨询报告将分别提交两国政府及有关部门,为两国政府制定相关政策和两国企业解决技术层面问题提供依据。

针对未来的合作,经黄其励院士等我方专家与美方协商,拟将目前的合作范围拓宽到清洁能源和智能电网。该建议已经我院第14次院常务会议审议通过。美方项目协调人、美国工程院院士

Laurence Papay 也持支持态度，并已提交给美国国家研究理事会讨论，还将向美国能源部等政府主管部门提出。

从目前情况看，在利用可再生能源发电上，美国具有更多的有利条件，一是政治层面。自奥巴马上台以来，美国政府一改以往的消极态度，制定了一系列旨在发展发展低碳经济和大力发展可再生能源的政策，并加大了政府投资。二是技术层面。美国在可再生能源方面的基础研究和技术储备上处于优势。三是基础设施层面。美国在电力基础设施上比较完备，每年发电量比较平均和稳定，即使增长也在1%左右，不会有大的起伏波动。因此近期内无需作很大规模的建设和调整即能容纳可再生能源的发电量。

对于中国来说，由于中国正处在工业化发展中期，对能源和电力的需求仍然巨大。无论在技术储备和建设规模上都存在较多的问题，对我国发展可再生能源构成一定的瓶颈。但是这也为我国实现跨越式发展提供了良机。例如，在将可再生能源发电入网上则可与扩大现有电网规模一并考虑，以减少不必要的浪费。在设计方面，则可根据我国的独特环境与条件，研发出适合我国具体国情的技术和产品。

目前，中美两国在发展可再生能源上已呈现出高速发展的势头。中美两国政府都将可再生能源确定为下一步科技发展的重要领域和新的经济增长点。加强两国四院在可再生能源发电的咨询合作势必对两国政府和企业的实质性合作起到推动作用。

随着此项咨询合作研究的进一步深入和扩大，中国工程院的优势越加体现出来。一是具有相关院士和专家团队的整体优势。二是在能源政策研究特别是可再生能源研究方面已经积累了较多知识储备和经验，可以较快地与美方接轨。三是具有较强的咨询课题组织能力。这些都为下一步中美合作打下良好基础。

为此，提出如下建议：

1. 加强中国工程院与美方的长期合作，作为国际合作正式立项，并建立必要的管理机制、组织保障和经费支持等措施。在未来的合作中，工程院应充分利用咨询工作的整体优势和人力资源，主动出击，与中美其他参与方一起做好顶层设计，分步实施。

2. 发展可再生能源是一个较长时期的战略任务，起好步是关键。在完成好本咨询课题任务的同时，建议中美两国各选一个重点省、州，搞好试点，交流经验，共同发展。如可以选择美国的夏威夷州和我国的青海省。

3. 在国内建议与我国政府能源主管部门及其他相关机构建立经常性的联系与沟通，力争使我院在可再生能源方面的国际合作，以及今后智能电网等合作中得到他们的更大支持，所产生的研究成果能得到更充分的参考和利用。

工程院代表团

2009年9月7日

出席第13届东亚(中日韩)工程院圆桌会议情况报告

第13届东亚(中日韩)工程院圆桌会会议(13th EA－RTM)及学术研讨会于2009年9月24日至25日在日本名古屋市召开。本次会议由日本工程院主办。杜祥琬副院长率中国工程院代表团共六人出席了此次会议。代表团在学术研讨会上作了三篇关于低碳社会交通的学术报告,参与了东亚工程院圆桌会议有关议程的讨论,并参观了丰田公司产业技术纪念馆。

此次除中日韩三国工程院代表参会外,日本工程院作为东道国还邀请了泰国工程师协会代表Phulporn Saengbangpla以观察员身份出席会议。

一、学术研讨会

日本工程院此次主办学术研讨会的题目是“面向低碳社会的交通”。研讨会仍然采用以往的形式,即在这一主题下对三个技术问题进行讨论。它们是“传动系与汽车能源以及其他低碳交通系统”、“交通系统交叉技术”、“低碳社会未来可采用的交通系统”。

首先,中日韩三国工程院领导致辞发言。杜祥琬副院长代表中国工程院致了贺词。

而后,日本丰田汽车公司代表Yoshihiko Matsuda和东京大学荣誉教授Hidenori Kimra分别作了“面向低碳社会的汽车技术”(Automotive Technologies towards Low Carbon Society)和“Biomimetic Approach to Minimum Energy Systems”的主题报告。

主题报告结束后,三国工程院院士及专家就上述三个工程技术问题作了学术报告。我院代表团陈立泉院士、吴建平和陆化普教授分别作了学术报告。

学术会议结束时,代表们就事先拟草好的有关面向低碳社会的交通的声明草稿进行了讨论,并请起草小组作进一步修改,以在次日提交到东亚工程院圆桌会议上议定。

二、中日韩三国工程院领导非正式座谈会

按照日本工程院事先提议,中日韩三国工程院领导于24日晚就东亚工程院圆桌会议的未来发展事宜召开非正式座谈会。杜祥琬副院长和康金城副局长作为中国工程院代表出席了会议。三方代表就以下事宜进行了讨论并达成一致意见:

1. 东亚工程院圆桌会议将仍然保持目前的形式,即圆桌会议加学术研讨会。圆桌会议主要内容是交流各国工程院活动情况,并探讨共同关注的机制问题;学术研讨会则是由主办国工程院提出会议主题,并围绕主题研讨三个工程技术问题。

2. 根据需要,三国工程院经共同协商就某一问题成立工作小组。三国工程院有责任协助工作小组成员完成其任务。

3. 工作小组所研讨的问题应是三国工程院关注的"热点"问题,如三国工程院对某一问题均感兴趣,则应成立针对这一问题的工作小组进行专门讨论和研究。

4. 目前仍然搁置有关扩大新成员的讨论,但会议主办国工程院有权自主邀请非正式成员组织以观察员身份出席会议。

5. 三国工程院应积极鼓励和支持发展中国家成立工程院,以便使其成为 CAETS 的一员。

三、东亚(中日韩)工程院圆桌会会议

9月25日上午,第13届东亚工程院圆桌会议举行。会议由日本工程院国际事务委员会主任 Okada Masatoshi 主持。首先,东道主日本工程院院长中原恒雄致欢迎辞,而后,会议审议并通过了第12届东亚工程院圆桌会议纪要和第13届圆桌会议议程。会议的主要议程是:讨论由中日韩三国工程院专家组拟草的关于"面向低碳社会的交通"的声明,各国工程院活动情况通报,审议由中国工程院提出的第14届东亚工程院圆桌会议的提议,以及探讨未来东亚工程院圆桌会议的活动形式。

关于就"面向低碳社会的交通"发表一项声明事,代表们经过认真讨论,认为对此次会议作一个总结可能更为恰当。会议责成文件起草小组会后进一步协商,并在文字上细致斟酌,达成一致意见后形成正式文稿刊登在本国工程院和 CAETS 网站上。

在各国工程院通报各自活动情况时,康金城副局长代表中方代表团通报了中国工程院近年来在院士选举、宏观战略咨询、奖项设置和经费来源等情况。日、韩两国工程院和泰国工程师协会代表也作了同样的介绍。其间,代表们还就院士选举问题进行了重点交流。

四、关于明年在我国西安召开第14届东亚(中日韩)工程院圆桌会议的提议

会议上,杜祥琬副院长代表中国工程院就主办第14届东亚工程院圆桌会议提出了初步建议。中国工程院将于2010年10月13日至15日在陕西西安举办第14届东亚工程院圆桌会议。学术会议将以"循环经济中的工程技术"为主题,就低碳建筑、低碳水泥和低碳照明开展学术讨论。经过深入审议,代表们对在中国西安举办第14届东亚工程院圆桌会议一致表示赞同,并建议将低碳水泥改为低碳建筑材料。

关于学术研讨会的举办形式和内容,三方代表一致认为,鉴于参会人来自学术科研部门、企业和政府有关主管部门,会议应尽量避免过多地讨论专业技术问题,而是既讲技术问题,又谈宏观政策问题,特别是探讨与企业生产技术相关和相互影响的经济和社会问题。这样才能体现和发挥三国工程院对本国政府和企业的咨询作用。

五、体会和建议

东亚工程院圆桌会议第一次会议由日本工程院于1997年11月在大阪主办举行。而后,中日韩三国工程院每年轮流在各自国家举办会议。到目前为止已经举办了13届。中国工程院也于1998、2001、2004和2007年分别在杭州、重庆、苏州和北京举办了第2、第5、第8和第11次圆桌会议。

圆桌会议机制自建立以来,先后就工程科技在解决亚洲金融危机中的作用、环境技术、工程教育、工程师资格认证、制造业发展、工程师道德、可持续发展、新能源与可再生能源、环境保护,以及

技术创新等议题开展了研讨，取得了颇为丰硕的成果。

经过10多年的运行，东亚工程院圆桌会议机制为中日韩三国工程院及工程科技机构互通信息和寻求合作提供了一个很好的交流平台，对推进相互了解和学习起到了促进作用。同时，对东南亚部分国家成立工程院也起到了一定的促进和示范作用，也是扩大我国工程科技界在东亚地区的影响的一个较好途径。

经徐德龙院士建议，并经我院常务会议批准，第14届东亚（中日韩）工程院圆桌会议将在西安建筑科技大学举行。为此，建议尽早成立由我院领导牵头的领导小组，将学术活动、技术参观和后勤保障落实到位。同时，需制定进度计划，以确保会议的成功举办。

中国工程院代表团
2009年10月

出席第13届东亚（中日韩）工程院圆桌会议代表团名单

杜祥琬　中国工程院副院长
陈立泉　中国工程院院士
吴建平　北京邮电大学教授
陆化普　北京清华大学教授
康金城　中国工程院国际合作局副局长
徐海燕　中国工程院国际合作局副调研员

出席世界经济论坛全球议程理事会峰会报告

应世界经济论坛主席Klaus Schwab教授的邀请，邬贺铨副院长作为世界经济论坛2009未来移动通信全球议程理事会成员，参加了今年11月20日至22日在阿联酋迪拜召开的“2009全球议程理事会峰会”。

世界经济论坛从2008年起针对全球关注的热点问题设立了76个全球议程理事会，未来移动通信全球议程理事会是其中之一。每个理事会通常邀请20～30位国际知名专家作为理事会成员开展讨论，为达沃斯论坛提出议题，还就这些问题对各国政府、行业提出建议。

邬副院长是我国移动通信领域的专家，是2009未来移动通信全球议程理事会唯一的中国理事。该理事会将探讨移动通信在哪些方面能够促进发展中国家社会和经济增长，确定移动通信发展和运用领域的核心挑战和问题。

对于未来移动通信的发展与运用，邬副院长认为，中国的电话用户超过10亿，其中移动通信用户在今年8月份超过了7亿。中国的3G发展遇到的第一个问题是业务培育问题。目前移动运营商的收入中电话业务占75%,数据业务占25%,但在数据业务中主要还是短信业务。由于2G和3G在电话业务与短信业务方面对消费者是没有区别的,只有高速上网是2G难以实现而3G可以提供的业务,但由于移动资费比较高,因此用户还不敢频繁使用3G来高速上网,运营商需要利用3G为用户提供更有价值的服务才能吸引用户使用3G。目前还未找到杀手锏的应用,例如像短信那样的为用户普遍并经常使用的业务。很多人都看好移动互联网业务,移动互联网有固定互联网所没有的一些特点,例如身份识别和位置感知,但这些特点还需要开发利用,已经注意到3G与传感器网的结合,物联网的应用可能是3G新业务,但目前似乎还找不到赢利模式。另外移动互联网终端在对病毒和黑客的防护上比固定互联网的终端还要差,移动电子商务的发展也担心诚信问题。上述这些问题在3G业务启动比较早的国家可能已经解决,希望通过未来移动通信全球议程帮助3G后起国家。

中国3G发展遇到的第二个问题是频谱资源问题。中国大城市人口密度高,在CBD区大约1 km^2有12万移动用户,当宽带移动通信用户数增多后,频谱不足的矛盾就很突出。缩小蜂窝半径是需要使用的办法,但也带来基站站址的选址困难,而且当蜂窝半径缩小,基站天线发射功率下降以降低干扰,但这样一来射频信号穿透能力就差,室内覆盖成本上升。

中国3G发展的第三个问题是移动通信基站功耗问题,每个运营商建设覆盖全国的网络,就需要建设大约15万个基站,基站成为能耗重点,如何节能减排是运营商必须考虑的问题,绿色移动通信应是未来移动通信全球议程关心的问题。当前人们关心环境保护,对基站的无线发射的电磁辐射问题比较关注,现在还没有科学的结论让老百姓能够相信在自己的楼上放置天线是完全安全的,这是运营商在建设移动网时面临的难题。

在这次未来移动通信全球议程理事会峰会上邬贺铨副院长提出了上述观点,与到会的其他专家讨论了移动通信发展面临的问题。

本次峰会认为以下两个议题应作为本理事会2010年的两个重点,一是保证对人、互联网、先进应用、传感器等的用得起和泛在的接入;二是推动移动网络和设备成为社会多个领域转型的平台,识别了保健和金融行业是最优先的领域。

邬副院长以专家身份出席会议了此次峰会,有助于扩大我国在未来移动通信领域的影响,增加话语权,维护我国今后在移动通信领域发展中的利益;同时亦能及时把握国际动向,为我国该领域的发展提出战略性意见。

访问瑞典工作报告

2009年11月22日至27日,以黄其励院士为团长的中国工程院代表团访问了瑞典。代表团成员来自国家电网公司、中国电力科学研究院、国网电力科学研究院、南京林业大学和上海交通大学等单位（名单附后）。此次出访的主要目的是执行中国工程院与瑞典皇家工程科学院的可再生能源与环境合作项目，举办两院的“可再生能源与智能电网”研讨会，并就智能电网的发展和建设，以及可再生能源的应用进行交流。

我驻瑞典使馆对此代表团的访问也十分重视，章宁科技参赞和华强科技二秘分别参加了代表团的活动。

一、中瑞“可再生能源与智能电网”研讨会

11 月 23 日在瑞典皇家工程科学院会议中心举行了中瑞“可再生能源与智能电网”研讨会。中瑞双方代表近 30 人与会，瑞典皇家工程科学院 Lars Larsson 院士主持会议。会议分为两个阶段，上午是全体报告，下午分成“可再生能源”和“智能电网”两个分会同时进行。

在上午的会议上，黄其励院士介绍了“中国的可再生能源与智能电网”；薛禹胜院士报告了“智能电网——多学科、多系统的工程体系”；胡学浩教授就“开发先进技术，促进智能电网在中国的实施”进行了介绍。瑞典方面，来自 Vattenfall 的 Lennart Billfalk 院士就瑞典和北欧国家的能源现状进行了综述；皇家工学院的 Torsten Cegrell 院士介绍了“电网及其操作”；Power Circle 公司的总裁 Bo Normark 院士报告了“欧洲智能和超级电网”；Power Circle 公司的董事长 Stig Gothe 院士就国际能源署对输电的观点进行了介绍。

在下午进行的两个分会上，双方与会代表就“可再生能源”和“智能电网”两个议题分别进行了报告，并交换了意见。

二、技术参观与交流活动

11 月 24 日上午工程院代表团到达 Uppsala，参观 Vattenfall 公司的北欧 Uppsala 垃圾供热厂。Hanna Janis 工程师接待了代表团，介绍并带领大家参观了 Uppsala 垃圾供热厂厂区。

参观完 Uppsala 垃圾供热厂，代表团访问了 ChromoGenics 公司，公司的 CEO Thomas Almesjo 介绍和演示了智能玻璃技术和产品。

下午，代表团还访问了 Seabased 公司，总经理 Billy Johansson 介绍了波浪能的利用。傍晚，代表团还到斯德哥尔摩阿兰达机场参观，工作人员 Ingrid Wigstrand 女士介绍了机场新建的能源中心的有关情况。能源中心充分利用地下湖水资源用于机场航站楼的空调用能，实现“绿色机场”。代表团还参观了能源中心的供热（冷）泵房。

11 月 25 日全天，代表团访问了 Uppsala 大学，与该校的教授举行了小型研讨会。瑞方介绍了太阳能电池的研究工作、波浪能和风能的研究、新型的太阳能电池技术，以及储能技术。

11 月 26 日上午，代表团前往 Vasteras 市，访问了 ABB 公司，详细听取了该公司对智能电网发展的报告。公司高级副总裁 Karl Elfstadius 先生、Per Halvarsson 先生和 Claudio Marchetti 先生三位专家给大家进行了介绍。

下午，代表团前往 Malarenergi 公司的电厂进行了访问。该公司市场部经理 Jonas Persson 先生接待了代表团，并就分布式供能系统和电动汽车的充电站等研究工作进行了介绍。

11 月 27 日上午，代表团访问了瑞典国家电网公司。公司高级副总裁 Sture Larsson 先生接待了大家，详细介绍了该公司的运营情况。

三、收获与体会

此次代表团技术考察的重点为“可再生能源与智能电网”，主要在可再生能源的应用、智能电网的发展和建设等方面进行交流。现按以下三方面对此次访问的体会与建议进行总结：(1) 智能电网；(2) 可再生能源；(3) 节能和环保。

1. 智能电网

在此次访问中，瑞方有多人对智能电网技术进行了介绍，其中包括 Power Circle 公司的总裁 Bo Normark 院士报告了“欧洲智能和超级电网”，Dr. Lars Nordstrom 介绍了信息和通信技术（ICT—Information and Communication Technology）在智能电网中的作用，Malar Energi 公司介绍了他们实施智能电表的情况，特别是 ABB 公司的专家详细阐述了他们对智能电网技术的看法，从中我们获益匪浅，现将主要收获归纳如下：

(1) 能源需求及变化决定了智能电网发展的必然性和必要性

欧洲是从对能源的需求和适应新能源发展的电网新特点和新变化出发来看待智能电网发展的必然性和必要性的。据 IEA 估计，从 2006 年至 2030 年的 25 年中，世界上对一次能源和电能的需求将会成倍地增长，特别是中国，2030 年时的一次能源与 2006 年相比会增长 105%，电能会增长 195%。而印度 2030 年时的一次能源与 2006 年相比会增长 126%，电能会增长 282%。由于对能源需求的快速增长和非可再生能源的逐渐枯竭，再加上环境保护的约束，使人们不得不转向大规模可再生能源的利用。两种主要的途径可大规模降低温室气体的排放，即提高能效和采用可再生能源发电，他们分析，在采用适当的政策作为支持的情况下，提高能效的作用占 54%，采用可再生能源的作用占 23%，碳捕获和封存的作用占 14%，核电的作用占 9%，前两者的作用几乎可占到 80%。因此一个可持续的能源系统是必不可少的。近来世界上的关注点均集中在降低 CO_2 排放量，提高能效，可再生能源的利用和提高能源供应的安全性和可靠性上。

能源利用的变化对未来电网提出了新的要求，电网将从传统的电网向未来型电网过渡，传统电网具有：集中式发电、潮流单向、发电量变化跟随负荷的要求、运行基于历史的经验和数据、对新发电者的接入能力有限；而未来型电网具有：集中式和分布式发电相结合、电力消费者也成为电力生产者、多方向的潮流、大量间隙式可再生能源发电、负荷要与发电相适应、运行更多基于实时数据。图 1 示出了传统电网和未来电网的差别。

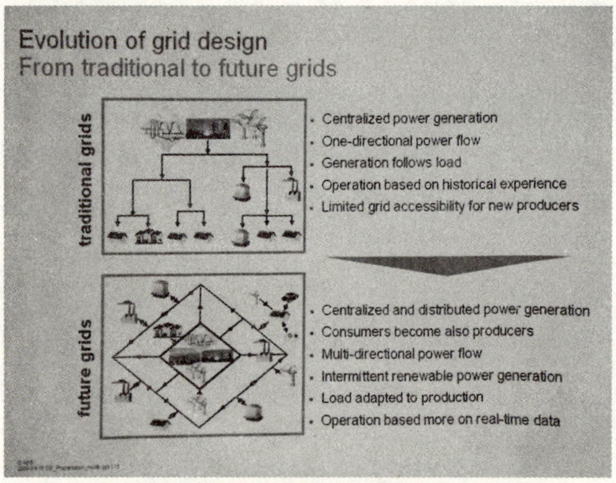

图 1　传统型电网向未来型电网的转化

而智能电网的实施将使旧的逐渐老化的电网向未来型电网转化成为可能。智能电网是电力生产供应与需求消费间的关键纽带，发电侧既包括了一些传统大型集中式发电，也包括太阳能发电、风力发电和分布式发电等新型的发电，而消费侧包括了一些新型的设施，如智能表计、智能家居、电动汽车等。智能电网对任何类型和规模的发电和储存提供开放式服务，为需求侧和运行方提供交互式操作（需求响应），能提高输电和配电系统的效率和可靠性，为未来的需求提供低成本、高收益的最佳解决方案。

美国国家标准和技术研究院（NIST）所提出的有关标准中急需要解决的项目，也是欧洲智能电网技术中所需要解决的关键技术，包括：

1）需求响应和用户能效（Demand Response and Consumer Energy Efficiency）

2）广域态势感知（Wide Area Situational Awareness）

3）电能储存（Electric Storage）

4）电力交通（Electric Transportation）

5）高级量测体系（AMI-Advanced Metering Infrastructure）

6）配电网管理（Distribution Grid Management）

7）网络安全（Cyber Security）

8）网络通信（Network Communication）

当未来大规模可再生能源发电接入电网时，有些可再生能源（风力发电和太阳能发电）分布的地区相对比较集中和远离负荷中心，必须建设一些高电压、远距离的输电线路。欧洲也不例外，ABB 公司提出了他们超级电网的远景设想，将非洲撒哈拉沙漠地区的太阳能发电、风力发电等，用特高压直流线路和超过 5000 km 的远距离输电，送往欧洲各国，该超级电网将成为未来智能电网的一个重要组成部分（见图 2）。

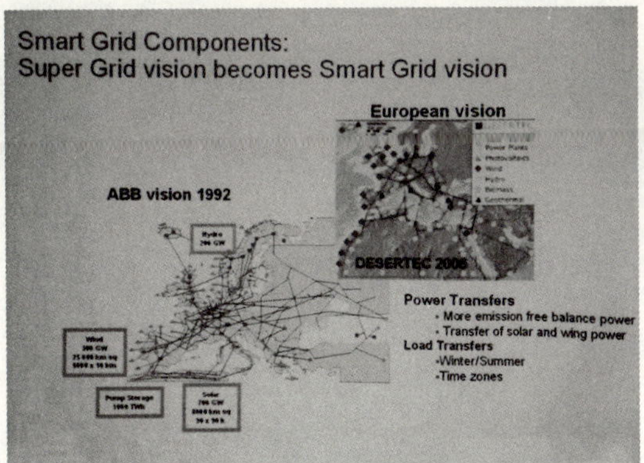

图 2　欧洲超级电网成为未来智能电网的重要组成部分

（2）斯德哥尔摩皇家港口区智能电网示范区

ABB 公司介绍了他们将斯德哥尔摩市皇家港口区开发成智能电网城的设想，以维持城市的可持续发展（见图 3）。

其目标为：2030 年时，皇家港口区为无矿物性燃料区，2020 年时，平均每人的 CO_2 年排放量低于1.5吨。采用的主要智能电网技术包括:智能化家居和需求响应(通过需求侧参与和家居自动化可降低峰荷和提高能效)、分布式能源系统(提供配电系统中小型 PV 和小型风电的接入)、电动汽车的应用和接入(电动汽车充电设施的建设)、储能系统支持电网和分布式发电(提高系统稳定和电能质量)、港口的控制解决方案(降低 CO_2 排放)、智能化一次变电站的实施(以更高的自动化水平来增加效率和可靠性)、建设智能电网实验室(用于研究、开发和模拟)。该项计划对我国正在实施的天津(中新天津生态城智能电网示范工程)、上海(上海世博会智能电网示范工程)等地的智能电网小区的实施很有参考价值和借鉴作用(见图4和图5)。

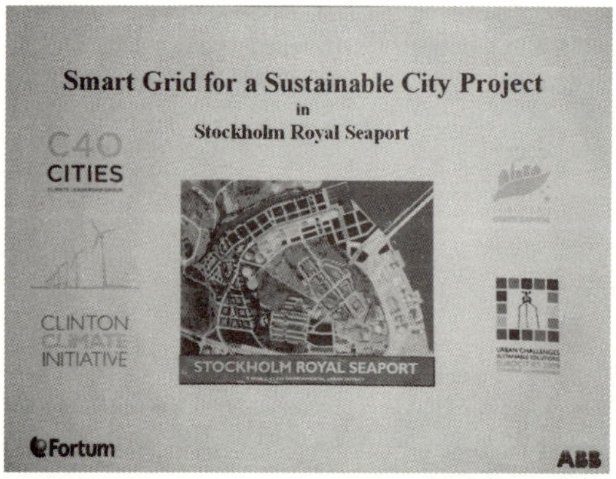

图3 建设智能电网小区维持城市的可持续发展

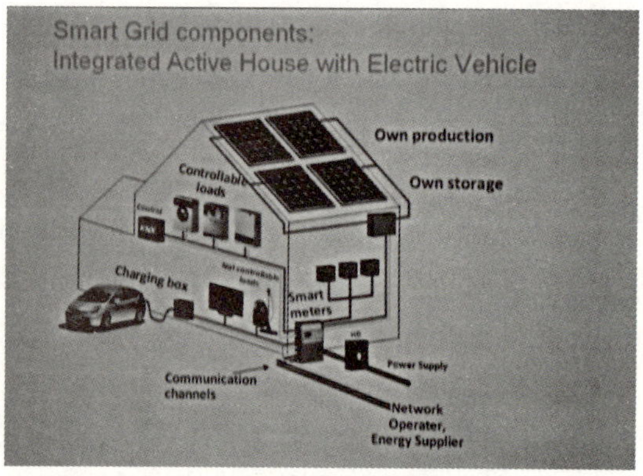

图4 智能家居和电动汽车

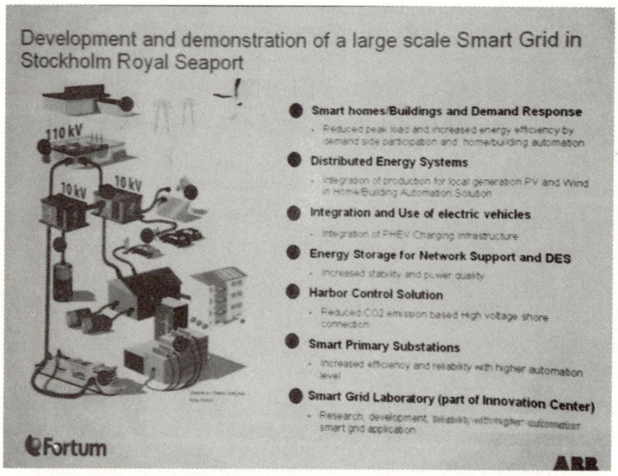

图5 开发和示范智能化小区的主要技术

(3) ICT(信息和通信技术)在智能电网中的重要作用

瑞典介绍了ICT(信息和通信技术)在智能电网中所起的重要作用:它通过 Internet、专用的通信网络和协议等将调度、控制、保护以及运行管理等各种功能全方位地连接起来,一个安全可靠、高性能的 ICT 基础设施对电力系统运行和管理的可靠性和基于成本效益的决策起到一定的保证作用,由此他们甚至将智能电网定义为将先进的 ICT 技术与物理电网的高度集成体。对 ICT 技术而言,互操作性,即接口和模型的标准化尤为重要。IEC TC57 WG13 工作组规定了将 IEC61970 通用信息模型作为输电调度运行数据交换的基本规约,IEC61968 作为电力公司内部系统集成(包括 AMR、SCADA 等)的主要规约,IEC61850 作为现场级系统集成(包括分布式发电、水电、风电、储能、电动汽车等)的主要规约。此外特别强调了网络可靠和网络安全的重要性,指出了目前 ICT 高性能的基础设施(如光纤网)是远远不够的,而且设施的性能至关重要。ICT 会影响有源配电网的可观察性和可控性,也会影响广域相量测量系统的性能和可用率。以上他们的这些看法、观点和做法均值得我们在智能电网的实施过程中借鉴。

(4) 智能电表的实施

Malar Energi 公司介绍了他们实施智能电表的情况:通过仅仅 3 年的时间(2006—2009 年),Malar Energi 公司就已将他们管辖范围的大约 10 万块电能表全部换成智能电表。实施该工程的主要目的为:使用户更加方便、电力公司工作效率更高,读数更为精确、非技术性损耗更小,功能更强、服务更好,更为开放的市场,降低读表的成本等。按计划在 2006 年 7 月前,对大于63A 的大用户实施了每天按小时的读表,总数约为 2700 个。2009 年 7 月前对小于 63A 的小用户实施按每月寄账单,总数约为 97000 个。在实施 AMR(自动抄表系统)前必须考虑的是:必须满足规程、需要何种功能、与现有系统的接口如何处理、未来的计划如何、何种通信技术最为适合等?目前他们有两种系统在运行,第一种为 HM Power Turtle Ⅱ,大约有 25000 块表,主要用于农村地区,另一种为 Kamstrup Senea,大约有 75000 块表,主要用于城市。智能电表实施后带来了许多好处:可及时读取表计数值、远方更新软件、对各种窃电实现保护、供电停运显示、收集表计读数以供分析和应用、远方解列和合闸、测量负荷峰值等。由此使用户的消费和停运的信息更加完整,维护成本降低,电网的规划更加基于实时数据。

2. 可再生能源

近年来,瑞典在可再生能源利用方面,处于世界领先地位。瑞典政府在 2006 年初就向国际社会作出承诺:2020 年后将全面使用生物质燃料,放弃使用石油燃料,并将完全摆脱对石油的依赖,成为地球上第一个全面使用可再生能源的无油(oil-free)国。据瑞方提供的有关资料可见,2006 年时,欧共体 27 国 1821.12Mtoe 总能源消费中 7% 来自于可再生能源,14% 来自于核电,24% 来自于天然气,37% 来自于石油,18% 来自于固体燃料。瑞典在 2005 年时约 97% 的发电是无二氧化碳排放的(CO_2-free),电能主要来自于核电和水电,他们是按欧共体 27 国有关能源和气候的目标来规划和发展未来的发电组成的,欧共体 2020 年时的目标为:CO_2 排放量与 1990 年相比降低 20%;可再生能源的利用率占能源消费的 20%(目前为 8% ~9%);能效提高 20%。2005 年时,欧共体的非水可再生能源发电装机容量(主要为风力发电)只占 EU 总装机容量 7.5 亿千瓦的 5% 左右,而预计 2020 年时欧共体的非水可再生能源发电装机容量将可能达到总装机容量 9.5 亿千瓦的 30% 左右。因此,大力开发可再生能源发电技术成为他们面临的重要和紧迫的任务。

本次考察中,瑞典方主要介绍了以下一些可再生能源开发方面的新技术:

(1) Seabased 公司波浪发电

波浪发电是一个涉及水动力学、电磁学、机械力学、材料学、电力系统、生态环境等诸多学科的综合性学科。Seabased 公司与 Uppsala 大学合作,在波浪能发电方面开展了深入研究,取得了一定的成果,主要有:

1) 研究掌握了波浪能现场测试技术,能够依据气象卫星数据、现场实测数据进行波浪发电站选址和设计。

2）在发电装置的研究方面，主要集中在浮子设计、发电机设计两个方面。在浮子设计上进行了大量的试验研究和设计优化，放置了 20 多个浮子进行生态环境影响研究。浮子结构经历了两次较大的优化，由原来的圆柱形衍化为六边形结构，从理论上讲，新结构优化了浮子垂直方向受力、上下行速度以提高设备的能量吸收效率，降低了浮子的水平位移幅度，已完成新结构的理论计算和仿真，刚刚开始进行现场试验。在发电机方面，具备进行电磁和机械力学仿真计算的能力和基础，基本原理仍然维持着直线发电机技术路线，但在电机的结构设计方面进行了结构优化，将电机定子的支撑结构和外壳合二为一，降低了设备的重量和成本；在密封技术方面，解决了海水和氮气泄露问题。

3）在输电变电技术方面，完成了水下变电站的紧凑化设计和水下试验。

以下为波浪能发电技术的示意图（图 6）。

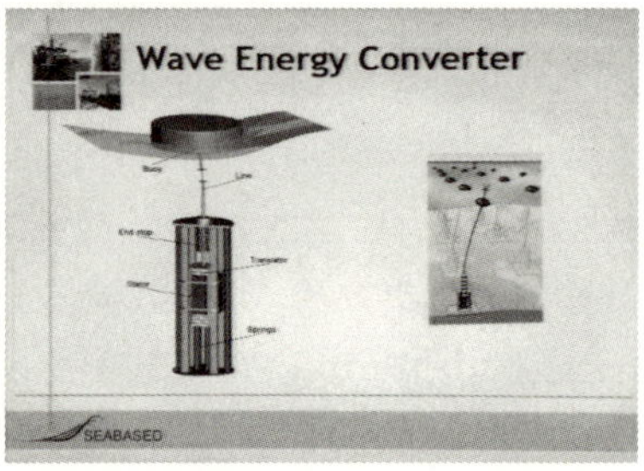

图 6　波浪能发电技术示意图

据估计，全球波浪能资源达 17500 TW · h/年，其中美国有 2300 TW · h/年，挪威有 500 TW · h/年，波罗的海有 5 ~ 6 TW · h/年。

通过调查了解，Seabased 公司的波浪发电在实际应用上还存在着一些问题：Seabased 公司波浪发电设备的运行经济性、可靠性和适用性还有待进一步提高和验证，还不具备进行产品规模化生产的技术和能力。目前仍然处于试验室完善阶段或者是产品化刚刚开始阶段，距离实现产品化和商业化推广还有很大距离，还有诸多技术问题需要解决。目前他们正处于技术创新 5 个环节即：基于需求—提出设想—解决基本原理—提出解决方案—进入市场和工业化的第四个环节，正在扎实地一步步向前推进。

（2）风力发电

近两年来，瑞典企业普遍看好风力发电的发展前景，纷纷加大对风力发电的投资力度。2009 年，瑞典风力发电行业快速发展，与 2008 年相比，风电投资额和装机容量均实现翻番，发电总量大幅上升。

瑞典皇家工学院 Ola Carlson 教授阐述了瑞典风力发电的关键问题，并介绍了其风电机组建模和故障穿越的仿真研究工作。瑞典风力发电的主要研究问题有：

1）风力发电机组，包括发电机与变流器及其控制技术，风力发电机的建模

2）风电场建模研究

3）风力发电（小型风电场）高穿透率的区域电网研究

4）大型风电场并网送出与系统稳定分析

5）风电场内的交/直流电网

6）风电场大型直流电网互联（欧洲范围）

7）风电场设备的高频建模

8）风电场内开关断开的暂态分析

9）风电场的运行维护

10）风电场检测与认证

通过考察可以看出，瑞典风力发电面临的关键问题在很多方面与我国有相似之处，可相互交流借鉴。大型风电场的并网问题及对电网稳定性的影响是普遍关心的问题，同时，建立完善的风电场检测与认证体系，对于规范风电场建设，提高技术水平，减小对电网的影响有重要作用。

据瑞典工程院介绍，风力发电的并网问题是目前面临的一项共同的挑战，当对大规模风力发电并网问题进行深入研究时，必然会涉及以下一些挑战性问题：① 风电装机容量的信用度，② 邻近区域功率输入的可能性，③ 系统中的负荷水平大小和需求变化的灵活性，④ 抽水蓄能机组的容量大小和调峰能力，⑤ 系统中其他机组的功率提升速率、备用量和调节的灵活性，⑥ 输电系统的输电能力等。

国际能源机构（IEA）组织了风力发电专门小组（Task 25 –“具有大规模风力发电的电力系统的设计和运行”）对此进行了分析并进一步开发方法以评估风电对电力系统的影响，美国、英国、瑞典、西班牙、葡萄牙、挪威、日本、爱尔兰、芬兰、加拿大、欧洲风能学会（EWEA）等十多个国家和组织参与了此项研究，在国际性论坛上进行技术交流，对迄今为止有关开发方法、相关数据和系统运行实践的研究结果进行了回顾和总结，形成了最终报告。该报告于 2009 年 7 月发布（该报告已提供给我代表团），该报告对风电并网时对电力系统的影响和接入成本所用的方法和数据进行了推荐，目前我们正在对该报告进行深入研究。

鉴于我国未来有大规模的风力发电接入电力系统，目前对电力系统的影响已经显现出来（特别是东北电网、西北电网、内蒙、新疆等地），急需提出解决方案和措施，建议今后积极参与该组织的活动，以便在国际平台上进行深入的技术交流。

此外，瑞典 Uppsala 大学介绍了他们正在开发的一种垂直轴风力发电机技术（见图 7），目前试验装置的尺寸为：轮毂高 6 米、叶片长 5 米、风机半径 3 米，当风速为 12 m/s 时，额定发电功率为 12 kW。鉴于我国目前也在开发垂直轴风力发电机技术，他们的技术值得我们借鉴。

（3）Uppsala 大学薄膜电池技术

在与 Uppsala 大学的交流中，该校对铜铟镓硒（CIGS）薄膜电池和染料敏化太阳电池（DSC）的研究情况进行了介绍。

Marika Edoff 教授介绍了 CIGS 薄膜电池的技术原理和制造工艺以及 CIGS 薄膜电池生产厂家 Solibro 的发展情况。

CIGS 薄膜电池是由铜、铟、硒等金属元素组成的直接带隙化合物半导体材料，其对可见光的吸收系数较高，而原材料的消耗却远低于传统晶体硅太阳电池。这种电池板可做成柔性，其均匀的颜色和稳定的性能，更加适合与建筑一体化的应用。目前，Uppsala 大学研制的 CIGS 薄膜电池记录的实验室最高转化效率可达 18.52%。

2000 年，在实验研究的基础上，成立了 Solibro AB 公司，专门从事 CIGS 薄膜电池的研发和工业化应用。目前，Solibro AB 公司的年生产能力约为 135 MW，电池转化效率为 11% ~12%。

图 7 垂直轴风力发电机

在分子太阳电池的介绍中，Gerrit Boschloo 主要对染料敏化太阳电池(DSC)的原理进行了详细的阐述。染料敏化太阳电池是应用纳米技术制造的。其主要特点有：制作简单，但功能复杂，在分子尺度上基于光诱导电子转移，转化效率大于 10%，变动可能性较大，在现场测试下功率特性很好。

这两种薄膜电池均具有成本低，原材料消耗少的特点，转化效率略低于晶硅电池，但综合比较，仍具有较大的市场竞争力。目前，我国也已建有两种薄膜电池的生产项目，进入新型薄膜电池的产业化阶段。他们的薄膜电池制造技术和具备的性能指标值得我国借鉴。

(4) TPV(Thermal PV)技术

瑞典的 Dr. Eric Dahlquist 教授介绍了一种非常特殊的光伏发电装置，该装置称为“热光伏发电装置”，其基本原理为利用燃烧天然气、石油、生物燃料(沼气)等时所发出的热量加热钢板，受热的钢板(emitter，发射器)温度可达 1000 ℃以上，像太阳一样会发出光子，通过装置内置的镜子反射或者直射，穿透内置的过滤膜(filter)，投射在 PV 板上(celler)而发电，燃烧的尾气余热量还可以通过热交换器回收利用。这种装置具有结构简单，无转动部件的特点，但目前该装置仍处于实验室阶段，容量和效率尚低，他们估计未来该装置的效率能达到 12%，再加上余热可以利用，因此总的效率可以达到 80% ~90%。据称他们的实验装置可达到 0.5 W/cm^2 的效能，而且发电的功率还随炉内的温度升高而增大，温度达 1300 ℃时功率为 1000 ℃时的 3 倍。如果确实有此水平的话，则比多晶硅电池发电的效率要高许多。据估计，如效率达到 12% 的话，成本约为 900 ~2700 Euro/kW，该装置的能源回收期大约在 2 ~6 年，我们应对此种技术予以密切关注。该装置的示意图见图 8。

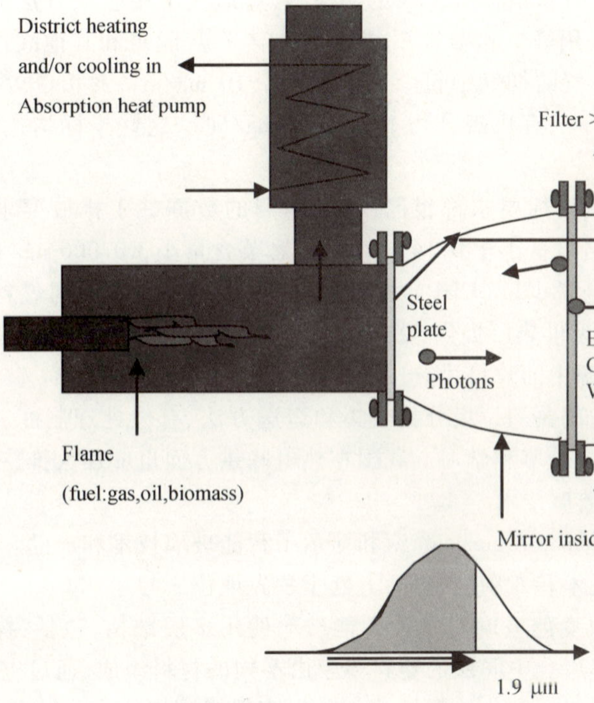

图 8　热光伏发电装置示意图

3. 节能和环保

在节能和环保技术方面，瑞典从国家、企业到个人都非常重视，既有先进前沿的技术，又有大量实际应用的技术和经验。本次考察中的参观和技术交流主要涉及节能和环保技术，它们是：VATTENFALL 公司的 Uppsala 垃圾供热厂、ChromoGenics 公司的智能玻璃项目和斯德哥尔摩阿兰达机场能源中心。

（1）Uppsala 垃圾处理供热厂

Vattenfall 公司的 Uppsala 垃圾供热厂以废弃物垃圾、木屑为燃料，其产生的热水与蒸汽并入市政的热力管线，与其他热电联产电厂一起向当地用户供给热力，由此减少了对化石能源的依赖和二氧化碳的排放，同时有效地处理了垃圾和废物。垃圾用集装箱装运，堆放在厂区内二个足球场大小的堆放场中，厂区内几乎没有异味。Uppsala 垃圾供热厂通过管网为周边区域建筑物供热、冷和蒸汽，其中供热管网长 420 km，供冷热管网长约 6 km，供蒸汽管网长约 8 km。该垃圾供热厂以废弃物垃圾作燃料，消耗废弃物 55 t/h，可以提供 170 MW 的热量（蒸汽和冷量）。垃圾废弃物中 57% 是居民生活垃圾，43% 是工业废弃垃圾，废弃物大部分来自瑞典本国，也有一部分来自挪威和芬兰等国，国外的垃圾要交费处理，由于北欧国家的垃圾分类工作做得好，该厂的燃料基本上是废弃垃圾物，每年仅需要不到 3% 的燃油，主要是启动时使用。该垃圾供热厂具有以下特点：

节能方面：2008 年通过安装新的垃圾焚烧烟气风机系统，每年可节省 300 万度电，相当于 500 个家庭用电，由此工厂每年节省大约 250 万瑞典克朗。2006—2008 年采用变频器控制泵改造集中供热和新泵站水泵，节省电 870 MW/年，采用新的大厅照明灯节省电 210 MW/年。

烟气和废水处理方面：每年对各项指标有多次定期检测，对烟气采用多级方法消除 NO_x（喷入氨水和尿素、增加催化反应器），采用静电和布袋除去粉尘，加入石灰脱硫和其他酸性物质，采用活性炭除去有机物质，最终使排入大气的烟气中粉尘含量不大于 10 mg/m³，汞 0.009～0.13 μg/m³，二恶英（Dioxins）0.001～0.04 ng/m³，有机碳合物不大于 10 mg/m³。这些指标均达到世界先进环保水平。

废水处理方面：排放水中各项指标要求都很严，而实际测的数据好于排放要求，汞含量小于 0.007 kg/年，铅含量 2.9 kg/年，铬含量小于 0.14 kg/年，二恶英含量小于0.006 ng/升。

此外 Uppsala 市还有一些热电联供厂（CHP），采用泥煤（劣质煤）和木屑为燃料，既供热又发电。在 Uppsala 地区供热量中：垃圾供热厂提供 50% 热量，热电联供厂提供 40% 热量，其他 10% 是煤或油燃料。可见用于供热的能源中的垃圾供热厂提供热量占了相当大的份额。

对比我国的垃圾焚烧热电厂，瑞典的垃圾分类收集和运送方法、有偿处理制度、对尾气和污水排放的严格控制体系等均值得我国借鉴和学习。我国在热电联供方面也应加大推广面和力度。

（2）ChromoGenics 公司智能玻璃技术

ChromoGenics 公司的 CEO Thomas Almesjo 介绍和演示了智能玻璃技术和产品。该公司经过多年的实验室研究，掌握了关键的技术和专利，在国际上处于领先地位。

智能玻璃实际上是一种“电致变色玻璃”，这种智能玻璃使用多层结构，包括：树脂层、透明导体层、电离铬箔层和离子导体电解层。中间层的塑料薄膜由不同的材料组成，通过电压驱动氧化钨镍层离子和高分子电解质，并通过极性变化使得钨镍氧化层变得黑暗或变亮。这种智能玻璃通过控制电压调节玻璃的透明度，用该原理制成的玻璃可以用于建筑物、车船等交通工具，也可用于制作头盔等。据称采用此种玻璃可以减少 50% 的建筑物能量消耗。

该公司于 2008 年研制出第一个产品，目前已得到 VOLVO 公司、ABB 公司、新能源银行投资公司等单位的资助，计划在 2010 年进行试销。我考察团认为智能玻璃是一项技术非常先进的新产品，节能效果很好，具有很好的潜在市场优势，我国有必要发展该项技术和产品。

（3）斯德哥尔摩阿兰达机场能源中心

斯德哥尔摩阿兰达机场（Arlanda Airport）是瑞典最大的机场，每年接待旅客 1700 万人次，3 个跑道机场，雇员 15000 名，机场的能源消费相当于瑞典的一个小城市的水平，每年消耗约 26 万 MW · h 的电力和热量，相当于 14000 户住宅的用电和热。

该机场附近有两个相连的大地下湖，常年水温变化不大，是一个巨大的蓄能池，机场的能源中心利用地下湖水资源作为储能媒介，储存机场航站楼的空调用能，替代原来采用的空调机的电能，夏天空调用能 100% 使用地下湖水（冷水），冬天空调用能 30% 使用地下湖水，另外使用木屑热水锅炉补燃，以补充不足的热量。从 2009 年 6 月投入使用，节约 400～500 万度电和 1000～1500 万度电当量供热量。能源中心计划：2010 年二氧化碳排放量与 2005 年相比，下降到 75%，2010 年 100% 使用可再生能源。

阿兰达机场能源中心因地制宜地利用地下湖水作为巨大蓄能体和供能源，实现自我循环的空调供能，为建立“绿色机场”提供了能源保证，有利于降低二氧化碳排放量，这种理念值得我国借鉴。

四、对今后合作的建议

1. 继续与瑞典，并进一步通过瑞典能在更大范围（如欧共体）内智能电网的发展进行合作，互相交流各自的工作进展，共同进步。

瑞典政府在2006年初就向国际社会做出承诺：2020年后将全面使用生物质燃料，放弃使用石油燃料，成为地球上第一个全面使用可再生能源的无油（oil-free）国。欧共体制定了2020年发展目标为：CO_2 排放量与1990年相比降低20%；可再生能源的利用率占能源消费的20%（目前为8%～9%），能效提高20%；ABB公司提出将非洲撒哈拉沙漠地区的太阳能发电、风力发电等，用特高压直流线路和超过5000 km的远距离输电，形成超级电网的远景设想，都需要密切跟踪其进展情况。

我国正在进行一些智能电网试点，如天津生态城智能电网示范工程、上海世博会智能电网示范工程、北京智能小区试点等，需要加紧工作并作好总结，以便交流。

2. 国际能源机构（IEA）组织风力发电专门小组（Task 25 -“具有大规模风力发电的电力系统的设计和运行”）对大规模风力发电的并网问题进行深入研究，重点解决了以下一些关键问题：(1) 风电装机容量的信用度；(2) 邻近区域功率输入的可能性；(3) 系统中的负荷水平大小和需求变化的灵活性；(4) 抽水蓄能机组的容量大小和调峰能力；(5) 系统中其他机组的功率提升速率、备用量和调节的灵活性；(6) 输电系统的输电能力等。美国、英国、瑞典、西班牙、葡萄牙、挪威、日本、爱尔兰、芬兰、加拿大、欧洲风能学会（EWEA）等十多个国家和组织参与了此项研究，形成了最终报告于2009年7月发布（该报告已提供给我代表团），需要我们对该报告进行深入研究。

鉴于我国未来有大规模的风力发电接入电力系统，目前对电力系统的影响已经显现出来（特别是东北电网、西北电网、内蒙、新疆等地），急需提出解决方案和措施，建议今后积极参与该组织的活动，以便在国际平台上进行深入的技术交流。

3. 在多方面继续加强双方的交流：如CIGS薄膜电池、染料敏化太阳电池（DSC）、热光伏发电、智能玻璃技术、“因地制宜、就地取材”的节能理念和相关技术以及瑞典的垃圾分类收集和运送方法、有偿处理制度、对尾气和污水排放的严格控制体系等，并能加强双方企业和科研单位间的直接接触。

总之，建议双方的合作和交流要继续向更大区域范围、更深的工业应用、更新的创新思维方向发展，继续努力，加强工作，以便使我国能取得实效。

附：访问瑞典代表团成员名单

1. 黄其励　工程院院士，代表团团长
2. 薛禹胜　工程院院士，国网电力科学研究院
3. 张齐生　工程院院士，南京林业大学
4. 胡学浩　中国电力科学研究院副总工，教授
5. 周建斌　南京林业大学教授
6. 翁一武　上海交通大学机械与动力工程学院教授
7. 王伟胜　中国电力科学研究院新能源所所长，教授
8. 赵　晔　国家电网智能电网部干部
9. 梁晓捷　工程院学部工作局一处处长
10. 官　键　工程院国际合作局一处处长

参加气候变化哥本哈根会议情况报告

缔约方第15次会议(简称COP15)于2009年12月7日在丹麦首都哥本哈根召开。为落实温总理指示,国家发改委组织了高级顾问团参加了这次会议。我院杜祥琬副院长作为高级顾问参加了代表团。现将有关情况和会议期间的活动简述如下:

一、有关情况

《联合国气候变化框架公约》(简称UNFCCC)于1992年签署,之后又签署了“公约”的《京都议定书》。《公约》每年都召开缔约方会议。我国负责的部门是国家发改委,此次会议的团长是国家发改委解振华副主任。为开好这次会议,会议主办国丹麦提议安排了大会的领导人会议。温家宝总理于12月16日与会。

会前,温总理指示,要在会议期间扩大我国应对气候变化所采取的政策措施及相关成果的宣传,并组织高级别官员和科技专家与会。为此,国家发改委邀请了国内十家单位的领导和专家参加高级顾问代表团,除我院杜副院长外,还包括科技部副部长刘燕华、财政部副部长李勇、环保部副部长李干杰、国家人口计生委副主任赵白鸽、国家林业局副局长祝列克、中国气象局局长郑国光、中科院副院长丁仲礼,以及中国农科院研究员林而达、清华大学低碳实验室主任何建坤教授等。高级顾问团原定12月7日成行,后根据会议进展以及中国新闻与交流中心的安排情况相应调整,杜副院长于12月10日赴丹麦,12月20日返回北京。

二、有关活动

根据代表团和中国新闻与交流中心的统一安排,12月14日杜副院长在设在会场贝拉中心的中国新闻与交流中心作了题为《主动承诺降低碳排放强度中国须做出非凡的努力》的讲座,12月15日参加了在该中心举行的中国气候大会代表团与丹麦清洁技术企业总裁见面会,并发表了讲话。在讲演中,杜副院长从能源的角度、通过科学的论证,详细阐述了中国为降低碳排放强度需要从五个方面作出的艰苦努力,同时宣传了中国政府在主动承诺并实现目标方面的决心。杜副院长还结合媒体和听众关心的问题,事先有针对性地作了充分准备,从而在讲演、接受采访、回答问题时有的放矢,受到热烈欢迎。

此外,根据代表团的安排,杜副院长还参加了丹麦外交部和企业界为中国代表团举行的晚宴,与参加晚宴的丹麦外交部国务秘书Anne Steffensen、丹麦科技与创新部长Helge Sander、丹麦企业界领导进行了交流;还应邀两次会见英国能源与气候变化部减排政策主任Alon Carmel,向其介绍我碳强度减排目标等应对气候变化措施,并强调了发达国家理应更自觉地作出减排的承诺。

此外,高级顾问团的成员还参加了代表团在使馆举行的阶段总结及分析会,以及大会领导人会议等其他活动。

三、体会

- 气候变化是一个长期的研究领域和世界关注的热点，又是一个涉及多学科的课题，涉及能源、气象、环境、林业、农业……工程院似应考虑如何发挥多学科综合的优势，作为一项持续性的咨询研究，发挥思想库的作用。
- 在专家队伍的组织、工作方式上，可有些新的做法，既有持续性，又有阶段性。
- 需要积累相应的基础性资料、数据、文献，并跟踪国内外研究，以作为支撑。

参加联合国亚太农业工程与机械中心第5次理事会会议报告

联合国亚太农业工程与机械中心（UNAPCAEM）第5次理事会（5th GC）会议，于2009年12月14日至15日在泰国曼谷联合国会议中心（UNCC）召开。参会会议代表有理事会9个成员国代表中，来自柬埔寨、中国、印度、印度尼西亚、马来西亚、巴基斯坦、泰国、越南等8个国家的理事会成员、随同人员和蒙古国的观察员、ESCAP程序管理处和贸易投资处的4位官员以及UNAPCAEM总部负责人和秘书等共22人。泰国农业与合作部常务副秘书Mr. Sakchai Sriboonsue（Deputy Permanent Secretary, the Ministry of Agriculture and Cooperatives of Thailand）出席了会议开幕式并致欢迎辞。ESCAP贸易与投资处主任Marinus W. Sikkel代表ESCAP秘书长，Dr. Noeleen Heyzer的致辞中指出：ESCAP所属地区营养不良的成人和儿童占全球的64%以上，农业是提供本地区贫民生计的主要来源。需要努力加强本地区南－南合作，促进技术转移来面对这些挑战。她强调UNAPCAEM要总结经验，使之建设成为促进本地区关于食物安全和农业可持续发展的优秀技术转移中心。

会议审议了UNAPCAEM 2009年工作报告、行政和财务状况、2010年工作计划和2009年10月14日至15日在菲律宾召开的UNAPCAEM第5次技术委员会（5th TC）会议报告，审议讨论了UNAPCAEM向2010年亚太经社理事会第66次委员会议提交的UNAPCAEM 2009年工作报告初稿。同时还专门就UNAPCAEM今后活动的优先领域、发展思路与长期战略计划进行了专题讨论。

一、会议审议讨论的主要内容、得出的结论和建议

1. UNAPCAEM 2009年完成的主要工作：

（1）2009年2月10日至14日在泰国青莱市，组织召开了第4届UNAPCAEM TC/GC年会。该会议作为2008年度工作会议，原定于2008年12月上旬召开，因泰国当时政局问题延迟。汪懋华、沈国舫院士分别作为TC和GC成员出席了会议。

（2）2009年5月4日，在北京组织召开了“亚太地区可持续农业和食物安全专题研究”中外记者招待会。UNAPCAEM前主任，Dr. Amitava Mukherjee，代表Dr. Noeleen Heyzer, Under-Secretary-

General of the United Nations, Executive Secretary ESCAP 作了“Towards Sustainable Agriculture & Food Security”的项目研究报告，汪懋华院士应邀作了“Challenges of Food Security and Strategic Approaches in China”的专题发言，并共同回答了中外记者提出的有关问题。

(3) 2009年8月24日至9月4日，在中国组织了第一期“亚太地区杂交水稻栽培技术培训班”。这是中国与ESCAP共同提出，为了食物安全和可持续农业，与饥饿和贫困斗争实现联合国千年目标(MDG)而建立的为期两年半(2009.7—2011.12)的合作项目计划。旨在通过培训、咨询和研讨活动，促进杂交水稻遗传育种、种子生产、栽培管理技术在本地区的传播与推广。2009年度作为项目实施第一阶段，在中国组织了杂交水稻栽培技术培训班。来自亚太地区包括：孟加拉、朝鲜、柬埔寨、斐济、印度尼西亚、老挝、缅甸、尼泊尔、菲律宾、斯里兰卡、东帝汶等12个国家的26位国家农业研究院所和农业技术推广部门技术人员参加了为期两周的培训活动，受到热烈欢迎，取得了良好的效果。

(4) UNAPCAEM与中国农业科学院环境与持续农业研究所于2009年9月11日在北京联合组织了一次专家组会议(EGM)，评估了应用清洁生产机制(CDM)于保护性农业与户用沼气的可行性研究和方法指南初稿。最后的研究报告将分享中国在农业部门实践CDM的成功经验和教训，为决策部门提供参考，并计划于2010年邀请全球有关专家举行国际研讨会。

(5) 2009年在菲律宾召开第5次TC年会之前，UNAPCEAM承担了一个关于如何建立有效机制促进亚太地区农业机械的发展。项目研究内容包括两方面：一是2009年10月16日在菲律宾召开了专家会议研讨有关发展机制、政策建议、信息共享、技术转移与能力建设问题；二是研究提交一个“农业机械在亚太地区应用发展报告”。两位咨询专家将分别到孟加拉、中国、印度、韩国、泰国和菲律宾等农业机械化与农机工业处于不同发展阶段的国家进行实地调查研究。研究报告初步考虑包含四个主要内容，即：地区农业和农业机械发展的经济社会发展背景分析；各国对农业机械的需求评估；对曾建议建立亚太农业机械试验网络(ANTAM)开展可行性研究；发展政策与研究地区农业机械合作发展的优先领域等。研究报告将为UNAPCAEM今后开展农业机械领域的工作提供有用的指南。

由于我本人10月中旬在国内有重要活动不能参加在菲律宾举行的5^{th} TC会议，经推荐由中国农业大学高焕文教授作为TC成员和华南农业大学区颖刚教授作为APCAEM专家组成员分别参加了在菲律宾举行的5^{th} TC会议和专家组会议(EGM)。

2. 本届理事会对UNAPCAEM 2009年度的工作进展表示满意。明确了中心项目发展要根据地区发展的实际需求驱动的思路。根据TC会议提出的优先领域，APCAEM的项目开发要反映中心在农业工程与农业机械化领域的优势条件，重点研究推动农业工程与机械化支持农业可持续发展。UNAPCAEM将通过新建网页，加强GC/TC成员间和中心与其他合作组织与伙伴间的有效合作与通信联系。

3. UNAPCAEM 2010年的工作计划将集中在：

(1) 根据参与国的实际需要，组织中国专家到有关国家的农业科研院所和基层农村，提供如何根据当地条件推广杂交水稻种植与栽培过程管理的技术咨询和培训。

(2) 组织一次关于农业部门实施清洁发展机制(CDM)的国际研讨会。

(3) 与其他相关组织合作推动提出农业机械领域的能力建设纲要。

(4) 推动APCAEM成员国和其他ESCAP下属地区性组织参加中国烟台国际果蔬博览会以促进农业企业和农业商务的发展。

(5) 探索发展与ESCAP其他下属地区性组织的合作，以促进食物安全与农业可持续发展。

（6）加强人力资源开发与资源调配。

4. GC会议审议了有关行政管理和财政执行情况的报告。会议向ESCAP提出应该注意到UNAPCAEM长期以来主要领导人频繁更替和专业人才缺乏的状况，建议ESCAP采取得力措施予以改善。（注：自2003 APCAEM正式建立以来至2008年底4年间已更换了4位主任，2009年初以来，一直没有聘任新的主任领导中心的工作，中心职工调整也很频繁。GC会议听取了现任UNAPCAEM首席官员关于自2005年以来中心财政状况的报告。中心财政资源主要来自三个方面：成员国自愿捐赠；东道国对机构建设的基础性经费支持；争取到的项目经费支持。原有的项目经费资源来自中国－ESCAP合作基金、韩国－ESCAP合作基金和正常技术合作纲要基金。2009年中心增加了西班牙/联合国千年目标（MDG）基金等。（参见附件）

机构建设基础性经费近年来已入不敷出。中国政府承诺的中心机构建设基础性经费合计380万美元已全部交清。财政问题将成为保证中心项目实施计划执行的关键。GC成员建议应该参照ESCAP下属其他地区性组织GC会议讨论提出的建议制定成员国提供自愿财政捐赠的最小额度。对此将在下次GC会议上讨论提出具体建议。GC成员同时建议ESCAP和UNAPCAEM不仅应该有效吸引成员国、潜在赞助单位和股东的财政贡献，还要探索扩大取得私人企业财政支持的可能性。GC建议应经常提示成员国政府应将对UNAPCAEM正常活动的财政贡献列入年度财政计划。GC也提出ESCAP应注意到APCAEM未来长期运行中面临潜在的预算赤字问题。

二、关于UNAPCAEM长期战略计划有关的优先领域、战略要点和发展思路的讨论

ESCAP贸易与投资处主任Marinus W. Sikkel代表ESCAP秘书长提请GC成员认真研究中心未来全局发展的战略性问题，对GC和TC如何更为有效地发挥作用提供指导。GC成员审议了在菲律宾举行的第5次TC会议提出的长期发展战略与中心活动优先领域的建议草案。进一步提出下列领域可作为未来项目研究的优先课题：农业机械试验（先回顾研究RNAM的研究基础）；信息与通信技术农业应用；水土管理；保护性农作机械；沼气与生物燃料等农村能源；集约水稻生产系统；农场废弃物管理；畜牧生产、有机农业、种子加工、园艺与温室工程、改善农村生活条件，特别是小型农业企业发展和收获后技术。杂交水稻项目执行中，APCAEM要着重从农业工程和机械角度作出贡献。

GC成员建议：APCAEM在组织项目执行中要注意到财政和人力资源的制约。更好地利用现有资源，将其他地区性研究单位已经积累的人力资源和经验，用于支持项目的实施。

GC成员特别关心希望ESCAP秘书处对UNAPCAEM主任长期缺失和招聘过程的问题。强调过去多年来频繁更替中心主任导致削弱中心发展战略视角和工作纲要的考虑。GC成员希望ESCAP采取有效措施尽快招聘有能力的中心主任到岗工作。

三、GC会议审议了UNAPCEM提出的向2010年5月举行的第66届ESCAP会议的年度报告初稿。提出的修改建议将可提供进一步修改年度报告中参考。

四、第六次GC会议，初步确定于2010年12月在柬埔寨金边市举行。

五、其他事项：GC成员建议将来的GC会议应考虑安排对会议东道国有关农业装备工业、研究院所或试验示范现场的技术考察，以提供机会对本地区各成员国的发展信息和知识的共享交流。

报告人：汪懋华

2010年1月3日

（以上均由韩玉琴提供）

【国际会议】

生物质能源研讨会

中国工程院与瑞典皇家工程科学院可再生能源与环境合作项目第九次会议“生物质能源研讨会”，于2009年3月24日至25日在广西南宁举行。

此次中瑞“生物质能源研讨会”由中国工程院和广西壮族自治区人民政府主办，自治区科技厅、广西科学院承办。会议的主要议题包括生物液体燃料、纤维素乙醇、木质素乙醇、生物柴油及环境相关等内容。来自中瑞两国的专家、广西相关企业的代表、广西大学、广西民族大学、广西科学院、广西农业科学院、广西林业科学院等单位的研究人员和学生代表近200人参加了会议并进行了讨论和交流。

广西壮族自治区人民政府陈章良副主席、工程院杜祥琬副院长、瑞典代表团团长Billfalk院士和自治区科技厅陈大克厅长分别在研讨会开幕式上致辞。在随后两天的会议中，来自我国和瑞典分别代表官、产、学、研领域的专家共作报告25篇，较为详尽地介绍了两国在生物质能源研究与实践的最新成果，其中瑞方作报告13篇。中瑞专家学者就两国生物质能源的发展现状、生物质液体燃料的应用技术、木质纤维素转化为乙醇及纤维素酶技术、有机废弃物的利用、木薯原料生产燃料乙醇技术、菊芋的生物炼制、沼气的应用和工厂的优化等生物质能源应用及环境问题展开了广泛交流与讨论。杜祥琬副院长和王涛院士还分别就“发展生物质能的中国道路”和“森林能源发展现状与前景”作了报告。

（官　键）

计算结构工程国际研讨会（CSE 09）

2009年6月22日至24日，“计算结构工程国际研讨会（CSE 09）”（Symposium on Computational Structural Engineering）在同济大学逸夫楼举行。本次会议是由土木、水利与建筑工程学部、同济大学和维也纳理工大学联合主办，国际计算力学学会、欧洲计算力学学会、中国建筑学会、中国力学学会、中国土木工程学会协办。会议得到了国家自然科学基金委、欧亚太网、上海市科学技术委员会的大力支持和资助,同时获得了世界各地计算结构工程领域诸多知名专家及同行的积极响应,逾20个国家(地区)的100多名代表出席了研讨会。在开幕式上,大会主席沈祖炎院士、学术委员会主席崔俊芝院士、国际计算力学学会副主席、欧洲计算力学学会主席Mang教授分别作了大会发言。

目前,中国土木工程基础设施建设规模宏大,计算已迅速发展成为解决工程中重大科学问题、为保障工程安全建设和运营提供科学依据的强有力的手段和工具之一。CSE 09国际研讨会正是在这一共识下组织召开的。本次研讨会的主要目的有两个,一是加强全球计算结构工程领域专家间的学术交流,将海外学者的最新研究进展及时介绍到中国,同时也促进海外学者对中国结构工程建设发展的了解;二是为科学家、开发人员和工程师们提供一个交流平台,促进中外以及各交叉领域学者之间的联系,取长补短,探讨计算技术解决土木工程问题,提高技术水平,争取开展联合研究,增强中国学者在国际计算工程界的影响。通过国际同行,特别是活跃在这一研究领域的国际知名学者和海外中国学者的交流,了解和掌握研究的前沿领域与方法学体系,促进中国计算结构工程研究,提高研究水平,掌握新的研究动向,推动该领域的学术进展,促进我国的土木工程建设。

本次会议得到了世界各国专家学者的积极响应,共收到了来自英国、法国、德国、奥地利、澳大利亚、孟加拉国、巴西、加拿大、捷克、芬兰、伊朗、日本、马来西亚、罗马尼亚、斯洛伐克、美国、新加坡、越南等20多个国家和地区的200余篇摘要,经专家严格评审收录论文近150篇。会议论文集在会前已由Springer出版社在全球出版发行。

本次大会安排了10个主题报告和一系列大会论文交流与经验介绍,包括崔俊芝院士、沈祖炎院士在内的10位国际著名专家先后报告了他们的最新学术研究成果,与会代表围绕结构力学、多学科优化、模拟和CAD/CAE、智能结构、数值方法、工程应用等专题进行探讨与交流。期间,大会还组织了与会代表实地参观了上海世博园区中国馆、演艺中心工程建设和上海市超级计算中心。国外代表普遍反映,中国高速发展的社会与经济,为计算结构工程的研究提供了难得的社会发展背景和丰富的工程实践平台。

(张　健　高战军)

2009中国青岛蓝色经济发展国际高峰论坛

8月10日,2009中国青岛蓝色经济发展国际高峰论坛在青岛开幕。本次论坛是由国家发改委、工程院等12个部门和山东省人民政府联合举办,美国、俄罗斯、日本等14个国家及中国港台地区的50余位嘉宾出席论坛。院士唐启升出席本次高峰论坛,并在论坛上作了题为“蓝色海洋食物计划”的主题演讲。论坛邀请了管华诗院士等国内外高层次海洋专家,以“蓝色经济,引领未来”为主题，围绕海洋的发展战略、产业培育、生态保护、科技创新等重大问题进行专题演讲，全面了解当前海洋科研和经济发展现状，深刻理解蓝色经济的丰富内涵，进一步明确蓝色经济区建设的总体思路和重点任务，广泛交流、深入研讨，拓宽合作领域，打造合作平台，共同促进山东半岛蓝色经济区的建设发展。

（周　宪）

生命科学讨论会

中国工程院和瑞典皇家工程科学院共同举办的“生命科学讨论会”于2009年8月31日至9月2日在北京举行。此次讨论会的举行，旨在探讨中瑞两院在生物技术和生物医学领域开展合作的具体领域与方式。

讨论会由刘德培副院长主持。中方代表以中国医科院的程书均院士和各研究所的专家为主体，还包括来自军事医科院和协和医院的专家。瑞方代表团由瑞典皇家工程科学院院长 Björn Olof Nilsson 教授带队，成员分别是来自瑞典卡罗林斯卡医学院、瑞典皇家工学院、通用电气医疗集团生命科学部的教授，以及瑞典国家创新局国际合作与网络部主任、瑞典皇家工程科学院项目部主任和瑞典驻华使馆科技参赞。

在讨论会上，中瑞双方分别介绍了各自生命科学研究领域的基本情况和最新进展，并就可开展合作的领域，以及如何开展合作充分交换了意见。通过深入的讨论，双方确定中国工程院与瑞典皇家工程科学院将首先在干细胞研究和生物标记领域开展合作，并决定将借鉴中瑞“可再生能源与环境合作项目”的合作方式，即每年分别在两国举行研讨会，每次研讨会讨论一个主题的形式，先通过双方研讨会开展交流。

（官　键）

2009中国上海国际建筑科技大会

2009年10月15日至17日，由中国工程院土木、水利与建筑工程学部、中国土木工程学会、同济大学和中国建筑股份有限公司共同主办的2009中国上海国际建筑科技大会暨第二届光华国际学术论坛在上海同济大学举行。潘云鹤副院长、住房和城乡建设部、中国土木工程学会、同济大学、科技部、国家自然科学基金委员会、建设部、铁道部、交通部、水利部工程相关司局领导，范立础、崔俊芝、黄熙龄、王景全、何镜堂、谢礼立、项海帆、孙伟、周福霖、沈祖炎、江欢成、魏敦山、卢耀如等13位院士，以及来自中国、美国、日本、加拿大、印度等国的土木建筑工程科研人员共200余人参加了本次大会。

开幕式由中国土木工程学会张雁秘书长主持，同济大学裴钢校长致欢迎辞，J. Abel主席、范立础院士谭庆琏理事长、潘云鹤副院长、发表了讲话。会上，IASS前主席Mamoru Kawaguchi、何镜堂院士、IASS副主席Narendra K Srivastav、美国William F. Baker教授、华东建筑设计研究院有限公司总工汪大绥、同济大学吕西林教授等20余位专家作了特邀报告，与会人员进行了热烈而深入的讨论。会后，与会代表参观了世博园建设工地、东海大桥等工程。

2009中国上海国际建筑科技大会是继2006西安国际建筑科技大会之后的第二届会议，同时也是中国工程院土木水利与建筑学部学术年会。本次大会以“大型公共建筑与基础设施建设理论与实践”为主题，旨在交流国内外大型公共建筑与基础设施建设经验，展示大型公共建筑与基础设施规划、设计、施工、质量管理等科技成就，同时为与会者提供探讨如何提高城市建设与发展质量水平、推动城市可持续发展进程的学术平台。

随着经济的持续快速发展，我国已经成为世界上工程建设最活跃、最繁荣的地区，正在进行规模巨大的工程建设，包括大型公共建筑、高层建筑、大跨度桥梁、高速公路、高速铁路、大型港口、大型水利工程、机场、核电站及大规模的城市基础设施建设。改革开放三十年来，中国的工程建设经历了翻天覆地的变化。

在建设规模不断扩大、新型建筑不断涌现、大型基础设施建设取得巨大进步的同时，我国的建设技术也取得了很大的进步。特别是近些年，以“科学发展观”为统领，在“建设节约型社会”和“可持续发展”原则指导下，工程建设中可再生能源、新能源的利用越来越多，工程建设节能减排与环保技术不断进步。我国的工程设计规范、计算理论、结构分析与试验方法、材料科学、施工工艺、施工设备、施工控制等方面的综合技术都取得了长足的进步。各种工程建设法规、规章、管理条例相继出台，给我国工程建设的又好又快发展提供了保障。

在当前全球金融危机背景下，我国以“保增长、调结构、促内需”为目的进行了大规模的土木工程基础建设投资，抓住这一机会，全面提高土木工程建设行业的科技水平，大力推广土木工程新技术、新材料、新工艺的应用，对推进我国土木工程建设的可持续发展，调整我国土木工程产业发展结构,具有重要意义。

因此,与会代表一致认为应当抓住机会,大力推进我国土木工程的科技创新能力,促进我国土木工程产业结构调整,提高我们的竞争能力。正如胡锦涛同志在全国科技大会上和两院院士大会上指出要用15年时间使我国进入创新型国家行列的重大战略任务。建成土木工程强国,是我们这一代工程建设者和科研人员的历史使命,要抓住机遇,迎接挑战,争取更大的胜利。

(高战军　李　丹)

第十届中俄新材料新工艺研讨会

由工程院、中科院、中俄总理定期会晤委员会科技合作分会、中国有色金属学会、俄罗斯科学院、俄罗斯科学教育部等单位共同主办,浙江省科技厅、嘉兴学院承办的第十届中俄新材料新工艺研讨会于2009年10月21日至23日在浙江省嘉兴市召开。

本届研讨会的主题是:材料研究和应用的新进展与新机遇。议题包括:材料科学的基础问题;航空航天材料和轻金属材料;稀有及贵金属材料、高纯材料;先进电子材料;半导体材料;生物医用材料;能源材料;无机非金属材料;纳米材料与纳米技术;材料冶金过程与材料加工新工艺;复杂构件的激光成型技术、材料设计;复合材料等12个领域。

第十届中俄新材料新工艺研讨会得到中俄两国政府有关部门的高度重视,已被正式列为庆祝中俄建交60周年和中俄科技合作55周年纪念活动之一。来自中俄双方188位专家学者与会,其中俄方77位,包括6位俄罗斯科学院院士和通讯院士;中方111位,包括工程院屠海令、黄伯云、孙传尧、张懿、张兴栋、周廉、左铁镛等7位院士和中科院4位院士。中科院副院长李静海院士等中方专家作了14个大会报告,俄罗斯科学院潘琴科院士等俄罗斯专家作了15个大会报告,介绍了近年来两国材料领域的研究现状和最新进展。研讨会还收到论文212篇,中俄双方各106篇,部分论文还通过墙报进行了交流。

(官　键)

2009中美工程前沿研讨会

2009年10月19日至21日，由中国工程院和美国工程院共同主办，湖南大学承办的“2009中美工程前沿研讨会（CAFOE）”在湖南长沙市成功召开。大会的双名誉主席，中国工程院徐匡迪院长和美国工程院Charles M. Vest院长出席了研讨会开幕式并先后致辞。

此次研讨会由报告会、墙报会（Poster Session）及技术考察三部分组成。报告会四个专题为：“工程与公共卫生：确保食品安全”、“新节能技术”、“可持续和抗灾的基础设施系统”和“智能交通系统”。中美双方共有16位专家作了学术报告（每个专题4人，中美双方各2人）。

技术考察安排参观了千年学府“岳麓书院”及湖南大学的两个国家重点实验室：汽车车身先进设计制造国家重点实验室及化学生物传感与计量学国家重点实验室。

此次中美工程研讨会对促进工程前沿领域中美两国工程科技人员的学习交流和合作研究具有积极意义。

研讨会期间，双方还就举办第二届中美工程前沿研讨会相关事宜进行了磋商。

（郑晓光）

能源与气候变化研讨会

2008年12月1日，我院与英国皇家工程院“能源与气候变化”研讨会在北京大学召开。杜祥琬副院长代表徐匡迪院长致开幕词，英国皇家工程院院长布朗勋爵和北京大学周其凤校长分别致辞。中英双方就碳捕获技术、清洁交通技术、可再生能源和核能以及我国的能源战略、能源需求、洁净能源及能源效率等情况进行了交流。双方共作报告13篇，杜祥琬、黄其励、倪维斗、叶奇蓁、汪燮卿院士和有关专家分别作了报告。来自瑞典驻华使馆和中国国际科技合作协会的代表，北京大学工学院、华北电力大学可再生能源学院的师生近200人参加了会议并与中英专家进行了积极的交流，最后进行了小结。

此次研讨会是徐院长今年6月访问英国皇家工程院，并签署两院合作谅解备忘录后与英方商定的。

（官　键）

【国际合作协议】

中国工程院与法国医学科学院
合作谅解备忘录

中国工程院与法国医学科学院(以下简称"双方"),一致同意,为了共同的利益,促进两国在医学领域的合作。双方达成协议如下:

第一条

双方将在两国现行的法律和规定下,根据双方的财力,在各自的职能范围内,促进医学领域专家的合作和相应的工程科技产业间的联系。

第二条

双方合作与联系的方式可包括:

(一)研究性访问

双方将在对等的基础上,为博士后及以上水平的科学家和医师间的交流提供帮助。这类交流称为研究性访问。研究性访问也包括双方管理人员的交流。

(二)考察性访问

双方将为科学家、医师、官员及企业家为促进医学领域的合资与合作项目进行的考察访问提供帮助。

(三)联合研讨班或讨论会

双方将促进举办研讨班或讨论会,通过科学家和医师间的信息交流,提高合作水平。

(四)信息交流

双方将本着互利的原则,在交换信息与出版物方面进行合作。

(五)其他

双方将在共同感兴趣的领域开展其他活动。这既包括双边活动,也包括与其他国家医学科学院联合举行的活动。

第三条

双方的科技合作将主要集中在心脑血管疾病、癌症（免疫学和白血病）、传染病、糖尿病、临床急诊医学、干细胞和器官移植、胎儿病理学和新生儿学等领域。双方将通过定期协商或逐项以通讯的方式，确定上述领域的主题、合作的财政条款与实施方式。

第四条

双方将在各自能力许可的范围内，保持友好联系，鼓励科学家和医师的相互合作。

第五条

双方已一致同意的活动中，若需访问另一方，则由派遣方负担国际旅费，接待方负担国内费用。其他情况的经费将逐项商定。

第六条

本谅解备忘录在双方各自管理机构批准后，自签字之日起生效。有效期为三年。如双方同意，本备忘录可再延长三年。

本谅解备忘录于二〇〇九年七月九日在巴黎签署，一式两份，分别用中文、法文和英文写成，三种文本同等作准。

中国工程院代表　　　　　　　　法国医学科学院代表

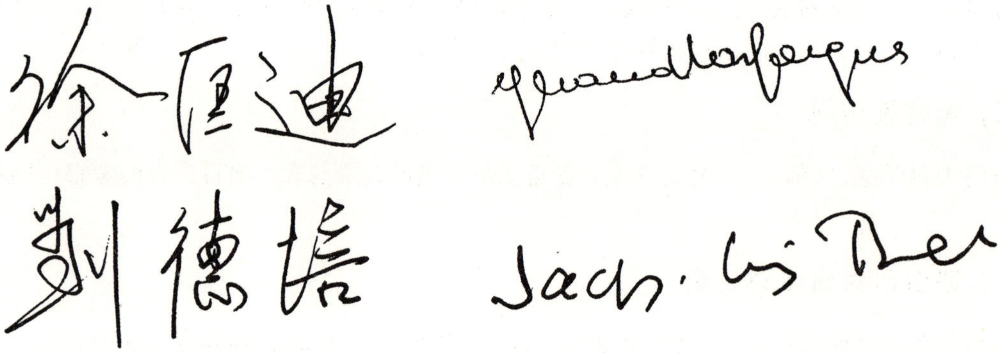

中国工程院与印度国家工程院
工程和技术科学合作谅解备忘录

中国工程院与印度国家工程院（以下简称“双方”）认识到两国在经济和社会领域取得的进步具有重要意义，达成如下协议：

第一条

双方同意推动两国在工程和技术科学（以下简称“工技”）领域的互利合作。

第二条

双方将在各自的职能范围内，根据两国现行的法律和规定，以及各自的财力，为工技领域专家的合作及适宜的工技企业间的接触提供便利。

第三条

未来合作和接触的方式主要包括：

学术访问：

双方将协助推动至少拥有博士后或同等水平的科学家、工程师以及技术人员的交流（各方所派访问人员数量保持平衡），此类访问被认可为学术访问。行政人员的交流也可纳入学术访问之列。

考察活动：

双方将协助推动科学家、工程师、技术人员、官员及企业界人士的考察活动，以促进在工技方面的战略联盟与合作。

联合研讨会和讲习班：

双方将推动举办研讨会和讲习班，以使科学家、工程师和技术人员通过交流信息，提高在相关领域的合作水平。

信息交流：

将在信息和出版物交流方面进行互利合作。

其他：

双方将在共同感兴趣的领域开展其他活动，这些活动既可以是双边的，也可以是与其他国家类似机构联合开展的。

第四条

双方将根据各自的能力，保持友好接触，并推动工程类科学家、工程师和技术人员的合作。

第五条

双方将推动中华人民共和国与印度共和国在工技领域的合作。

第六条

关于经费安排，对于双方同意的、需要赴对方国家开展的活动，派遣方负担国际旅费，接待方负担国内费用。在其他情况下，将根据项目情况具体商定。

第七条

本备忘录于签署之日起生效，有效期为三年，如任何一方未在有效期或延长期终止前六个月通知另一方终止，则本备忘录将延长三年，并以此法顺延。

本备忘录终止后，仍在实施的项目和活动将继续有效，除非双方达成与之相反的协议。

本备忘录于二〇〇九年七月十四日在加拿大阿尔伯塔省卡尔加里市签订，一式两份，每份均用中文与英文写成，两种文本具有同等效力。

中华人民共和国
中国工程院常务副院长
潘云鹤

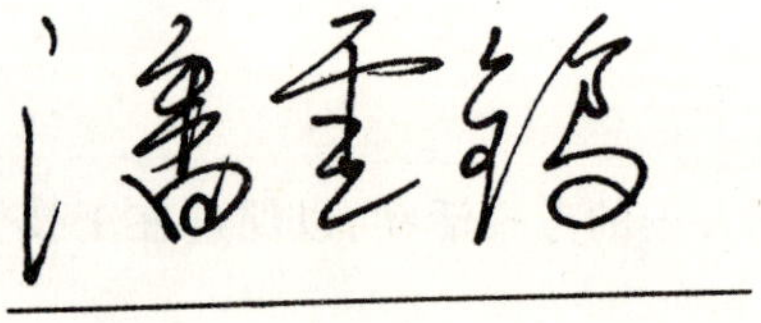

印度共和国
印度工程院院长
普雷姆·尚克尔·戈尔

中国工程院与阿根廷国家工程院工程和技术科学合作谅解备忘录

中国工程院与阿根廷国家工程院（以下简称“双方”），认识到中华人民共和国和阿根廷正在经济和社会领域取得的进步具有重要意义，达成如下协议：

第一条

双方同意推动两国在工程和技术科学（以下简称“工技”）领域的互利合作。

第二条

双方将在各自的职能范围内，根据两国现行的法律和规定，以及各自的财力，为工技领域专家的合作及适宜的工技企业间的接触提供便利。

第三条

未来合作和接触的方式主要包括：

（一）学术访问：

双方将协助推动至少拥有一个博士后学位或同等水平的科学家、工程师以及技术人员的交流（各方所派访问人员保持平衡），此类访问被认可为学术访问。行政人员的交流也可纳入学术访问之列。

（二）考察活动：

双方将协助推动科学家、工程师、技术人员、官员及企业界人士的考察活动，以促进在工程和科技方面的联盟与合作。

（三）联合研讨会和讲习班：

双方将推动举办研讨会和讲习班，以使双方科学家、工程师和技术人员通过交换信息提高在有关领域的合作水平。

（四）信息交流：

将在信息和出版物交流方面进行互利合作。

（五）其他：

双方将在共同感兴趣的领域开展其他活动，这些活动既可以是双边的，也可以是与其他国家类似机构联合开展的。

第四条

双方将根据各自的能力，保持友好的接触，并推动工程类科学家、工程师和技术人员的相互合作。

第五条

双方将推动中华人民共和国与阿根廷共和国在工技领域的合作。

第六条

关于经费安排，对于双方同意的、需要赴对方国家开展的活动，派遣方负担国际旅费，接待方负担国内费用。在其他情况下，将根据项目情况具体商定。

第七条

本备忘录于签署之日起生效，有效期为三年，如任何一方未在有效期或延长期终止前六个月通知另一方终止，则本备忘录将延长三年，并依此法顺延。

本备忘录终止后，仍在实施的项目和活动将继续有效，除非双方达成与之相反的协议。

本备忘录于二〇〇九年一月十五日在布宜诺斯艾利斯签订，一式三份，每份均用中文、英文和西班牙文写成，三种文本同等作准。

中华人民共和国 中国工程院院长	徐匡迪	阿根廷共和国 国家工程院院长	Arturo J. Bignoli

（以上由韩玉琴提供）

院地（院企）合作

2009 年度院地合作工作综述

总体情况:年内新签署了3份合作协议(中国中钢集团公司、云南省、内蒙古自治区),并与中组部、工信部、发改委、中国科协、北京、上海、天津、深圳、浙江、江苏、河北、山东、湖南、湖北、四川、黑龙江、江西、广西、内蒙、新疆、广州、顺德等部门和地方,以及中钢集团合作开展活动近50次。

主要形式:报告会、考察企业、技术座谈、相关仪式、展(博)览会、咨询会、评奖、院士工作站等等。

主要内容:可持续发展、金融危机、三农问题、产业升级、节能环保、循环经济、低碳经济、制造业、航空、信息电子、新材料、化工、冶金、能源、矿业、纺织、海洋、医药等等。

积极稳妥地推进院地合作工作

年内新签署了3份合作协议(中钢集团、云南省、内蒙古自治区),共组织开展各种活动近50次。

与中组部合作:4月中、下旬,配合中组部组织完成了院士赴江苏、河南等六省,开展应对金融危机、破解三农难题"院士专家咨询月良务活动"。分成两个咨询团同时开展活动,第一咨询团为江苏-广东-浙江,主题为"应对金融危机";第二咨询团服务地区为河南-安徽-湖南,主题为"破解三农难题"。

与工业和信息化部合作:3月下旬共同组织广东工业节能减排院士专家咨询调研活动。17位院士和23位专家参加活动,邬贺铨副院长和工信部苗圩副部长出席。

与发改委合作:联合组织开展循环经济专家行活动。4月23日共同举行"循环经济座谈会暨循环经济专家行启动仪式",李克强副总理出席并作重要讲话,徐匡迪院长、解振华副主任出席。对涉及的9省市近50个国家循环经济示范试点单位进行考察、总结、咨询、指导。

与湖北省合作:4月9日至10日启动院省合作计划,召开研讨会,考察高技术企业;举行湖北(武汉)院士咨询服务中心揭牌仪式;召开院省合作委员会和武汉城市圈"两型社会"建设专家指导委员会成立大会;召开专家指导委员会第一次会议。11月3日武汉"十二五"经济社会发展规划编制情况咨询会。11月3日至4日组织荆门市循环经济发展论坛。

与深圳市合作:我院参与主办第十一届中国国际高新技术成果交易会,邬贺铨副院长等6位院士出席。高交会期间,我院主办、支持的有关活动有:第三届生物产业发展论坛(2009)——再生医学,第五届国际仪器仪表与测控自动化(IMCA)高峰论坛——3G测试与仪器仪表技术研讨会,国家创新能力建设、国家信息化试点授牌表彰大会,中国(深圳)国际创新大会——世界创新高峰论坛,第8.5代薄膜晶体管液晶显示器件(TFT-LCD)生产线项目启动仪式。此外还举办了2009中国

(深圳)国际数控技术论坛,中国深圳2009年自动光学检测研讨会,食品安全、环境污染与人类健康院士论坛,2009医学科学前沿论坛——人体干细胞技术临床应用高层管理论坛。

与山东省合作:山东省科学技术最高奖评审会、2009第八届中国(淄博)新材料技术论坛、山东省农业机械化高峰论坛、山东船舶制造业考察活动。

与浙江省合作:2月26日至27日共同组织举办浙江省工业转型升级系列报告会——纺织产业专题报告会。

与广西壮族自治区合作:3月组织举办中药资源可持续发展高层研讨会。

与内蒙古自治区合作:签订院区科技合作协议,徐匡迪院长、杜祥琬副院长分别为自治区党政领导和科技人员作了题为“学习实践科学发展观建设创新型国家”和“对我国低碳能源战略的思考”的报告,并根据内蒙古的需求组织院士参加中俄蒙高新技术博览会院士论坛和技术咨询活动。

与天津市合作:共同举办化工、冶金与材料工程学部第七届学术会议,并在会议期间组织院士、专家与化工、冶金、材料领域企业进行技术对接活动。

与河北省合作:6月3日至5日组织开展武安市建设“国家可持续发展试验区”规划咨询评议活动。

与湖南省合作:11月22日至25日湖南省有色企业院士调研活动。

与江苏省合作:5月10日江苏省创新学者评审会、9月20日中国江苏第二届产学研合作成果展示洽谈会。

与江西省合作:4月协助组织院士赴江西鄱阳湖生态经济区开展调研。

与四川省合作:5月26日组织院士成都企业行。

与广东省合作:5月14日配合广州科技活动周,举办创新与人才培养专题报告会、3G技术的应用及创新院士沙龙等。

与北京市合作:5月20日至21日第十二届中国北京国际科技产业博览会中国高新企业发展国际论坛。

与黑龙江省合作:6月13日协助组织黑龙江省科技进步奖评审咨询会、黑龙江农垦技术咨询考察活动。

与新疆维吾尔自治区合作:新疆深部找矿考察活动、新疆国家中医临床研究基地建设讨论会暨2009院士论坛、新疆2009中医药研究院士论坛。

与上海市合作:骨科转化性医学与前沿技术国际研讨会、老龄化社会健康讲座(保护口腔健康,提高生命质量)、电子健康档案的网络构建院士沙龙、2009医学前沿论坛暨原发性肝癌研究新概念与新思路学术研讨会。

与顺德市合作:第二届国际工业设计创意博览会、2009年创新顺德工业设计大赛等,潘云鹤常务副院长出席并作报告。

与中钢集团合作:1月8日签署科技合作协议。8月7日共同组织2009中钢科技发展高层论坛暨院士中钢行启动仪式。12月2日至4日组织院士专家参加2009年中钢矿业科技发展高层论坛暨“院士中钢行”马鞍山站活动,对中钢集团所属院所、企业进行考察、调研、咨询等活动,就其发展中的问题提出建议。

(张　松)

中国工程院与中国中钢集团公司科技合作协议书

为深入贯彻落实科学发展观，实施自主创新战略，发挥中国工程院院士的智力优势，为中国中钢集团公司建立创新型企业，提升科技创新能力服务，中国中钢集团公司与中国工程院经友好协商，决定开展科技合作，并达成以下合作协议：

一、合作的基本原则

1. 优势互补、共同发展。中国工程院发挥院士的群体智力资源优势，为提升中国中钢集团公司科技创新能力、促进技术进步和快速发展提供服务。中国中钢集团公司发挥自身的优势，为中国工程院院士服务科技、经济发展提供实践平台，推进工程科技进步。

2. 突出重点、注重实效。根据中国工程院的院士资源特点，邀请有关院士和专家赴中国中钢集团公司及下属企业开展学术交流、合作研究、科技咨询、技术诊断活动。中国中钢集团公司鼓励院士的科技成果优先应用到中国中钢集团公司实现科技成果产业化。

二、合作的主要内容

1. 组织开展决策咨询。中国中钢集团公司根据发展需要，邀请中国工程院对中国中钢集团公司的发展规划、重大科技及工程项目提供咨询建议。围绕中国中钢集团公司的重大科技需求和关键技术问题，建立院士专家与中国中钢集团公司及下属企业对口的指导、帮助、交流及合作机制。

2. 组织学术和技术交流活动。中国中钢集团公司根据科技发展需要，不定期地选择一个或多个主题举行科技论坛、技术研讨等活动，邀请中国工程院院士出席并作技术报告，提出中国中钢集团公司科技发展的建议。

3. 加强合作研究与开发。根据中国中钢集团公司金属材料、碳素材料、耐火材料、新能源、节能环保、循环经济和现代钢铁流程技术以及装备制造业等的重大、关键技术问题，组织院士专家与相关企业合作开展科技活动。

4. 联合申报科技项目。为了解决中国中钢集团公司和冶金行业科技发展中的重大、关键技术问题，对关系到中国中钢集团公司和冶金行业发展的重大科技项目，根据实际需要，支持中国工程院院士专家与中国中钢集团公司及下属的科研院所、有关企业联合申报国家和地方有关科技项目、计划和基金等。

三、合作工作的组织

1. 双方共同组成科技合作领导小组。负责确定双方合作的原则、目标和任务，协调解决合作中的有关问题。领导小组组长由双方分管领导共同担任。

2. 合作领导小组根据需要不定期召开工作会议，协商、协调重大合作事项。

3. 中国中钢集团公司企业发展部、中国工程院学部工作局为合作双方的对口联系和具体组织部门。中国中钢集团公司企业发展部为科技合作领导小组和工程院院士在中国中钢集团公司的相关活动提供服务。

四、其他事项

1. 本合作协议书的有效期限为：2009 年 1 月 8 日至 2014 年 1 月 7 日。

2. 双方同意，在合作期间对涉及国家机密的事项，严格执行国家有关保密规定；对涉及对方商业秘密共同承担相应的保密义务。

3. 未尽事宜，由双方协商确定。

4. 本协议自签字之日起生效，一式四份，双方各执两份。

中国中钢集团公司

签字

二〇〇九年一月八日

中国工程院

签字

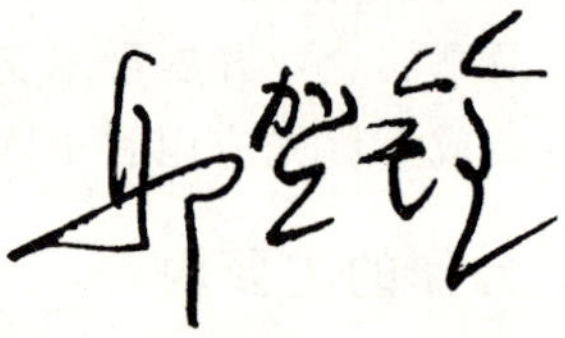

二〇〇九年一月八日

中国工程院与内蒙古自治区人民政府科技合作协议书

为了深入贯彻党的十七大精神，学习贯彻科学发展观，促进中国工程院院士群体的科技、人才优势与内蒙古自治区的资源优势有效对接，合力构筑内蒙古自治区的科技创新体系，提高自主创新能力，推动创新型内蒙古建设，积极应对金融危机，培育壮大区域特色支柱产业，促进经济平稳较快发展，经内蒙古自治区人民政府和中国工程院友好协商，决定建立稳定紧密的科技合作关系，开展多渠道、多层次、多种形式的交流与合作。现就有关事宜协议如下：

一、双方合作的指导原则

以应对金融危机发挥科技支撑作用，培育壮大区域特色支柱产业，促进经济平稳较快发展为双方合作的指导原则，以合力提高内蒙古自治区的自主创新能力和企业核心竞争力为重点，积极合作、突出重点、务求实效。双方依托各自优势，通过开展多种形式合作，努力为构筑企业、高校、研究机构、政府部门协调互动的内蒙古自治区特色的区域创新体系，提高内蒙古自治区的技术创新水平作出应有贡献。

二、双方合作的主要内容

(一)开展决策咨询，提高科学决策水平。根据内蒙古自治区的需求，中国工程院充分发挥院士群体多学科、跨部门、跨行业的综合优势，组织院士专家参与内蒙古自治区科技、经济和社会发展等战略问题，以及能源、化工、冶金、装备制造、农畜产品加工、高新技术产业等重点优势产业的技术进步和重大工程建设的发展战略和决策的研究、咨询和评估，参与传统产业改造、科技创新和重点工程建设的可行性研究，提出决策咨询建议。

(二)组织学术活动，共同培育科技人才。根据内蒙古自治区的需求，工程院组织、推荐院士专家到内蒙古开展讲学、举办学术报告会、联合举办国际性和全国性学术会议等，开展社会公益活动和科学普及活动，共同构建培养高水平、高素质人才平台。内蒙古聘请院士担任自治区高等院校、科研机构、重点实验室、大中型企业和行业区域创新平台等创新载体的科技顾问和特聘专家。

特别以内蒙古自治区政府科技顾问委员会、内蒙古虚拟研究院、京蒙高科企业孵化器、科技城等创新载体作为与工程院合作和引智的重要平台，以多种形式开展紧密的合作。选派科技和管理专家到院士的研究团队参与合作研究和学习深造。

(三)加强产学研合作，促进高新技术产业发展。工程院根据内蒙古自治区提出的项目需求和企业技术难题，推荐院士、专家进行研究开发并推进成果转化，鼓励院士的科技成果优先到内蒙古实现产业化；对关系内蒙古经济和社会发展的重大科技项目，聘请院士担任项目首席专家，联合组织申报和承担国家重大科技项目。通过开展"院士行"活动等方式，建立院士及其所在单位与企业、院所、高校建立长期对口合作关系，开展广泛合作，培育优势产业和发展名优产品，促进高新技术产业发展，加快优势资源转变为经济优势的进程。

三、双方合作的组织机构

为便于合作工作中重要事项的协调，双方共同组成区院合作领导小组。领导小组组长由内蒙古自治区政府分管副主席和中国工程院分管副院长担任，内蒙古科技厅和中国工程院学部工作局具体负责双方合作的各项组织工作。领导小组根据需要不定期召开工作会议，协商、协调重大合作事项。

四、其他事项

（一）内蒙古自治区积极采取措施，为工程院院士及其所在单位的研发团队来区开展科学研究提供高质量服务，营造良好的工作和生活环境。

（二）本协议有效期4年，自双方签字之日起生效。协议中未尽事宜，由合作领导小组会议商定。

内蒙古自治区人民政府

负责人（签字）

2009年8月13日

中国工程院

负责人（签字）

2009年8月13日

中国工程院与国家开发银行股份有限公司合作协议书

中国工程院（以下简称甲方）是中国工程科技界的最高荣誉性、咨询性学术机构，拥有一批在工程科技方面作出重大成就和贡献的院士和特聘咨询专家，具有多学科、跨部门、跨行业的综合优势。国家开发银行股份有限公司（以下简称乙方）作为国家的开发性金融机构，以增强国力，改善民生，促进科学发展与社会和谐为使命，贯彻国家宏观经济政策，筹集和引导社会资金，缓解经济社会发展的制约瓶颈和薄弱环节，致力于以融资推动市场建设和“规划先行”，支持国家基础设施、基础产业、支柱产业以及高新技术等领域的发展和国家重点项目建设，支持城镇化、中小企业、“三农”、教育、医疗卫生以及环境保护等领域的发展，支持国家“走出去”战略，积极拓展国际合作业务。

为发挥甲方的智力优势和乙方的融资优势，本着优势互补、促进共同发展的原则，经友好协商，双方达成本合作协议。

第一章　合作内容

甲方拥有国内最高水平的院士、专家队伍，拥有丰富的工程技术项目咨询经验和大量的咨询研究成果；乙方拥有多年开发性金融和“规划先行”实践的经验和强大的融资优势，双方动员内部以及社会研究力量，将甲方智力优势与乙方的融资优势相结合，实现优势互补是双方合作共赢的重要支点。通过双方合作，充分发挥甲方对政府、行业、企业政策制定的影响力以及乙方在国内金融行业内的影响地位，共同打造以发展战略为核心的工程技术合作平台及专家服务平台，推动“规划先行”理念在经济社会发展中发挥更大作用。

1. 咨询研究

甲方负责组织包括院士在内的专家团队，承担乙方委托的咨询研究课题。主要内容包括：

(1) 中国工程科技中长期发展战略研究；中国科技、经济发展重点及区域发展战略研究；

(2) 中国城市化进程中的相关工程科技和社会发展战略研究；

(3) 能源、资源、农业、交通、装备制造业、通信、医疗、化工等重点产业的发展战略研究；

(4) 国内大型企业集团发展战略咨询。

2. 专家队伍共享

甲方根据乙方需求，利用建立的咨询专家队伍，承担乙方相关规划和课题的评估和鉴定，或推荐专家参与乙方相关规划的研究、评估和鉴定及相关工作。

3. 咨询研究成果共享

双方建立资源共享机制。甲方承担的各类国家大型咨询研究以及为大型企业集团提供咨询研究所形成的成果，在不涉及保密内容和不损害第三方利益的前提下，供乙方在业务开展中参考。乙方委托其他机构开展的规划课题研究成果，在不涉及保密内容和不损害第三方利益的前提下供甲方参考。

4．干部交流

甲、乙双方互派干部到对方进行学习交流，促进双方相互了解，提高双方干部学、用结合的能力。

第二章　合作机制

双方同意建立制度化的合作工作机制，确保全面合作的持续性和有效性。

1．成立中国工程院－国家开发银行合作工作领导小组，作为双方合作工作的最高决策部门，制定双方合作的总体战略和目标要求。小组下设办公室，负责具体合作事项的经办。

2．双方定期举行高层会晤，召开由双方领导参加的联席会议，从战略高度对双方合作进行讨论。

3．双方指定合作负责部门，负责本单位的组织协调工作。甲方为政策研究室，乙方为规划局。

4．双方合作部门除日常联系外，还要定期举行座谈，对合作中存在的问题进行沟通，研究下一步工作建议。

5．形成信息通报机制，定期通报合作事项进展，年终要对当年合作事项进行总结，并研究制定下一年合作工作计划。

第三章　合作组织

1．双方经办部门每年初对当年要合作的具体事项进行沟通，初步确定合作事项，报合作领导小组审议同意后，列入当年合作计划。

2．双方就合作范围内具体项目，另行签订项目合同。

3．中国工程院咨询服务中心作为甲方与乙方合作的平台。甲方与乙方的合作，均通过该平台进行，包括专家的筛选、聘用、组织、管理、费用支付等。

第四章　合作期限及金额

1．双方合作期限为四年，自本协议签订之日起生效。

2．合作经费分两部分支付：

（1）专家队伍和咨询研究成果共享、相关信息和干部交流等非具体项目合作经费，由甲方和乙方事先商定，乙方每年定期支付一次；

（2）具体咨询研究的经费，根据项目情况，另行商定。

3．双方合作期限内合作金额，本协议不作具体约定。根据乙方需求，在年度合作计划确定后，确定年度合作金额，另行签订合同。

第五章　其他

1．协议的变更与解除

（1）甲、乙双方中任何一方未履行本协议条款，导致协议不能履行或不能完全履行，对方有权

变更、解除协议,但必须采取书面形式,解除协议需提前一个月向对方提出;

(2)因本协议履行产生的争议,由双方友好协商解决;

(3)本协议执行过程中如遇不可抗力或其他变化等因素导致协议不能顺利履行时,任何一方都有权解除本协议,双方各自承担自己的损失,均不承担违约责任;

(4)本协议未尽事宜,甲、乙双方应本着互惠互利、友好协商的原则另行约定。

2. 附则

(1)甲、乙双方及其下属部门承诺保守对方的国家机密和商业秘密以及非公开信息等,不得将本协议内容透露给第三方;

(2)本协议一式陆份,甲、乙双方各持叁份。

甲方:中国工程院(章)

法定代表人(授权代表人)

签字:

日期:2009 年 11 月 2 日

乙方:国家开发银行股份有限公司(章)

法定代表人(授权代表人)

签字:

日期:2009 年 11 月 2 日

地点:中国·北京

中国工程院与云南省人民政府全面科技合作协议书

云南拥有丰富的自然资源，区位条件优越，民族文化浓郁，素有“植物王国”、“动物王国”、“有色金属王国”、“药材之乡”的美誉。中国工程院是中国工程科学技术界的最高荣誉性、咨询性学术机构，拥有一批在工程科技方面作出重大成就和贡献的院士。为贯彻实施科教兴国、可持续发展、人才强国和西部大开发战略，充分发挥中国工程院在工程技术方面的人才优势，加快云南科技创新和经济社会发展，云南省人民政府、中国工程院本着“真诚合作、优势互补、互惠互利、务求实效、共同发展”的原则，决定深入开展省院科技合作，并达成以下协议：

一、合作宗旨

围绕云南省建设创新型云南行动计划，开展多形式、多层次的交流与合作，加快科技成果转化；利用高新技术改造提升传统产业，增强产业竞争力，推进新型工业化进程；促进区域生态环境进一步改善和现代农业的快速发展，带动社会主义新农村建设；大力培养科技创新人才，提高自主创新能力和全民科学素质；不断完善合作机制与保障措施。为云南省区域创新体系建设和经济社会又好又快发展提供科技支撑。

二、主要合作内容

（一）中国工程院将发挥院士群体多学科、跨部门、跨行业的综合优势，积极参与云南省经济发展和社会进步中重大工程建设和高技术产业发展等重大决策的战略研究、咨询和评估，为云南省优先发展领域和重点投资方向提出咨询和建议。与云南省一起组织对重大工程中带方向性、前沿性的科学技术问题进行研究，提高云南省工程技术创新的能力和管理水平。

（二）围绕云南省生物、矿冶及新材料、信息、先进制造、环境保护和资源综合利用、新能源等几大领域产业化过程中的重大关键和核心技术的需求，组织科技力量，开展科技合作，解决产业发展中的重大技术难题。

（三）根据云南省经济社会发展的需求和中国工程院的实际，省院双方共同探索新时期在创新昆明国家生物产业基地、国家生物质能产业基地、国家实验室、工程（技术）研究中心、工程实验室以及云南省高新技术产业开发区、经济技术开发区、工业园区、农业科技园等园区共建创新平台的合作模式，发挥中国工程院研究和咨询的作用。

（四）利用中国工程院的科技资源，为云南省的高等学校、科研院所和企业培养技术创新人才。

（五）共同组织开展学术活动和中国工程院院士云南行。组织著名院士到云南“科学大讲坛”作学术报告等。根据云南省提出的具体技术需求，同时也为了使中国工程院更多的院士了解云南的科技、经济发展情况与企业实际技术需求，有针对性地组织院士到云南考察，为云南经济发展和产业结构调整升级等提出咨询意见和建议，促进云南省创新能力和管理水平的提高。

三、组织领导

成立省院合作领导小组，由云南省人民政府和中国工程院的分管领导任组长，成员由中国工程院学部工作局和云南省科技厅有关负责人及职能处室工作人员组成。其主要职责是提出省院合作的阶段性工作计划，协调解决合作中的有关问题。省院科技合作工作的组织、协调与日常工作分别由云南省科技厅和中国工程院学部工作局负责。

四、附则

(一) 本协议自签订之日起生效，有效期为五年。

(二) 本协议中未尽事宜，由双方另行商定。

(三) 本协议一式十份，双方各持五份。

云南省人民政府

签字：

二〇〇九年十月十六日

中国工程院

签字：

二〇〇九年十月十六日

出版物介绍

2009年出版物介绍

一、《中国工程科学》(月刊)

《中国工程科学》杂志是中国科技核心期刊，反映我国工程科技领域研究动向，记载我国工程科技领域学术成果，探讨我国工程科技领域未来发展。杂志内容丰富，学科覆盖面广。论文大都涉及国家重大工程技术项目、国家科技攻关项目和自然科学基金课题。

2009年共收到来稿380篇，发表196篇，刊发率为51.6%。其中院士稿件47篇，占刊发文章总量的24.0%；刊发教授级高工、高级工程师、教授、博士生导师等高级职称人员文章135篇，占刊发文章总量的68.9%。共涉及属于国家自然科学基金项目、省部级资助和科技攻关等重点项目119项，77篇次，占刊发文章总量的39.3%。

二、*Engineering Sciences*(季刊)

Engineering Sciences 杂志是中国科技核心期刊，报道工程科学技术界的最新学术成果及发展趋势，读者对象为国内外工程科技专家、技术人员和高等院校师生。2009年共收到论文稿95篇，刊发61篇，刊发率为64.2%。

三、《中国科学技术前沿》

《中国科学技术前沿》是我院的重点出版物。它以较通俗的语言展示我国工程科学技术工作和取得成就，旨在促进工程科技人员广泛交流，互相学习，努力创新，共同提高。它将为我国制定科技发展规划提供依据，为广大科技工作者的研究、开发、设计及生产提供信息。同时，也将促进国外学术界了解和认识我国工程科技的成就。2009年组织编辑出版第12卷，共30多万字，收录11篇文章，涉及重大工程、能源与环境、信息技术、生物工程和医药卫生等领域。

四、《工程科技与发展战略》咨询报告集

对国家重要工程科技问题开展咨询研究是中国工程院的重要工作之一。《工程科技与发展战略》报告集汇编了部分我院为国家重大工程技术问题提出的建议和咨询报告，内容包括国家重大工程项目、重大工程技术、发展战略和地区工程技术发展综合研究等方面，为各级领导提供决策参考。2009年出版的报告集汇编了中国工程院2008年度完成的咨询研究报告11份(涉密和已正式出版的咨询研究报告只列出了题目)，院士建议14篇，内容包括国家重大工程项目、重大工程技术、发展战略和地区工程技术发展综合研究等方面，为国家、有关部委和地方的战略决策提供科学依据，发挥了重要作用。

五、《工程前沿》研讨会丛书

丛书收集“工程前沿”研讨会的主要论文。“工程前沿”研讨会是由中国工程院和国家自然科学基金委员会联合发起、组织的，由院士主持，邀请工程技术方面的专家、学者参与，根据国家的需求，结合国情实力，共同探讨工程前沿学术问题。“工程前沿”研讨会致力于营造宽松自由的学术交流环境，促进基础应用学科的交叉融合，激发技术知识创新，带动产业发展，为发展国民经济、建设现代化强国服务。

2009 年共出版了四卷。第 8 卷《野生动物资源保护与疫病防控研究新进展》（夏咸柱、马建章院士主编），共 29 万字，从野生动物资源保护、野生动物疫病与防控、人畜共患病防控等几个方面进行了探讨与交流。第 9 卷《大幅提高热电联产系统效率的途径》（江亿院士、付林教授主编），共 15 万字，讨论了热电联产集中供热的技术、发展与挑战，并提出了热电联产创新技术应用的建议。第 10 卷《交通运输网络理论探讨》（朱高峰主编），共 114 万字，从交通运输网络的需求和特性等方面进行分析，提出了发展交通网络的合理化建议。第 11 卷《数字医学的现状与未来》（钟世镇、戴尅戎、王正国院士主编），共 39 万字，讨论了数字医学的新进展及其发展趋势，并对如何发展我国的数字医学技术提出了建议。

六、美国《工程前沿》丛书

中国工程院十分重视加强与各国工程院和其他相关的工程组织之间的交流与合作，以推动我国工程技术的发展。美国是当今世界上科学技术最先进的发达国家，在许多学科领域都居世界领先的地位，有许多成就与经验值得我们学习与借鉴。中国工程院和国家自然科学基金委员会共同翻译出版的美国《工程前沿》丛书，把美国国内最新的工程技术发展动态介绍给广大的中国工程科技工作者，为我国工程技术学科建设与研究重点学科发展方向提供了具有很高参考价值的资料。

本年出版了 2007 年版的美国《工程前沿》，主要包括 5 个总专题：工程上可靠的计算机系统，蛋白质构造的控制，燃料和化学试剂的生物工艺学，人类行为的模拟与仿真及安全用水技术。

为了丰富本书的内容，还选编了美国国家工程院组织编写的研究报告《集成计算材料工程：为提升竞争力和国家安全衍生的学科》，分析了集成计算材料工程（ICME）这一新兴学科的现状，指出了妨碍其发展的问题和解决办法，提出了促进 ICME 发展的策略和建议。

七、《中国工程院院士》画册

《中国工程院院士》画册是多方位、多角度反映中国工程院院士风采的系列大型画册，曾获“中国图书奖”。今年出版了《中国工程院院士》第 8 卷，包含中国工程院 2007 年新当选院士的照片、手迹和简介等有关资料。

八、《院士通讯》（月刊）

以沟通院士的科研、教学、生活信息，传播院士道德情操，介绍院机关和院省（市）合作等重要新闻为宗旨。开辟有院士行动、咨询工作、道德建设、学部信息、国际交流与合作、工程科技论坛、院地合作、学部信息院机关要闻、院士生活摄影等栏目。本年度共发刊 12 期，约 100 万字。

九、*Newsletter*

Newsletter 主要反映中国工程院开展工程科技活动的动态信息，是工程院对外宣传的主要刊物之一。旨在与国外的工程院、科学院以及科技咨询部门进行信息交流，报道我国工程科技进展及工程院院士的重要科技活动，与国内主要科技部门进行信息交换，由国际合作局与政策研究室共同编辑出版。2009 年出版共 5 期，涉及院士增选、咨询项目、重大工程科技进展、院士活动、国际交流等内容，文字近 4 万字。到 2009 年底，共出版 89 期。

十、《中国工程院年鉴(2008)》

是全面、客观地记录了中国工程院各方面情况、进展和成就的史料性内部刊物，内容翔实、资料可靠。本书为 2008 年卷，收编的内容从 2008 年 1 月 1 日至 12 月 31 日。本书分 12 部分，共 96 万字，并配有光盘。

（丁养兵　刘　畅）

机 关 工 作

【年度工作总结】

办公厅2009年工作总结

2009年,在院党组的领导,在机关各部门的大力支持,在办公厅全体同志的共同努力下,办公厅以学习贯彻科学发展观为主线,以喜迎新中国六十华诞为契机,紧密围绕院中心工作,以服务协调为宗旨,努力完善行政服务,加强预算执行管理,为职工办实事,做好后勤保障,大力组织宣传报道,较好完成了全年各项职能工作及领导临时交办的任务。

一、全年完成的主要任务

(一)努力改善行政服务

办公厅的行政服务工作目标是:逐步建立和完善"规范、协调、务实、高效"的行政服务机制。

为了落实这一工作目标,采取的主要措施:(1)规范办文办事程序。在公文办理及运转方面,逐步完善了公文核发流程,形成了较为规范的办理流程。在原有工作基础上,进一步加强了公文流转的管理,建立了一整套收文、登记、分发、归档制度。(2)修订完善规章制度。通过深入学习实践科学发展,认真落实整改方案,办公厅承担了《中国工程院规章制度汇编》院机关部分的修订、审稿、统稿、编辑工作。对其中涉及院机关部分的15项制度进行了较系统的修改和完善;新增15项。还收录中共中央、国务院及有关部门规章制度的目录44项。目前院机关规章制度"汇编"已基本定稿,少量交义部分正在沟通协商中。(3)从细微之处着手,强化服务意识。通过建立办事人员、处长、厅领导三级把关制度,通过强化服务意识,增强责任心,确保"三不误",即:不耽误,不延误,不失误。

在有力措施的保障下,办公厅在行政服务方面主要完成了以下工作:

1. 重大活动保障:重大接待活动。接待吴邦国、贾庆林、李克强等党和国家领导人10余次来我院检查指导工作。国庆60周年系列活动。组织院士国庆观礼,承担"共和国60周年辉煌成就展"科技方面布展等有关工作,组织机关职工参观等其他重大活动保障。

2. 重要会务服务:两次院士增选大会行政后勤保障工作。其间,各种预知活动和突发性活动交织,又遇天气突变,会务协调难度大大增加,但仍顺利完成。承办主席团会、院常务会、院长办公会、机关办公会等院级重要会议共40次。另外,全年共联系安排院领导出席国务院会议、"十二五"规划工作会议及各部委组织的有关论坛、讲座、报告会等达300余次。

3. 日常公文流转:包括收文、发文、管理印章使用、收发机要交换文件等具体工作。全年共收到中央文件209件、国务院文件69件、省部委文件1180件。全年共收发机要交换文件达3159件。共办理各种文件签报传阅3200余次。共办理院发文、函及党组发文183件。其中,核文170件、复函20件、厅发文106件。按照印章管理规定,办理院章、党组章、厅章的审批、登记、使用近4000次。全年未发生一起文件丢失、损毁事件。办公厅还获得了“国家机关机要文件优秀交换集体和优秀交换员”通报表彰。

4. 领导服务与秘书工作:为了进一步做好院领导服务与秘书工作,办公厅加大了对院领导交办的重大事项和重要批示的督查督办力度,及时反馈有关信息,保证了院领导批示的贯彻落实。2009年,办公厅向中央上报专报5份;编制周工作安排50余期;整理或起草院领导重要会议的讲话和致辞达30余次;为院领导起草贺信等达20余次;协助安排落实院领导外出活动。同时,办公厅还负责院机关日常值班,并保证值班室有关管理工作全年无差错。

5. 保密工作:在院保密委员会的领导下,保密办协助院保密委,认真做好各项保密日常工作,包括组织新形势下的保密教育与培训,开展保密检查,保密制度建设,加强保密基础设施建设,签订保密责任书等。同时,还协助其他部门完成了院士增选和咨询研究工作中的保密工作。

6. 信访工作:随着我院信访工作的形势变化,办公厅结合我院实际情况,探索建立了实用有效的接访机制,有效化解了信访矛盾。对行为过激、矛盾隐患大的信访人,采取了平和会谈和依靠公安机关协调化解矛盾的方式。在日常工作中,全年接待群众来信来访168件次,另外,因2009年是院士增选年,共收到针对候选人的投诉来信224封,办公厅信访办公室在规定时间内配合完成了相关来信来访的调查核实工作。

(二)强化预算执行管理

在预算执行管理方面的工作目标是:积极探索建立“责权明晰、快捷有效”的预算管理体系。

为了落实这一目标,采取的主要措施:(1)调查研究存在的问题;(2)清理历史旧账;(3)加强与领导、部门之间的沟通;(4)协助细化项目任务,明确责任。

在以上措施的保障下,办公厅按照要求完成了中国工程院2008年决算;2009年预算执行的会计核算(包括国库支付、院士津贴发放、个人所得税缴纳、住房公积金缴存、统计等工作);编制2010年预算,协助其他部门完成自2001年来将近8年的咨询项目经费的清理。同时,还按照中纪委等部委的要求,组织开展“小金库”的清理工作。2009年,审计进驻我院,办公厅还积极配合审计工作。

(三)为职工办实事,做好后勤保障

在后勤服务方面,我们的指导思想是“真心实意做好服务,真抓实干抓好落实,规范程序阳光操作。”在这一思想的指导下,我们在2009年完成了如下主要工作:

1. 办好职工食堂。与物业公司多次沟通,对饭菜质量、食品卫生等提出具体要求,并加强监管,现在大家对食堂比较满意。年终考核机关全体人员给出了95.6分。

2. 解决住房补贴遗留问题。在院领导和机关领导的指导下,经核算、公示、审核等程序,纠正了过去住房补贴中存在的问题,解决了拖延多年的职工住房补贴遗留问题。

3. 解决了拖延9年的金家村房产证问题。金家村的15户职工已于2009年2月拿到了房产证。

4. 办理鲁谷10套经济适用房入住手续等。2009年10月,我院的10位职工顺利地拿到了新房钥匙,在国管局系统中,工程院是最早办理好相关手续的单位,这也是在办公厅工作人员多次与国管局、瑞达公司等协调、沟通后才实现的结果。

5. 为职工出行提供方便。修建自行车棚,完善地下车库。

6. 办理了综合楼土地证所要求的全部手续。2010 年 1 月已领到综合楼土地证。

7. 完成综合楼功能完善的相关工作。按照院领导和院士的要求，我们组织了对现办公楼进行功能完善的工作。如组织协调大楼功能完善项目的设计及施工；组织改造 316、218 等会议室（节能、通风等）；建设远程视频会议系统等，使会议室的环境得到了改善。

8. 绿化、美化环境。对室外绿植进行了补种和养护，对大楼室内外公共区域进行绿化和美化，为机关营造了良好的工作环境。在我们的努力下，工程院被评为北京市绿化美化花园式单位，全北京市仅有 5 家单位获此殊荣。

9. 加强物业管理，提高服务质量。按照“物业服务社会化，监督管理规范化”的工作思路，通过规范的招标程序，调整了物业公司，并根据标书、合同、制度、实绩考核、服务双联单等，加强对物业公司的管理。同时，重点抓好国宏与大唐两个物业公司的团结协作和提高会议、设备、保洁、安保等方面的服务质量问题。

（四）大力组织宣传报道

在组织宣传报道方面，我们的指导思想是：以扩大工程院影响力为目标，以庆祝建国 60 周年为主题，以真诚服务为宗旨，围绕中心任务组织宣传报道，把握正确舆论导向。

根据这一指导思想，我们开展了以下主要工作：

1. 庆祝新中国成立 60 周年系列宣传工作。为展示中国工程科技伟大成就，承办了“中国工程科技 60 年成就座谈会”。参与了新中国成立 60 周年成就展相关工作，工程院分属的科教单元成员组被评为优秀展区，这也是工程院的荣誉。参与编写大型文献著作《中国科技 60 年》中涉及中国工程院成立、院士制度与部分院士贡献等方面内容的起草、修订工作。

2. 相关会议的主办和联办。“两会”期间，组织我院与中国工业报联合召开了“应对经济下滑部分重点企业促发展保增长座谈会”。成功申请主办了两次香山科学会议。

3. 组织相关新闻媒体就我院重要事件、重大活动、重点工作等进行宣传报道，妥善处理新闻突发事件。

4. 日常摄影保障。全年为院领导活动或院机关重要会议摄影 100 余次，共拍摄各类型照片 7000 余张，并负责安排院领导、相关院士的采访报道等工作。

5. 配合建设学习型机关，做好图书资料室及其他相关工作。完成了图书、期刊的采购任务，数据编目加工等，院图书馆馆藏不断丰富。根据工作需要，为职工办理了图书大厦购书卡、中国知识基础设施的数据阅读卡等。

6. 与新华社、人民日报、中央人民广播电台、光明日报、中央电视台、科技日报等主流媒体建立了良好的合作关系。中央电视台新闻播出达到数十条。《光明日报》全年报道我院重大活动、重点工作达到 25 篇，《科技日报》报道 42 篇，《科学时报》报道 56 篇。

（五）协助组织书画社工作

为庆祝新中国六十华诞，组织了“新中国成立 60 周年——‘歌颂祖国’院士与书画家作品联展暨笔会”。在 2008 年“绍兴笔会”的基础上，搜集、整理、编辑、出版了中国工程院院士书画社《兰亭雅集》一书。协助书画社组织开展我院院徽设计征集活动（经两轮评审，现已确定 3 个方案并正在进行深化设计）。通过院地合作、与平面媒体合作等多种形式，扩大院士书画作品的影响力。例如，与《中国科技奖励》、《科学时报》等刊物合作，多次以专版形式刊登院士的书画作品。并先后与浙江杭州吴山书画院、重庆市科委、河南省科协合作，在杭州市、重庆市、河南省举办了“院士书画作品展”,在当地产生了较大影响。

(六)加强多方沟通

2009 年,办公厅加大了与其他单位的沟通力度,对外,比较注意加强与中办、国办、财政部、国管局、保密局、科技部、中科院等对口部委的沟通联系,在交往中以诚相待,热情实在,该做的事做实,能办的事快办,有困难的事坦诚地说。从而与这些部委的对口单位建立了良好的关系,帮助我院解决了一些实际困难或问题。对内,办公厅还注意加强与院里各司局的沟通协商,以得到相互的支持与帮助,构建一个和谐的机关氛围。

二、办公厅的工作特点

(一)团结协作的团队

经过上半年的机构调整,办公厅由邬贺铨副院长分管,由董庆九、谢冰玉、易建组成厅领导班子。在邬院长的有力领导和直接指导下,协调力度大大加强,一些棘手问题得到了及时、正确的决策。在白玉良、石立英两位副秘书长的支持帮助下,解决了工作中的困难和问题。在咨询项目经费管理、院士增选会组织、职工住房及住房补贴、办理土地证等工作中,都得到了各级领导的大力支持。同时,厅班子坚持厅务会制度,大事集体研究,有问题说在当面。各处室团结协作,相互补台,较好地完成了各项工作任务。

(二)爱岗敬业、乐于奉献的精神

关于“爱岗敬业”,我们的体会是:办公厅的工作很忙、很累,经常需要加班加点,但是办公厅同志在工作中总是任劳任怨,原因只有一个,那就是我们珍爱自己的工作,如果把这种精神提炼成几个词,可以用“无我”、“忘我”和“有我”来概括。

1. 无我。指在上情下达和下情上达时,要原原本本地传达领导的指示和要求,要原原本本地反映群众的意见,不得掺杂自己的私利。

2. 忘我。就是要提倡先人后己的奉献精神。这两个字说来简单,但在实践中,特别是需要牺牲个人利益时,这种精神往往很难得、也很感人。比如在今年发放住房补贴时,因方案调整,原预算经费不够,一次性发放全部住房补贴有困难,面对这种情况,行政后勤处主动提出,先发放其他部门职工,后发本处室职工的住房补贴。在机关机构调整需要宣传处配合调换办公室时,宣传处也不讲条件、不计得失,很快地从南面大房间调换至北面小房间。

3. 有我。在为院士、院领导、院机关服务的过程中,“有我”周到细致的服务;办公厅工作的政策性、原则性较强,在工作中不仅需要奉献精神,还需要懂政策、守法规、讲原则,也就是说除了“无我”、“忘我”之外,还要“有我”。

(三)自画像

在今年办公厅的内部总结会上,有职工用非常形象的句子勾勒出办公厅人的自画像:

武大郎的个子,八哥的嘴,弥勒佛的肚子,千里马的腿。

这幅自画像是有一定内涵的。“武大郎的个子”,指“低姿态”。办公厅在待人接物时,无论对内对外,都要保持谦虚的态度,放低心态,不能颐指气使。“八哥的嘴”,指善于与人沟通的表达能力。同时还要掌握好说话的分寸和尺度,该说的说,不该说的不说,让沟通变成一种良好的工作技巧。“弥勒佛的肚子”,指“有容乃大”宽宏大量。在工作过程中,办公厅的工作人员有时会面对一些误解,在对外办事时甚至还会“受气”,这时,我们要求自己有宽广的胸怀,海涵雅量,能承委曲,用真诚消融误解，以理解化解矛盾。“千里马的腿”，指腿勤、快跑。办公厅的工作特点之一是急事多，这就需要工作人员反应迅速，处置及时有效。

三、需重点解决的问题

2010年在围绕院中心任务，做好日常工作的基础上，办公厅需要重点解决以下四个方面的问题：

1. 加强学习，提高素质；
2. 进一步加强多方沟通联系；
3. 开展资产清查，加强资产管理；
4. 努力改进财务管理。

学部工作局2009年工作总结

在院党组、院领导、院各有关专门委员会、各学部常委会的领导下，在机关各部门的支持下，我局全体工作人员辛勤工作，圆满完成了各项工作任务，现总结如下：

一、认真做好院士增选服务工作

院士增选是我院2009年的中心工作，学部工作局主要是协助院士增选政策委员会做了以下几个方面的工作：

1. 在2008年调查研究的基础上，就《中国工程院院士增选工作实施办法》等文件提出了修订建议，经过院增选政策委员会、院常务会议和主席团的审议，完成了文件的具体修订，为增选工作奠定了良好的基础。

2. 2009年1月5日，在香山饭店与中国科学院院士工作局联合组织召开两院2009年院士增选工作会议，通报院士增选工作具体要求和注意事项，并听取各部门和地方对增选工作的意见和建议。

3. 认真、细致做好评审材料的准备和评审会议的服务工作，各学部常委会和院士总体满意。

4. 配合院士认真做好投诉调查工作，要求工作人员多做相关基础准备工作，尽可能减少院士工作量。

5. 严格遵守院士增选工作中院机关工作人员的行为规范，杜绝不当行为的发生。重大问题及时上报。

6. 医药卫生学部一、二轮评审均进行了试点，第一轮评审采取书面评审和会议评审相结合的方式进行；第二轮评审增选名额按9名控制（与农业学部相同），实际当选了7名，两方面效果均比较满意。

二、积极稳妥地推进院地(含部门、军队、企业等)合作工作

年内新签署了3份合作协议(中钢集团、云南省、内蒙古自治区),共组织开展各种活动近50次。

与中组部合作:4月中、下旬,配合中组部组织完成了院士赴江苏、河南等六省,开展应对金融危机、破解三农难题"院士专家咨询服务活动"。分成两个咨询团同时开展活动,第一咨询团为江苏-广东-浙江,主题为"应对金融危机";第二咨询团服务地区为河南-安徽-湖南,主题为"破解三农难题"。

与工业和信息化部合作:3月下旬共同组织广东工业节能减排院士专家咨询调研活动。17位院士和23位专家参加活动,邬贺铨副院长和工信部苗圩副部长出席。

与发改委合作:联合组织开展循环经济专家行活动。4月23日共同举行"循环经济座谈会暨循环经济专家行启动仪式",李克强副总理出席并作重要讲话,徐匡迪院长、解振华副主任出席。对涉及的9省市近50个国家循环经济示范试点单位进行考察、总结、咨询、指导。

与湖北省合作:4月9日至10日启动院省合作计划,召开研讨会,考察高技术企业;举行湖北(武汉)院士咨询服务中心揭牌仪式;召开院省合作委员会和武汉城市圈"两型社会"建设专家指导委员会成立大会;召开专家指导委员会第一次会议。11月3日武汉"十二五"经济社会发展规划编制情况咨询会。11月3日至4日组织荆门市循环经济发展论坛。

与深圳市合作:我院参与主办第十一届中国国际高新技术成果交易会,邬贺铨副院长等6位院士出席。高交会期间,我院主办、支持的有关活动有:第三届生物产业发展论坛(2009)——再生医学,第五届国际仪器仪表与测控自动化(IMCA)高峰论坛——3G测试与仪器仪表技术研讨会,国家创新能力建设、国家信息化试点授牌表彰大会,中国(深圳)国际创新大会——世界创新高峰论坛,第8.5代薄膜晶体管液晶显示器件(TFT-LCD)生产线项目启动仪式。此外还举办了2009中国(深圳)国际数控技术论坛,中国深圳2009年自动光学检测研讨会,食品安全、环境污染与人类健康院士论坛、2009医学科学前沿论坛——人体干细胞技术临床应用高层管理论坛。

与山东省合作:山东省科学技术最高奖评审会、2009第八届中国(淄博)新材料技术论坛、山东省农业机械化高峰论坛、山东船舶制造业考察活动。

与浙江省合作:2月26日至27日共同组织举办浙江省工业转型升级系列报告会——纺织产业专题报告会。

与广西壮族自治区合作:3月组织举办中药资源可持续发展高层研讨会。

与内蒙古自治区合作:签订院区科技合作协议,徐匡迪院长、杜祥琬副院长分别为自治区党政领导和科技人员作了题为"学习实践科学发展观建设创新型国家"和"对我国低碳能源战略的思考"的报告,并根据内蒙古的需求组织院士参加中俄蒙高新技术博览会院士论坛和技术咨询活动。

与天津市合作:共同举办化工、冶金与材料工程学部第七届学术会议,并在会议期间组织院士、专家与化工、冶金、材料领域企业进行技术对接活动。

与河北省合作:6月3日至5日组织开展武安市建设"国家可持续发展试验区"规划咨询评议活动。

与湖南省合作:11月22日至25日湖南省有色企业院士调研活动。

与江苏省合作:5月10日江苏省创新学者评审会、9月20日中国江苏第二届产学研合作成果展示洽谈会。

与江西省合作:4月协助组织院士赴江西鄱阳湖生态经济区开展调研。

与四川省合作:5月26日组织院士成都企业行。

与广东省合作:5月14日配合广州科技活动周,举办创新与人才培养专题报告会、3G技术的应用及创新院士沙龙等。

与北京市合作:5月20日至21日第十二届中国北京国际科技产业博览会中国高新企业发展国际论坛。

与黑龙江省合作:6月13日协助组织黑龙江省科技进步奖评审咨询会、黑龙江农垦技术咨询考察活动。

与新疆维吾尔自治区合作:新疆深部找矿考察活动、新疆国家中医临床研究基地建设讨论会暨2009院士论坛、新疆2009中医药研究院士论坛。

与上海市合作:骨科转化性医学与前沿技术国际研讨会、老龄化社会健康讲座(保护口腔健康,提高生命质量)、电子健康档案的网络构建院士沙龙、2009医学前沿论坛暨原发性肝癌研究新概念与新思路学术研讨会。

与顺德市合作:第二届国际工业设计创意博览会、2009年创新顺德工业设计大赛等,潘云鹤常务副院长出席并作报告。

与中钢集团合作:1月8日签署科技合作协议。8月7日共同组织2009中钢科技发展高层论坛暨院士中钢行启动仪式。12月2日至4日组织院士专家参加2009年中钢矿业科技发展高层论坛暨"院士中钢行"马鞍山站活动,对中钢集团所属院所、企业进行考察、调研、咨询等活动,就其发展中的问题提出建议。

三、参与组织或协办各类学术活动

全年共参与组织工程院主办或协办的各类学术活动57场。其中,工程科技论坛11场、学部学术年会3场、香山科学会议2次、国内学术会议28次、国际学术会议13次(与国际合作局合作)。

11场工程科技论坛:金融危机下的太阳能产业、生产生物质燃料的原料与技术、2009年海洋工程结构浪花飞溅区腐蚀与控制、应对当前金融海啸服务型制造的发展战略、膝关节外科高层峰会、生物质化学品与表面活性剂的研究及开发、恶性肿瘤防控战略高层论坛、信息时代的建模与仿真技术、我国海上风电场建设重大工程问题研究、钛合金材料技术发展与应用、中国生物材料研究与产业发展现状及趋势。

3场学部学术年会:化工、冶金与材料工程学部第七届学术会议、第三届水利学术年会——2009水资源与可持续发展高层论坛、第二届建筑学术年会——2009中国上海国际建筑科技大会。

2次香山科学会议:钢铁制造流程中能源转换机制和能量流网络构建的研究、可持续海水养殖与提高产出质量的科学问题。

28次国内学术会议:"科学与中国"院士专家顺德行、"科学与中国"院士专家湘西行、中国工程科技60年成就座谈会、第十届西部科技论坛、2009年促进中部崛起专家论坛、2009产品现代设计与技术创新论坛、钢铁工业形势座谈会、首届中国包头稀土产业发展论坛、2009中国材料研讨会、信息技术在应对突发事件中的应用论坛、海峡两岸及香港地区仪器科学与技术创新人才培养研讨会、技术创新与茶产业可持续发展研讨会、2009 两岸三地肝脏移植高峰论坛、中国工程管理论坛——2009 西部开发与工程管理、土木学部在京院士新春座谈会、土木工程安全与防灾高层学术论坛、农业学部在京院士应对金融危机建设科学技术思想库座谈会、2009 医学前沿论坛——中医药临床效应评价技术与方法、2009 医学前沿论坛暨第十一届全国肿瘤药理与化疗学术会议、南京连续性血液净化论坛、第二届中国外科医师年会、我国转化医学发展战略研讨会、第十二届全国血栓与止血学术会议、第三届全国脂肪肝性肝病学术会议暨两岸三地高峰论坛、中华医学会第十一届骨科学术会议暨第四届国际 COA 学术大会、工程管理学部 2009 年院士新春座谈会、工程哲学三峡报告会、工程哲学年会。

13 次国际学术会议(与国际合作局合作):第五届建筑节能国际学术周、"CSE09"计算结构工程国际研讨会、海峡两岸土木工程学术交流会、第 11 届国际隔震与消能减震控制学术会议、2009 中国天然纤维论坛、2009 第四届绿色财富(中国)论坛、中国介入心脏病学大会、第 19 届国际口腔颌面外科会议、2009 年南京肾小球疾病国际论坛、2009 年亚太地区肿瘤生物学和医学学术会议、第 3 届亚太支气管镜与介入肺脏病学研讨会、第 21 届国际地下空间联合研究中心年会、工程发展趋势和相关前沿技术。

四、参与组织、协调有关"院士行"活动的工作

2009 年,我院和国家发改委共同组织的院士行工作重点进行了调整,从为单一企业技术发展提供咨询服务,转向着重研究提出重大行业领域中的共性技术需求,以及对重大项目的咨询和评估;活动形式从学术报告会等转向开展较为深入的专题调研,努力体现为产业结构调整、行业自主创新能力的提升和区域经济整体发展服务;将院士行活动融入经济发展中,把技术与经济相结合,从解决具体技术问题向服务于产业政策制订和规划编制等方面延伸。

具体任务是围绕三个方面组织院士专家开展咨询研究,提出咨询研究报告:新能源产业创新能力建设研究(杜祥琬副院长负责)、持续发挥国家工程实验室行业辐射和公益性作用政策研究(邬贺铨副院长负责)、石油石化等行业创新能力平台研究(袁晴棠院士负责)。

五、参与有关专门委员会"秘书处"工作

院士增选政策委员会工作。参与协助委员会研究有关增选政策,修订有关增选文件;围绕增选工作计划安排,协助召开 2 次院士增选政策委员会会议,分别就 2009 年院士增选名额分配方案、投诉信处理、第二轮评审会议等有关问题进行研究,及时提出意见和建议,报主席团研究审议;协助起草旭日干副院长在两轮增选会议上的讲话稿等相关文件;完善院士增选计票系统。

科学道德建设委员会工作。年内协助委员会共受理针对院士科学道德问题方面的投诉 13 份;协助处理对院士候选人和新当选院士的投诉;召开 2 次委员会会议;参与起草在第一轮院士增选会议上向全体院士作《进一步加强中国工程院和工程科技界的科学道德建设》的报告;以工程院名义,向国务院报送"关于呈报科学道德建设有关情况"的报告,并附院科学道德委员会关于《科技繁荣与科学道德》的文章,归纳了我国科技界在科学道德和学风方面存在的十三类问题和存在问题的六个根源,并提出了四个方面构建科研诚信建设工作体系的十六点建议;起草向刘延东国务委员汇报我院科学道德建设工作汇报稿;编辑出版《工程科技的实践者——院士的人生与情怀》第二集,目前已收到稿件 137 篇,样稿已由院士本人审定,出版工作将在明年初完成;加强与科技部科研

诚信办公室的联系，与科技部等十部委联合印发《关于加强我国科研诚信建设的意见》；完善院中文网站"科学道德建设"栏目内容。

产业工程科技委员会工作。协助委员会于9月25日至26日在绍兴市召开第八次全体会议。工程院原副院长、委员会主任王淀佐院士，工程院副院长、委员会副主任邬贺铨院士，殷瑞钰、蒋士成、刘友梅、谢友柏、谭建荣、吴澄、王天然、周翔等院士及20多家成员单位代表出席会议。王淀佐院士介绍了委员会2008—2009年围绕"技术创新与节能减排"主题开展的一系列活动；成员单位代表介绍了各自单位在自主创新方面的体会、状况，应对金融危机的对策、措施；会议还讨论了委员会的工作。产业委员会在绍兴活动期间，与会院士、成员单位代表还与绍兴企业家代表举行座谈会，与绍兴市企业开展对接洽谈活动。

六、两院资深院士联谊会工作

2009年，资深院士联谊会活动相对比较频繁。3月18日上午，组织召开两院资深院士联谊会理事会议，总结2008年工作，讨论通过2009年工作计划。下午召开科学诚信问题专题研讨会。联谊会会长师昌绪院士主持会议，徐匡迪院长到会讲话，杜祥琬、李静海出席。徐院长希望资深院士联谊会能够在这方面给予支持和帮助，特别是配合对学术不端行为的认定问题进行把关，以维护科学道德的严肃性，维护院士称号的纯洁性。

5月18日至21日，在成都举办西部地区两院资深院士联谊活动，期间召开座谈会、与中学生面对面活动。共有19位两院资深院士参加。

10月19日至21日，在北京红螺园饭店召开会议，重点就"三农"问题进行专题研讨。联谊会会长师昌绪院士主持，两院14位资深院士，以及中国农业大学程序教授等参加。

12月21日至24日，两院资深院士联谊会"三农"问题专题研讨会在深圳召开。出席会议的除资深院士外，还邀请了农业、环境领域的非资深院士和专家共12人出席。经过研讨，进一步达成共识，并撰写了新一稿的《拟向中央决策层提出咨询建议的几个问题（提纲）》。活动期间，还参观了中国科学院深圳先进技术研究院。

七、参与组织、协调开展院士咨询研究服务工作

参与组织和协调院士咨询研究的服务工作，并参与部分报告的执笔工作等。

院级项目情况。参与完成工业污染防治战略研究；参与组织中国工程科技中长期发展战略研究、中－瑞可再生能源与环境合作项目（国内部分）等的服务工作。

学部级咨询研究项目情况。参与组织各学部有关研究项目的服务工作。年内共完成9项，在研91项。完成的9项：我国绿色建材发展战略，化工、冶金与材料工业领域中CO_2的排放、评估及其对策研究，中国油气勘探新区新领域成藏规律和勘探方向研究，中国利用国外油气资源的战略研究，紧缺有色金属矿产资源可持续供应评价体系研究，我国电力体系应对重大自然灾害对策研究，我国建筑节能工作战略研究，基因重组病原微生物的安全性及其管理的研究，我国重大传染病预防与控制战略研究。

此外，根据国务院有关领导批示精神，我院开展了"院士工作站推广的必要性和可行性研究"咨询研究项目（刘大响院士负责），我局参与相关研究工作。根据院常务会议的意见，12月以来，我局负责为"中国工程院院士队伍建设咨询研究"和"中国工程院学部调整和学科划分调查与研究"2

个项目开展前进行筹备等服务工作。

院士建议。2009 年共参与协助有关院士提交院士建议 16 份，均已上报国务院。

八、院士医疗工作

年初，走访了与我院签署协议的 3 家医院（阜外医院、肿瘤医院、301 医院），白副秘书长代表院领导对 3 家医院给院士们提供的高水平医疗服务表示感谢。

2009 年共有 17 人次院士通过我局联系到 3 家医院就医，得到了相关医院的高水平医疗服务。此项工作受到患病院士好评，他们都认为这是工程院在为院士服务方面所做的切切实实的有益工作。

此外，配合中组部，撰写我院院士医疗情况的报告，为中组部最终拟定《关于进一步做好在京院士、专家医疗保健工作的意见》做了重要的基础工作。

九、配合中组部组织有关活动

1. 配合中组部联系落实 92 位在京院士参加国庆 60 周年观礼活动，以及 4 位院士参加国庆 60 周年群众游行彩车，同时与机关党办、办公厅等具体组织 10 月 1 日当天的活动。这项工作是我院建院以来所遇到的最辛苦的工作之一。

2. 配合中组部联系落实 241 位院士参加 2010 年 1 月 18 日在人民大会堂召开的院士专家新春联谊会。

十、服务学部常委会

为了进一步完善和规范学部工作局各项工作，本着高效、务实、负责的原则，在广泛征求学部全体院士的意见和建议的基础上，我局认真准备学部常委会所需的各种材料。

一年来，参与服务了 9 个学部共计 80 次学部常委扩大会议，为制定学部工作计划、研究院士增选有关事宜、总结学部工作等各项工作高效、有序的进行提供了保障。

十一、参与协助完成大量征求联系院士并汇总意见工作

据统计，全年通过学部工作局完成的征求意见稿共 20 多件，包括国家发改委、科技部、工业和信息化部、环境保护部、卫生部、交通运输部、国家知识产权局、国家能源局、中国地震局、国务院法制办公室、国务院三峡办、国家自然科学基金委、中医药管理局、国家食品药品监督管理局、中国电子工业标准化技术协会、全国政协教科文卫体委员会、全国人大法制委等。

十二、其他工作

1. 全年召开局务会议、全体会议共 21 次，研究落实院党组、院常务会议、院领导、各学部常委会、有关专门委员会和机关办公会等交办的工作。

2. 为过生日院士寄送鲜花，登门看望院士，起草院士生日贺信、院士去世唁电、参加遗体送别仪式等。

3. 我局参与有关国家重大专项领导小组办公室和联络员工作，如：载人航天、探月、大飞机、数控机床、转基因生物新品种培育、重大新药创制、艾滋病和病毒性肝炎等重大传染病防治等重大专

项。还作为科技部门联席会议的联系单位之一。

4. 完成3件全国人大、全国政协提案的答复工作;协助联系推荐全国民族团结进步模范个人;协助联系推荐国家西部大开发突出贡献集体和个人。

十三、学部工作局2010年工作要点

1. 全力做好第十次院士大会的筹备和服务相关工作。配合做好学部常委会和相关专门委员会的换届工作,组织好大会期间的学术报告会。

2. 在2009年工作的基础上,开展"中国工程院院士队伍建设咨询研究"和"中国工程院学部调整和学科划分调查与研究"2个咨询项目。

3. 积极有效地推进院地合作和"院士行"活动;积极推进和加强与有关部委、地方和企业的联系与合作。

4. 协助各学部和院士组织开展工程科技论坛、学部学术年会、学部学术活动等。

5. 积极开展两院资深院士联谊会的服务工作。继续做好院士医疗的各项服务工作,争取扩大院士医疗的合作医院范围。

6. 继续协助中国工程科技中长期发展战略研究项目和学部级咨询项目开展的服务工作。

7. 协助和服务学部常委会工作;加强局内队伍建设,提高职工综合素质和能力;做好有关专门委员会的秘书工作;协助道德委员会完成《工程科技的实践者——院士的人生与情怀》第二辑的出版工作等。

国际合作局2009年工作总结

2009年,在院科学发展观学习和整改工作的推动和激励下,在院领导的直接指导和院机关各部门的支持下,国际合作局全体同志按照院里的要求,认真努力,在人员少、任务重的情况下,较好地完成了合作局所承担的工作以及领导交办的各项任务。

按照院里确定的国际合作局的工作内容,即制订工程院国际交流与合作的工作计划与规定;承办工程院国际交流与合作的服务工作;建立并促进我院与国际组织的联系和发展。现总结如下:

一、按照中央文件,制订落实工作计划

2009年初,中共中央办公厅、国务院办公厅下发了《关于坚决制止公款出国(境)旅游的通知》(中办发[2009]12号,以下简称《通知》),明确要求加强因公出国(境)管理,要求将2009年因公出国(境)团组数、人数在近3年平均数基础上压缩20%,出国(境)经费支出在近3年平均数基础上压缩20%。财政部也据此压缩了我院出国(境)的经费。为贯彻落实《通知》精神,根据院领导的指示,我局认真梳理我院的国际交流与合作活动,提出了切实可行的计划方案,报院领导批准。同

时，在执行过程中，不断跟踪落实情况以及经费支出情况，根据实际情况加以调整，及时采取措施。对于一些临时情况，能主动提出相应的解决办法，保证了我院国际交流与合作活动的正常进行。

据统计，2009 年我院因公出国（境）团组数为 23 个，比近 3 年平均数压缩了 20%；人数为 107 人，比近 3 年平均数压缩了 26%；出国（境）经费支出也在财政部压缩了 20% 以后的预算范围内。

此外，我局还根据我院国际交流与合作活动的需要以及经费情况，在年初制订了本年度我院主办并提供经费支持的在华国际学术会议的计划。据统计，2009 年我院主办并提供经费支持的在华国际学术会议计划共 10 项，完成了 7 项，临时增加 1 项，计划中有 3 项因甲型 H1N1 流感疫情和外方原因未能执行。

二、做好我院国际交流与合作的服务工作

2009 年，我院组织的因公出国（境）团组 23 个，参加外单位组团 4 个，直接组织了 6 场在华国际学术会议，承担了院领导共 48 场外事接待和相关活动的服务工作，出版了 5 期对外交流刊物——*Newsletter*。在这些工作中，国际合作局的同志都能尽心尽力，克服各种困难，认真细致地完成任务，保障了我院国际交流与合作活动的顺利开展。我局还组织编印了《中国工程院与外国工程科技组织合作协议与谅解备忘录汇编》，以加强我院国际交流与合作方面的基础工作。

三、建立与加强我院与国际工程科技界的联系

2009 年，我院与外国的科学与工程组织签署了三个合作谅解备忘录，即：中国工程院与阿根廷工程院工程科技合作谅解备忘录；中国工程院与印度工程院的科技合作谅解备忘录；中国工程院与法国医学科学院合作谅解备忘录。

我院还重点加强了与国外主要工程院的合作。与美国国家工程院举办了首届中美工程前沿研讨会，在食品安全、新节能技术、基础设施的可持续发展和防灾减灾、智能交通系统等四个工程前沿领域开展研讨；积极组织参加了与美国国家科学院、国家工程院以及中国科学院合作的四院“大规模可再生能源发电项目”。与瑞典皇家工程科学院的“可再生能源与环境合作项目”亦继续进行，今年在中国和瑞典共举办了四次双边研讨会，派遣赴瑞典长期合作人员 6 人，短期 1 人，接待瑞方短期访问人员 8 人，批准接收瑞方长期访问人员 1 人。同时，还与瑞典皇家工程科学院共同举办了“生命科学讨论会”，探讨了两院下一步开展生命科学领域的合作。

我院加强与主要国家工程院合作的意向得到了积极响应。今年七月，在加拿大举行的第十八届国际工程与技术科学院理事会（CAETS）大会和 CAETS 理事会期间，英国皇家工程院副院长、美国国家工程院院长主动找到我院与会的潘云鹤副院长，提出加强中、英、美三方合作的建议，并提出了下一步探讨的合作议题为“合成生物学”，得到了我院的认同。目前，此项合作的具体计划正在商讨之中。

四、加强国际合作局的建设

首先，全局同志根据院里的统一部署，认真学习科学发展观，并切实联系工作实际，落实整改措施，使全局的工作能够有序、平稳地进行，改善了合作气氛。

针对学习实践科学发展观中发现的问题，结合落实整改措施，国际合作局除了坚持每周一次的局、处长碰头会外，基本做到了每月一次全局会，以增加局内的沟通与交流。同时，认真落实党组、机关党委关于建设学习型机关的要求，组织了两次全局范围内的学习心得交流会，检查、交流全局

人员学习计划的落实情况。利用暑期外事活动较少的间歇,组织了全局的年中工作总结会暨外事工作经验交流会。

为了加强我院在国际交流与合作方面与国内有关单位的交流,我局积极组织了在我院召开“国际科技合作部际协调机制第三次工作会议”。包括科技部、外交部、科学院等十七个部委的四十多名主管国际合作的司局长出席了会议。通过会议,我局学习了各单位开展国际科技交流与合作的经验,也增加了兄弟单位对我院的了解。

2010 年,国际合作局将继续以学习和实践科学发展观活动为动力,按照院里的部署,进一步围绕工程院中心工作做好国际合作局的工作,并完成好院领导交办的各项任务,同时,认真查找工作中的不足,努力创新,与机关各单位密切合作,争取为把我院建设成国家“工程科技思想库”多作贡献。

政策研究室 2009 年工作总结

政策研究室下设综合处、咨询处、学术与出版处和信息中心,并分管咨询服务中心。在院领导的指导和院各部门的支持配合下,研究室和咨询服务中心同志团结协作,努力工作,圆满完成了 2009 年的各项任务。

一、2009 年的主要工作

(一)咨询委员会秘书处和咨询项目的组织服务工作

2009 年 5 月,由于院机关工作职能的调整,咨询工作委员会秘书处和咨询项目的组织服务工作成为研究室的主要工作之一。全年咨询经费预算 4000 万元,批准立项 49 项,其中重大专项 5 个,学部项目 44 个。上年度结转项目 44 项。2009 年在研项目共计 93 项,完成 16 项、重大专项 6 项,学部项目 10 项。在研重大咨询项目 12 个,包括:

——三峡工程论证及可行性研究结论的阶段性评估

——中国环境宏观战略研究

——中国工程科技中长期发展战略研究

——中国能源中长期(2030、2050)发展战略研究

——新时期我国生物安全战略与法规研究

——中国养殖业可持续发展战略研究

——中国制造业可持续发展战略研究

——我国重点湖泊富营养化控制及其流域经济协调发展战略研究

——新疆可持续发展中有关水资源的战略研究

等项目。

2009 年共向国务院报送研究成果 7 项，向有关部门报送研究成果 8 项。部分主要成果向领导汇报：

——刘延东同志对工程科技创新型人才培养研究的成果作了重要批示，并于 3 月 25 日向李源潮同志汇报。

——7 月 14 日，把三峡工程论证及可行性研究结论的阶段性评估，和三峡库区水污染防治战略研究一起，合并向李克强、回良玉副总理汇报。

——7 月 22 日，把中国环境宏观战略研究的成果向李克强副总理汇报。

此外“中国能源中长期发展战略研究”项目，于 6 月向国务院报送了《我国能源产业振兴的思路与建议》报告；8 月形成“应对气候变化的建议”，与国家发改委联合上报国务院，受到国务院领导的高度重视。项目研究成果还在哥本哈根气候变化大会科技支撑方面发挥了重要作用，得到外交部和国家发改委的高度评价。

配合“中长期工程科技发展战略研究”项目的实施，组织了“未来 20 年工程科技与社会发展”系列报告会，工信部、科技部、中科院、发改委宏观经济发展研究院、国务院发展研究中心等部门和单位的主要领导和专家为院士和参加课题研究的专家作报告 7 场，累计参加人数达 2000 多人次。

完成 2010 年咨询项目的立项工作。全年经费预算 3400 万元，立项工作基本完成。向各学部征集 2010 年的咨询研究方向 22 个，在此基础上，协助咨询委员会确定重大专项 6 项，学部项目 17 项，安排经费额度约 3200 万元。尚有 6 项正在办理审批手续，将在近期安排。2009 年结转项目 77 个，预计今年在研项目将达 106 项。

（二）学术与出版委员会秘书处工作

系统总结了建院以来学术活动的基本情况，分析了学术活动组织和管理存在的主要问题，提出了改进和加强学术活动的相关建议，起草了《中国工程院学术活动管理办法》，提交学术与出版委员会审议后试行。该办法的制订将推进我院学术活动的规范化管理，推动学术活动与咨询工作的更紧密结合。秘书处还向各学部和院士征求了 2010 年学术活动的建议，经过相关程序审批后，组织开展。

（三）教育委员会和研究生教育学术委员会秘书处的工作

成立秘书处，制定 2010 年的工作计划及拟开展项目的实施方案。向教育部推荐了 10 位工程教育专业认证专家。与商务部联合举办了“中国软件产业产学研合作座谈会”。筹备召开了两个委员会的联席会议。配合委员会领导在两个月左右的时间内，先后走访 9 家工程研究院所，调研研究生教育培养的情况。2010 年拟配合教育部在与高校和企业联合培养研究生、加强工科研究生培养的实践环节和创新能力培养方面开展试点工作；继续完成“创新型工程科技人才培养研究”课题的后续工作。

（四）文字和调研工作

1. 完成相关文件的起草工作，共计 13 篇。完成院领导在两次院士增选大会上的讲话（文稿的起草工作）。牵头组织起草“推进自主创新，建设创新型国家”——“十二五”规划专项研究报告，报科技部和国务院。牵头组织起草“应对国际金融危机的意见和建议”、“应对甲型 H1N1 流感疫情的若干建议”、“发展抗疲劳制造，提升我国机械制造核心竞争力的建议”、“提高中小企业研发能力和产品质量的报告”等，上报国务院。为中国年鉴社提供《中国工程院 2008 年工作综述》等。

2. 围绕咨询工作开展调研。组织“科技咨询制度”以及“国内外工程科技及产业政策信息”两项调研工作。对加拿大、英国、德国和瑞典的相关咨询制度和政策进行调研,并在此基础上形成了2万字的《科技咨询政策研究》调研报告初稿,进一步完善后,将提供院领导和咨询委员会参考。研究室和咨询服务中心的同志在对国内外工程科技及产业政策进行搜集、分析和整理的基础上,编辑了《工程科技政策快报》,拟在此基础上进一步明确定位、凝练内容、完善编辑,以《工程科技与产业政策信息》的形式不定期印发院士和参加咨询的专家,为咨询研究工作服务,也作为咨询基础资料积累的一种形式。

3. 办理两会相关提案,起草"关于提案工作情况的汇报"。办理各部委征求意见和建议的文件30多份。参加全民科学素质纲要实施办公室的相关工作,提供相关报告和总结。代表我院参加相关部门会议30多次。

(五)编辑出版工作

出版《中国科学技术前沿》第12卷,收录11篇文章,30多万字。

出版《工程前沿》丛书4卷,计197万字。

出版美国《工程前沿》2007年版,约31万字。2008年版正在翻译编辑中,计划2010年出版。

出版《中国工程院院士》画册第8卷,包含中国工程院2007年新当选院士的照片、手迹和简介等有关资料。

编辑出版《中国工程院年鉴》2008年卷,计93万字。

协助国际合作局编辑出版 *NEWSLETTER*。

编辑《中国工程院大事记》,计2.5万字。

编辑印发《院士建议》21期,3万多字。

协助《院士通讯》的编辑出版和日常组稿等工作,组织召开《院士通讯》2009年度工作会议,组织诗文书画、摄影作品和优秀稿件的评审。

联系《中国工程科学》杂志社的有关工作。

(六)档案管理工作

已完成2008年文书档案的整理归档工作,立卷110余卷;完成2009年院士增选档案的整理归档工作,立卷90余卷;接收基建档案20余卷,完成日常照片档案的整理归档工作;提供日常查询180余人次。刘畅同志所负责的档案工作得到国家档案局的来信表扬。

(七)"咨询服务中心"的工作

"咨询服务中心"完成事业法人登记、银行开户、首批工作人员招聘等基础工作,具备了开展工作的基本条件。从11月份开始,已接受委托负责部分项目经费和横向合作经费的管理和部分项目的组织服务工作。"中心"现有职工9位,2009年工作5个月左右,表现出较高的业务素质,工作热情和工作责任心。期望在较短的时间能够适应独立承担项目实施的组织和服务,逐步实现为院士咨询提供稳定、持续、专业化服务的目标。中心的管理和运作尚在摸索中。

(八)与国家开发银行合作工作

代表我院承担与国家开发银行合作协议的具体执行。完成合作协议的签署,年度合作内容和计划的制订。成立合作工作联合小组,制定合作工作管理细则。部分合作工作已经按计划开展。

(九)奖励工作

2009年是光华工程科技奖提名年。共向具有提名资格的两院院士及中国科协学会部发出提名通知及附件材料800余份，收到提名书89份，其中工程奖候选人54位，青年奖候选人35位。

接受国家奖励办的考核，参加相关研讨会并协调我院院士提名何梁何利奖候选人。参加何梁何利基金成立15周年相关活动。

二、2009年工作的特点——围绕服务院士咨询工作的目标，探索进一步规范和改进咨询工作的措施与办法

（一）咨询项目立项、实施和经费管理等方面在探索中有进一步改进

——尝试通过“项目指南”的制定和发布，提高项目立项的科学性和针对性，并在2010年的项目确定中得到初步体现。

——进一步规范项目资金使用，严格项目资金的借出和报销手续。2010年新启动项目一律实行实报实销。进一步保证项目资金的专款专用和合理规范使用。

——通过严格项目经费预算、及时安排项目启动，适时对项目经费预算进行调整等措施，提高项目经费的预算执行率。

——严格项目计划的执行和经费决算，力争2009年及以后项目不再遗留决算问题，改变长期存在的项目结题无原则滞后问题。

（二）咨询工作与地方、部门和企业的合作呈现更多形式和更好的效果

——由我院联合江苏省政府和国家开发银行共同组织实施的“江苏沿海地区综合开发战略研究”项目，瞄准国家和地区发展的需要，与国家宏观规划和地方政府计划密切结合，受到国务院领导的高度重视，温家宝总理、李克强副总理听取项目研究成果的汇报，并且实现了从战略研究到发展规划、再到实施综合开发目的，使咨询研究的效果得到比较好的体现，也有力地促进了区域经济的发展。

——我院与国家自然科学基金委联合开展的“中长期工程科技发展战略研究”项目，充分发挥基金委课题招标的渠道和管理优势，动员了更多院士、更多部门、院所和大学的优秀专家，共同参与项目的研究工作。同时，通过系列报告会的组织，邀请相关政府部门的领导和权威研究机构的知名专家来我院作报告，为院士和专家提供了不同领域、不同角度的大量信息，也开阔了思路，了解了政府的关心所在，吸取了不同研究机构的视角和特点。对提高我院咨询研究工作的整体水平和正在开展项目的研究工作起到了积极的作用。

——在院领导的指导和筹划下，我院2009年重新启动了与国家开发银行的合作，而且合作的广度和深度大大提高，合作的思路和机制也随着双方的特点和需求有了较大的转变。我们期望通过这种合作，有效地推进我院优势智力资源与金融的有机结合，促进工程科技对经济社会发展的有效支撑。同时也使我院的咨询研究成果发挥更大更广的作用，使我院的发展空间得到新的拓展。

（三）政策研究室与咨询服务中心在咨询工作中分工合作的形式尚在探索中

咨询服务中心的成立，是我院咨询工作的一件大事。经过2009年5个月左右的紧张工作，从无到有并具备基本服务功能。咨询服务中心成立并开始工作后，政策研究室与其在咨询工作方面的定位、职能和分工合作模式尚在探索之中。

从近期看，相互配合、难分彼此。要集中力量做好重大咨询项目的组织服务工作，并在工作

中带领咨询服务中心的同志熟悉尽快相关业务，逐渐达到独立承担咨询项目组织服务工作的要求。

从长期看，分工合作、各有侧重、相互促进。研究室侧重立项前调研，项目指南制订，预算制订，预算执行监督，研究成果报送、整理、提炼、出版以及社会宣传。咨询服务中心负责项目组织实施、服务和预算执行等。

三、存在的不足和问题

1. 忙于应付事务性工作，对研究室特别是咨询工作管理的研究不够深入和透彻，管理和服务工作难以适应咨询工作提高和思想库建设的需要。对存在的问题被动应付多，主动推进和改善的措施少。

2. 学习型机关建设努力不够，成效不明显，干部职工综合素质难以完全适应工作需要，工作效果和服务水平需要提高。

3. 党支部的战斗堡垒作用没有得到应有发挥，思想政治工作需要进一步加强。

2010 年工作要点

2010 年政策研究室将根据全院工作安排，围绕我院中心工作，进一步发挥主观能动性，做好咨询、调研、出版奖励、档案等工作，重点做好以下几点：

一、改善咨询管理，提高服务能力和质量。进一步摸索咨询研究的前期调研和立项的准备工作，提高立项的科学性和针对性，形成《立项指南》；通过借出和报销改革规范项目资金的使用管理；严格项目经费的预算执行，做到严格预算，及时启动，适时调整；通过严格执行期、严控后期经费借出等，大幅度减少项目延期和经费久拖不决算问题；提高重大项目组织实施中的服务质量和层次；规范咨询项目报告的出版。

二、配合做好 2010 年两院院士大会的相关工作。起草胡锦涛总书记、刘延东国务委员在院士大会上的讲话和院领导的工作报告。

三、提高出版和学术工作质量，为院士提供更好的服务。为学术与出版委员会对全院学术活动的顶层设计和统一管理做好基础服务；组织好与咨询相关学术活动的实施；做好咨询研究成果的系统整理和出版。

四、做好第八届光华工程科技奖的评审、颁奖等工作。

五、做好研究室负责的四个委员会换届准备和日常服务工作。进一步协助教育委员会和研究生教育学术委员会相关工作。

六、继续做好档案管理、院士通讯和院士建议等工作。

七、做好咨询服务中心工作。

八、做好与开发行合作相关工作，确保合作的顺利进行，进一步探索合作方式。

信息中心2009年工作总结

2009年，在院各级领导、院机关同志的关心支持下，信息中心通过努力，在院的信息化建设，基础网络的建设和维护，工程院网站的建设与维护，咨询数据库建设等方面取得了可喜的进展，保证了我院网络的正常运行。主要工作如下：

一、对我院网络系统的多项技术进行了升级和改造，使我院的网络硬软件条件在国务院部委中达到了较高的水平，进一步提高了机关的办公条件

1. 在提高网络速度、方便办公条件方面，新建了20M双链路扩容，由原来的单路10M，扩充到双路20M，并实现了双路负载均衡；升级了电子邮件系统，增强了邮件的功能和可靠性；改造了短信系统，使短信的可靠性提高到99%等。

2. 在网络安全建设方面，新建了加密的VPN网关，使全网成为加密网络；升级了原有的防火墙系统，新建了防毒墙系统，升级了防垃圾邮件系统，有效地防控了病毒木马的入侵；新建了国办专网系统、财政专网系统、涉密区域安防监控报警系统，形成了专网系统的立体安全体系；改造了网络机房空调、电源、消防系统，改善了网络运行环境。

3. 在网络的集成管理方面，新建了高级网络管理运维系统，极大地提高了网络管理效率。

4. 为机关创造条件方面，与办公厅共同建设了视频会议系统，为工程院召开远程会议创造了条件；开发了机关网上论坛，为机关人员通过网络交流创造了条件，与办公厅共同开发了财务管理系统，提高了财务系统的方便条件建设了公共网络硬盘，提供了大容量存储条件。

随着网络建设的不断深入，运行维护工作日益繁重，我们以尽量不影响机关办公为条件，合理地解决运行中出现的许多技术问题，边建设，边维护，保证了我院网络系统的正常运行，为机关办公创造了条件，保证了院士们使用电子邮件，并和院机关保持通畅的联系。

二、逐步完善了网站的使用功能，日常维护工作量不断增大

工程院网站改版建设一年多以来，功能和实用板块不断增加，内容的动态更新不断加快，读者访问量迅速增加。

新开发了网上会议报名系统，视频VOD模块，会议预告板块，下载专区等，完善了网站院士数据库系统；我们承担了网站的技术维护和日常新闻、信息的网上发布和维护工作，全年共审核发送了各类信息3500余条，图片560余幅，总文字量达900万字，新增存储量3G。我们还承担办公系统、VOD系统等的信息维护。经发文征求全体院士和院机关的意见，得到了总体肯定。

三、开发了咨询数据库系统,为我院的咨询工作提供了强有力的支持

为落实国家工程科技思想库的建设,加强咨询研究工作,使思想库落实到电子资料库,经院常务会议决定,由信息中心主持开发咨询数据库。经需求调研、制定建设方案、招投标、系统分析设计、开发、调试、修改、完善等环节,已完成了系统开发工作,共逐项整理并装载了342个项目信息,3160个专家信息,63篇院士建议,研究确定了139个属性定义和查询条件,为院里开展咨询工作提供了技术和信息支持。

四、其他工作

1. 为配合院士增选工作,维护网上报名系统,便于院士通过网上报名,便于机关登记、汇总,组织并承担了院士增选会议的音响和电子演示工作,保证了各学部候选人自我介绍情况的顺利完成。

2. 完成院保密委员会交办的网络安全和保密工作,回复国家保密局、工业和信息化部、公安部等安全和保密部门的各种报告、函件等10多件,开展多次安全检查等。

3. 为机关会议系统的建设和维护提供技术支持。

五、不足和需要改进之处

工作中的主动性、计划性还不够强,工作效率还有待加强,信息化的总体规划还有差距,特别是综合数据库的建设工作离院领导的要求相差很远;与机关和院领导交流不够,影响了工作计划的制定。

2010年要继续努力,在建设工程院综合数据库方面将加大力度,开创工程院信息化建设的新局面。

机关党委2009年工作总结

2009年我院机关党的工作,以邓小平理论和"三个代表"重要思想为指导,认真贯彻落实科学发展观,在院党组和中央国家机关工委的领导下,紧紧围绕我院的中心工作,不断加强思想、组织、作风、制度和反腐倡廉建设,为顺利完成院各项业务工作,提供了思想、政治和组织保证。

一、一年来的主要工作

(一)深化学习实践科学发展观活动成果,用科学理论指导实践

1. 认真落实党组及部门整改方案。机关党委依据学习实践科学发展观的要求,以加强党的执政能力建设和先进性建设为主线,贯彻全国机关党的建设工作会议精神,围绕国家经济建设大局,全面推进各项工作。按照整改方案任务分解目标、责任和时限要求抓好工作落实。在院党组领导

下，机关党委参与组织并承担了大量的工作，组织院士为应对国际金融危机提出意见和建议；做好院士增选服务与保障工作；召开专门会议，研究机关思想建设和组织建设，选举产生了第四届机关党委和第一届机关纪委，成立了工会、妇工委，进一步加强了机关党的工作；成立了中国工程院咨询服务中心，更好地开展了咨询工作；针对群众关注和反映的突出问题，组织有关方面积极解决职工的工资套改补发、住房补贴等群众关心的切身利益问题。还配合工委组织部和团工委开展了党建工作思想状况调研等活动。

2. 以学习型党支部建设，推动学习型机关建设。院党组领导多次强调，机关要加强学习，机关党委要加强对创建学习型机关的组织领导，引导党员干部养成读书的习惯，在全机关形成良好的学习风气。5 月中旬，机关党委给每个机关干部印发了《2009—2011 年个人学习计划表》，先由个人按照实际情况提出学习计划，听取大家对机关组织或参与学习培训的意见和建议。在此基础上，机关党委召开扩大会议，研究制订了院机关集体组织学习和培训计划，向院机关全体干部印发了《2009 年中国工程院机关学习计划》。十七届四中全会后，机关党委还组织部分党员干部听取工委宣传部关于四中全会精神系列辅导讲座，在院机关内网上建立了理论热点讨论平台，为院机关党员和各党支部购买学习资料等。10 月上旬，党组副书记、常务副院长潘云鹤同志结合传达学习十七届四中全会精神，为机关同志讲了题为“在新形势下加强和改善我院机关党的建设”的党课。机关党委还要求党员干部在加强理论学习的同时，不断加强业务学习，注重提高贯彻落实科学发展观的能力。

目前，推动学习型机关创建活动正在扎实有效地开展，按照我院“内强素质、外树形象”的要求，努力建设一支结构合理、业务熟练、作风优良的机关干部队伍。同时，机关党委继续发挥党校在理论教育中的主渠道作用，共选送 3 名局级和 5 名处级党员干部脱产去有关干部学院、中央党校、中央党校中央国家机关分校和中央纪委监察部培训中心参加了学习培训。王元晶同志被中央党校中央国家机关分校授予优秀学员称号。

（二）加强党组织自身建设，发挥战斗堡垒作用

1. 建立健全了相关组织。在机关党委的领导下，3 月份，机关各党支部进行了换届改选。4 月中旬，选举产生了第四届机关党委和第一届机关纪委，由党组成员邬贺铨同志担任机关党委书记，加强了机关党委的领导，这是学习实践科学发展观所采取的举措之一。成立了机关工会、经费审查委员会和妇女工作委员会等组织。邬贺铨同志在第一次机关党委扩大会上明确指出，党委委员要严格执行党组的指示、决定，要客观反映本部门的情况、想法和意见，思考和讨论问题要立足于全院，要做好表率，积极主动地思考问题，当好党组的参谋和助手。全国机关党的建设工作会议后，机关党委按照党组指示，专门组织学习，传达会议精神，要求把握服务中心与建设队伍这两大任务，把开展“讲党性、重品行、作表率”活动，作为推进机关党建工作改革创新的重要载体，树立务实、清廉的机关形象。

2. 进一步落实党建各项制度。一是落实会议制度。机关党委换届伊始就确定，每两周召开一次机关党委会或党委扩大会，会议时间一般为召开院党组会当日的上午，每次会议都形成纪要上报并印发。二是落实责任制。今年 4 月，机关党委制定了 2009 年工作要点，又印发了《关于贯彻落实〈中国工程院 2009 年机关党委工作要点〉的分工方案》，对每项工作进行了任务分解，确定了牵头单位和牵头人、协办单位及协办人。三是落实培训制度。10 月份，举办了机关党委委员和党支部干部培训班，请工委的同志讲课，明确党委的职能和基层党组织的工作任务，增强做好党建工作的能力，发挥党支部的战斗堡垒作用。

3. 做好干部管理工作。新一届机关党委成立之初，提出要从抓干部思想工作入手带动机关队伍建设。制订了“2009 年机关党建工作安排”，明确支部干部要及时掌握干部职工的思想动态，每季度主动找本部门党员和群众谈心一次，解决思想问题。机关党委还组织有关干部赴四川成都，对我院派出的挂职干部进行考察，并就干部在挂职期间的表现，向机关党委提出任免意见。机关党委还组织专人对地方投诉我院个别干部的有关问题进行调查了解，核实投诉信内容，并对当事人的一些做法提出了批评。在院党组领导下，为改进并完善干部管理、干部交流等各项制度，机关党委组织机关各部门开展了年终考核和测评工作，修订了《中国工程院选拔任用干部实施细则》，制订了《关于年终考评依据和方法》、《中国工程院关于干部交流的暂行规定》和《2009 年干部交流和选拔任用工作实施办法》，进一步建立并健全了干部管理工作机制。

4. 增强党组织凝聚力，激发党员干部的积极性。机关党委提出，要加强党员理想信念教育，教育党员吃苦在前、享受在后；要自觉维护党的团结统一，用组织纪律和党的先进性要求约束自己，执行党的决定，服从组织分配，积极完成党组织交给的任务，在工作中起到表率作用。政策研究室党员干部黄海涛同志参加了首都国庆 60 周年群众游行活动，他克服了身体底子薄、训练强度大、天气炎热等困难，圆满完成了任务，受到了团工委的表扬。机关党委还组织参加中央国家机关庆祝建国 60 周年大型歌会，排练期间正值机关干部暑期轮休，我院 10 位队员克服了很多困难，参加排练和演出活动，受到上级的好评。9 月下旬，机关党委在院机关举办了“中国工程院庆祝新中国成立 60 周年联欢会”，各支部充分发挥党员干部的积极性、主动性和创造性，准备了丰富多彩的文艺节目，院领导与机关干部同台表演节目，最后大家齐声合唱《歌唱祖国》，把演出气氛推向高潮。

与此同时，各党支部关心入党积极分子的成长，办公厅和国际合作局各有 1 名同志光荣地加入了党组织。我院《2008 年中国共产党党内统计报表》，再次被工委组织部评为全优报表。

（三）加强教育与监督，促进反腐倡廉建设

1. 把反腐倡廉教育纳入干部教育规划。年初，机关党委在制定工作要点时，把反腐倡廉教育作为一项重要内容作出了具体安排。6 月初，机关纪委组织院机关全体干部观看反腐倡廉警示片——《周良洛受贿警示录》，还组织部分干部观看了反映全国优秀纪检干部王瑛同志先进事迹的话剧《红叶旅途》。通过典型事例教育，大家表示，要增强抵御来自社会上各种诱惑的能力，树立正确的人生观、价值观，建设清正、廉洁、高效的机关，为院士增选和咨询工作服务。机关党委还利用《院士通讯》、机关办公网等平台，营造良好的思想舆论氛围，加强党员干部党性修养和道德修养，增强法制观念和纪律意识，夯实廉洁自律的思想基础。

2. 加强党的作风和纪律教育，增强服务意识。机关党委在全机关倡导“创建文明机关，争做人民满意公务员”活动，增强服务意识、公仆意识。邬贺铨同志在机关党委扩大会议上明确提出：要增强党支部的凝聚力和战斗力，努力解决机关工作中存在的一些问题。弘扬“八个方面”的良好风气，宣传好的典型，推广好的做法，弘扬正气，抵制不正之风，把院机关建设成积极向上、富有朝气的机关。各党支部着力把树立求真务实、认真负责的工作态度，培养讲效率、识大体、重服务的工作作风，作为部门作风建设的重点，不断研究新情况、解决新问题，努力建设一支遵纪守法、勤政、廉洁、办实事、解难题的高效机关，在各自的工作中发挥出更多的光和热，服务工程科技发展。

3. 加强对重点部门和关键环节的监督。机关党委配合院党组加强对院士增选工作的监督，严格遵守《中国工程院院士增选机关工作人员行为规定》，机关党委强调，机关同志不得以任何方式影响院士评审和选举工作，评审期间的评审和选举结束后，不得私自向候选人及其所在部门透露评审选举情况、对有关候选人的投诉及其调查核实情况和处理结果。同时，年底，机关处以上干部如实填写了《中国工程院机关处以上干部收入申报表》。

（四）以庆祝新中国成立60周年为契机，加强思想政治工作和群众工作

1. 开展庆祝新中国成立60周年系列活动。6月份，根据中宣部等11部门《关于组织开展“100位为新中国成立作出突出贡献的英雄模范人物和100位新中国成立以来感动中国人物”评选活动的通知》要求，机关党委组织各支部党员群众，通过学习、评选，完成了“双百人物”的推荐和评选。学部工作局非常重视，责成专人买书查找英雄模范人物，并上网搜索历史人物。8月份，按照中央要求和党组指示，机关党委、学部工作局和办公厅承担了组织在京院士参加国庆观礼、联欢和国庆招待会等活动的组织协调工作。经过几次政审、体检，圆满完成了任务。6至8月份，根据统一安排，各党支部结合庆祝新中国成立60周年，围绕“为科学发展服务，向共和国生日献礼”开展迎国庆主题党日活动，政策研究室组织党员群众到工委推荐的“见证辉煌”学习单位——宋庄原创艺术集聚区参观学习，学部工作局赴航天城，办公厅、国际合作局到京郊参观学习，在干部职工中大力唱响共产党好、社会主义好、改革开放好、伟大祖国好的时代主旋律。年底，机关党委组织退休干部到福建参观考察，体验改革开放给福建带来的巨大变化。

2. 充分发挥群众组织的作用。机关党委加强对工青妇等群众组织的领导，充分发挥群众组织在构建文明和谐机关中的独特优势，关心干部职工，努力为干部职工多办实事、好事。机关工会成立后，为贯彻落实《中央国家机关干部职工健身行动实施意见》，及时了解和掌握院机关干部职工体质方面的情况，组织了机关职工的体质检测。为体现组织的关怀和工程院大家庭的温暖，机关工会自6月起，为每位过生日的干部职工，办理生日贺卡和蛋糕券，送去一份祝福。春节给属牛的同志购买纪念品，为新婚的同志和孩子满月的职工送上祝福的礼物。“十一”前组织参观花卉展，开展坚果品尝活动。“三八”妇女节前夕，组织机关女干部到京郊健身并发放慰问品。妇工委还组织瑜伽训练班，每周利用两个中午开展训练。有的同志生病或家人住院，机关工会领导及时看望，送去慰问品。春节前，看望退休职工。全年补助因老人去世的职工3人，慰问困难职工2人。

3. 开展健康有益的文体活动，活跃职工的文化生活。机关工青妇组织围绕院中心工作，开展适合自身特点的活动。组队参加了中央国家机关第六届“公仆杯”乒乓球联赛，取得了较好的成绩。为加强与兄弟部委间的交流，机关工会还分别与科技部、外交学会、基金委、中联部、对外友协等单位开展了乒乓球友谊赛。组织机关职工看电影，年底为工会会员购买了电影券。5月4日，时值“五四”运动90周年纪念日，机关党委组织青年同志，赴革命老区临沂开展革命传统教育，取得了较好效果。11月初，组织青年到京郊进行拓展培训。通过培训，加强了彼此之间的了解，密切了同事关系，培养了克服困难、挑战自我的勇气，激发了工作热情。

二、存在的不足

回顾一年的工作，机关党委在加强和改进机关党的工作方面取得了一些成绩，但还存在不足。

一是机关思想政治工作开展得不够。有的支部没有落实每三个月与所属党员群众谈一次心的任务。对机关干部的一些思想问题，不能有针对性地开展工作，影响了党员群众的积极性。

二是机关党建工作责任制没有得到落实。机关党委抓党建工作责任制的力度不够，有的支部对党建工作重要性认识不足，“两手抓”的意识不强，满足于参加机关党委统一组织的活动，不愿意开动脑筋活跃支部生活，致使组织吸引力不强，难以满足党员群众的需求和期待。

三是个别党员先锋模范作用发挥得不好。个别党员干部之间不够团结，缺乏协作精神和大局意识。

三、2010年工作设想

一是继续坚持把思想理论建设放在机关党建的首位，大力推动学习型机关建设。坚持以邓小平理论、“三个代表”重要思想和科学发展观为主要内容的党员领导干部理论的学习，不断提高运用党的创新理论解决机关改革发展中出现的各种问题的能力。

二是继续坚持党建工作要围绕中心，服务大局，不断提高贯彻落实科学发展观的素质和能力。把围绕中心，服务大局着力体现在机关改革发展的实效上，体现在改革创新的思路上，落实在服务中心工作上。

三是继续加强机关党的组织建设。进一步规范党支部工作，激发组织活力；健全机关党建工作考评激励机制；做好机关干部轮岗交流和选拔任用工作，不断增强党组织的创造力、凝聚力和战斗力。

四是落实好党员培训工作。努力使机关党员理想信念进一步坚定，党性观念进一步增强，优良作风进一步养成，先锋模范作用进一步发挥，工作能力进一步增强，更好地服务建设工程科技思想库。

【人事任免】

关于邬贺铨等同志任职的通知

国工组[2009]67号

中共中国工程院机关委员会：

4月21日报告收悉。中央国家机关工委2009年4月23日批准：邬贺铨同志任中共中国工程院机关委员会书记，谷珏同志任中共中国工程院机关委员会副书记兼机关纪律检查委员会书记，贾庆广同志任中共中国工程院机关纪律检查委员会副书记。

中共中央国家机关工作委员会
二〇〇九年四月二十三日

关于邬贺铨同志任职的通知

中工发[2009]59号

各位院士、院机关各部门：

根据工作需要，经中国工程院主席团会议审议通过并报中央组织部批准，任命邬贺铨同志兼任中国工程院秘书长。

中国工程院
二〇〇九年六月十六日

关于易建同志任职的通知

中工发[2009]10 号

办公厅：

根据工作需要，经研究决定，易建同志任办公厅主任助理兼院长办公室主任。

中国工程院

二〇〇九年二月五日

关于梁晓捷、左家和同志任职的通知

中工发[2009]11 号

学部工作局：

根据工作需要，经研究决定，梁晓捷同志任学部工作局一处处长。

左家和同志任学部工作局一处副处长，按照中央有关规定，该同志任职试用期 1 年，试用期满考核合格后，正式任职。

中国工程院

二〇〇九年二月五日

关于官键、王小文同志任职的通知

中工发[2009]12号

国际合作局：

根据工作需要，经研究决定，官键同志任国际合作局一处处长。按照中央有关规定，该同志任职试用期1年，试用期满考核合格后，正式任职。

王小文同志任国际合作局一处副调研员，任职时间自2007年1月起计算。

中国工程院

二〇〇九年二月五日

关于院机关部分机构调整及有关干部任免的通知

中工发[2009]18号

院机关各部门：

为落实学习实践科学发展观活动的成果，以建设国家工程科技思想库为目标，进一步加强院士队伍建设与咨询两方面工作，院机关各部门的职能要围绕这两项任务进一步调整，减少职责重叠，理顺关系。为此，经院党组研究决定，机关部分机构调整及有关干部任免如下：

白玉良副秘书长继续兼任学部工作局局长，并负责联系国际合作局；石立英副秘书长继续兼任政策研究室主任，并负责中国工程院咨询服务中心的组建工作。

一、办公厅

办公厅由董庆九、谢冰玉和易建同志组成领导班子，董庆九同志主持办公厅工作，日常财务工作由谢冰玉同志审批。

人事处和机关党委（纪检监察）办公室从办公厅独立出来。

二、学部工作局

1. 职能

负责组织院士增选与院士科学道德建设管理与服务工作；负责组织院地合作项目包括院部合作项目的实施；负责国家有关部委、地方政府和企业委托的院士行的组织与服务工作；联系学部常委会，为学部常委会会议、包括学部组织的工程科技论坛提供归口服务；负责增选委员会、科学道德委员会、产业委员会秘书处工作；完成院领导交办的其他工作。咨询项目管理职能转移至政策研究室，但学部工作局仍需配合政策研究室对咨询项目的组织管理提供协助，特别是目前已经进行且由学部一处、二处负责的学部级的咨询项目，仍需继续提供服务。

2. 机构和人员

撤销咨询工作处，保留综合处、学部工作一处、学部工作二处，新成立科学道德办公室。原咨询工作处人员及负责咨询工作的王振海同志调政策研究室工作。科学道德办公室人员自学部工作局现有人员中调整组成。

三、政策研究室（名称待议）

1. 职能

以咨询工作为主，负责组织和管理咨询项目，包括院级重大项目与学部级咨询项目；负责组建咨询服务中心（以下简称“中心”），在“中心”建立后，负责协调、发挥“中心”对咨询项目的支撑与服务作用；负责院领导交办的重要讲话和文件的起草；负责学术出版的组织和管理工作；负责咨询工作委员会、学术出版委员会、教育委员会、工程科技院所研究生教育委员会秘书处工作；完成院领导交办的其他工作。信息中心职能目前仍保留在政策研究室，将来是否调整待研究。

2. 机构和人员

撤销调研处，保留综合处、信息中心，新成立咨询工作处（由学部工作局调入）、学术与出版处。王振海同志任政策研究室主任助理。咨询工作处承担学部常委会会议上咨询项目的报告准备等服务工作。原调研处工作人员采取双向选择方式在政策研究室和咨询服务中心内重新选择工作岗位。政策研究室根据工作需要，在原编制内自行调配综合处、咨询工作处、学术与出版处、信息中心人员。

政策研究室石立英、高中琪同志兼任“中心”领导，并负责其组建工作，组建方案报院党组同意后另行安排。

四、党群工作

为加强党组对机关党委的领导，发挥党组织的战斗堡垒作用，进一步加强机关党委的办事机构，适应院纪检、工会组织的建立和工青妇工作的开展，机关党委办公室、纪检、工青妇等党群工作从目前的办公厅分离，作为机关党委直属机构。现暂设两个处，分别是人事处、机关党委（纪检监察）办公室，人员组成不变。

此次机构调整，院机关各部门暂不增加人员编制。今后视工作需要再确定新增处室或编制。涉及机构调整但未明确处室职能与干部配备的另行通知。

以上同志到新岗位任职后，原职务自动免除。

本通知未涉及的机构、职能、人员等均不变。

中国工程院

二〇〇九年三月十二日

关于鲁瑛等同志任职的通知

中工发［2009］27号

院机关各部门：

由于机构调整，根据工作需要，经研究决定，以下6位同志任职如下：

鲁瑛任学部工作局科学道德办公室主任；

刘静任政策研究室学术与出版处处长，丁养兵、赵文成调该处工作；

刘畅调政策研究室综合处主持工作（正处级）；

宗玉生任政策研究室咨询工作处副处长，按照中央有关规定，该同志任职试用期1年，试用期满考核合格后，正式任职。

中国工程院

二〇〇九年四月二日

关于石立英同志任职的通知

中工发[2009]47号

中国工程院咨询服务中心：

根据工作需要，经研究决定，石立英同志兼任中国工程院咨询服务中心主任（法定代表人）。

中国工程院

二○○九年五月十五日

关于宋学敏同志退休的通知

中工发[2009]48号

院机关各部门：

根据国家有关规定，经党组研究同意，宋学敏同志退休，免去其办公厅主任职务。

中国工程院

二○○九年五月十九日

关于姬学等同志任职的通知

中工发[2009]76号

院机关各部门：

根据工作需要，经研究决定，任命以下10位同志为主任科员：

办公厅院长办公室姬学、郭继东、张文韬、王立群；

学部工作局综合处张松，一处王晓俊、范桂梅，二处张健、于泽华；

政策研究室咨询工作处刘玮。

任职时间自2009年6月开始算起。

中国工程院

二〇〇九年七月二十四日

关于唐海英同志任职的通知

中工发[2009]106号

学部工作局：

根据工作需要，经研究决定，唐海英同志任学部工作局科学道德办公室调研员。

中国工程院

二〇〇九年十二月二十八日

【规章制度】

关于印发《中国工程院学术活动管理办法(试行)》的通知

中工发[2009]92号

各学部、各专门委员会、机关各部门：

为进一步加强和规范学术活动的管理,《中国工程院学术活动管理办法(试行)》已经院学术与出版委员会审议通过。现印发给你们,请遵照执行。

为做好2010年学术活动的计划和组织工作,根据《中国工程院学术活动管理办法(试行)》规定,请将2010年度学术活动建议于2009年12月15日前报送政策研究室学术与出版处(学术与出版委员会秘书处)。

特此通知。

附件:1.《中国工程院学术活动管理办法(试行)》

2.《中国工程院学术活动建议书》

中国工程院

二〇〇九年十月二十九日

附件1：

中国工程院学术活动管理办法(试行)

(2009年6月28日学术与出版委员会审议通过)

第一章　总　　则

第一条　为加强和规范中国工程院学术活动的组织和管理,特制定本办法。

第二条　组织学术活动的目的是:适应工程科技事业发展,加强工程科技学术交流与合作,促进我国工程科技进步,提高工程科技学术水平。

第三条　学术活动的主要任务是:围绕关系国家经济社会发展的重大工程科技问题,从学科建设、人才培养、技术创新、服务社会等方面,开展不同层次、不同形式的国内、国际学术活动。

第四条　本办法所涉及的学术活动,是指中国工程院、各学部、机关各部门主办、或与其他机构联合主办的国内外学术活动。根据学术活动的规模和主办层次,分为重大学术活动、学部学术活动和一般学术活动三类。

第二章　机构与职能

第五条　学术与出版委员会是中国工程院学术活动的指导和管理机构。其主要职责是负责学术活动计划的制订;受理并审批学术活动的申请;指导学术活动的组织实施;组织对学术活动的总结和评估。

第六条　各学部常委会协助学术与出版委员会进行全院学术活动计划制定;负责本学部学术活动的组织实施。

第七条　政策研究室学术与出版处为学术与出版委员会的秘书处。具体负责学术活动申请的受理;重大学术活动的组织协调;学术活动的总结和备案;学术活动的宣传与出版。

第三章　申报与审批

第八条　学术活动实行申报和备案制度。凡涉及经费申请的学术活动,申报时须填写《中国工程院学术活动建议书》,报送学术与出版处。重大学术活动的申报截止日期为前一年的9月底。不涉及经费申请的学术活动,须提前向学术与出版处备案。

第九条　重大及学部学术活动由学术与出版委员会审批;小型学术活动由学术与出版处提出意见,政策研究室审批。经批准的学术活动应按计划执行,如有变动,须提前向学术与出版处说明。

第四章　组织与实施

第十条　学术活动负责人负责审定会议的学术内容和报告人的商选,引导会议展开充分研讨,营造活跃自由的会议氛围。

第十一条 组织单位和部门负责会议的实施和保障,并做好学术活动总结及相关资料的归档。学术与出版处做好年度学术活动工作总结,并报学术与出版委员会。

第十二条 学术活动中如有涉密内容,主办方须严格把关,按照国家保密有关规定做好保密工作。

第五章 经费与管理

第十三条 我院学术活动经费来自国家财政拨款,每年保持一定的预算额度,实行"纳入预算、严格管理"的制度。学术活动经费的使用,需经学术与出版委员会审核批准,由财务处负责会计监督,并接受国家审计。

第十四条 对于因故未列入年度计划又确有必要开展的学术活动,视情况给予必要的经费支持。经费在5万元以上的学术活动,需提前3个月报批。经费在5万元以下的学术活动,需提前1个月报批。

第十五条 学术活动经费的使用范围是:开展各种学术活动而发生的交通费、食宿费、场地费、资料费、设备使用费、特邀专家报告费等支出。

第十六条 可根据情况适当向与会者收取必须的费用以用于会议开支。在不以盈利为目的的前提下,鼓励和支持主办部门积极争取和筹措学术活动经费。

第六章 附 则

第十七条 本办法自公布之日起执行。

第十八条 本办法由中国工程院学术与出版委员会负责解释。

附件2：

中国工程院学术活动建议书

部　　门：　　　　　　　　　　　　　　　　　　　　　　　　　　年　月　日

主　　题	
主办机构	
合办机构	
支持机构	
重要性与 必要性说明	
预期目标	
负责人	
会议规模	
计划时间	
举办地点	
经费预算	总经费 拟申请院支持经费
联系人	
秘书处 意　见	
政研室 意　见	
学术与出版委员 会审核意见	
备　　注	

关于印发《中国工程院学术会议在网站上预告的实施办法》的通知

中工办字[2009]13号

院机关各部门：

为规范我院学术会议上网预告工作，特制定本办法。请予执行。

附件：《中国工程院学术会议在网站上预告的实施办法》

中国工程院办公厅

二〇〇九年二月十一日

附件：

中国工程院学术会议在网站上预告的实施办法

为便于工程科技界了解我院开展的学术交流活动，同时方便参会人员及时了解会议的有关安排，发挥我院学术活动的作用，扩大学术会议的影响，特在我院网站上开设"会议预告"栏目，以增强我院网站的实用性。根据上网信息的特点，结合我院实际情况，制定本实施办法。

一、上网预告学术会议的有关要求

上网预告的学术会议必须是公开的、不涉及国家秘密的会议；在此前提下，由我院主办或承办的各类学术会议（含论坛），原则上都可作预告；我院协办的各类学术会议经主办方同意也可上网预告。

二、上网预告会议应包含的基本内容

会议名称；主办单位；会议简介；会议时间；参加人员；会议地点；会议联系人及电话、电子邮件等。

三、会议预告的时限要求

1. 为达到预告效果及为信息中心预留必要的图片制作和链接调试时间，机关各部门应提前一周以上时间将会议预告内容及电子版报信息中心；

2. 已有会议网站，需提供图片地址链接的，应提前两周以上时间将网址等报信息中心；

3. 会议结束后，该会议预告内容即撤销。

四、会议预告在网站上的位置

在工程院中文网站首页(http://www.cae.cn)右侧的会议预告滚动栏目中标识会议题目，点击后进入预告页面。

有会议网站的在首页右侧以图标方式链接。

五、严格保密制度和上网信息审批制度

上网审批程序为：由会议组织机构将预告内容提交主管的局级领导审批；各局负责人依照《保密法》有关规定审查会议预告信息是否可以上网发布，可以上网发布的，由局级负责人签字，并将纸质和电子文本送信息中心；经信息中心主任审核后，在我院网站上发布，并登记存档。

六、本实施办法由信息中心负责解释。

关于印发《中国工程院会议室音像设备使用管理办法（试行）》的通知

中工办字[2009]48号

院机关各部门：

现将《中国工程院会议室音像设备使用管理办法（试行）》印发你们，请遵照执行。

附件：《中国工程院会议室音像设备使用管理办法（试行）》

中国工程院办公厅

二〇〇九年四月二十九日

附件:

中国工程院会议室音像设备使用管理办法(试行)

为加强工程院会议室音像设备的管理和使用,保证我院召开的各种会议内容保密、信息安全,特制定本办法。

一、会议室音像设备的内容

我院会议室的音像设备系统包括:

1. 我院会议系统的中心控制系统和设备(位于地下一层总控室);

2. 各会议室内的终端控制设备、扩音设备及控制系统。

以上的系统和设备均为联网运行。

二、我院会议室的音像设备条件

1. 有音像设备的会议室,如:贵宾室、113、218、219、220、317、318、319 等;

2. 无音像设备的会议室(包括 334 保密会议室),如:230、249、333、348、437、451 等。

三、会议室音像设备的管理要求

1. 结合我院会议室的设备情况,安排会议室应本着尽可能将保密会议、内部会议安排在无音像设备会议室的原则。

2. 内部保密会议应尽量安排在保密会议室,并开启手机信号干扰器。由会议承办人员负责会议所需的录音、电脑演示等工作,自备录音及电脑演示设备(院机关根据工作需要配备),会后按保密要求妥善管理所录制的信息,防止泄漏。

3. 主席团会议、院常务会议一般不录音录像,如需要扩音和电脑演示时,由信息中心人员负责操控设备,关闭录音系统。同时临时切断与会议系统中心控制室的连线。

4. 其他内部保密会议如因人数及演示需要等原因确需安排在有音像设备的会议室时,院机关会议承办人员根据需要确定是否请物业人员协助操作会议室音像设备。如需要,物业人员应按会议的要求和会议室管理规定予以协助操作,会后将所录制的文件交由会议承办人员管理,并在会议承办人员监督下从设备上删除。物业人员不得私自录音、录像、监控和存储以上信息。

5. 一般内部会议,由物业人员协助会议承办人员负责会议内容的扩音、录音及电脑演示等工作。

6. 非保密会议,由物业人员负责会议室各种音像设备的使用。

四、其他

1. 物业部门应严格按照会议室音像设备使用的规定操作,并与信息中心签订保密协议,信息中心会同办公厅根据情况随时检查、抽查。

2. 物业公司会议设备管理部门也应建立相应的会议设备使用管理办法,并与具体负责会议系统的物业人员签订保密协议，并报信息中心备案。

3. 办公厅归口负责会议室其他方面的管理，协助信息中心落实音像设备的监管。

4. 有关国际会议、外事活动的音像管理办法另行规定。

5. 本办法由信息中心负责解释。

（以上均由王立群提供）

附　　录

一、组织机构

1. 主 席 团

名誉主席:宋 健 朱光亚

执行主席:徐匡迪

主席团成员(33人,按姓氏笔画):

干 勇 毛二可 王永志 王礼恒 王思敬 王淀佐 石玉林 关 桥 刘鸿亮 刘德培 旭日干 朱建士 朱高峰 邬贺铨 何继善 张彦仲 李大东 李国杰 杜祥琬 杨秀敏 杨胜利 沈国舫 陈厚群 徐匡迪 殷瑞钰 秦伯益 顾健人 龚惠兴 谢礼立 管华诗 潘云鹤 薛群基 魏复盛

2. 院 领 导

院长、党组书记:徐匡迪

党组副书记:周 济

常务副院长、党组副书记:潘云鹤

副院长:邬贺铨 刘德培 杜祥琬 旭日干

秘书长:邬贺铨(兼)

副秘书长:白玉良 石立英

3. 各学部常委会

(常委以姓氏笔画为序)

1. 机械与运载工程学部(15人)

主 任:张彦仲

副主任:王兴治 杜善义 高金吉

常 委:马伟明 王玉明 王兴治 龙乐豪 冯培德 刘友梅 关 杰 杜善义 李培根 李椿萱 汪顺亭 张立同(女) 张彦仲 高金吉 黄先祥

2. 信息与电子工程学部(15 人)

主　　任:李国杰

副 主 任:许祖彦、刘韵洁、何新贵

常　　委:王天然　韦钰(女)　叶尚福　刘尚合　刘韵洁　许祖彦　孙　玉　孙家广　李幼平
李同保　李伯虎　李国杰　何新贵　姜景山　梁骏吾

3. 化工、冶金与材料工程学部(13 人)

主　　任:干　勇

副 主 任:汪燮卿　邱定蕃　陈立泉

常　　委:干　勇　才鸿年　王静康(女)　左铁镛　孙传尧　何季麟　邱定蕃　汪燮卿
陈立泉　欧阳平凯　周　廉　徐德龙　曹湘洪

4. 能源与矿业工程学部(15 人)

主　　任:何继善

副 主 任:胡思得　黄其励　苏义脑

常　　委:古德生　孙玉发　何继善　苏义脑　邱中建　邱爱慈(女)　陈念念　胡思得　闻雪友
顾心怿　黄其励　曾恒一　谢和平　韩英铎　薛禹胜

5. 土木、水利与建筑工程学部(15 人)

主　　任:杨秀敏

副 主 任:崔俊芝　韩其为　马国馨

常　　委:马国馨　马洪琪　王景全　江　亿　江欢成　杨秀敏　何镜堂　邹德慈　张在明
张祖勋　张超然　崔俊芝　韩其为　谢世楞　谢礼立

6. 环境与轻纺工程学部(9 人)

主　　任:魏复盛

副 主 任:许健民　陈克复

常　　委:许健民　孙晋良　张　懿(女)　陈克复　季国标　段镇基　徐　洵(女)　蔡道基
魏复盛　侯保荣

7. 农业学部(9 人)

主　　任:管华诗

副 主 任:方智远　戴景瑞

常　　委:山　仑　方智远　尹伟伦　向仲怀　孙九林　陈焕春　唐启升　管华诗　戴景瑞

8. 医药卫生学部(13 人)

主　　任:杨胜利

副 主 任:刘　耀　郝希山　樊代明

常　　委：王威琪　庄　辉　刘　耀　李连达　杨胜利　张伯礼　郑树森　郝希山　侯惠民
程书钧　谢立信　甄永苏　樊代明

9. 工程管理学部(9人)
主　　任：王礼恒
副 主 任：刘人怀　王基铭
常　　委：王礼恒　王基铭　朱晓东　刘人怀　李京文　沈荣骏　陆佑楣　郑南宁　傅志寰

4. 各专门委员会

一、院士增选政策委员会
主 任 委 员：旭日干
副主任委员：杜祥琬
委　　　员：杜善义　关　杰　沈昌祥　许祖彦　才鸿年　邱定蕃　胡思得　钱绍钧　杨秀敏
韩其为　魏复盛　季国标　沈国舫　方智远　杨胜利　刘　耀　王礼恒　朱高峰
白玉良

二、咨询工作委员会
主 任 委 员：邬贺铨
副主任委员：潘云鹤　王淀佐　赵忠贤
委　　　员：高金吉　龙乐豪　陈良惠　刘韵洁　陈立泉　王静康　黄其励　潘自强　马国馨
范立础　孙晋良　张　懿　戴景瑞　尹伟伦　桑国卫　程书钧　傅志寰　李京文
白玉良

三、教育委员会
顾　　　问：徐匡迪　朱高峰
主 任 委 员：潘云鹤　周　济
副主任委员：陈　希　刘德培　吴启迪　翁史烈　左铁镛
委　　　员：李培根　李幼平　李同保　曹湘洪　樊明武　宁津生　沈世钊　钱　易　汪懋华
王威琪　张伯礼　刘人怀　郑南宁　韦　钰　钟志华　徐德龙　谢克昌　张尧学
李　未　洪绂曾　林蕙青　张大良　侯福兴　王亚杰　庄　毅　余寿文　石立英
陈　劲　李立明　张彦通

四、科学道德建设委员会
顾　　　问：潘家铮　胡启恒
主 任 委 员：杜祥琬
副主任委员：旭日干

委　　　员：王兴治　何新贵　孙传尧　何继善　谢礼立　许健民　管华诗　庄　辉　沈荣骏

五、产业工程科技委员会

主 任 委 员：王淀佐

副主任委员：邬贺铨

委　　　员：王玉明　刘友梅　刘　玠　刘韵洁　殷瑞钰　曹湘洪　范维唐　胡见义　黄其励
张超然　王梦恕　张在明　蒋士成　张齐生　蒋亦元　王永炎　李连达　侯惠民
王基铭　陆佑楣

团体成员单位：

1. 研究院所（15 家，排名不分先后）：

机械科学研究院
长沙矿冶研究院
北京矿冶研究总院
钢铁研究总院
冶金自动化研究设计院
北京有色金属研究总院
西北有色金属研究院
中国建筑材料科学研究总院
沈阳化工研究院
煤炭科学研究总院
中国纺织科学研究院
中国食品发酵工业研究院
电信科学技术研究院（大唐电信科技产业集团）
中国重型机械研究院（西安重型机械研究所）
上海医药工业研究院

2. 大型企业（27 家，排名不分先后）：

江南造船（集团）有限责任公司
中国南方机车车辆工业集团公司
海信集团有限公司
春兰（集团）公司
鞍山钢铁集团公司
唐山钢铁集团有限责任公司
中国石油化工股份有限公司北京燕山分公司
中国石化上海石油化工股份有限公司
兖矿集团有限公司
大庆石油管理局
中国石化集团胜利石油管理局
中国广东核电集团公司

山东鲁北企业集团总公司
河南安彩集团有限责任公司
中石油塔里木油田分公司
中国第一重型机械集团公司
中国第二重型机械集团公司
哈尔滨电站设备集团公司
潍柴动力股份有限公司
大连机床集团有限责任公司
中国铝业公司
万向集团公司
中兴通讯股份有限公司
上海汽车集团股份有限公司
内蒙古蒙牛乳业(集团)股份有限公司
中国中钢集团公司
研祥智能科技股份有限公司

六、学术与出版委员会

顾　　问:侯云德
主任委员:刘德培
副主任委员:邬贺铨　金国藩　汪旭光　柳百成
委　　员:李椿萱　徐滨士　毛二可　李伯虎　汪燮卿　沈德忠　苏义脑　陈毓川　韩英铎　谢世楞　张锦秋　崔俊芝　徐　洵　李泽椿　金鉴明　唐启升　山　仑　甄永苏　郑树森　沈倍奋　何继善　郭重庆　朱晓东　刘志鹏　董庆九　王海荣

七、工程研究院所研究生教育学术委员会

主任委员:周　济　潘云鹤
副主任委员:王淀佐
委　　员:张彦仲　李国杰　汪燮卿　何继善　陈肇元　周国泰　殷瑞钰　干　勇　林蕙青　张尧学　王亚杰　李新亚　杨毅刚　赵宪庚　王　俊　赵　强　石立英

5. 院　机　关

机关党委书记:邬贺铨(兼)
办公厅
巡视员(主持工作):董庆九
副主任:谢冰玉
内设:行政后勤处　院长办公室　财务处　宣传处

学部工作局
局长:白玉良(兼)
副局长:李仁涵
内设:综合处　科学道德办公室　学部工作一处　学部工作二处

国际合作局
副局长:程家怡　康金城
内设:综合处　一处　二处

政策研究室
主任:石立英(兼)
副主任:高中琪
副巡视员:郗小林　徐　进
内设:综合处　咨询工作处　学术与出版处　信息中心
下设:咨询服务中心
机关党委
副书记:谷珏
内设:机关党委办公室　人事处
咨询服务中心
主任:石立英(兼)
内设:办公室　咨询项目部　信息部

二、全体院士名单(755人)

1. 机械与运载工程学部(106人)

艾 兴 陈福田 陈懋章 陈士橹 陈一坚 陈予恕 崔国良 丁衡高 董春鹏 杜善义
段正澄 朵英贤 范本尧 冯培德 高伯龙 高金吉 顾国彪 顾诵芬 管 德 关 杰
关 桥 郭重庆 郭孔辉 何友声 胡正寰 黄崇祺 黄瑞松 黄文虎 黄先祥 黄旭华
金东寒 乐嘉陵 李椿萱 李鹤林 李鸿志 李 明 李培根 李 钊 梁晋才 林尚扬
林宗虎 柳百成 刘大响 刘人怀 刘兴洲 刘怡昕 刘永才 刘友梅 龙乐豪 卢秉恒
路甬祥 陆元九 马伟明 孟执中 闵桂荣 潘健生 潘镜芙 戚发轫 钱清泉 饶芳权
阮雪榆 沈闻孙 沈志云 石 屏 宋文骢 苏哲子 孙敬良 谭建荣 唐任远 屠基达
涂铭旌 屠善澄 王 浚 汪顺亭 王兴治 王永志 汪槱生 王玉明 王哲荣 温俊峰
吴有生 谢友柏 徐滨士 徐德民 徐玉如 徐志磊 杨凤田 杨士莪 尹泽勇 于本水
臧克茂 曾广商 张炳炎 张福泽 张贵田 张金麟 张立同(女) 张彦仲 赵 煦
钟 掘(女) 钟群鹏 钟志华 周 济 周勤之 朱能鸿 朱英浩

2. 信息与电子工程学部(108人)

贲 德 蔡鹤皋 蔡吉人 柴天佑 陈 鲸 陈敬熊 陈俊亮 陈良惠 陈左宁(女)
戴 浩 邓中翰 范滇元 方滨兴 方家熊 封锡盛 高 洁 龚惠兴 宫先仪 龚知本
郭桂蓉 何德全 何新贵 胡光镇 胡启恒(女) 黄培康 姜景山 姜文汉 金国藩
金怡濂 李伯虎 李德仁 李德毅 李国杰 李乐民 李三立 李同保 李幼平 梁骏吾
林祥棣 林永年 凌永顺 刘 玠 刘尚合 刘永坦 刘韵洁 陆建勋 卢锡城 罗沛霖
马远良 毛二可 倪光南 牛憨笨 潘君骅 潘云鹤 沈昌祥 宋 健 苏君红 孙家广
孙优贤 孙 玉 孙忠良 童志鹏 汪成为 王大珩 王任享 王天然 王小谟 王 越
王子才 韦 钰(女) 魏正耀 魏子卿 吴 澄 邬贺铨 邬江兴 吴曼青 吴佑寿
吴祖垲 许居衍 徐扬生 徐元森 许祖彦 薛鸣球 杨士中 姚骏恩 叶铭汉 叶尚福
叶声华 俞大光 于 全 张光义 张履谦 张明高 张乃通 张锡祥 张尧学 张直中
张钟华 赵伊君 赵梓森 郑南宁 钟 山 周炯槃 周立伟 周寿桓 周仲义 朱高峰
庄松林

3. 化工、冶金与材料工程学部(96人)

才鸿年 曹湘洪 陈丙珍(女) 陈国良 陈 景 陈立泉 陈清如 陈蕴博 崔 崑
戴永年 丁传贤 董海山 傅恒志 付贤智 干 勇 高从堦 顾真安 关兴亚 何季麟
侯芙生 胡永康 胡壮麒 黄伯云 黄培云 姜德生 江东亮 金 涌 柯 伟 李大东
李东英 李冠兴 李恒德 李俊贤 李龙土 李正邦 李正名 刘伯里 刘炯天 刘业翔
陆钟武 毛炳权 闵恩泽 欧阳平凯 邱定蕃 桑凤亭 邵象华 沈德忠 沈寅初 师昌绪
舒兴田 孙传尧 唐明述 屠海令 王淀佐 王国栋 王静康(女) 汪燮卿 汪旭光
王一德 王泽山 王震西 魏可镁 闻立时 翁宇庆 武 胜 吴慰祖 吴以成 徐承恩
徐德龙 徐更光 徐匡迪 徐南平 薛群基 严东生 杨启业 殷国茂 殷瑞钰 余永富
袁晴棠(女) 袁渭康 曾苏民 张国成 张生勇 张寿荣 张文海 张兴栋 张耀明
赵连城 赵振业 周光耀 周克崧 周 廉 周 玉 朱永赡 邹 竞(女) 左铁镛

4. 能源与矿业工程学部(101人)

安继刚 陈清泉 岑可法 常印佛 陈念念 陈森玉 陈毓川 杜祥琬 多 吉 樊明武
范维澄 范维唐 傅依备 古德生 顾金才 顾心怿 韩大匡 韩英铎 何多慧 何继善
洪伯潜 胡见义 胡思得 黄其励 蒋洪德 金庆焕 康玉柱 雷清泉 李立浧 李庆忠
李焯芬 梁维燕 刘宝琛 刘广志 罗平亚 马永生 毛用泽 倪维斗 潘 垣 潘自强
裴荣富 彭士禄 彭苏萍 彭先觉 钱皋韵 钱鸣高 钱绍钧 乔登江 秦裕琨 邱爱慈(女)
邱中建 阮可强 沈国荣 沈忠厚 苏义脑 孙才新 孙承纬 孙玉发 唐西生 汤中立
童晓光 万元熙 王德民 王思敬 王仲奇 闻雪友 翁史烈 鲜学福 谢和平 谢克昌
徐大懋 许绍燮 徐旭常 薛禹胜 杨奇逊 杨裕生 叶奇蓁 衣宝廉 于俊崇 于润沧
余贻鑫 袁 亮 袁士义 岳光溪 曾恒一 翟光明 张光斗 张铁岗 张信威 张勇传
张宗祜 赵仁恺 赵文津 郑健超 郑绵平 周邦新 周世宁 周守为 周永茂 朱光亚
朱建士

5. 土木、水利与建筑工程学部(101人)

曹楚生 陈厚群 陈吉余 陈 新 陈肇元 陈志恺 程泰宁 崔俊芝 戴复东 董石麟
范立础 方秦汉 冯叔瑜 傅熹年 葛修润 关肇邺 韩其为 何华武 何镜堂 黄 卫
黄熙龄 江欢成 江 亿 雷志栋 李道增 李圭白 李 玶 李猷嘉 梁文灏 梁应辰
廖振鹏 林俊德 林元培 刘建航 刘经南 刘济舟 刘先林 龙驭球 卢耀如 吕志涛
罗绍基 马国馨 马洪琪 马克俭 茆 智 孟兆祯 宁津生 欧进萍 潘家铮 钱七虎

钱正英(女) 秦顺全 任南琪 容柏生 沙庆林 沈世钊 沈祖炎 施仲衡 孙 伟(女)
谭靖夷 王光远 王 浩 王家耀 王景全 王梦恕 王瑞珠 王小东 魏敦山 文伏波
吴良镛 吴中如 项海帆 谢鉴衡 谢礼立 谢世楞 徐乾清 许其凤 杨秀敏 杨永斌
叶可明 曾庆元 张超然 张建云 张 杰 张锦秋(女) 张蔚榛 张祖勋 赵国藩
郑皆连 郑守仁 郑颖人 郑哲敏 钟登华 钟训正 周丰峻 周福霖 周干峙 周 镜
周君亮 朱伯芳 邹德慈

6. 环境与轻纺工程学部(42 人)

蔡道基 陈克复 陈联寿 丁德文 丁一汇 方国洪 顾夏声 郝吉明 侯保荣 侯立安
季国标 蒋士成 金鉴明 金翔龙 李泽椿 刘鸿亮 伦世仪 梅自强 孟 伟 潘德炉
庞国芳 钱 易(女) 曲久辉 任阵海 石 碧 孙宝国 孙晋良 孙铁珩 汤鸿霄
唐孝炎(女) 王文兴 魏复盛 许健民 徐祥德 姚 穆 郁铭芳 袁业立 张全兴
张 懿(女) 周国泰 周 翔(女) 朱尊权

7. 农业学部(71 人)

陈焕春 陈俊愉 陈温福 陈宗懋 程顺和 戴景瑞 邓秀新 董玉琛(女) 范云六(女)
方智远 冯宗炜 傅廷栋 盖钧镒 官春云 管华诗 郭予元 侯 锋 蒋亦元 雷霁霖
李 宁 李佩成 李文华 李 玉 林浩然 刘大钧 刘更另 刘守仁 刘兴土 刘秀梵
刘 旭 刘 筠 卢良恕 罗锡文 马建章 麦康森 南志标 任继周 荣廷昭 山 仑
沈国舫 沈荣显 石元春 石玉林 束怀瑞 宋湛谦 孙九林 唐启升 汪懋华 王明庥
王 涛(女) 吴明珠(女) 夏咸柱 向仲怀 辛世文 熊远著 旭日干 徐 洵(女)
颜龙安 尹伟伦 余松烈 于振文 袁隆平 曾德超 曾士迈 张福绥 张改平 张齐生
张子仪 赵法箴 周开达 朱英国

8. 医药卫生学部(114 人)

安静娴(女) 巴德年 曹雪涛 陈灏珠 陈洪铎 陈冀胜 陈君石 陈赛娟(女) 陈香美(女)
陈亚珠(女) 陈肇隆 陈志南 程 京 程莘农 程书钧 程天民 池志强 戴尅戎 丁 健
樊代明 范上达 付小兵 高润霖 高守一 葛宝丰 顾健人 顾玉东 郭应禄 郝希山
洪 涛 侯惠民 侯云德 胡亚美(女) 胡之璧(女) 黄翠芬(女) 黄志强
李春岩 李大鹏 黎介寿 李兰娟(女) 黎磊石 李连达 李瑞麟 李载平 廖万清
刘昌孝 刘德培 刘耕陶 刘彤华(女) 刘 耀 刘玉清 刘志红(女) 陆道培
卢世璧 彭司勋 秦伯益 邱贵兴 邱蔚六 阮长耿 桑国卫 沈倍奋(女) 沈家祥

沈渔邨(女) 盛志勇 石学敏 史轶蘩(女) 孙 燕 唐希灿 汤钊猷 王红阳(女)
王琳芳(女) 王士雯(女) 王澍寰 王威琪 王永炎 王正国 王振义 王忠诚
闻玉梅(女) 翁心植 吴德昌 吴阶平 吴天一 吴咸中 吴以岭 夏家辉 项坤三
肖碧莲(女) 肖培根 谢立信 杨宝峰 杨胜利 姚新生 于德泉 俞梦孙 于维汉
俞永新 袁国勇 曾溢滔 张伯礼 张涤生 张金哲 张心湜 张 运 赵 铠 甄永苏
郑树森 钟南山 钟世镇 周宏灏 周后元 周良辅 朱晓东 庄 辉

9. 工程管理学部(44人,其中28人为跨学部院士)

巴德年 陈清泉 程天民 杜祥琬 傅志寰 郭重庆 郭桂蓉 何继善 蒋士成 金鉴明
李东英 李京文 刘德培 刘 玠 刘人怀 刘源张 卢良恕 陆佑楣 栾恩杰 罗绍基
潘家铮 钱七虎 饶芳权 沈荣骏 孙永福 王 安 王基铭 王礼恒 王陇德 汪应洛
王玉普 王众托 徐滨士 徐匡迪 许庆瑞 徐寿波 叶可明 殷瑞钰 袁晴棠(女)
翟光明 张寿荣 郑南宁 朱高峰 朱晓东

三、院士情况统计表

1. 院士按学部分布图

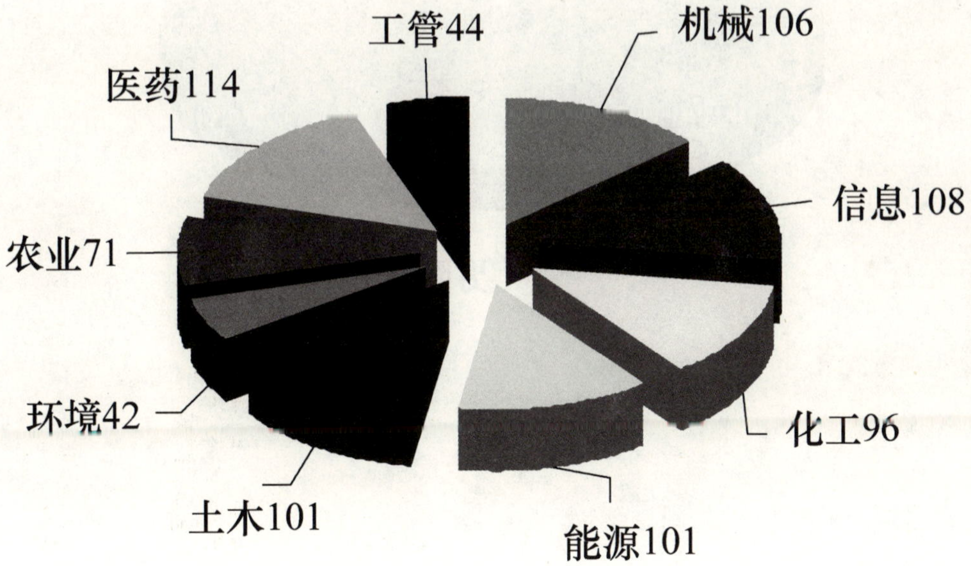

2. 院士性别分布图

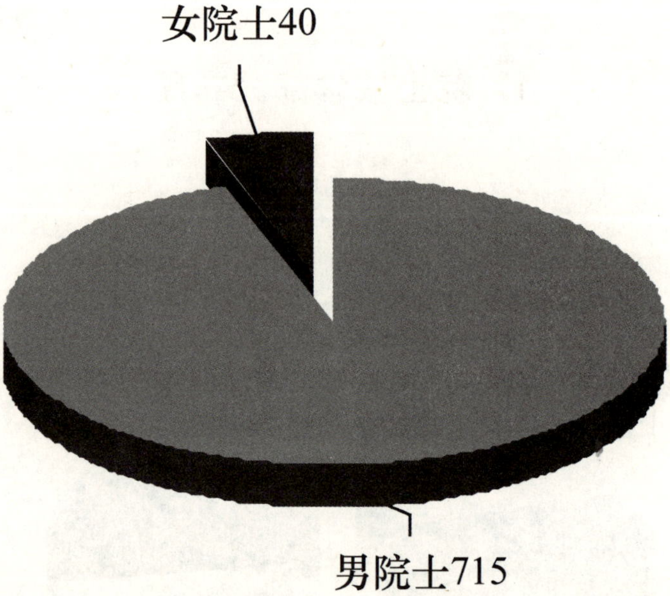

3. 院士单位所在地区分布表

序号	省市	机械	信息	化工	能源	土木	环境	农业	医药	管理	合计
1	北京市	39	59	42	47	39	23	23	50	11	333
2	天津市	1	1	2	2	4		1	6		17
3	河北省		2	1	2		1		2		8
4	山西省			1	1						2
5	内蒙古			1							1
6	辽宁省	5	4	7	2	2	1	1	3	1	26
7	吉林省	1						3			4
8	黑龙江省	5	4	2	6	7		3	2	1	30
9	上海市	15	6	5	3	10	3		27		69
10	江苏省	4	8	7	4	7	4	7	5		46
11	浙江省	2	2	2	1	2	2	1	3	1	16
12	安徽省		3		5						8
13	福建省			2				1			3
14	江西省	1		1				1			3
15	山东省	2	1		1		4	9	2		19
16	河南省		1	1	2	2	1	1			8
17	湖北省	5	2	3	3	13		5		1	32
18	湖南省	5		4	3	2		3	2		19
19	广东省	1	1	1	4	4	1	2	2		16
20	广西					1					1
21	四川省	7	7	5	7		1	2			29
22	贵州省					1					1
23	云南省		1	2		1					4
24	西藏				1						1
25	陕西省	12	4	4	2	3	1	2	2	1	31
26	甘肃省	1		1				2	1		5
27	青海省								1		1
28	宁夏			1							1
29	新疆				1	1		2			4
30	重庆市		1	1	2	1		1	2		8
31	台湾省					1			2		3
32	香港		1		2			1	2		6
	合计	106	108	96	101	101	42	71	114	16	755

注:工程管理学部的跨学部院士统计在原学部。

4. 院士籍贯分布表

序号	省市	机械	信息	化工	能源	土木	环境	农业	医药	管理	合计
1	北京市	1	4	4	4	3		1	2		19
2	天津市	2	2	1	1	1			5		12
3	河北省	8		3	4	6	2	4	8		35
4	山西省	2	3		3	2		1	2		13
5	内蒙古		1		1			1		1	4
6	辽宁省	8	1	5	5	2	3	6	4	2	36
7	吉林省	1	2	2			2		2		9
8	黑龙江省	1	2	2	1		1			1	8
9	上海市	4	9	5	3	8	2	1	7		39
10	江苏省	15	18	15	19	18	12	8	18	3	126
11	浙江省	19	24	13	16	14	8	6	17	2	119
12	安徽省	2	6	5	5	4		1	4	3	30
13	福建省	5	4	5	4	3		4	5		30
14	江西省	3	2	1	1	4		3			14
15	山东省	7	4	6	1	4	7	10	12		51
16	河南省	1	2	7	4	4	1	1	1	1	22
17	湖北省	5	4	3	5	6	1	7	2		33
18	湖南省	5	4	4	8	8		6	8	1	44
19	广东省	7	4	1	6	5	1	5	11		40
20	广西	1	1	1						1	4
21	海南省							2			2
22	四川省	2	7	6	7	7	2		2		33
23	贵州省			1							1
24	云南省	1		4							5
25	西藏				1						1
26	陕西省	4	2	1		1		1		1	10
27	甘肃省	1	1	1							3
28	新疆								1		1
29	重庆市	1	1		2			3	2		9
30	台湾省					1			1		2
	合计	106	108	96	101	101	42	71	114	16	755

注：工程管理学部的跨学部院士统计在原学部。

5. 院士年龄分布表

全体院士平均年龄:72.99 岁
非资深院士平均年龄:70.08 岁

详细年龄分布表

院士年龄	总人数	男性人数	女性人数
97	1	1	0
96	2	2	0
95	1	1	0
94	1	1	0
93	1	1	0
92	4	4	0
91	2	2	0
90	4	4	0
89	6	6	0
88	10	9	1
87	4	4	0
86	10	7	3
85	18	17	1
84	17	17	0
83	15	14	1
82	14	14	0
81	16	15	1
80	28	25	3
79	29	27	2
78	27	27	0
77	58	57	1
76	34	33	1
75	46	41	5
74	45	44	1
73	40	33	7

续表

院士年龄	总人数	男性人数	女性人数
72	35	35	0
71	51	48	3
70	37	36	1
69	30	29	1
68	22	21	1
67	27	27	0
66	12	11	1
65	6	6	0
64	14	14	0
63	9	9	0
62	4	3	1
61	2	2	0
60	5	5	0
59	5	5	0
58	3	1	2
57	7	6	1
56	7	7	0
55	2	2	0
54	3	3	0
53	6	6	0
52	6	5	1
51	5	4	1
50	3	3	0
49	5	5	0
48	6	6	0
47	2	2	0
46	4	4	0
45	1	1	0
44	2	2	0
41	1	1	0
总计	755	715	40

6. 院士年龄分布图

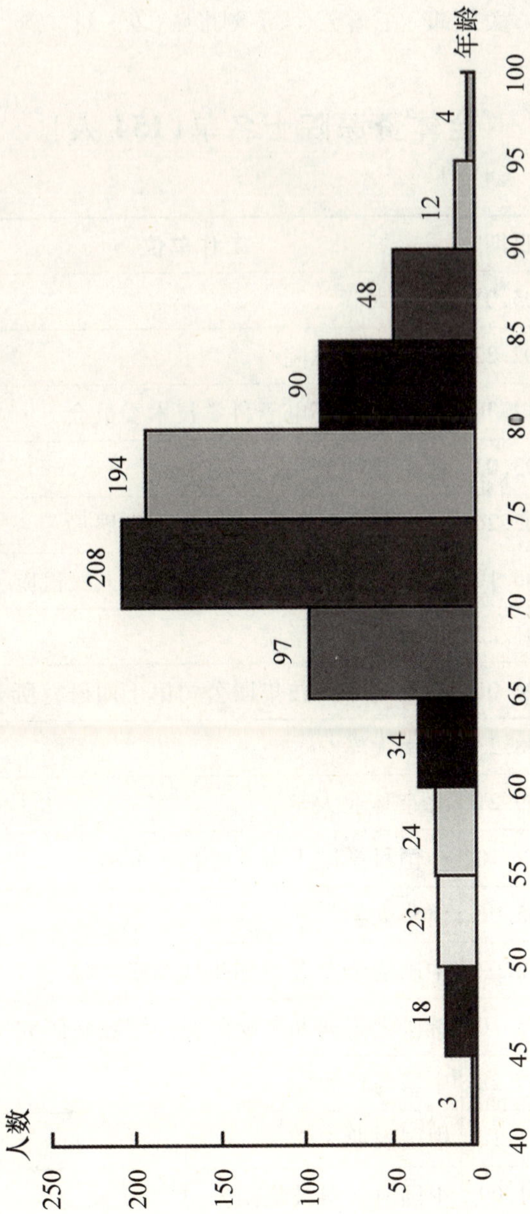
人数
250
200
150
100
50
0
年龄
40
45
50
55
60
65
70
75
80
85
90
95
100
3
18
23
24
34
97
208
194
90
48
12
4

7. 2009 年新增资深院士名单(28 人)

金国藩　鲜学福　孙　燕　戴永年　安静娴(女)刘更另　俞永新　唐明述　傅依备　温俊峰
梅自强　刘建航　朱英浩　沈志云　钟训正　侯云德　傅恒志　胡壮麒　金怡濂　陆建勋
束怀瑞　陆钟武　梁维燕　关肇邺　王琳芳(女)刘彤华(女)刘　筠　朱永赡

附：

全体资深院士名单(154 人)

序号	姓名	出生日期	工作单位	所属学部
1	张光斗	1912.05.01	清华大学	能源与矿业
2	邵象华	1913.02.22	钢铁研究总院	化工、冶金与材料
3	罗沛霖	1913.12.30	信息产业部电子科学技术委员会	信息与电子
4	吴祖垲	1914.03.01	彩虹集团公司	信息与电子
5	王大珩	1915.02.26	中国科学院高技术研究与发展局	信息与电子
6	张涤生	1916.06.12	上海第二医科大学附属第九人民医院	医药卫生
7	吴阶平	1917.01.22	中国医学科学院	医药卫生
8	张直中	1917.04.01	中国电子科技集团公司第十四研究所	信息与电子
9	黄培云	1917.08.23	中南大学	化工、冶金与材料
10	陈俊愉	1917.09.21	北京林业大学	农业
11	严东生	1918.02.10	中国科学院上海硅酸盐研究所	化工、冶金与材料
12	顾夏声	1918.05.06	清华大学	环境与轻纺
13	朱尊权	1919.02.03	中国烟草总公司郑州烟草研究院	环境与轻纺
14	翁心植	1919.05.10	首医大附属北京朝阳医院呼吸病研究所	医药卫生
15	彭司勋	1919.07.28	中国药科大学	医药卫生
16	曾德超	1919.11.18	中国农业大学	农业
17	陆元九	1920.01.09	中国航天科技集团公司	机械与运载
18	盛志勇	1920.07.01	解放军第 304 医院	医药卫生

续表

序号	姓名	出生日期	工作单位	所属学部
19	陈士橹	1920.09.24	西北工业大学	机械与运载
20	张金哲	1920.09.25	北京儿童医院	医药卫生
21	师昌绪	1920.11.15	国家自然科学基金委员会	化工、冶金与材料
22	李东英	1920.12.14	原国家有色金属工业局	化工、冶金与材料
23	周炯槃	1921.01.05	北京邮电大学	信息与电子
24	俞大光	1921.01.22	中国工程物理研究院	信息与电子
25	黄翠芬(女)	1921.03.06	军事医学科学院	医药卫生
26	余松烈	1921.03.13	山东农业大学	农业
27	李恒德	1921.06.30	清华大学	化工、冶金与材料
28	程莘农	1921.08.24	中国中医研究院针灸研究所	医药卫生
29	陈吉余	1921.09.17	华东师范大学河口海岸研究所	土木、水利与建筑
30	陈敬熊	1921.10.16	中国航天科工集团第二研究院二十三所	信息与电子
31	谭靖夷	1921.11.06	中国水利水电第八工程局	土木、水利与建筑
32	沈家祥	1921.11.11	天津大学药物科学与技术学院	医药卫生
33	黄志强	1922.01.01	解放军总医院	医药卫生
34	于维汉	1922.01.28	哈尔滨医科大学克山病研究所	医药卫生
35	吴良镛	1922.05.07	清华大学	土木、水利与建筑
36	葛宝丰	1922.12.26	兰州军区总医院骨科研究所	医药卫生
37	沈荣显	1923.01.12	中国农业科学院哈尔滨兽医研究所	农业
38	赵仁恺	1923.02.16	中国核工业集团公司科技委	能源与矿业
39	刘广志	1923.03.11	国土资源部咨询研究中心	能源与矿业
40	刘玉清	1923.03.14	中国医学科学院阜外心血管病医院	医药卫生
41	胡亚美(女)	1923.04.27	北京儿童医院	医药卫生
42	钱正英(女)	1923.07.04	全国政协	土木、水利与建筑
43	屠善澄	1923.08.12	中国空间技术研究院	机械与运载
44	张蔚榛	1923.10.05	武汉大学水利水电学院	土木、水利与建筑

续表

序号	姓名	出生日期	工作单位	所属学部
45	肖碧莲(女)	1923.10.31	国家计划生育委员会科学技术研究所	医药卫生
46	侯芙生	1923.11.28	中国石油化工集团公司	化工、冶金与材料
47	闵恩泽	1924.02.08	中国石油化工集团石油化工科学研究院	化工、冶金与材料
48	沈渔邨(女)	1924.02.15	北京大学精神卫生研究所	医药卫生
49	李　坪	1924.03.20	中国地震局地质研究所	土木、水利与建筑
50	王光远	1924.03.25	哈尔滨工业大学	土木、水利与建筑
51	冯叔瑜	1924.06.20	铁道部科学研究院	土木、水利与建筑
52	童志鹏	1924.08.12	信息产业部电子科学研究院	信息与电子
53	艾　兴	1924.08.24	山东大学机械工程学院	机械与运载
54	裴荣富	1924.08.24	中国地质科学研究院矿产资源研究所	能源与矿业
55	郑哲敏	1924.10.02	中国科学院力学研究所	土木、水利与建筑
56	黎介寿	1924.10.11	南京军区南京总医院	医药卫生
57	卢良恕	1924.11.03	中国农业科学院	农业
58	陈灏珠	1924.11.06	复旦大学附属中山医院	医药卫生
59	任继周	1924.11.07	甘肃省草原生态研究所	农业
60	池志强	1924.11.16	中国科学院生命科学院上海药物研究所	医药卫生
61	王振义	1924.11.30	上海第二医科大学瑞金医院血液学研究所	医药卫生
62	王澍寰	1924.12.12	北京积水潭医院	医药卫生
63	朱光亚	1924.12.25		能源与矿业
64	赵国藩	1924.12.29	大连理工大学	土木、水利与建筑
65	刘源张	1925.01.01	中国科学院数学与系统科学研究院	工程管理
66	谢鉴衡	1925.01.03	武汉大学水利水电学院	土木、水利与建筑
67	周君亮	1925.02.22	江苏省水利厅	土木、水利与建筑
68	张子仪	1925.03.04	中国农业科学院畜牧研究所	农业
69	叶铭汉	1925.04.02	中国科学院高能物理研究所	信息与电子
70	方秦汉	1925.04.20	中铁大桥勘测设计院	土木、水利与建筑

续表

序号	姓名	出生日期	工作单位	所属学部
71	吴佑寿	1925.07.14	清华大学	信息与电子
72	崔 崑	1925.07.20	华中科技大学	化工、冶金与材料
73	文伏波	1925.08.04	长江水利委员会	土木、水利与建筑
74	李载平	1925.08.17	中科院上海生物化学细胞生物学研究所	医药卫生
75	吴咸中	1925.08.28	天津医科大学	医药卫生
76	曾庆元	1925.09.20	中南大学铁道学院	土木、水利与建筑
77	钟世镇	1925.09.24	第一军医大学临床解剖研究所	医药卫生
78	彭士禄	1925.11.18	中国核工业集团公司	能源与矿业
79	徐乾清	1925.12.16	水利部	土木、水利与建筑
80	王忠诚	1925.12.20	北京天坛医院北京市神经外科研究所	医药卫生
81	周 镜	1925.12.21	铁道科学研究院	土木、水利与建筑
82	龙驭球	1926.01.15	清华大学	土木、水利与建筑
83	张宗祜	1926.02.19	中国地质科学院水文地质工程地质研究所	能源与矿业
84	张履谦	1926.03.01	中国航天科技集团公司科学技术委员会	信息与电子
85	黄旭华	1926.03.12	中国船舶重工集团公司第七一九研究所	机械与运载
86	曾士迈	1926.04.08	中国农业大学	农业
87	徐元森	1926.05.22	中国科学院上海冶金研究所	信息与电子
88	曹楚生	1926.06.02	水利部天津设计院	土木、水利与建筑
89	董玉琛(女)	1926.06.11	中国农业科学院作物品种资源研究所	农业
90	刘大钧	1926.07.02	南京农业大学	农业
91	刘济舟	1926.07.22	交通部	土木、水利与建筑
92	黄文虎	1926.07.22	哈尔滨工业大学	机械与运载
93	翟光明	1926.10.01	中国石油天然气集团公司	能源与矿业
94	黎磊石	1926.10.26	解放军肾脏病研究所	医药卫生
95	陈志恺	1926.11.28	水利部中国水利水电科学研究院	土木、水利与建筑
96	陈清如	1926.12.03	中国矿业大学	化工、冶金与材料

续表

序号	姓名	出生日期	工作单位	所属学部
97	徐承恩	1927.01.21	中国石化工程建设公司	化工、冶金与材料
98	钱皋韵	1927.03.14	中国核工业集团公司科技委	能源与矿业
99	黄熙龄	1927.04.24	中国建筑科学研究院	土木、水利与建筑
100	高守一	1927.04.29	中国疾病预防控制中心传染病预防控制所	医药卫生
101	胡光镇	1927.08.26		信息与电子
102	郁铭芳	1927.10.03	东华大学	环境与轻纺
103	吴德昌	1927.10.22		医药卫生
104	潘家铮	1927.11.12	国家电网公司	土木、水利与建筑
105	王文兴	1927.11.17	中国环境科学研究院	环境与轻纺
106	周勤之	1927.11.23	上海机床厂	机械与运载
107	屠基达	1927.12.11	中国航空工业第一集团公司	机械与运载
108	梁晋才	1927.12.17	中国航天科技集团公司第八研究院	机械与运载
109	张福绥	1927.12.27	中国科学院海洋研究所	农业
110	程天民	1927.12.27	第三军医大学	医药卫生
111	侯　锋	1928.02.03	天津市农业科学院	农业
112	沈忠厚	1928.02.13	石油大学	能源与矿业
113	张寿荣	1928.02.17	武汉钢铁(集团)公司	化工、冶金与材料
114	乔登江	1928.03.08	西北核技术研究所	能源与矿业
115	李俊贤	1928.03.10	黎明化工研究院	化工、冶金与材料
116	戴复东	1928.04.25	同济大学	土木、水利与建筑
117	高伯龙	1928.06.29	国防科技大学	机械与运载
118	王众托	1928.08.20	大连理工大学管理学院	工程管理
119	汪槱生	1928.08.27	浙江大学	机械与运载
120	梁应辰	1928.08.30	交通部三峡办公室	土木、水利与建筑
121	李瑞麟	1928.09.04	上海市计划生育科学研究所	医药卫生
122	朱伯芳	1928.10.17	中国水利水电科学研究院	土木、水利与建筑

续表

序号	姓名	出生日期	工作单位	所属学部
123	史轶蘩（女）	1928.11.01	中国医科院中国协和医科大学北京协和医院	医药卫生
124	伦世仪	1928.11.09	江南大学生物工程学院	环境与轻纺
125	涂铭旌	1928.11.15	四川大学	机械与运载
126	蒋亦元	1928.11.17	东北农业大学	农业
127	金国藩	1929.01.08	清华大学	信息与电子
128	鲜学福	1929.01.21	重庆大学	能源与矿业
129	孙　燕	1929.02.01	中国医学科学院协和医科大学肿瘤医院	医药卫生
130	戴永年	1929.02.09	昆明理工大学	化工、冶金与材料
131	安静娴（女）	1929.02.12	东北制药总厂	医药卫生
132	刘更另	1929.02.15	中国农业科学院	农业
133	俞永新	1929.03.23	中国药品生物制品检定所	医药卫生
134	唐明述	1929.03.31	南京工业大学 南京工业大学	化工、冶金与材料
135	傅依备	1929.04.04	中国工程物理研究院	能源与矿业
136	温俊峰	1929.04.20	烟台大学	机械与运载
137	梅自强	1929.04.26	中国纺织科学研究院	环境与轻纺
138	刘建航	1929.04.26	上海市地铁专家委员会	土木、水利与建筑
139	朱英浩	1929.05.24	沈阳变压器研究所	机械与运载
140	沈志云	1929.05.28	西南交通大学	机械与运载
141	钟训正	1929.07.09	东南大学建筑学院	土木、水利与建筑
142	侯云德	1929.07.13	中国医学科学院病毒学研究所	医药卫生
143	傅恒志	1929.08.24	西北工业大学	化工、冶金与材料
144	胡壮麒	1929.08.31	中国科学院金属研究所	化工、冶金与材料
145	金怡濂	1929.09.05		信息与电子
146	陆建勋	1929.09.11	中国船舶重工集团第七研究院	信息与电子
147	束怀瑞	1929.09.26	山东农业大学园艺学院	农业
148	陆钟武	1929.10.02	东北大学	化工、冶金与材料

续表

序号	姓名	出生日期	工作单位	所属学部
149	梁维燕	1929.10.02	哈尔滨动力设备股份有限公司	能源与矿业
150	关肇邺	1929.10.04	清华大学	土木、水利与建筑
151	王琳芳(女)	1929.11.03	中国医学科学院基础医学研究所	医药卫生
152	刘彤华(女)	1929.11.13	中国医科院中国协和医科大学北京协和医院	医药卫生
153	刘　筠	1929.11.17	湖南师范大学	农业
154	朱永赡	1929.12.15	清华大学	化工、冶金与材料

8. 2009年逝世院士名单(6人)

陈先霖　段镇基　时铭显　韩德馨　钱学森　张在明

附:

已故院士名单(76人)

序号	姓名	逝世日期	出生日期	所属学部
1	戚元靖	1994.11.04	1929.04.29	化工、冶金与材料
2	楼之岑	1995.03.23	1920.01.28	医药卫生
3	江绍基	1995.05.16	1919.04.12	医药卫生
4	章基嘉	1995.10.05	1930.01.01	环境与轻纺
5	汪菊渊	1996.01.28	1913.04.11	土木、水利与建筑
6	顾懋祥	1996.05.21	1923.01.25	机械与运载
7	李光博	1996.07.20	1922.06.16	农业
8	林　华	1997.03.11	1913.06.24	化工、冶金与材料
9	蒋新松	1997.03.30	1931.08.03	信息与电子
10	佘畯南	1998.07.29	1916.10.06	土木、水利与建筑
11	胡海涛	1998.10.31	1923.10.21	土木、水利与建筑
12	辛德惠	1999.05.27	1931.12.24	农业
13	黎　鳌	1999.08.21	1917.05.04	医药卫生
14	戚颖敏	1999.09.28	1929.11.04	能源与矿业
15	吴中伟	2000.02.04	1918.07.20	化工、冶金与材料
16	宋鸿钊	2000.02.17	1915.08.13	医药卫生
17	刘天泉	2000.03.28	1927.11.10	能源与矿业
18	殷　震	2000.07.18	1926.06.28	农业
19	陆孝彭	2000.10.16	1920.08.19	机械与运载

续表

序号	姓名	逝世日期	出生日期	所属学部
20	董建华	2001.01.26	1918.12.17	医药卫生
21	李绍珍(女)	2001.03.14	1932.09.16	医药卫生
22	孙俊人	2001.06.19	1915.11.15	信息与电子
23	于文虎	2001.08.28	1941.12.10	能源与矿业
24	姜泗长	2001.09.09	1913.09.15	医药卫生
25	张　维	2001.10.04	1913.05.22	土木、水利与建筑
26	姚绍福	2001.11.17	1932.10.13	机械与运载
27	许国志	2001.12.15	1919.04.20	信息与电子
28	陈力为	2001.12.26	1917.08.30	信息与电子
29	李鹗鼎	2001.12.30	1918.03.15	土木、水利与建筑
30	张启先	2002.05.25	1925.08.25	机械与运载
31	高鼎三	2002.06.13	1914.07.24	信息与电子
32	黄宗道	2002.11.22	1921.02.03	农业
33	林华宝	2003.01.01	1931.05.29	机械与运载
34	梁春广	2003.05.27	1939.02.01	信息与电子
35	王三一	2003.08.05	1929.01.01	土木、水利与建筑
36	莫伯治	2003.09.30	1915.03.02	土木、水利与建筑
37	侯德原	2003.10.17	1912.04.24	信息与电子
38	黄耀祥	2004.02.22	1916.08.17	农业
39	陈太一	2004.05.06	1921.12.29	信息与电子
40	马福邦	2004.05.30	1934.07.26	能源与矿业
41	许文思	2004.08.18	1925.03.05	医药卫生
42	何凤生(女)	2004.11.16	1932.06.26	医药卫生
43	朱之悌	2005.01.22	1929.10.01	农业
44	李国豪	2005.02.23	1913.04.13	土木、水利与建筑
45	童　铠	2005.08.10	1931.09.12	信息与电子

续表

序号	姓名	逝世日期	出生日期	所属学部
46	夏德全	2005.09.08	1938.12.27	农业
47	王 选	2006.02.13	1937.02.05	信息与电子
48	徐端夫	2006.04.05	1934.04.10	化工、冶金与材料
49	严 恺	2006.05.07	1912.08.10	土木、水利与建筑
50	邱竹贤	2006.07.28	1921.04.12	化工、冶金与材料
51	汤德全	2006.08.19	1915.12.14	能源与矿业
52	杜庆华	2006.11.05	1919.04.14	机械与运载
53	张高勇	2007.03.16	1942.04.13	环境与轻纺
54	林 鹏	2007.05.12	1931.12.18	农业
55	顾冠群	2007.05.26	1940.01.13	信息与电子
56	徐秉汉	2007.06.14	1933.08.21	机械与运载
57	刘广润	2007.06.25	1929.04.20	能源与矿业
58	李振岐	2007.09.23	1922.10.04	农业
59	雷廷权	2007.12.06	1928.01.23	化工、冶金与材料
60	屈梁生	2007.12.07	1931.03.17	机械与运载
61	丁伯南	2007.12.13	1945.03.19	能源与矿业
62	陈德仁	2007.12.21	1922.10.22	信息与电子
63	关君蔚	2007.12.29	1917.05.23	农业
64	陈火旺	2008.02.02	1936.02.05	信息与电子
65	姚福生	2008.07.11	1932.04.26	机械与运载
66	黄尚廉	2008.07.21	1936.08.16	信息与电子
67	陈秉聪	2008.09.01	1921.10.10	机械与运载
68	陈明致	2008.10.10	1929.11.28	土木、水利与建筑
69	侯祥麟	2008.12.08	1912.04.04	化工、冶金与材料
70	杨锦宗	2008.12.29	1932.08.25	化工、冶金与材料
71	陈先霖	2009.01.31	1928.09.27	机械与运载

续表

序号	姓名	逝世日期	出生日期	所属学部
72	段镇基	2009.06.27	1934.02.19	环境与轻纺
73	时铭显	2009.09.24	1933.04.26	化工、冶金与材料
74	韩德馨	2009.10.19	1918.09.06	能源与矿业
75	钱学森	2009.10.31	1911.12.11	机械与运载
76	张在明	2009.12.04	1942.07.04	土木、水利与建筑

四、全体外籍院士名单(36人)

序号	姓名	国籍	当选年
1	比施根斯	俄罗斯	1996年
2	克劳夫	美国	1996年
3	贝聿铭	美国	1996年
4	厉鼎毅	美国	1996年
5	不破祐	日本	1996年
6	巴丘卜耶夫	俄罗斯	1998年
7	施敏	美国	1998年
8	萨马桑达兰	美国	1998年
9	蒂奥莱	法国	1998年
10	普赖斯	英国	2000年
11	何毓琦	美国	2000年
12	邓文中	美国	2000年
13	罗依兹曼	美国	2000年
14	施普尔	德国	2001年
15	罗曼	德国	2001年
16	黄煦涛	美国	2001年
17	弗斯贝格	瑞典	2001年
18	雅克康	法国	2001年
19	乌克布拉托维奇	塞尔维亚	2003年
20	藤岛昭	日本	2003年
21	何大一	美国	2003年

续表

序号	姓名	国籍	当选年
22	霍信斯基	波兰	2005 年
23	布鲁斯	英国	2005 年
24	沃尔夫	美国	2005 年
25	古里亚耶夫	俄罗斯	2005 年
26	刘锦川	美国	2005 年
27	大村智	日本	2005 年
28	奥德马格努斯・福尔廷森	挪威	2007 年
29	郭位	美国	2007 年
30	黄锷	美国	2007 年
31	杨祖佑	美国	2009 年
32	查理斯・维斯特	美国	2009 年
33	罗杰・瑞迪	美国	2009 年
34	范良士	美国	2009 年
35	夏苏鲁	美国	2009 年
36	科林・布莱克默	英国	2009 年

附：

已故外籍院士名单(8 人)

序号	姓名	国籍	去世日期	当选年
1	李天和	美国	2001 年 02 月 04 日	2000 年
2	田长霖	美国	2002 年 10 月 29 日	2000 年
3	哈尔布特	美国	2004 年 11 月 06 日	1996 年
4	梁基谢夫	俄罗斯	2006 年 11 月 18 日	2003 年
5	吴　瑞	美国	2008 年 02 月 10 日	2001 年
6	贝尔	英国	2008 年 04 月 17 日	2001 年
7	盖尔	英国	2009 年 07 月—日	1998 年
8	勃劳格	美国	2009 年 09 月 12 日	1996 年

（以上由徐进、潘刚提供）

五、中国工程院2009年大事记

一月

1. 1日,2009年院士增选工作正式启动。

2. 4日,第四届科学道德建设委员会第5次会议在工程院召开。杜祥琬副院长主持会议。会议通报和讨论了2008年下半年投诉受理情况,研究讨论2009年向全体院士作"中国工程院院士科学道德建设回顾与展望"报告的内容,通报有关事项。

3. 5日,2009年院士增选工作会议在京召开,国务院38个部门和31个省、自治区、直辖市及中国科协、解放军四总部、相关大型国有企业的有关负责人200余人参会。旭日干副院长到会通报我院2009年院士增选工作情况。

4. 6日,中国工程院院士新春团拜会在京举行,徐匡迪院长致辞。

5. 7日,国家自然科学基金委主任陈宜瑜一行来我院商谈合作。

6. 8日,党组书记徐匡迪同志主持召开了院党组第1次会议,会议主要内容:传达学习习近平同志在中央党校学习实践活动领导小组第三次会议上的讲话及中央第19指导检查组工作会议精神,研究讨论"中国工程院党组整改落实方案",审定院机关机构调整人事安排方案,科技界应对金融危机工作联系会议情况通报,研究"中国工程院咨询服务中心组建方案",汇报有关人事工作。

7. 8日,我院与中钢集团公司签订科技合作协议仪式在京举行。徐匡迪院长和黄天文总裁等出席签字仪式,邬贺铨副院长、黄天文总裁分别代表双方签字。

8. 9日,王忠诚院士获2008年度国家最高科学技术奖。

9. 9日,院咨询工作委员会扩大会议在京召开,邬贺铨副院长主持会议,会议审议了《我国抗灾救灾能力建设和灾后重建策略研究项目综合报告》,讨论了《咨询研究项目指南》的制订办法等。

10. 9日,应中国气象局邀请,徐匡迪院长、潘云鹤、邬贺铨副院长及机关有关部门负责人走访了中国气象局,就双方开展合作进行初步商讨。

11. 10日,机械与运载工程学部京津地区院士2009年新春茶话会在京召开,潘云鹤副院长及学部26位院士出席会议。

12. 12日,潘云鹤常务副院长主持召开第1次院常务会议,听取"我国抗灾救灾能力建设和灾后重建策略研究"项目汇报,听取我院2009年物业招标采购工作的汇报,研究2008年度院机关考核评优人员名单及年终总结会安排,研究起草工程院2008年总结及2009年工作要点的安排,研究我院拟组团赴美国参加"利用可再生能源发电"交流项目,通报有关情况。

13. 13日,信息与电子工程学部召开学部沙龙活动,学部主任李国杰院士主持。

14. 14日,能源与矿业工程学部"应对国际金融危机挑战座谈会"在京召开,学部主任何继善院士主持。

15. 14 日，工程管理学部“应对国际金融危机挑战座谈会暨新春座谈会”在京召开，王礼恒院士主持。

16. 15 日，应阿根廷工程院、国际冶金溶盐炉渣大会组委会和美国尼克松图书馆的邀请，徐匡迪院长一行访问阿根廷、智利和美国。

17. 19 日，党组副书记潘云鹤同志主持召开了院党组第 2 次会议，会议主要内容：讨论修改《中国工程院党组整改落实方案》，传达国务院第二次全体会议精神，研究《中国工程院咨询服务中心组建方案》（修改稿），讨论《中国工程院 2008 年工作总结》。

18. 21 日，农业学部召开在京院士新春座谈会。

19. 22 日，土木、水利与建筑工程学部召开在京院士新春座谈会。

二月

20. 2 日，徐匡迪院长主持召开第 2 次院常务会议，听取“第一届中美工程前沿研讨会”筹备情况汇报，听取我院综合楼建设收尾工作情况汇报，研究我院第四届主席团第 15 次会议议题等。

21. 2 日，党组书记徐匡迪同志主持召开了院党组第 3 次会议，会议主要内容：汇报《中国工程院党组整改落实方案》的修改情况，拟任职的 5 个同志的公示情况，讨论“理顺科研院所与企业研发的关系”批示的反馈意见。

22. 4 日，院党组制定并印发了《中国工程院党组深入学习实践科学发展观整改落实方案》。

23. 9 日，党组书记徐匡迪同志主持召开第 4 次院党组会。会议主要内容：通报有关院士论文问题的调查意见；中央学习实践活动领导小组办公室召开的中央指导检查组第四次组长会议精神等。

24. 16 日，徐匡迪院长主持召开第 3 次院常务会议，讨论有关院士论文事件问题，听取我院与国家自然科学基金委合作开展“中国工程科技中长期发展战略研究”工作方案汇报、拟启动院徽设计工作情况汇报，听取中瑞生物技术研讨会有关情况汇报、中美工程前沿研讨会筹备进展情况汇报等。

25. 18 日，杜祥琬副院长在工程院会见了瑞典皇家工程科学院原秘书长 Per Storm 博士。

26. 19 日—20 日，由农业学部中国茶叶学会等联合召开的“技术创新与茶产业可持续发展研讨会”在杭州召开。陈宗懋等 5 位院士及茶学专家 80 余人参加研讨会。

27. 22 日—24 日，院党组在河北省石家庄市召开党组务虚会并于 23 日到革命圣地西柏坡参观学习，研讨院士增选政策和院士队伍建设可持续发展问题；对落实党组整改措施，加强机关党建工作提出对策建议。

28. 25 日，工程院召开学习实践科学发展观活动总结大会。潘云鹤同志代表院党组作总结讲话。

29. 26 日，中国航天科工集团第三研究院向我院赠送奥运火炬仪式在京举行，刘德培副院长出席赠送仪式，火炬总设计师刘兴洲院士介绍了火炬研制情况。

30. 26 日，由工程院、工业与信息化部、科技部等单位共同举办的“浙江工业转型升级系列报告会——纺织产业专题会议”在绍兴召开。徐匡迪院长到会并讲话，季国标等 5 位院士参加会议并作专题报告。

三月

31. 2日,徐匡迪院长主持召开第4次院常务会议,听取院综合楼基建财务决算情况汇报,听取《院士候选人材料验收及汇总有关规定》修改情况汇报等。

32. 2日,党组书记徐匡迪同志主持召开了院党组第5次会议,会议主要内容:关于机关党委换届问题,关于加强机关工作的统一领导和协调的问题,关于咨询服务中心的组建和今后院咨询工作等。

33. 2日,徐匡迪执行主席主持召开第4届主席团第15次会议。听取工程院学习实践科学发展观活动情况汇报,审议我院与国家自然科学基金委员会合作开展"中国工程科技中长期发展研究"的方案,审议"关于科学道德与学风建设"的有关事项,通报2009年院士增选工作情况,审议"中国中钢集团公司"与"研祥智能科技股份有限公司"申请加入院产业工程科技委员会的报告,通报院咨询工作情况。

34. 6日,全国人大副委员长严隽琪同志莅临我院。

35. 9日,中共中央政治局委员、重庆市委书记薄熙来同志一行到访我院。

36. 11日,工程院办公厅与中国工业报社联合举办的"应对经济下滑部分重点企业促发展保增长座谈会"在京召开。徐匡迪院长,潘云鹤、邬贺铨副院长等与工业界部分重点企业负责人进行座谈。

37. 13日—15日,由医药卫生学部、天津中医药大学等主办的"2009医学前沿论坛－中医约临床疗效评价技术与方法研讨会"在天津召开。王永炎等4位院士及5位专家学者参加。

38. 16日,党组书记徐匡迪主持召开院党组第6次会议,会议听取机关有关党支部改选、补选情况的汇报,机关党委换届候选人推荐和成立机关纪委、工会推荐人选的情况汇报,以及我院今年招考公务员的情况汇报。

39. 16日,徐匡迪院长主持召开第5次院常务会议,听取"我国大城市连绵区的规划与建设问题研究"的汇报、参加UNAPCAEM理事会议情况的汇报、工程院综合办公楼室内外完善功能方案的汇报、关于食品安全咨询研究项目立项的汇报、关于开展循环经济院士行活动的汇报、关于国务院南水北调建委办公室建议作为工程院院士遴选部门的汇报、第13届东亚工程院圆桌会议筹备情况汇报、国土资源部向工程院赠送泰山石情况汇报。

40. 16日,中国环境宏观战略研究领导小组第二次会议在京召开,徐匡迪院长主持会议,环保部部长周生贤出席并讲话。

41. 18日,两院资深院士联谊会在工程院召开理事会会议,总结上年工作,并通过了2009年联谊会的工作计划。下午,召开了科研诚信问题专题讨论会。联谊会会长师昌绪院士主持会议,徐匡迪院长到会讲话。

42. 20日—25日,由土木、水利与建筑学部主办的"第五届清华大学建筑节能学术周"在京召开。江亿院士担任学术周会议主席。主题为:建筑节能——用数据说话。200余位代表参加学术周活动。

43. 22日,第83场工程科技论坛"金融危机下的太阳能产业"在工程院举行。周廉、梁骏吾、闻立时、陈立泉院士担任大会主席,师昌绪等9位院士及来自政府部门、研究机构和高校的40余位代表参加会议。

44. 23日,工程院、国家自然基金委员会关于"中国工程科技中长期发展战略研究"联合基金协议签字仪式在京举行。徐匡迪院长出席签字仪式,潘云鹤副院长代表工程院签字。

45. 24日—25日,工程院与瑞典皇家工程科学院可再生能源与环境合作项目第九次会议"生物质能源研讨会"在广西召开。杜祥琬副院长、瑞典代表团团长Billfalk院士致辞。来自该领域的200位专家学者出席会议,25位中、瑞专家作报告。

46. 24日—28日,工程院与工信部、广东省政府共同组织在广东开展工业节能减排院士专家咨询调研活动。院士专家咨询调研组由王淀佐院士牵头,参加此次活动的院士12位、专家20位,分6个主题组。

47. 25日,中共中央政治局委员、中央书记处书记、中组部部长李源潮同志一行来我院考察工作,并听取"中国创新型工程科技人才培养"咨询研究成果汇报。

48. 26日,党组书记徐匡迪同志主持召开了院党组第7次会议,会议主要内容:研究向中央上报的关于党建工作的意见和建议,听取参加院士专家咨询服务活动协调会的有关情况汇报,研究选派干部到安徽省挂职,审批机关党委通过的有关干部的任职事项等。

49. 30日,徐匡迪院长主持召开第6次院常务会议,听取赴广东省开展工业节能减排院士专家咨询调研活动情况汇报,听取咨询服务中心筹备情况汇报等。

50. 30日—31日,由工程院和广西壮族自治区政府共同主办的"中药资源可持续发展高层研讨会"在广西召开,刘德培副院长到会并致辞,肖培根等9位院士及专家学者30人参会。会后呈送了"关于建立国家药用植物种质保护中心的建议"。

四月

51. 7日,第84场工程科技论坛"生产生物质燃料的原料与技术"在杭州举行。闵恩泽等4位院士及来自石油领域产学研方面的17家单位的150余位专家学者参与研讨。

52. 8日,杜祥琬副院长在京主持召开"中国能源中长期(2030、2050)发展战略研究"项目综合组会议,研究综合报告起草工作。

53. 9日—10日,徐匡迪院长、邬贺铨副院长出席工程院与湖北省政府合作委员会、武汉城市圈"两型"社会建设专家指导委员会成立暨第一次会议。

54. 9日—13日,由医药卫生学部和抗癌药物专业委员会等单位共同主办的"2009医学前沿论坛暨第11届全国肿瘤药理与化疗学术会议"在昆明召开,甄永苏、沈倍奋、王红阳院士作大会报告。国内外10余位专家以及400多名专业人士参加。

55. 13日,工程院机关召开党员大会,经选举产生了第四届机关党委委员、第一届纪律检查委员会委员。

56. 13日,院机关召开工会成立大会,选举产生了院机关第一届委员会委员和经费审查委员会委员。

57. 15日—17日,由环境与轻纺学部和西双版纳自治州共同主办的"2009中国天然纤维论坛"在西双版纳景洪市召开。季国标等6位院士及300余位来自世界主要天然纤维生产及消费地区的政府代表和国际组织官员、企业代表参加本次论坛。

58. 16日—20日,由中组部、工程院等7部委共同举办的院士专家咨询服务团在江苏开展咨询服务活动。邬贺铨副院长带队,40余位院士参加。

59. 20日，徐匡迪院长主持召开第7次院常务会议，听取我院与广西壮族自治区共建广西药用植物园有关情况汇报、我院与湖北省合作开展活动情况的汇报、关于中美两国四院能源合作项目有关问题的汇报、关于承办人大和政协提案工作情况的汇报、研究确定第四届主席团第16次会议议题等。

60. 20日，党组书记徐匡迪同志主持召开了院党组第8次会议，会议主要内容：研究讨论中办秘书局《每日汇报》第9420期上关于"专家公德、学术道德问题"，听取机关党委、纪委、工会选举结果及分工情况汇报，通报有关情况。

61. 20日，"中国养殖业可持续发展战略研究"项目启动会在京举行。徐匡迪院长、旭日干副院长出席会议。会议研究并确定项目及下设各课题实施方案。

62. 20日，由工程院与日本亚洲交流协会共同举办的核电技术交流讨论会在京召开，徐匡迪院长、杜祥琬副院长出席会议。

63. 23日，由国家发展改革委、工程院联合组织召开的"循环经济院士专家行"座谈会在京召开。中共中央政治局常委、国务院副总理李克强出席会议并作重要讲话。

64. 23日，经中央国家机关工委批准，邬贺铨同志任中共中国工程院机关委员会书记。

五月

65. 4日，徐匡迪院长主持召开第8次院常务会议，审议2009年与地方合作计划内容，听取关于签署《技术创新院士行项目合同》的汇报等。

66. 4日，党组书记徐匡迪同志主持召开了院党组第9次会议，会议主要内容：研究落实中组部"引进海外高层次人才工作协调会"精神的有关工作，听取政策研究室人员调入问题的汇报，研究院机关有关干部调配问题等。

67. 4日，院机关党委组织院机关青年干部16人赴革命老区临沂参观学习。

68. 6日—7日，国家发展改革委、工程院联合开展的"循环经济专家行"活动在京举行。徐匡迪院长、国家发展改革委解振华副主任出席活动并视察了盈创再生资源有限公司。金涌等5位院士、14位专家先后来到盈创再生资源有限公司、密云县十里堡镇、北京金隅集团北京水泥厂有限责任公司。院士、专家们通过现场调研和座谈交流，为北京市国家级循环经济示范试点单位发展循环经济出谋划策。

69. 7日，殷瑞钰院士率"工程哲学"讲师团赴中国长江三峡集团宣讲。

70. 7日—9日，由医药卫生学部、中华医学会外科学分会器官移植学组主办，浙江大学医学院附属第一医院承办的"2009两岸三地肝脏移植高峰论坛"在杭州召开。郑树森、范上达、陈肇隆等3位院士以及来自国内外的知名专家40余位出席。

71. 8日，徐匡迪院长在工程院会见工程院外籍院士、法国医学科学院院士雅克·康(Jacques Caen)教授，刘德培副院长陪同参加会见活动。

72. 11日，"动物疫病预防与控制战略咨询研究"课题启动会在京召开，旭日干副院长出席会议。

73. 12日，第85场工程科技论坛"海洋工程结构浪花飞溅区腐蚀与控制学术研讨会"在青岛召开。侯保荣院士担任大会主席并致辞，科技部、中科院等26家研究机构和企业的国内外海洋腐蚀与防护领域的专家代表共计130余人参加了论坛。

74. 12 日—13 日，由信息与电子学部和深圳大学等单位联合主办的“中国深圳 2009 年自动光学检测研讨会”在深圳召开。叶声华等 7 位院士及来自深圳大学等单位的 40 余位专家出席会议，参会 200 余人。

75. 13 日—14 日，由杜祥琬副院长主持的“中国能源中长期（2030、2050）发展战略研究”项目组会议在京召开。会议对综合报告提纲和各课题研究报告初稿进行了讨论。

76. 18 日，徐匡迪院长主持召开第 9 次院常务会议，会议听取 2009 年院士增选有效候选人情况汇报、对《中国工程院关于科学道德与学风建设的回顾与思考》提纲的说明、关于主办“2012 年国际病毒性肝炎和肝病大会”及我院同印度工程院签署合作协议的有关情况汇报、征集院徽设计方案的汇报，通报有关情况。

77. 18 日，党组书记徐匡迪同志主持召开了院党组第 10 次会议，会议主要内容：传达中央文件和全国机关党的建设工作会议精神，研究向中央统战部推荐党外院士担任信息联络员事宜，听取中组部“引进海外高层次人才”评审委员名单的汇报，听取机关党委落实党组会要求情况的汇报。

78. 18 日，徐匡迪执行主席主持召开第四届主席团第 16 次会议，听取中国商用飞机研制情况介绍、2009 年院士增选有效候选人情况汇报，审议《中国工程院关于科学道德与学风建设的回顾与思考》、审议邬贺铨副院长担任中国工程院秘书长提名的议案。会议一致通过邬贺铨副院长兼任中国工程院秘书长 。

79. 18 日—21 日，两院资深院士联谊会在成都举办“西部地区两院资深院士联谊活动”，期间召开了座谈会，与中学生开展了面对面活动，共有 19 位两院资深院士参加了活动。

80. 19 日，科技部刘燕华副部长率政策法规司等相关同志来我院，就“基因重组病源微生物的安全性及其管理研究”课题研究成果及有关情况进行专题调研，旭日干副院长主持召开调研座谈会，课题组主要成员及相关同志出席会议。

81. 19 日，工程院与商务部共同主办“中国软件产业产学研合作座谈会”在京召开。徐匡迪院长、潘云鹤副院长出席会议，来自商务部等单位及各软件企业共计 60 余人参加会议。

82. 22 日，由土木、水利与建筑工程学部和中国土木工程学会等单位共同主办的“土木工程安全与防灾学术论坛”在南京召开。杨秀敏等 7 位院士及来自中国建筑科学研究院等单位的 200 多位代表参加会议。

83. 22 日，徐匡迪院长、潘云鹤副院长在工程院会见澳大利亚教育部部长 Elizabeth Constable 博士，同意加强双方在工程教育领域的合作。

84. 23 日，由工程院书画社和杭州吴山书画院共同主办的“科学与艺术——院士与书画家作品联展”在杭州吴山书画院开幕。

85. 24 日，“面向 2030 年中国重大工程及科技座谈会”在京召开。会议由潘云鹤副院长主持，来自 14 个部委 6 个省市及部分高校的代表与工程院部分院士出席会议。

86. 29 日—31 日，由医药卫生学部、上海交通大学 Med - X 研究院和上海院士中心共同主办的“骨科转化性医学与前沿技术国际研讨会”在上海召开。会议由戴克戎、杨胜利等 5 位院士以及来自国内外理、工、医、管等领域的专家学者共 300 余人参加会议。

87. 31 日，徐匡迪院长主持召开第 10 次院常务会议，听取 2009 年外籍院士候选人推荐情况的汇报、三峡建委拟与我院开展合作有关情况的汇报、院财务工作有关情况的汇报、财政部和人力资源部关于规范津补贴情况的汇报，研究徐匡迪院长在院士增选第一轮评审大会上的讲话。

88. 31 日—6 月 5 日，应瑞典皇家工程科学院的邀请，杜祥琬副院长一行 11 人访问瑞典。在瑞典与瑞典皇家工程科学院共同举办了中瑞“可再生能源与环境”合作项目双边第 10 次研讨会——“绿色能源与可持续发展的城市”。会后访问挪威技术科学院。

六月

89. 2 日，第 86 场工程科技论坛“应对当前金融海啸服务型制造的发展战略”在工程院举行。汪应洛院士为大会主席，潘云鹤常务副院长出席论坛并致辞，王礼恒等 11 位院士及近百位专家参加论坛。

90. 3 日—5 日，由学部工作局与河北省科学技术厅、武安市人民政府共同组织开展的“武安市国家可持续发展实验区建设规划咨询评议活动”在河北省武安市举行。王一德等 5 位院士及部分专家参加了活动。

91. 8 日，党组书记徐匡迪同志主持召开了院党组第 11 次会议，研究创新公司的有关情况。

92. 9 日，“我国未来空中交通管理技术发展的对策研究”咨询项目启动会在京召开。

93. 10 日，“中国工程科技中长期发展战略研究”项目综合组召开会议。讨论项目方案、总体框架等问题，会议由王礼恒院士主持，潘云鹤副院长出席会议。

94. 11 日—18 日，由国家发改委、工程院联合开展的“循环经济专家行”活动在山东举行。徐滨士等 3 位院士和 20 多位专家参加。活动主要针对 11 家国家循环经济示范试点单位进行调研考察。

95. 15 日，第四届科学道德委员会第六次会议在北京召开，杜祥琬副院长主持会议。会议审定了上半年对投诉的处理情况，通过了《进一步加强中国工程院和工程科技界的科学道德建设》报告稿，并建议修改后在第一轮院士增选会上向全体院士报告。

96. 15 日，徐匡迪院长主持召开第 11 次院常务会议，听取科学道德建设委员会讨论《中国工程院关于科学道德与学风建设的回顾和思考》及主席团成员反馈意见的汇报，第一轮院士增选会议日程和有关准备情况的汇报，我院与中钢集团合作有关情况的汇报；传达《财政部关于编制 2010 年中央部门预算的通知》文件精神；审议院保密自查工作方案等。

97. 15 日，党组书记徐匡迪同志主持召开了院党组第 12 次会议，会议听取关于我院上网计算机涉密资料检查情况汇报，研究创新公司的有关问题，研究讨论《国家中长期人才发展规划纲要(2009—2020)》。

98. 22 日—24 日，由土木、水利与建筑学部和同济大学、维也纳理工大学联合主办的“计算结构工程国际研讨会”在同济大学召开。逾 20 个国家(地区)的 100 多名代表出席会议，会议安排了 10 个主题报告，崔俊芝、沈祖炎院士作了报告。

99. 25 日，杜祥琬副院长在工程院会见南非工程院主席团执委 Braam Le Roux 院士，双方就更新两院合作谅解备忘录，拓展双边合作等事项交换意见。

100. 28 日，徐匡迪执行主席主持召开第四届主席团第 17 次会议，会议审议《进一步加强我国工程科技界的科学道德建设》的报告、2009 年第一轮院士增选各学部参考名额分配的建议方案、院士增选会议日程、徐匡迪院长和旭日干副院长在第一轮评审会议上的报告。

101. 28 日，刘德培副院长主持召开学术与出版委员会会议，会议听取“中国工程院学术活动情况”和“出版工作情况”的汇报，审议并通过了《中国工程院学术活动管理办法(试行)》。

102. 28日,“工程前沿论坛2009” 在北京会议中心召开。近150名来自工程科技领域的中青年工程科技工作者与会,会议为首届“中美工程前沿研讨会”筛选了报告人。徐匡迪院长等院领导出席会议。

103. 28日,“我国国防发展战略座谈会”在京召开,会议由杜祥琬副院长主持,王礼恒、沈荣骏等30余位国防科技界院士出席。

104. 29日—7月3日,2009年度院士增选第一轮评审会在京召开,经主席团会议审议通过,从449位有效候选人中评选产生了163位候选人进入第二轮评审选举。

七月

105. 3日,徐匡迪院长和潘云鹤常务副院长主持召开第四届主席团第18次会议。会议听取2009年第一轮院士增选总体情况汇报及审议各学部进入第二轮评审的候选人名单,审议《进一步加强中国工程院和工程科技界的科学道德建设》的反馈意见。

106. 5日—7日,徐匡迪院长率团出席“中德对话论坛”第五次会议。

107. 6日—8日,国家发展改革委、工程院联合开展的“循环经济专家行”活动在天津市进行。徐滨士、金涌2位院士及10多位专家到天津经济技术开发区、天津北疆发电厂、天津子牙工业园等3家国家循环经济示范试点单位进行调研考察。

108. 9日—10日,应法国医科院院长邀请,徐匡迪院长访问法国医学科学院,并与法国医科院签署两院合作谅解备忘录。

109. 13日,徐匡迪院长主持召开第12次院常务会议,会议听取院增选政策委员会有关情况的汇报、关于开展“小金库”治理工作情况的汇报,研究确定2009年第二轮院士增选评审会会期、会址事宜,听取咨询服务中心筹建及我院与国家开发银行合作有关事宜的汇报、与内蒙古合作事项的汇报等。

110. 14日,潘云鹤副院长率团出席在加拿大举行的第18届国际工程与技术科学院理事会(CAETS)大会及CAETS理事会会议并顺访爱尔兰。会议期间潘云鹤副院长和印度工程院院长普雷姆·尚克尔·戈尔共同签署技术科学合作谅解备忘录。

111. 17日,潘云鹤副院长主持召开咨询工作委员会会议,审议2010年咨询项目选题方向,讨论如何保障重大专项的选题准确性以及如何保障研究质量。

112. 20日,徐匡迪院长主持召开第13次院常务会议,会议听取院2009年预算执行情况的汇报、工程院与中钢集团共同举办“2009中钢科技发展高层论坛暨院士中钢行启动仪式”筹备情况的汇报、院2010年预算编制情况的汇报等。

113. 20日,党组书记徐匡迪同志主持召开了院党组第13次会议,会议听取并审议党组务虚会会议日程安排、关于国庆60周年院机关参与有关活动的情况汇报、有关人事工作汇报。

114. 21日,李克强副总理视察工程院并出席环境宏观战略座谈会。

115. 21日—25日,国家发展改革委、工程院联合开展的“循环经济专家行”活动在山西省进行。谢克昌、金涌两位院士及10余位专家先后来到太原钢铁(集团)有限公司、山西潞安矿业(集团)有限公司、山西安泰集团股份有限公司、山西阳煤丰喜肥业(集团)股份有限公司等4家国家循环经济示范试点单位进行调研考察。

116. 23日,刘德培副院长在钓鱼台国宾馆会见了工程院外籍院士、法国医学科学院、法国科学院院士 Pierre Tiollais 教授。

117. 24 日,"中国工程科技中长期战略研究"项目综合组会议在京召开,主要议题:讨论修改各分课题报告大纲、计划,讨论基金项目评审原则及国内、国际研讨会的组织方式。项目综合组成员、各分课题负责人、执笔人、项目工作组成员出席会议。

118. 24 日—26 日,第 87 场工程科技论坛"膝关节外科高层峰会"在大连市举行。邱贵兴院士担任大会主席,刘德培、钟世镇、邱贵兴、卢世璧、王正国院士作大会主题演讲。来自全国各地的 500 位骨科医务人员出席会议。

八月

119. 6 日,温家宝总理先后看望朱光亚、何泽慧、钱学森、王大珩和胡亚美院士,向他们致以亲切的问候和良好的祝愿。

120. 7 日,2009 中钢科技发展高层论坛暨"院士中钢行"启动仪式在中钢国际广场举行。徐匡迪院长等 10 位院士出席,徐匡迪院长致辞并作论坛总结。

121. 9 日,由潘云鹤副院长主持召开的院咨询委员会会议在京召开。会议审议工程院 2009 年第二批立项及追加经费的项目安排,审议 2010 年咨询研究选题方向等。

122. 9 日—11 日,由化工、冶金与材料工程学部与包头市人民政府、中国稀土学会共同主办的首届"中国包头 · 稀土产业发展论坛"在包头稀土高新区举行。主题为"中国稀土永磁材料产业链的发展与共赢",干勇院士等 700 多位专家参加了会议。

123. 10 日—14 日,农业学部组织开展了黑龙江技术咨询活动,戴景瑞等 5 位院士参加此次活动。

124. 11 日—12 日,院党组在京召开党组务虚会(第 14 次党组会),学习中央有关文件,研究贯彻落实刘延东国务委员批示及院士队伍建设和机关干部队伍建设有关问题。

125. 12 日—17 日,国家发展和改革委员会、工程院联合开展的"循环经济专家行"活动先后在贵州省、重庆市进行。中国工程院院士徐滨士、金涌及 10 多位专家参加了此次活动。

126. 13 日,徐匡迪院长在内蒙古自治区呼和浩特市主持召开第四届主席团第 19 次会议。会议研究院士队伍建设与可持续发展问题,审议各学部院士增选名额分配方案,通报进入第二轮候选人被投诉情况及外籍院士候选人有关情况,审定第二轮院士增选会议召开的时间。

127. 13 日,工程院与内蒙古自治区人民政府在呼和浩特签署科技合作协议,邬贺铨副院长和连辑副主席在合作协议上签字。

128. 16 日,中国工程院 - 国家自然科学基金委关于"中国工程科技中长期发展战略研究"联合基金项目指南发布。

129. 19 日,"我国重点湖泊富营养化控制及其流域经济协调发展战略研究"项目启动会在京召开,徐匡迪院长、旭日干副院长出席。

130. 26 日,潘云鹤常务副院长受徐匡迪院长委托,主持召开第 14 次院常务会议。会议听取我院与重庆市共同举办"中国重庆高技术交易会暨中国国际军民两用技术博览会"情况的汇报、院 2009 年 1—7 月份预算执行情况的汇报、参加 CAETS 会议情况的汇报、承办东亚工程院圆桌会议及设立"中美两国工程院重大战略咨询项目"情况的汇报、咨询服务中心筹备情况的汇报等。

131. 26 日,党组书记徐匡迪同志主持召开了院党组第 15 次会议,会议主要内容:研究部署国庆60周年有关工作、审议《中国工程院选拔任用干部工作实施细则》,听取关于创新公司的处理问题的汇报等 。

132. 26日,潘云鹤副院长在京会见来访的爱尔兰工程院候任院长 JackGolden 教授。双方就拓展两院间的交流与合作交换了意见,并就水泥、建材行业的环保问题进行了交流。

133. 26日—28日,第88场工程科技论坛“生物质化学品与表面活性剂的研究及开发”在焦作市举行。陈克复院士担任论坛主席,姚穆等4位院士出席大会,论坛听取了27个专题报告。来自全国72个高等院校、科研院所、企业及政府单位的近120位专家学者出席了会议。

134. 29日—30日,由环境与轻纺工程学部主办的“2009第四届绿色财富(中国)论坛”在京召开,魏复盛院士担任论坛主席,杜祥琬副院长出席大会并致辞,倪维斗等3位院士及来自全国各地的200余位专家参会。

135. 30日,黄其励院士访问美国,执行中美四院合作项目。

136. 31日—9月2日,工程院与瑞典皇家工程科学院“生命科学讨论会”在京召开。会议研讨了中瑞两院在生物技术和生物医学领域开展合作的具体领域与方式。

九月

137. 5日,由工程院、中科院、山东省共同主办,化工、冶金与材料工程学部等单位承办的“第八届中国(淄博)新材料技术论坛”在山东淄博召开。旭日干副院长和李兆前副省长出席开幕式,汪燮卿等19位院士与全国各高校、科研院所的400余位专家参加活动。

138. 9日,由中国工程院与瑞典皇家工程院共同主办的“中瑞可持续发展的城市与环境”研讨会在上海召开。杜祥琬副院长和瑞典工程院 Lars Gunnar Larsson 院士、上海市科委陆晓春副主任出席开幕式并致辞,瑞典驻沪领事及长三角地区相关领域的专家学者、企业代表近200人出席会议。

139. 11日,“中国养殖业可持续发展战略研究”咨询项目中期汇报会在京召开。旭日干副院长及项目组50余位院士、专家出席会议。会议听取各课题中期研究成果汇报并讨论。

140. 17日,2009年咨询经费预算执行工作会议在京召开,邬贺铨副院长出席会议,28个项目负责人参加会议。

141. 17日,由杜祥琬副院长主持的“中国能源中长期(2030、2050)发展战略研究”项目综合组会议在京召开。会议讨论了项目综合报告框架,项目2030年、2050年阶段目标及实现技术路线,能源科技战略等。

142. 21日,潘云鹤常务副院长受徐匡迪院长委托,主持召开第15次院常委会议。会议听取院士增选委员会会议情况汇报,听取“咨询服务中心”揭牌仪式有关工作和咨询服务中心“特聘专家”选聘程序的汇报,审议中美工程前沿研讨会有关事宜等。

143. 21日,党组副书记潘云鹤同志主持召开了院党组第16次会议,会议传达党的十七届四中全会精神,研究与计算机保密有关的问题。

144. 21日,工程院在京召开中国工程科技60年成就座谈会。徐匡迪等10余位院士共同回顾总结60年来新中国工程科技的发展历程和辉煌成就。

145. 21日,工程院庆祝新中国成立60周年联欢会在京召开,院机关全体同志和部分退休人员参加。

146. 22 日—24 日,由工程院、水利部联合主办的“2009 水资源与可持续发展高层论坛”在武汉召开。王浩等 13 位院士、专家作大会报告,来自美国、日本、俄罗斯等 10 多个国家的 300 余位代表出席会议。

147. 22 日—26 日,由信息与电子工程学部、航天科工集团联合主办的“信息技术在应对突发事件中的应用论坛”在成都召开。钟山等 7 位院士及 100 余位专家学者出席会议。

148. 24 日,“中国工程院咨询服务中心”在京正式挂牌。潘云鹤常务副院长为中国工程院咨询服务中心揭牌。

149. 24 日,工程院与北京市德恒律师事务所签署常年法律顾问合同,聘请该所律师作为我院常年法律顾问。

150. 24 日—25 日,第 13 届东亚(中日韩)工程院圆桌会会议及学术研讨会在日本名古屋召开,杜祥琬副院长一行 6 人出席会议。

151. 25 日,“未来 20 年的工程科技与经济社会发展”系列报告会的首场报告会在中国工程院召开。工业和信息化部李毅中部长作首场报告,报告的题目是“我国工业和信息化发展现状与展望”。在京的 50 余位院士,“中国工程科技中长期发展战略研究”项目组成员,相关单位以及工程院机关的同志 350 余人出席报告会。

152. 25 日,由医药卫生学部和上海院士中心共同主办的“我国转化医学发展战略研讨会”在上海召开。杨胜利等 11 位院士及专家、企业代表及有关职能部门领导共 50 余人应邀出席,会后向上海市政府提交了《关于我国转化医学发展战略的建议》。

153. 25 日—26 日,工程院产业工程科技委员会第 8 次全体会议在绍兴召开。王淀佐等 10 位院士及 20 余家成员单位代表出席会议。

154. 25 日—26 日,由产业工程科技委员会等单位主办的“2009 产品现代设计与技术创新论坛”在绍兴召开。邬贺铨副院长作主题报告,王淀佐等 10 位院士出席会议,150 余家企业参会。

155. 28 日—30 日,第 89 场工程科技论坛“肿瘤防控战略高层论坛”在天津举行。医药卫生学部杨胜利和郝希山院士担任论坛主席。汤钊猷、樊代明、甄永苏、陈志南、曾益新院士作学术报告,来自有关单位的 400 余位学者出席论坛。

156. 29 日,“中国制造业可持续发展战略研究”项目组召开总报告讨论会,会议由项目负责人朱高峰院士主持。

十月

157. 1 日,工程院在京的 100 余位院士应邀参加庆祝新中国成立 60 周年国庆观礼活动。

158. 12 日—13 日,由信息与电子工程学部和天津大学等单位联合主办的“海峡两岸及香港地区仪器科学与技术创新人才培养研讨会”在天津滨海新区召开。来自内地、台湾及香港等地高等教育界、企业界和行业主管部门的 110 余位专家学者与会。

159. 12 日—14 日,由医药卫生学部、上海交大肿瘤研究所等共同主办的“2009 医学前沿论坛暨原发性肝癌研究新概念与新思路学术研讨会”在上海召开。会议由杨胜利、顾健人、王红阳院士共同主持,来自内地、香港及美国的 150 余位专家学者及相关政府部门代表出席会议,会后向上海市政府提交了“我国原发性肝癌防控新思路咨询报告”。

160. 15 日—17 日,由土木、水利与建筑学部和中国土木工程学会等单位共同主办的“2009

中国上海国际建筑科技大会暨第二届光华国际学术论坛”在上海召开。潘云鹤副院长到会讲话，范立础等13位院士和来自中国、美国、日本、加拿大、印度等国的土木建筑工程科研人员200余人参加论坛。本次大会以“大型公共建筑与基础设施建设理论与实践”为主题，20余位专家作主题报告。

161. 16日，工程院与云南省人民政府签署全面科技合作协议在云南举行。工程院石立英副秘书长和叶燎原副省长代表双方签署合作协议书。

162. 17日，徐匡迪院长、刘德培副院长在工程院会见美国工程院代表团并与Vest院长举行工作会谈。双方同意在可再生能源、工程教育、公共卫生服务、合成生物学等领域探讨进一步加强双方的合作。

163. 19日，首届中美工程前沿研讨会在长沙召开。会议就确保食品安全、新节能技术、基础设施的可持续发展和防灾减灾、智能交通系统等工程前沿领域进行研讨。

164. 19日—21日，两院资深院士联谊会在京召开，会议就“三农”问题进行专题研讨。联谊会会长师昌绪院士主持会议，杨福愉等13位院士出席会议。

165. 20日，由杜祥琬副院长主持的国家能源专家咨询委员会与“中国能源中长期(2030、2050)发展战略研究”项目组交流座谈会在京召开，会议就国家能源中长期发展的观点和思路展开讨论。

166. 21日，潘云鹤常务副院长受徐匡迪院长委托，主持召开第16次院常务会议，会议主要内容有：审议旭日干副院长在第二轮院士增选会议上的讲话、院士增选会议日程、主席团会议安排、工程院与云南省政府科技合作事项，听取第二轮增选会议会务工作情况的汇报等。

167. 21日，党组书记徐匡迪主持召开院党组第17次会议，会议听取机关党委务虚会情况的汇报，研究创新公司有关问题，听取中组部对中央国家机关干部选拔任用工作进行检查有关情况的汇报。

168. 21日—23日，由工程院、中科院、中俄总理定期会晤委员会科技合作分会等单位共同主办的“第10届中俄新材料工艺研讨会”在绍兴召开。研讨会主题：材料研究和应用的新进展与新机遇。来自中俄双方188位专家学者出席会议。

169. 22日，“未来20年的工程科技与经济社会发展”系列报告会的第二场报告会在工程院召开。科技部部长万钢作报告，报告的题目是“关于抓住机遇，推动自主创新的几个问题探讨”。在京的部分院士、“中国工程科技中长期发展战略研究”项目组成员、相关单位以及院机关的同志300余人出席报告会。

170. 22日，“中国工程科技中长期发展战略研究”联合基金综合组评审会在京召开。评审组从648项申报项目中评审出50项予以资助的课题。

171. 26日—28日，化工、冶金与材料工程学部第7届学术会议在天津滨海新区召开。会议主题：“现代化工、冶金与材料技术前沿”。徐匡迪院长及73位工程院、科学院院士和来自化工、冶金与材料领域的老、中、青专家500余人参加会议。会议设立一个主会场和4个分会场，会议作了102场学术报告。

172. 28日，徐匡迪院长主持召开第四届主席团第20次会议，主要内容：评审外籍院士正式候选人；审议徐匡迪院长、旭日干副院长在第二轮院士增选会议上的讲话，审议院士选举试点方案、第二轮院士增选会议日程等。

173. 28日,“歌颂祖国——院士与书画家作品联展”在京举行,国务委员兼国务院秘书长马凯、徐匡迪院长出席开幕式。展览中展出了150余件院士的书画作品。

174. 29日—11月2日,工程院2009年院士增选第二轮评审会议在京召开。会议从163名进入第二轮评审的候选人中选举产生了48名新院士,会议还选举产生了6名外籍院士。

十一月

175. 1日,徐匡迪院长主持召开第四届主席团第21次会议,主要内容:听取各学部第二轮增选情况汇报;审议化工、冶金与材料学部谢克昌院士转学部事宜;中组部来院宣布人事任免事宜,周济院士任工程院党组副书记。

176. 2日,工程院与国家开发银行签署合作协议在工程院举行。旭日干副院长和李吉平副行长代表双方签署合作协议书。

177. 3日—4日,由工程院、中国科协、湖北省人民政府主办的“2009年促进中部崛起专家论坛”暨“中国·荆门循环经济发展论坛”在湖北省武汉市和荆门市举办。邬贺铨副院长先后出席了两个论坛并作主题报告。

178. 4日,中共中央政治局常委、全国人大常委会委员长吴邦国考察工程院并与部分院士就“十二五”规划纲要编制和增强自主创新能力等问题座谈。

179. 6日,第90场工程科技论坛“信息时代的建模与仿真技术”在京举行。邬贺铨副院长致开幕词,吴澄等8位院士作学术报告,来自有关单位的200余位学者出席论坛。

180. 8日—15日,宋健院士等一行对山东省船舶制造业进行考察,并对山东省发展现代船舶工业提出意见和建议。

181. 9日,徐匡迪院长主持召开第17次院常务会议,会议主要内容有:通报中央国家机关政务公开工作座谈会情况、气候变化论证会情况、上海工博会情况、武汉市“十二五”规划思路咨询会情况、中美两国工程院领导工作会谈及工程前沿研讨会情况、我国工程科技中长期发展战略研究咨询项目进展情况、中央人才工作会议情况;徐匡迪院长宣布院党组关于周济同志分工的决定。

182. 9日,党组书记徐匡迪同志主持召开院党组第18次会议,会议主要内容:研究院士增选后有关问题、周济同志工作分工、院机关干部轮岗,讨论对中央人才工作领导小组“关于引进海外高层次人才有关征求意见稿”的意见,听取中国技术创新有限公司股权转让有关情况的汇报,研究保密检查有关工作。

183. 10日,王德民院士获2009年度何梁何利基金“科技与技术成就奖”,潘云鹤、杜善义、杨裕生、程书钧、张运、陈国良院士获“科学与技术进步奖”。

184. 11日—12日,由工程院与四川省人民政府共同主办的“中国工程管理论坛2009”在成都召开。论坛主题为“西部开发与工程管理”。王基铭院士主持开幕式,刘德培副院长致开幕词。殷瑞钰、魏复盛、傅志寰院士分别就工程与工程哲学、经济发展战略转型与节能减排、低碳发展的认识和思考作主旨讲演。来自学术界、产业界及管理部门的200余位代表出席论坛。

185. 16日,由工程院、商务部等10部委共同主办的第11届中国国际高新技术成果交易会在深圳开幕。会议期间工程院主办了“第三届生物产业发展论坛(2009)——再生医学”,邬贺铨副院长到会并致辞,来自全国各省市的研究院所、院校的专家、学者和产业界人士200余人出席会议。

186. 16日,工程院2009年《院士通讯》工作会议在厦门召开,来自全国各省区市的特约通讯员出席了会议，会议总结了过去一年的工作，表彰了先进特约通讯员工作站、优秀特约通讯员 。获表彰的先进单位和优秀个人在会上进行了经验交流。

187. 16日—18日，由医药卫生学部和中华医学会肝病学分会联合举办的“第三届全国脂肪性肝病学术会议暨两岸三地高峰论坛”在沈阳召开。庄辉院士、范建高教授、王炳元教授等分别担任大会名誉主席、主席和执行主席，来自台湾、香港和内地20余个省市的500余位专家参加了会议。

188. 18日，潘云鹤常务副院长主持召开院保密委员会会议。

189. 18日，“未来20年的工程科技与经济社会发展”系列报告会的第三场报告会在工程院召开。国家发改委宏观经济研究院王一鸣副院长和国务院发展研究中心产业经济研究部部长冯飞作报告，报告的题目是“十二五时期我国经济社会发展趋势和需要解决的若干重大问题”、“我国未来产业发展对工程科技的需要”。在京的部分院士，“中国工程科技中长期发展战略研究”项目组成员，相关单位，以及工程院机关的同志出席报告会。

190. 18日，第91场工程科技论坛“我国海上风电场建设重大工程问题研究”在上海举行。王景全院士作主旨报告，刘尚合等院士专家作了12场专题报告。杨秀敏等17位院士及来自国家职能部门、行业协会、院校等单位的129位代表出席论坛。

191. 18日，审计署科学工程审计局李凤雏一行来工程院召开审计进点见面会。潘云鹤常务副院长到会。

192. 18日—20日，由土木、水利与建筑学部和广州大学联合主办的“第11届国际隔震与消能减震控制学术会议”在广州大学召开。周福霖院士担任会议主席。本次会议的宗旨是促进世界从事该领域专家学者之间的合作与交流，促进隔震与消能减震控制技术在世界各国的研究、应用与发展。共有15个国家和地区的45位代表在会上作学术报告。来自意大利、美国等20个国家与地区的182位专家学者出席了会议。

193. 23日，中国工程院与瑞典皇家工程科学院可再生能源与环境合作项目第12次研讨会“可再生能源与智能电网”研讨会在瑞典皇家工程科学院召开。黄其励、薛禹胜、张齐生院士出席会议并作报告。

194. 23日—24日，由化工、冶金与材料工程学部和能源与矿业工程学部共同组织的“湖南省有色企业院士专家调研活动”在“有色金属之乡”－湖南省郴州市举行。邱定蕃等8位院士、专家出席活动并作学术报告。

195. 24日，受徐匡迪院长委托，潘云鹤常务副院长主持召开第18次院常务会议。会议议题有：听取2009年院士增选有关情况的汇报，听取关于外事经费执行情况的汇报等。

196. 24日—29日，中组部干部选拔任用工作第三检查组来工程院检查工作，对近三年院领导班子选拔任用正处长以上干部情况进行检查。

197. 25日，“未来20年的工程科技与经济社会发展”系列报告会的第四场报告会在工程院召开。国务院发展研究中心副主任卢中原作报告，报告的题目是“到2050年我国经济社会发展趋势研究”。在京的部分院士、“中国工程科技中长期发展战略研究”项目组成员、相关单位以及工程院机关的同志出席报告会。

198. 27日，第92场工程科技论坛“钛合金材料技术发展与应用”在西安举行。来自国内钛及钛合金产业领域的院校、院所、企业共14位专家作学术报告，230位代表出席论坛。

十二月

199. 1日,工程院与教育部在工程院召开座谈会,周济副书记和陈希副部长等参加,双方就进一步加强合作,共同推进创新型工程科技人才培养以及工程师继续教育等有关问题交换意见。

200. 1日—4日,孙九林院士率团赴香港中文大学执行院士访校计划暨院士论坛。卢世璧、李德仁、张运院士参团,并在香港中文大学作专业报告。

201. 2日,2009年院士增选结果新闻发布会在京召开。旭日干副院长通报2009年增选结果。主要媒体的记者参加会议。

202. 2日,刘德培副院长在京会见了我院外籍院士、法国医学科学院、法国科学院院士 Pierre Tiollais 教授。

203. 3日—4日,2009中钢矿业科技发展高层论坛暨“院士中钢行”马鞍山站活动在安徽省马鞍山市举办。孙传尧、于润仓和古德生3位院士出席活动并作专题报告。

204. 3日—23日,周济副书记带队调研了中国钢研科技集团、中国电信科学研究院、北京矿冶研究总院、北京有色金属研究总院、中国纺织科学研究院、中国工程物理研究院、煤炭科学研究院、机械科学研究总院、中国石油勘探开发研究院9家工程研究院所,了解工程研究院所研究生教育培养和工程科技人才继续教育情况。

205. 4日—6日,由医药卫生学部和深圳院士中心共同主办的医学前沿论坛“人体干细胞移植技术临床应用管理”在深圳举行。卢世璧、陆道培、吴祖泽和付小兵等4位院士出席会议,科技部、卫生部、国家自然基金委等国家部委,干细胞研究机构、医院和部分企业代表共计40余人参加了会议的高层研讨。

206. 8日,受徐匡迪院长委托,潘云鹤常务副院长主持召开第19次院常务会议。会议议题有:徐匡迪院长传达中央经济工作会议精神;听取“推进自主创新,建设创新型国家”——“十二五”规划研究项目报告的情况汇报;审议院2010年预算方案;听取推荐国家西部大开发突出贡献集体和个人名单的情况汇报。

207. 10日—19日,杜祥琬副院长作为中方高级顾问参加了在丹麦哥本哈根举行的联合国气候变化大会。会议期间,杜祥琬副院长作了题为《主动承诺降低碳排放强度中国须作出非凡的努力》的讲座。

208. 11日,第93场工程科技论坛“中国生物材料研究与产业发展现状及趋势”在北京举行。论坛中共有43个学术报告。来自中国内地、中国台湾、中国香港的50多所大学、医院和产业单位的200多位专家出席论坛。

209. 14日,党组书记徐匡迪同志主持召开了院党组第19次会议,会议研究落实院领导班子工作总结和中管干部年度考核工作,研究干部交流有关意见,传达学习全国组织部长会议和贯彻落实干部人事制度改革《规划纲要》座谈会议精神,研究其他有关事项。

210. 14日—15日,工程院与香港城市大学联合举办的“工程发展趋势和相关前沿技术”院士论坛在香港召开。王基铭院士和郭位校长分别代表工程院和香港城市大学致辞,中国工程院、美国工程院、加拿大工程院等国家的11位院士专家作主题演讲。

211. 21日,受徐匡迪院长委托,潘云鹤常务副院长主持召开第20次院常务会议。会议议题有:通报哥本哈根气候变化会议情况,听取院咨询服务中心工作进展情况、与国家开发银行合作情况的汇报，研究院士新春活动安排初步方案，听取“院士数字展馆”工作汇报，研究布置院机关 2009 年工作年终总结。

212. 21 日—24 日，两院资深院士联谊会“三农”问题专题研讨会在深圳召开。会议还邀请了农业、环境领域的非资深院士和专家共 12 人出席。联谊会会长师昌绪院士主持了会议。

213. 23 日，党组书记徐匡迪同志主持召开了院党组第 20 次会议：听取中组部第三检查组向院党组反馈对工程院选拔任用干部工作情况检查的意见。

214. 25 日，工程院教育委员会暨工程研究院所研究生教育学术委员会联席会议在京召开。主要议题：通报两委员会近期工作情况，讨论 2010 年工作计划。徐匡迪院长、周济副书记等 60 余位两委委员出席会议。

215. 29 日，“中国养殖业可持续发展战略研究”询项目阶段性成果汇报会在京召开。周济副书记，潘云鹤、旭日干副院长及项目组 50 余位院士、专家出席会议。

216. 本年度，陈先霖、段镇基、时铭显、韩德馨、钱学森、张在明 6 位院士分别于 1 月、6 月、9 月、10 月、12 月逝世。外籍院士盖尔（英国）、勃劳格（美国）分别于 7 月、9 月逝世。

（刘　畅编辑整理）

郑重声明